Ki

LE CHEMIN DE L'ÉVEIL

氣

Catalogage avant publication de Bibliothèque et Archives nationales du Québec et Bibliothèque et Archives Canada

Fortin, Jean-Rock, 1961-, auteur

Ki, le chemin de l'éveil / Jean-Rock Fortin ; en collaboration avec Philippe Poirier.

Édition originale : Sainte-Foy : Jean-Rock Fortin, 2017.

ISBN 978-2-89788-019-4 (couverture souple)

1. Qi (Philosophie chinoise). 2. Esprit et corps. 3. Force vitale. 4. Aïkido. I. Poirier, Philippe, 1977-, auteur. II. Titre.

B127.C49F672 2018 181'.11 C2017-942370-3

Avec la participation financière du gouvernement du Canada. | Canada

Nous remercions la Société de développement des entreprises culturelles du Québec (SODEC) pour son appui à notre programme de publication.

Gouvernement du Québec – Programme de crédit d'impôt pour l'édition de livres – Gestion SODEC.

Révision linguistique : Mme Réjeanne Lapierre, B. Ens.
M. Jean-Simon Fortin, B. Sc. A.

Éditeur : Les Éditions Le Dauphin Blanc inc.
Complexe Lebourgneuf, bureau 125
825, boulevard Lebourgneuf
Québec (Québec) G2J 0B9 CANADA
Tél. : 418 845-4045 Téléc. : 418 845-1933
Courriel : info@dauphinblanc.com
Site Web : www.dauphinblanc.com

ISBN version papier : 978-2-89788-019-4

Dépôt légal : 1er trimestre 2018
Bibliothèque nationale du Québec
Bibliothèque et Archives Canada

Données de catalogage disponibles auprès de Bibliothèque et Archives nationales du Québec.

Imprimé au Canada

JEAN-ROCK FORTIN, M.A.
RENSHI PHILIPPE POIRIER

Ki
LE CHEMIN DE L'ÉVEIL

氣

Le Dauphin Blanc

À propos de l'auteur...

フォルテン

Jean-Rock Fortin, M.A.

Jean-Rock Fortin est consultant en développement durable. Il est également artiste-coutelier. Auteur du livre « LA VOIE DE L'HARMONIE AVEC LE KI »,[1] *Sensei*[2] Fortin a fondé le *Dojo* de la paix « KI-AÏKIDO-KAÏ QUÉBEC » en 2010.

Instructeur passionné d'Aïkido,[3] il anime aussi, selon une nouvelle approche appelée « ART MARTIAL COGNITIF (AMC) », des ateliers et séminaires de formation sur la croissance personnelle et les pratiques liées au *Ki*.[4]

Adepte des arts martiaux depuis l'enfance, son sens de l'aventure l'a amené à voyager aussi bien à l'étranger qu'en lui-même, ce qui lui aura permis d'étudier et d'expérimenter intensément les principes universels de coordination corps – esprit et l'Aïkido pratiqué avec les connaissances appliquées du *Ki*.

À travers les exposés et les récits de ce livre, il nous fait partager avec enthousiasme les résultats de ses recherches à caractère spirituel, ésotérique, scientifique et martial, et aussi ses nombreuses découvertes...

---

[1] Fortin, Jean-Rock, « **LA VOIE DE L'HARMONIE AVEC LE KI** », autoédition, Québec, Canada, 2003, 243 p. (ISBN : 2-9807906-0-5).

[2] **Sensei** : (Jap.) Mot désignant « professeur » au sens large, et signifiant « celui qui est né avant moi » (en référence à la pratique d'un art ou d'une discipline). *Sifu* en chinois. Il s'agit d'un titre respectueux offert par les pratiquants (*Deshi*) eux-mêmes, à leur professeur. Le terme s'emploie également pour s'adresser à un enseignant, un grand artiste, un médecin ou un guide spirituel.

[3] **Aïkido** : (Jap.) « Voie de l'harmonie avec l'énergie ». Art de paix fondé par Maitre Morihei Ueshiba « *O'Sensei* », vers 1931. Il s'agit d'un art martial japonais qui consiste à mouvoir l'esprit de l'attaquant en redirigeant son énergie vitale (le *Ki*), ce qui permettra à l'Aïkidoïste de le contrôler sans forcer ou de le projeter aisément. La pratique de l'Aïkido est un art de vivre qui cultive la non dissension.

[4] **Ki** : (Jap.) Substance de l'Univers, énergie vitale, volonté radiante (Syn. : *Chi* ou *Qi* en chinois).

Renshi Philippe Poirier

Cofondateur du *Dojo Genkido*, détenteur des grades de *Godan*[5] en *Jiu-jitsu*,[6] de *Nidan* en *Ki-Aïkido*, de *Shodan* en *Jiu-jitsu Jukaïdo-Kan*, et du titre de *Renshi*,[7] Philippe Poirier est un pratiquant accompli dans le monde des arts martiaux.

Sa découverte du *Ki*-Aïkido l'a conduit à une étude intensive du *Ki* sous la supervision de *Sensei* Jean-Rock Fortin. Il a testé sous tous les aspects les éléments qui sont présentés dans ce livre.

Ses questionnements et les réponses qu'il a obtenues ont été reportés dans cette œuvre littéraire, notamment sous la forme de conversations et de contes. Par sa contribution de qualité au présent ouvrage, il transmet un héritage de grande valeur aux générations à venir.

---

[5] **Dan** : (Jap.) Grade croissant dans les arts martiaux japonais après l'obtention des grades inférieurs (*Kyu*). C'est à partir du premier *Dan* que le pratiquant diplômé, le « *Dansha* », porte une ceinture (*Obi*) noire. Les *Dans* indiquent la progression dans la maitrise technique et spirituelle du pratiquant dans une discipline martiale.

Le dixième *Dan* est généralement le grade le plus élevé. Dans le présent contexte, retenons que *Godan* signifie cinquième *Dan* (de « *Go* » : cinq), que *Nidan* signifie deuxième *Dan* (de « *Ni* » : deux) et que *Shodan* signifie premier *Dan* (de « *Sho* » : premier).

[6] **Jiu-jitsu**, *Ju-jitsu* ou *Jujutsu* : (Jap.) Ensemble de techniques de combat développées par les Samouraïs du Japon féodal afin de se défendre sans arme. Les techniques de maitrise d'un adversaire sont classées en trois catégories principales : *Atémi Waza* (techniques de frappe), *Nage Waza* (techniques de projection) et *Katame Waza* (techniques de contrôle ou d'immobilisation).

[7] **Renshi**: (Jap.) Titre honorable du système *Shogo* créé en 1895 reconnaissant à un expert des arts martiaux la complétude dans sa pratique et sa maitrise d'une discipline en dehors du système de graduation traditionnel. Il s'agit d'un instructeur d'expérience qui possède une expertise approfondie de son art et qui apporte au style une grande richesse mentale et physique. Il a maitrisé la technique externe et après avoir reçu l'initiation correspondante, il travaille désormais au niveau interne.

À ses débuts, les titres du système *Shogo* comprenaient : *Renshi* pour la maitrise externe, *Kyoshi* pour la maitrise interne et *Hanshi* pour l'union des maitrises interne et externe. À cette époque, les titres étaient accordés exclusivement par l'empereur du Japon ou des membres habilités de sa famille.

TABLE DES MATIÈRES

PRÉAMBULE

Écrire ce livre aura représenté un défi extrêmement intéressant sur le plan intellectuel. Comme pour toute production littéraire de ce type, ce fut une activité plaisante et enrichissante, et qui aura permis un assemblage cohérent de connaissances. L'ouvrage traite principalement de l'énergie universelle, le *Ki*, dans les arts martiaux et dans de nombreux aspects de la vie courante.

Il s'agit d'un document à caractère quasi encyclopédique, c'est-à-dire un outil de référence destiné à soutenir les érudits en devenir dans leur étude de ce domaine particulier. Il serait futile de procéder à une lecture rapide, car les sujets abordés sont déjà très synthétisés.

Pour la majorité des gens, la relecture stimulera leur intellect pour les mener à une compréhension de plus en plus profonde. Aussi, l'objectif premier vise à susciter chez le lecteur une réflexion intérieure conduisant à un éveil. Et cela ne pourrait pas se produire avec empressement. Bref, ce livre doit être savouré doucement pour en apprécier la juste valeur.

Cet ouvrage s'adresse à tous ceux qui s'intéressent à la découverte d'eux-mêmes et à leur développement personnel, qu'ils soient pratiquants des arts martiaux ou non. Il sort des sentiers battus en laissant de côté les traditions autochtones et séculaires des arts martiaux et de l'Aïkido, sans toutefois en perdre l'essence.

Il est consacré à l'art moderne d'unification corps – esprit et à son application pratique dans la vie de tous les jours. Il intègre notamment le contenu remanié et mis à jour d'un premier livre autoédité en 2003 : « LA VOIE DE L'HARMONIE AVEC LE KI ».

L'ouvrage est agrémenté de contes, d'anecdotes, d'extraits savoureux, de citations et de conversations qui s'avèrent des médias de choix pour stimuler la réflexion et la prise de conscience de précieux éléments de connaissance.

Les définitions qui se retrouvent en bas de page ont été adaptées à des fins de compréhension des sujets traités. Aussi, les vignettes présentées en annexe offrent aux éventuels pratiquants un aide-mémoire d'un curriculum de base d'exercices et de techniques d'Aïkido,[8] ceci afin d'en faciliter l'étude.

---

[8] **À propos des annexes** : Les exercices statiques qui sont illustrés ont bien sûr pour objectif de promouvoir la santé et le bien-être des pratiquants. Ils sont inspirés de certaines formes de Yoga et visent à renforcer certaines parties du corps, notamment le dos et les abdominaux.

Les exercices dynamiques présentés sont directement liés au développement des habiletés dans la pratique des arts martiaux, mais ils sont également d'excellents exercices individuels de promotion de la bonne forme physique.

Finalement, les quelques techniques martiales de base qui sont présentées, appelées *Kumi Waza*, peuvent se pratiquer harmonieusement sans restriction physique importante jusqu'à un âge très avancé.

Les techniques physiques et spirituelles décrites dans ce livre s'inspirent en grande partie des enseignements reçus des quelques Sociétés *Ki* canadiennes et américaines fréquentées par M. Jean-Rock Fortin dans les années 1990.

Ces organismes sans but lucratif, qui propagent l'Aïkido avec *Ki* (Aïkido *Shin-shin Toitsu*) selon les principes universels découverts par Maitre Koichi Tohei (1920 – 2011), sont de fabuleuses écoles pour l'apprentissage des arts martiaux.[9]

Si bien qu'après plus d'une vingtaine d'années de pratiques martiales diverses, Jean-Rock Fortin a consacré près d'une année à l'étude intensive de l'Aïkido avec *Ki* lors d'un voyage d'aventures en Colombie-Britannique (Canada) et sur la Côte-Ouest américaine. Depuis ce temps, il continue de s'entrainer et de partager avec autrui ce grand « Art » de la vie.

Les points de vue exprimés et l'étendue des sujets abordés dans cet ouvrage ne reflètent que la compréhension de l'auteur. Le contenu provient de ce qui lui a été enseigné, des résultats de recherches et d'expérimentations variées, notamment dans les domaines des arts martiaux et de la métaphysique.[10]

Quelques images du livre sont du domaine public, alors que les autres, de même que les photographies, sont assujetties à des droits d'auteurs requérant des autorisations pour être reproduites.

L'auteur et son collaborateur souhaitent ardemment que les lecteurs aient autant de plaisir à lire ce livre qu'ils en ont eu à le produire. Force est d'admettre que les sujets sensibles abordés dans cet ouvrage ont requis le courage de se soumettre à la critique. Qu'à cela ne tienne, l'Univers aura su guider leurs pas dans cette extraordinaire aventure.

[9] **Note** : Le présent ouvrage est un essai d'initiative privée, c'est-à-dire qu'il n'est pas approuvé, ni sanctionné, ni autorisé, par l'organisation *Ki No Kenkyukai* du Japon (*Ki Society*) ou toute autre organisation apparentée ou similaire. Son contenu ne représente que les vues, les opinions et les interprétations de l'auteur et de son collaborateur.

[10] **Métaphysique** : Recherche raisonnée de la nature essentielle de l'être, des causes de l'Univers et des principes premiers de la connaissance.

Par l'avènement des sciences modernes introduisant des démarches empiriques et expérimentales, l'étude objective de la nature a été appelée « science » à partir du XVIIIe siècle, afin de la distinguer des interrogations spéculatives concernant les sujets non physiques.

« L'étude du Ki et de l'AÏKIDO pratiqué avec coordination corps – esprit a changé nos vies en les enrichissant positivement de toutes les manières qu'il soit possible d'imaginer. C'est pourquoi il est pertinent de partager ce savoir afin que d'autres puissent en faire tout autant. Ainsi, la société en général ne s'en portera que mieux ! »

L'auteur et son collaborateur tiennent également à remercier tous ceux qui les ont soutenus et qui ont contribué à cette ambitieuse réalisation, de près ou de loin, notamment Micheline, Marie-Claude, Dany, Michel, Noah et tous les autres...

Onegai-shimasu ![11]

友

YUJO
(Amitié)

[11] **Onegai-shimasu** : (Jap.) Formule de politesse telle que : « *s'il vous plait !* », ou « *puis-je ?* ». Locution respectueuse prononcée dans un *Dojo* d'arts martiaux par les pratiquants après un salut rituel pour convier un partenaire ou un groupe à s'entrainer avec soi.

INTRODUCTION

Les arts martiaux véritables, plus manifestement ceux n'impliquant pas de compétition, sont des plus captivants. Ils sont assaisonnés d'une saveur orientale agréable et ils se pratiquent souvent dans un contexte esthétique et apaisant.

Cependant, la pratique réelle d'un art ne relève pas d'un attachement à un contexte, elle est omniprésente.

L'entrainement au *Dojo*[12] n'est qu'une infime portion de l'activité, car c'est dans la vie courante qu'est actualisé l'objet de l'art martial, soit l'expression créative de soi.

Nous avons tous été séduits par la maitrise corporelle d'artistes martiaux s'inspirant de postures d'animaux, où les constituants de l'Univers se résumaient à la terre, l'eau, le feu, l'air, et l'éther appelé aussi la quintessence.[13]

Ces pratiques martiales, parfois ascétiques, étaient issues de temps anciens où la conception primitive d'une Terre plate servait de référence de base à notre compréhension du monde. Ces arts d'une grande poésie stimulent, encore aujourd'hui, l'intellect par des histoires bien souvent romancées et légendaires d'autres lieux et d'autres époques.

Par l'apport de règles rigides et de croyances anciennes, beaucoup d'arts martiaux se sont figés dans le temps par respect des traditions.

Cela n'a tout de même pas empêché des maitres de découvrir intuitivement des vérités profondes sur notre monde. Vérités universelles qui furent redécouvertes, du moins partiellement, par la science et bien longtemps après.

Pour cette raison, beaucoup de gens auront tendance à croire qu'un art martial connu ou pratiqué depuis des centaines, voire des milliers d'années, est authentique.

---

[12] **Dojo** : (Jap.) « Lieu de l'éveil ». Il s'agit de l'endroit dédié où sont pratiqués les arts martiaux. « *Ce que nous apprenons en ce lieu est l'essence même de la vie. Puisse chacun d'entre nous emporter le Dojo dans son cœur afin que le monde lui-même ne soit plus qu'un vaste Dojo!* » (Jean-Rock Fortin, « La Voie de l'Harmonie avec le Ki », autoédition, Québec, Canada, 2003, p. 178, 243 p.).

[13] **Quintessence** ou « éther » dans l'Antiquité aristotélique, *Ku* (vacuité) en japonais, le cinquième élément : la doctrine de l'éther considère le cinquième élément avec le feu (*Hi*), l'air (*Fu*), l'eau (*Sui*) et la terre (*Chi*). L'éther (*Ku*) est considéré comme la matière des astres. Il est conclu que l'esprit est donc perpétuel et qu'il émane de l'éther.

En cosmologie, le terme « quintessence » réfère au concept de l'Antiquité grecque. Il fait référence au fait qu'il existe quatre types de matière (ou de formes d'énergie) connus dans l'Univers : la matière baryonique (composant les atomes connus sur terre), les photons (la lumière et les particules associées aux ondes), les neutrinos (les particules neutres), et la matière noire (composant entre autres les trous noirs). La découverte scientifique récente de l'énergie sombre (masse de l'Univers apparemment responsable de l'accélération et de l'expansion de l'Univers) semble correspondre au concept de la quintessence, une cinquième forme d'énergie présente dans l'Univers.

Bien entendu, cette présomption est erronée. Un art dit « authentique » signifie qu'il est en harmonie avec l'Univers et conséquent avec les connaissances dont dispose l'humain.

Cependant, malgré l'évolution de la connaissance, ce qui est correct, bien ou en harmonie avec l'Univers, l'a toujours été pour celui dont l'esprit est clair. En effet, la vérité demeure authentique et intemporelle.

Dans tous les arts martiaux et dans d'autres disciplines apparentées, on observe un fil conducteur toujours présent : l'énergie.

Les pratiques yogiques impliquent le déploiement de l'énergie interne, le « *Prana* », mot sanscrit la désignant. L'acuponcture est une médecine ancestrale qui intervient sur les canaux d'énergie afin de rétablir les déséquilibres du « *Chi* » dans le corps humain, la translittération chinoise du mot japonais « *Ki* ».

Le *Tai-chi-chuan*[14] et le *Qi-gong*[15] visent tous deux la maitrise de l'énergie vitale pour le mieux-être des pratiquants. Les Vietnamiens utilisent le mot « *Khi* », les Hébreux « *Ruakh* », les Grecs « *Psyché* ou *Pneuma* », et « *Ka* » dans l'Égypte ancienne.

Beaucoup d'Occidentaux s'y réfèrent comme étant « l'énergie vitale ou interne », « la volonté radiante », « le souffle vital » ou encore, « l'essence de vie ». Toutes ces expressions désignent la même réalité, c'est-à-dire la substance énergétique de base constituant l'Univers.

La recherche de l'union à cette énergie cosmique est donc une activité « nouvel âge »[16] à la mode depuis très longtemps.

---

[14] **Tai-chi-chuan**, *Taiji Quan* ou *Tai Chi* : (Chin.) Art martial chinois millénaire d'une très grande efficacité, d'inspiration taoïste, axé sur l'expression du potentiel du *Chi*, l'énergie vitale. En Occident, l'art se borne généralement à une gymnastique lente visant à promouvoir la santé. On traduit l'expression comme « la boxe de l'éternelle jeunesse », dont le faîte conduirait à l'immortalité, le point culminant et suprême de l'alchimie taoïste.

[15] **Qi-gong** : (Chin.) Aussi *Chi-gong*, *Chi-kung*, anciennement *Dao-yin*, *Kiko* en japonais. Gymnastique et exercices respiratoires de longévité, d'inspiration taoïste, visant la maitrise de l'énergie interne ou vitale afin de régulariser les flux et la circulation du *Chi* dans les méridiens du corps tels que décrits en acuponcture. Cette discipline est pratiquée depuis au moins 2000 ans.

[16] **Nouvel âge** : (*New Age*) Courant de spiritualité occidentale du XXe siècle caractérisé par une approche individuelle et éclectique de la spiritualité. Ce courant regroupe un ensemble hétéroclite d'auteurs (dont l'auteur du présent ouvrage fait probablement partie) et de mouvements (dont l'Aïkido fait certainement partie), dont la vocation commune est de transformer les individus par l'éveil spirituel, et conséquemment de contribuer à améliorer le tissu de l'humanité.

Les pratiques liées à cette recherche impliquent généralement d'altérer le niveau de conscience par des exercices mentaux et physiques variés, et souvent ésotériques.[17]

Qu'elles soient de nature martiale ou non, ces pratiques incluent la méditation et des exercices respiratoires. La concentration induite doit conduire le pratiquant à une transcendance de la conscience.

Ce processus d'élévation de la fréquence vibratoire[18] implique immanquablement l'abandon de l'égo, qui, par voie de conséquences, produira l'union du Soi à l'Univers.

Cet élément indispensable, l'énergie, demeure exploité de bien des manières. Le concept d'énergie (ou de *Ki*) est souvent galvaudé parce que pour un bon nombre de personnes, il semble faire référence à des croyances plutôt qu'à des faits.

Néanmoins, le fait de « croire », ou d'avoir la « foi », active le mouvement énergétique qui produit effectivement des résultats tangibles même si l'objet de la croyance est erroné.

En effet, en dépit de toute croyance chacun de nous possède le potentiel de commander à l'Univers par la création de mouvements d'énergie. Rappelons toutefois que la promotion de la foi, qualifiée souvent d'aveugle, a été exploitée depuis la nuit des temps pour asservir l'humanité.

---

[17] **Ésotérisme** : Mot d'origine grecque de l'Antiquité (de « *Esoterikos* » : signifiant de l'intérieur). Il désigne habituellement un ensemble de caractéristiques d'un enseignement initiatique réservé à un petit groupe ou à une élite, par opposition à l'exotérisme qui constitue les œuvres doctrinales ou philosophiques enseignées publiquement.

Dans le *Budo* (la Voie des arts martiaux), le concept ésotérique est une science introspective visant à accéder consciemment à des potentialités subtiles et énergétiques qui semblent généralement hors d'atteinte de l'objectivité, ceci afin de les actualiser dans le monde physique. Pour y parvenir, il est nécessaire de maitriser les éléments d'une juste pratique et d'en comprendre les arcanes, ce que le présent ouvrage s'applique à mettre au grand jour sous de nombreux aspects.

[18] **Fréquence (taux) vibratoire** : Indice relatif de concentration d'énergie positive émanant des objets et des êtres. Dans la nature tout vibre, tout émet des ondes. Les minéraux, les végétaux et le corps humain sont composés d'atomes dotés d'une énergie vibratoire.

Généralement, les objets physiques vibrent à une fréquence moindre que les plantes qui vibrent moins que les animaux, et ainsi de suite. En activant sa capacité spirituelle, l'humain peut concentrer l'énergie, ce qui produit un accroissement du nombre de vibrations complètes à l'intérieur d'un cycle donné. Le taux vibratoire (ou longueur d'onde) se mesure en unités *Bovis* (ou *Angstrœms*) en utilisant, entre autres, des outils radiesthésistes comme un pendule et un cadran. Plus la perception d'une personne et sa sensibilité s'avèrent positives, plus elle est aimante, et plus elle enregistrera une fréquence vibratoire élevée.

L'accroissement des capacités énergétiques et spirituelles d'une personne se traduit par l'augmentation de sa fréquence vibratoire. L'augmentation de la fréquence vibratoire de soi est le produit de l'élévation de la conscience.

Cela aura permis de garder les humains dans l'ignorance afin de mieux les contrôler. Et c'est toujours le cas. En effet, pour celui qui regarde au-delà des apparences, c'est encore aujourd'hui une caractéristique dominante de notre société à travers les manipulations de l'ordre établi par le biais de la religion, de la politique et des médias d'information.

En d'autres termes, puisque n'importe quelle foi produit des résultats, on aura tendance à croire à la véracité des dogmes[19] y étant rattachés alors que dans les faits, ils sont erronés. Dans ce contexte, les paradigmes[20] règnent en maitres sur la Terre, et l'humain s'est emprisonné dans une torpeur qu'il a lui-même créée par son inconscience.

« Il existe en réalité deux formes d'ignorance qu'on pourrait qualifier de "nouvelles", mais qui sont diamétralement opposées. La première ouvre et libère, la seconde emprisonne et tue. La première, qu'il faut célébrer, se traduit par de nouvelles interrogations suscitées par de nouvelles découvertes. Elle est le moteur de toutes les avancées du savoir. La seconde, fait au contraire vivre dans l'illusion qu'on sait alors qu'on ne sait pas... » [21]

---

[19] **Dogme** : Affirmation considérée comme fondamentale, incontestable et intangible par une autorité religieuse qui emploiera dans certains cas la force pour l'imposer. Certaines croyances non religieuses sont souvent appelées « dogmes », notamment en politique ou en philosophie. Cet usage est en général péjoratif et sous-entend que les gens soutenant une telle croyance le font par conformisme et sans sens critique.

[20] **Paradigme** : Représentation du monde, manière de voir les choses, modèle cohérent de vision du monde qui repose sur une base déterminée et assumée comme vraie et immuable. C'est une forme de pensée qui peut faire obstacle à l'introduction de nouvelles connaissances ou de solutions mieux adaptées. C'est un terme employé pour décrire l'ensemble des expériences, des croyances et des valeurs ayant une incidence sur la manière selon laquelle une personne perçoit la réalité, et conséquemment sur ses attitudes et ses comportements.

Un paradigme est également la façon dont le monde est assimilé dans l'ignorance. Les traditions, les rituels et toutes les choses qui sont ancrées suffisamment dans la vie d'une personne pour ne jamais être questionnées sont des paradigmes. La confrontation d'un paradigme est intrinsèque et implique de prendre conscience de ce dernier, et de rectifier le non-sens identifié. En d'autres termes, confronter un paradigme signifie briser le cycle de sa propre ignorance.

[21] Citation de Thomas de Konnink tirée de : « **La nouvelle ignorance et le problème de la culture** », PUF, « Intervention philosophique », 2001, p. 12, 204 p. Platon appellera « double ignorance » le fait de ne pas savoir et de vivre dans l'illusion de son savoir, c'est-à-dire ne pas avoir conscience de son ignorance.

La « double ignorance » est grave, malfaisante, si elle est le fait de personnes importantes. « *Non seulement tu ignores les choses les plus importantes, mais tu crois les savoir* », disait, d'après Platon, Socrate à Alcibiade. Cela signifie qu'ils sont ignorants de leur propre condition d'ignorance, et qu'en plus ils croient savoir des choses alors qu'ils ne possèdent pas de savoir véritable à leur propos. Socrate et Platon considéraient la double ignorance comme le mal par excellence et comme la laideur de l'âme. De nos jours, la majorité des médias sont victimes de cette double ignorance et ils contribuent, souvent malgré eux, à répandre le chaos et la torpeur dans le cœur des humains sur la planète entière.

La première ignorance ouvre la Voie à la connaissance qui est une force libératrice des entraves à la création et au bonheur, et elle constitue le premier pas vers l'éveil.

Bien au-delà de la foi, la connaissance a d'ailleurs assuré le développement des humains dans tous les domaines. Si l'énergie rayonnant d'une foi aveugle produit des résultats tangibles, il est alors plus que raisonnable de supposer que ceux produits par l'énergie émanant de la connaissance seront supérieurs en nombre et en qualité, et ce, même dans le domaine de la spiritualité.

La coordination corps – esprit n'est pas un acte de foi. Elle s'appuie sur les connaissances disponibles et vise l'harmonisation de l'humain à l'Univers. Et puisque l'Univers semble infini, les possibilités de résultats le sont aussi.

La seule optique de réalisation d'un humain réside donc dans son processus de développement puisque par définition l'infini ne peut être appréhendé. C'est pourquoi un humain ne peut espérer davantage que de se retrouver sur le chemin de l'éveil, sans fin, car l'éveil lui-même relève de l'infini.

Ce processus de développement ne peut que s'appuyer sur la connaissance. Il ne doit pas se limiter à des croyances induites par l'éducation, la religion et les processus de contrôle des masses[22] de notre société.

Comme dit le vieil adage : « *l'apprentissage se réalise durant le voyage et non à l'arrivée* ». Aussi, chacun de nous doit franchir une série d'étapes dans sa vie pour se réaliser pleinement. Nous avons tous le potentiel pour y parvenir.

Toutefois, il devient parfois nécessaire, durant notre bref passage sur Terre, que nous devions, à certains moments, rééquilibrer notre énergie et coordonner notre corps et notre esprit pour utiliser pleinement les forces qui nous habitent ainsi que celles de l'Univers. En définitive, ce livre traite de l'éveil pratique à cette grande quête de connaissances.

Notre ère est marquée par des contradictions démontrant que l'humain est à la remorque de sa méconnaissance au lieu de créer son univers propre. C'est aussi une époque où deux modes d'appréhension de sa nature et de son monde, la science et la spiritualité, convergent vers un but commun.

[22] **Contrôle des masses** : Application de systèmes répressifs, parfois subtils, exercée par l'ordre établi et les sociétés occultes à son service afin de manipuler la pensée des populations. Ceci a pour effet de générer des attitudes qui déborderont éventuellement en comportements précis. Le but du contrôle des masses est d'asservir davantage l'humanité.

Tous les deux expliquent les mêmes vérités, mais en utilisant des approches et méthodes totalement différentes. Tous les deux convergent vers cette connaissance de soi et de l'Univers, ce besoin viscéral de comprendre.

Il fut une époque où l'être humain trouvait l'explication de son existence dans la spiritualité, c'est-à-dire par le biais de préceptes immatériels relatifs à la morale, à l'esprit ou à la religion. Tout évènement s'expliquait alors par l'attribution de la volonté des forces divines du bien ou celle des forces du mal.

La raison d'exister de l'humain se résumait à gagner les faveurs de l'au-delà, dans la peur et la culpabilité afin d'accéder à une vie meilleure et ainsi s'assurer d'une continuité de la vie après la mort. Les autorités religieuses détenant parfois le pouvoir politique devenaient alors le seul lien entre les individus et le monde divin.

Devant cette incohérence fondamentaliste,[23] l'humain s'est intuitivement tourné vers la rationalité faisant appel à ses sens physiques pour trouver une explication plus accessible et plausible de l'existence. À l'opposé de la spiritualité souvent véhiculée par la religion, la science a vu le jour. Nous pouvons expliquer physiologiquement les deux routes qu'emprunte l'être humain dans la recherche d'une compréhension de lui-même et de l'Univers.

Chez les droitiers (et à l'inverse pour les gauchers), le lobe frontal gauche du cerveau fait appel au rationnel, voire à la pensée linéaire. C'est l'approche scientifique. Le lobe frontal droit, par contre, est la région de la spiritualité, de l'inexplicable complexité de l'appréhension de l'Univers. Les processus de ces régions du cerveau cherchent à répondre aux mêmes questions qui viennent du besoin naturel de réalisation de soi et implicitement de comprendre sa propre nature.

Les courants de la spiritualité et de la science ont, à tour de rôle, dominé et régi la vie des humains. À une époque où la science semble dominante, nous observons cependant une recherche constante de développement spirituel. C'est normal, naturel et humain. Il souffle maintenant de nouveaux vents de spiritualité actualisés par des pratiques anciennes ou modernes, des philosophies et des doctrines[24] variées, s'appuyant ou non sur des fondements scientifiques.

---

[23] **Fondamentalisme** : Désigne l'attachement strict aux principes originels d'une doctrine, généralement religieuse. Le fondamentalisme s'opère généralement lorsque la religion détient le pouvoir politique. Dans ce cas, la religion imposera infailliblement ses croyances et ses dogmes, parfois par la force, aux populations sous son emprise. L'intégrisme musulman constitue l'expression d'un fondamentalisme appliqué.

[24] **Doctrine** : Ensemble de conceptions d'ordre théorique (ou utopique) diffusées comme vraies par un auteur ou un groupe d'auteurs. La Bible, le Coran et la Torah constituent des doctrines religieuses. La doctrine peut s'avérer non limitativement d'ordre politique, économique, philosophique, scientifique, idéologique ou religieux.

À ce titre, par des subterfuges démagogiques,[25] de nombreuses pratiques corporelles et spirituelles, performantes par le passé, ont été corrompues et reléguées à des rôles de contrôle des pratiquants à l'instar des religions. C'est parce qu'il n'existe pas de rapprochement avec la science que ce genre de duperie fonctionne encore.

Pour ce qui est du présent ouvrage, il fait plutôt la promotion de la paix, de l'amour et de l'harmonie. Cependant, nul n'atteindra d'objectifs planétaires de cette sorte si la majorité des humains demeurent dans un état d'inconscience parfaite. Nous devons briser les barreaux de la prison mentale qui nous aliène chaque jour de notre vie.

Ce livre explique donc comment élever sa conscience de manière systématique par une compréhension terre-à-terre des choses. Il établit une convergence entre la science et la spiritualité en utilisant comme médium d'expression les arts martiaux, l'Aïkido et d'autres pratiques du corps et de l'esprit.

Il ne s'agit pas d'une œuvre théorique parce que les principes spirituels qui y sont expliqués sont basés sur des expérimentations physiques et mentales mesurables, et dont les résultats peuvent être reproduits à volonté.

Il s'agit en fait d'une spiritualité appliquée, qui démontre diverses manières de maitriser et d'utiliser le *Ki*, cette énergie universelle infinie, dont nous disposons à volonté, et qui attend seulement que nous en exprimions la puissance créatrice. L'un des objectifs de cet écrit est aussi de démystifier un grand nombre de paradigmes liés aux pratiques spirituelles et martiales.

Ce recueil comporte des exercices pratiques, des contes, des conversations et des anecdotes destinées à stimuler la réflexion individuelle. Il est composé de trois parties correspondant à trois niveaux de développement.

Ces niveaux de perception, ou de conscience, sont à la base du développement de la maitrise de la coordination corps – esprit, ceci dans l'optique de la connaissance de soi.

La première partie vise la compréhension humaine de notre univers physique et du *Ki*. Histoire, science et présentation des techniques proprement dites d'unification corps – esprit sont au menu.

---

[25] **Démagogie** : Manœuvres politiques par lesquelles un intéressé flatte un groupe, un public ou une assemblée de personnes afin de gagner leur adhésion à ses idées ou son objet, ou simplement pour plaire afin de gagner en popularité. Ainsi, on dira à un public ce qu'il souhaite entendre pour s'attirer sa sympathie.

La deuxième partie présente l'application de la coordination corps – esprit dans la pratique des arts martiaux, notamment l'Aïkido.

Des principes simples et accessibles à tous permettent d'appliquer physiquement les potentialités de cet état modifié de la conscience, lesquelles se transposeront éventuellement dans la vie courante du pratiquant.

Finalement, la troisième partie de l'œuvre traite de l'univers de l'esprit et de l'expression créative du potentiel d'énergie, ou de *Ki*, par lesquels sont actualisés des résultats tangibles.

Le monde physique est alors créé par une projection de l'esprit, une influence directe qui domine sur la matière de notre univers dense, et par laquelle le *Ki* est canalisé. Le créateur enfoui en chacun de nous y est alors révélé.

❃

« L'esprit est séparé de la matière et préside à ses transformations. C'est pourquoi la cause réelle des phénomènes ne réside pas dans la matière, mais dans l'esprit disposant de la matière selon des lois de l'harmonie ! » [26]

❃

[26] Citation d'Anaxagore, philosophe grec présocratique (500 – 428 avant J.-C).

PREMIÈRE PARTIE

L'UNIVERS DENSE : HISTOIRE, SCIENCE ET PRINCIPES DE COORDINATION CORPS – ESPRIT

[27]

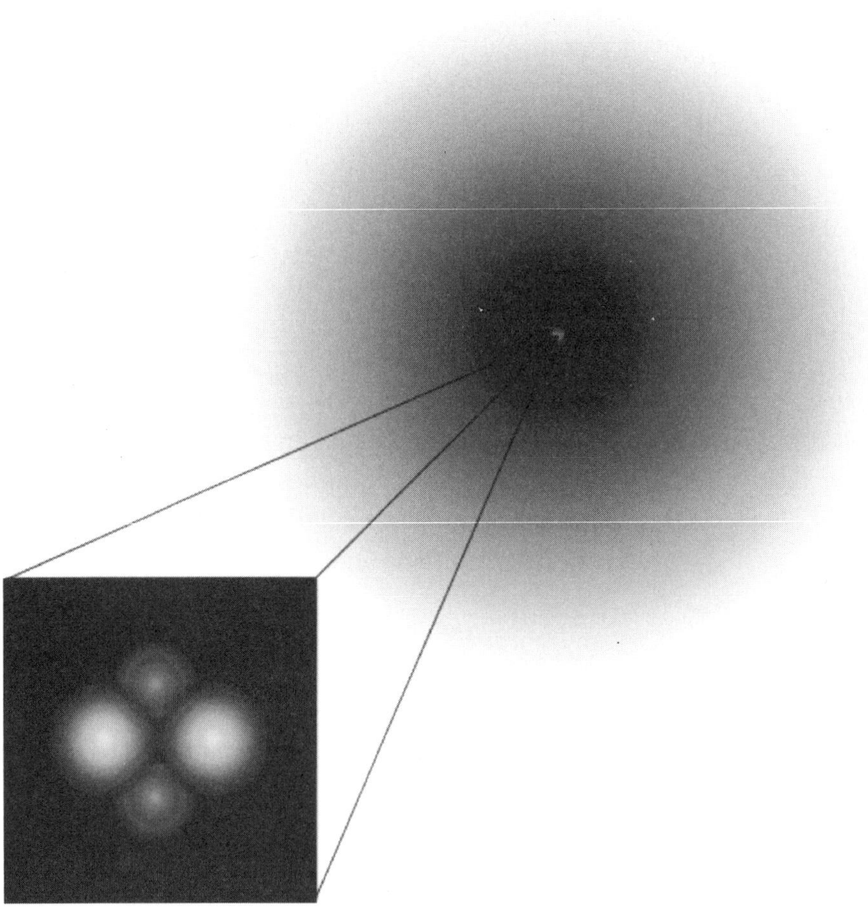

[27] Représentation d'un atome d'hélium. Comme pour tous les atomes constituant la matière, on y retrouve un infime amas de substance physique entouré d'une vaste étendue de champs énergétiques.

I – HISTOIRE DES ARTS MARTIAUX

Depuis la nuit des temps, et dans toutes les civilisations, l'humain s'est livré à des pratiques compétitives variées lui permettant de se développer, de maintenir son intégrité physique, de se défendre et de dominer ses semblables.

Du croc-en-jambe des simples jeux instinctifs d'enfants nécessaires à leur développement aux actions guerrières mortelles, le combat, même ritualisé, a toujours fait partie de la vie des humains. À preuve, des vestiges babyloniens vieux de 5000 ans dévoilent, au travers de petits objets d'art, les premières codifications de techniques de combat.

Les Grecs de l'Antiquité considéraient les Jeux olympiques comme une fête religieuse en l'honneur de Zeus, le roi des dieux, dans laquelle des combattants nus, venus de nombreux pays, s'affrontaient devant une plèbe exclusivement masculine, notamment au pancrace.[28]

Employée à partir des années 1930, l'expression « art martial » désigne dans le langage populaire les techniques de combat asiatiques, notamment celles du Japon. Le mot martial est un adjectif dérivé du nom Mars, le dieu de la guerre dans la mythologie romaine.

Cette expression qui s'avère d'origine occidentale n'est cependant qu'une fidèle traduction du *Wu-shu*[29] chinois et du *Bu-jutsu*[30] japonais, mais qui occulte l'élément de « bravoure » y étant rattaché.

On retrouve dans l'expression « art martial » un élément de pureté, voire chevaleresque, dont l'expression est libre de toute contrainte, ce qui le différencie de l'action militaire. En effet, le soldat accomplit son devoir en obéissant aux ordres, alors que l'action du guerrier est guidée par son for intérieur.

---

[28] **Pancrace** : Sport de combat grec permettant, au temps des Jeux olympiques de l'Antiquité, pratiquement tous les coups, même les plus mortels. Seules étaient interdites les techniques d'arrachage des yeux et de morsure.

[29] **Wu-shu** : (Chin.) L'ensemble des arts martiaux chinois. L'art de la bravoure permettant de s'opposer aux armes.

[30] **Bu-justu** : (Jap.) L'ensemble des techniques martiales des guerriers de l'ancien Japon pour soumettre l'ennemi sur le champ de bataille.

I.1 – LA NATURE DES ARTS MARTIAUX

Au-delà de l'intégration de dimensions spirituelles et philosophiques qui distinguent l'art martial du sport de combat, on doit également considérer de manière étendue le concept artistique.

Dans tous les domaines d'expression, l'art est une activité humaine qui communique une scène idéale à un public ou à soi-même. Lorsque cette communication produit un impact émotionnel positif par son esthétisme et son harmonie, alors l'artiste a atteint son objectif.

Φ[31]

Pour en arriver à réaliser ce processus de communication, l'artiste utilise des techniques qu'il a maitrisées au prix de sa pratique.

Dans le domaine des arts martiaux, la technique est une forme d'expression du corps et de l'esprit. Dans ce contexte impliquant un ou plusieurs adversaires, réels ou imaginaires, un « artiste » transforme ladite scène positivement, c'est-à-dire en produisant un retour à l'harmonie. Vue de l'extérieur, on ira même parfois jusqu'à penser qu'une telle chorégraphie est apparentée à la danse.

La technique, planifiée ou spontanée, ne doit cependant pas dominer sur la communication qui s'avère la résultante souhaitée de l'activité. C'est pourquoi intervient la notion d'énergie ou de *Ki*, sans laquelle il n'y a pas de communication possible.

Lorsque l'activité n'est que physique et mécanique, l'art martial devient simplement un sport de combat ou au mieux une activité de conditionnement physique.

---

[31] **ɸ** : Les arts, l'esthétisme, la nature et les sciences sont régis par une mystérieuse constante mathématique appelée le « nombre d'or » qui correspond à 1,6180… ∞ ((1+√5)/2). En Grec, on appelle Phi cette constante qui permet d'établir les rapports de proportion définissant l'harmonie en toute chose.

Par contre, une technique réalisée avec la maitrise du *Ki* transcende les notions physiques de l'activité et procure au pratiquant l'esthétisme et l'harmonie menant à l'élévation de sa conscience et à la connaissance universelle.[32]

L'esthétisme induit un état de conscience très rapproché de l'esprit. Incidemment, cette transcendance produit des résultats physiques étonnants, car elle actualise les potentialités créatrices mises à notre disposition. Des résultats physiques sont alors produits originalement par l'esprit par lequel toute création est rendue possible.

C'est pourquoi des maitres d'arts martiaux considèrent la calligraphie comme l'art martial suprême en raison de la maitrise de soi nécessaire pour transcender la technique afin de communiquer l'esthétisme et l'harmonie.

Pour réaliser une telle chose, l'artiste doit d'abord créer l'harmonie en lui-même. C'est d'ailleurs ce qu'il est censé rechercher dans la pratique d'un art martial.

Et c'est par la coordination corps – esprit qu'il y parviendra. Il s'agit d'une discipline à la fois mentale et physique basée sur l'élévation de la conscience et le détachement menant à la vacuité,[33] un état levant le voile des entraves du mental et permettant l'expression de l'esprit à travers le corps physique.

---

[32] **Connaissance universelle** : L'ensemble des savoirs qui s'étendent à tout ce qui est, tout ce qui fut et de tout ce qui sera dans l'Univers. Un savoir trop grand pour l'humain de posséder et qui inclut le monde physique, l'intangible et le monde spirituel. L'humain peut s'en approcher et l'apercevoir sans toutefois l'appréhender.

Même si l'esprit seul peut y accéder, ce dernier habite un corps physique, un égo dont il ne peut se dissocier facilement et qui limite son action sur ce plan. Son incapacité d'assimilation de la connaissance universelle limite donc l'être humain dans son développement à ne pouvoir que s'unir à la source originelle du savoir. Ce qui se résume à simplement « être ».

D'autre part, la pensée dualiste de l'humain œuvrant à l'intérieur d'un monde relatif (l'univers physique) limite son champ de conscience de l'absolu (le monde spirituel constitué d'énergie).

[33] **Vacuité** : *Ku* (jap.). L'éther, soit l'un des cinq éléments (voir : « Quintessence » à la note de bas de page n° 13, [p. 10]). Communication claire et pure entre l'esprit et le corps, sans interférence dominante du mental.

Concept d'interdépendance : « *La vacuité n'est ni le néant ni un espace vide distinct des phénomènes ou extérieur à eux. C'est la nature même des phénomènes. Et c'est pour cela qu'un texte fondamental du bouddhisme, le Soutra du cœur, dit : "La vacuité est forme et la forme est vacuité." D'un point de vue absolu, le monde n'a pas d'existence réelle ou concrète. Donc, l'aspect relatif, c'est le monde phénoménal, et l'aspect absolu, c'est la vacuité. [...]*

Les phénomènes surgissent d'un processus d'interdépendance de causes et de conditions, mais rien n'existe en soi ni par soi. La contemplation directe de la vérité absolue transcende tout concept intellectuel, toute dualité entre sujet et objet ». Source : Jean-François Revel et Matthieu Ricard, « Le Moine et le Philosophe : un père et son fils débattent du sens de la vie », 1999, Paris, Nil, 410 p.

L'aspect compétitif, élément invalidant des arts martiaux, est quant à lui l'indicateur clé servant à déterminer qu'il s'agit d'un sport de combat. Ce dernier opère d'ailleurs une dégradation de l'art martial, car il est soumis à des règles empêchant la véritable expression de l'ensemble des connaissances.

Ces sports sont généralement dérivés des arts martiaux qualifiés d'« externes » ou « arts durs », où les réactions physiques programmées semblent précéder les réactions mentales en opposant une force à la contrepartie. Le *Karatedo* [34], le *Kung-fu* [35] et le *Taekwondo* [36] sont souvent de bons exemples d'arts externes. Les pratiquants sont soumis à une hygiène corporelle ou à un conditionnement physique qui permet d'extérioriser le potentiel énergétique.

Les arts « internes » ou « arts souples » expriment quant à eux les potentialités de l'esprit qui commandent au corps sans s'opposer à la force de la contrepartie. L'Aïkido,[37] le *Qi-gong* et le *Tai-chi-chuan* en sont souvent de bons exemples.

---

[34] **Karatedo** : (Jap.) « Voie dite de la main vide ». Karaté en Occident. Vide est entendu au sens de vacuité, traduisant l'atteinte de celle-ci par la technique gestuelle martiale telle que le *Kata*, et dans le maniement d'armes rudimentaires (comme des outils aratoires).

La main, le premier outil de l'homme est également sa première arme naturelle. Par extension, les poings, les coudes, les jambes et les autres membres du corps, et les objets usuels sont mis à contribution dans le déploiement de coups frappés (*Atémis*) sur les points dits vitaux de l'adversaire. Il s'agit d'un art martial prenant ses racines en Chine, et développé originellement sur l'ile d'Okinawa dans l'archipel japonais de *Ryukuy*. Maitre Gichin Funakoshi, descendant d'une lignée de Samouraïs a fondé le Karaté moderne de style *Shotokan* en 1939.

[35] **Kung-fu**, *Wu-shu*, *Gong-fu* : (Chin.) « Celui qui s'accomplit par le travail parfait », et ce, dans n'importe quel domaine. On dira alors d'une personne qu'elle possède le *Kung-fu* de sa discipline. Le terme générique désigne un ensemble de techniques martiales avec ou sans armes.

[36] **Taekwondo** : (Cor.) « La Voie du pied et du poing ». Le sport de combat a été fondé en 1955 par Maitre Choi Hong Hi. Il est le fruit d'une longue tradition martiale coréenne et du *Karatedo* de Maitre Gichin Funakoshi. La discipline fut incorporée au programme des Jeux olympiques en 2000.

[37] **Aïkido** : (Jap.) « Voie de l'harmonie avec l'énergie ». Art de paix fondé par Maitre Morihei Ueshiba vers 1931. Il existe de nombreux styles d'Aïkido à travers le monde.

Vues de l'extérieur, ces variations de styles apparaissent mineures, alors que dans les faits chacun de ces styles peut s'avérer très différent selon les méthodes d'enseignement, les processus sous-jacents, la profondeur spirituelle, les résultats martiaux et les niveaux des connaissances transmises. Les écoles de la première heure qui ont donné naissance à une grande variété de styles sont : *Aikikai, Iwama Ryu, Shodokan, Yoseikan, Yoshinkan* et *Kenkyukai* (*Ki Society*).

Ce dernier style appelé aussi *Ki-Aïkido* pour définir son approche spécifique de l'énergie (le *Ki*), ou *Aïkido Shinshin Toitsu*, signifiant Aïkido avec coordination corps – esprit, a été fondé par Maitre Koichi Tohei en 1971. Le contenu du présent ouvrage s'inspire d'ailleurs en grande partie de ce style d'Aïkido très particulier et souvent contesté par simple ignorance.

En regroupant le nombre d'adeptes des divers styles d'Aïkido, on estime que quelques millions de personnes pratiquent cet art de paix à travers le monde.

Ainsi, lorsqu'on observe des pratiquants du Karaté, ou Voie de la gestuelle conduisant à la vacuité, ils semblent attaquer leur adversaire avec force.

En Occident, c'est généralement le cas, et on classera cette activité sous le vocable d'art externe où sont confrontées des forces en opposition. Dans ce cas, la pratique est axée sur le développement et l'expression de la puissance physique.

Cependant, dans la pratique réelle de l'art martial, il s'agira de porter une contre-attaque au moment du déclenchement de l'attaque de l'adversaire, c'est-à-dire au moment où le mouvement d'énergie, ou de *Ki*, précédant toute action, sera pressenti. Cette perception applicable à tous les aspects de la vie s'appelle l'intuition martiale.

Aux yeux du profane, le Karaté peut donc donner l'impression que la personne se défendant est l'attaquant. Qui plus est, puisque celui qui déclenche l'attaque est en mouvement, le défendant qui agit intuitivement n'aura qu'à positionner un *Atémi*[38] au bon endroit, sans forcer, de sorte que l'adversaire puisse en faire la rencontre, parfois fracassante.

C'est surtout le cas lors d'une attaque portée à l'aveugle, car l'attaquant se retrouve désormais sans défense dès le début de son action.

Notons qu'une attaque a pour effet de désarmer momentanément celui qui s'y livre, procurant au défendant une ouverture qu'il s'efforcera de saisir pour appliquer une contre-attaque.

Il en va de même pour le *Kendo*,[39] la Voie du sabre, où des experts s'affrontant peuvent demeurer immobiles durant de longues périodes de temps en attendant une ouverture provenant soit d'une attaque, soit d'une rupture de la concentration.

La connaissance issue de la pratique adéquate d'un art martial est donc la clé du savoir-faire du pratiquant. Selon la légende, il fut une époque où les maitres d'arts martiaux gardaient pour eux des « secrets ». De cette façon, le maitre pouvait vaincre son éventuel prétendant à la succession en cas de rébellion.

---

[38] **Atémi** : Coup porté à l'aide d'un membre du corps (main, poing, avant-bras, coude, tête, genou et pied) sur un point dit vital d'un adversaire.

Le *Ki* (l'énergie vitale) de ce dernier est alors perturbé à la manière d'une pression d'acuponcture, mais dans un but martial. L'*Atémi* est parfois porté avec le *Kiaï*, un cri provenant du bas-ventre (*hara*) et consolidant un transfert intense d'énergie (*Ki*).

[39] **Kendo** : (Jap.) « Voie du sabre ». Sport de combat japonais issu des traditions d'escrime des Samouraïs. Les pratiquants revêtent des armures et ils utilisent traditionnellement un bâton droit constitué d'un assemblage de quatre sections de bambou, le *Shinai*, qui simule un *Katana*, le sabre traditionnel des Samouraïs du Japon féodal.

Le successeur, souvent le fils du maitre par tradition, faisait de même pour les mêmes motifs, et ainsi de suite. Ainsi, des arts martiaux se seraient dégradés au fil du temps au point de corrompre le sens de la pratique originale.

Encore aujourd'hui, la connaissance est thésaurisée et parfois transmise sous forme de récompense aux pratiquants dédiés. Si ce n'est pas le cas, on doit alors redécouvrir cette connaissance perdue.

Il n'existe que peu d'écrits ou de codifications sérieuses et pratiques sur les arts martiaux. C'est sans aucun doute parce que le développement des arts martiaux est évolutif dans le temps et que le développement des pratiquants relève de facteurs intrinsèques.

Par ailleurs, même si des maitres pouvaient atteindre des niveaux extraordinaires de maitrise, ça ne voulait pas dire qu'ils étaient en mesure d'enseigner à d'autres comment y parvenir à leur tour.

Un style martial est défini et limité à la compréhension du maitre et à son interprétation de l'art, à ses connaissances et à son niveau d'éveil. Devant ce bagage d'incertitudes humaines, intuitives ou rationnelles, le pratiquant est toutefois rassuré par la ritualisation de la pratique.

En effet, un mécanisme psychologique issu du cerveau reptilien permet aux traditions séculaires, religieuses, spirituelles et scientifiques de persister, même si elles peuvent s'avérer vides de sens ou qu'elles soient simplement inappropriées.

La tradition est un paradigme maintenu par nos instincts primitifs qui sont à la fois protecteurs et aliénateurs. Seul l'éveil permet à un individu de les confondre et de s'en libérer. Par exemple, un exercice peut s'avérer nuisible au corps ou dangereux dans les faits, mais parce qu'on l'a toujours réalisé par tradition, sans questionnement, on continuera de le faire jusqu'à ce que quelqu'un d'éveillé décide qu'il en est autrement.

Cela implique d'apporter de nouvelles connaissances dans le système. C'est la même chose sur le plan spirituel, à la différence près que l'on croit généralement que les éléments de l'univers intangible ne sont pas mesurables. C'est faux, comme nous le verrons plus loin dans cet ouvrage. Ces ambigüités expliquent en partie la grande diversité des styles et des formes d'arts martiaux que l'on connait aujourd'hui.

Par ailleurs, il serait dupe de croire qu'une nation comme le Japon puisse livrer de force son savoir le plus précieux, même sous l'occupation américaine d'après-guerre, à ce qui fut un jour son ennemi occidental.

L'information généralement transmise au *Gaijin*[40] n'est souvent que partielle, mais suffisamment satisfaisante pour combler ses attentes. À ce propos, la Chine n'est pas très ouverte non plus aux étrangers.

Le choc des cultures joue aussi un rôle dans cette rétention de l'information. En Orient, les pratiquants ne doutent pas et adhèrent sans inhibition aux préceptes métaphysiques qui leur sont présentés. Ils acquiescent d'emblée à la pratique, et ce, sans questionnement.

En Occident, c'est tout le contraire. Les pratiquants chercheront à expliquer, à confondre et à comprendre ce qui leur est présenté, car ils désirent valider le peu de connaissances qu'ils possèdent, même si elles peuvent être erronées.

Les connaissances métaphysiques sont généralement contestées et souvent rejetées d'emblée parce que l'adepte ne trouve pas de comparaison ou de lien avec son propre vécu. Il est donc plus aisé de demeurer dans un contexte où tout est facilement mesurable ou démontré physiquement.

Ainsi, on expliquera au pratiquant comment développer un *Atémi* avec un soi-disant maximum de force et d'impact, plutôt que de lui enseigner comment agir sur la lecture de l'intention de l'attaquant.

Confrontés à des notions immatérielles, les préceptes hors du champ de conscience du pratiquant sont relégués au rôle de simples fables divertissantes sans application concrète. C'est pourtant tout le contraire ! Cette fermeture d'esprit a d'ailleurs réussi à convaincre beaucoup d'Asiatiques qu'il n'est pas possible pour l'Occidental d'atteindre quelques formes d'illumination que ce soit.

Au fil du temps, l'enseignement des arts martiaux a été orienté vers les désirs des élèves et s'est éloigné peu à peu de l'authenticité. Si les élèves ont des valeurs et des connaissances déficientes et que leurs professeurs les corroborent, alors comment pourra-t-on développer un processus durable de croissance et d'épanouissement pour les générations à venir ?

Dans ces conditions, l'adepte devient de surcroit de moins en moins efficace avec le temps, car son développement aura toujours été physique, et donc superficiel et illusoire. En Occident, les arts martiaux sont souvent des produits d'importation devenus généralement des sports de combat, perdant ainsi l'essence même de ces précieuses voies de développement, les réduisant souvent aux yeux du public à de simples activités commerciales lucratives.

[40] **Gaijin** : (jap.) Terme souvent utilisé péjorativement pour désigner les étrangers.

Les arts qualifiés de « durs » cultivent souvent la tension physique du corps et la négativité en développant l'esprit de compétition, de combat et de domination au lieu de promouvoir la coopération, l'entraide et la compassion, qualités essentielles de l'artiste martial.

La majorité des adeptes sont maintenant devenus des clients auprès desquels règne la promotion de l'égo, caractéristique néfaste sur le plan sociétal et contraire à la vraie nature des arts martiaux.

Quoi qu'il en soit, les qualités développées au *Dojo*, bonnes ou mauvaises, seront indubitablement appliquées dans le quotidien du pratiquant. Alors, quelle est donc la Voie que vous avez choisie ? Répondre à cette question avec sincérité stimulera certainement votre réflexion intérieure.

Représentation de Bodhidharma (Daruma) d'après un rouleau calligraphique japonais de Hakuin Ekaku (1685-1768)

« Le zen va droit au cœur. Vois ta véritable nature et sois Bouddha ! »

I.2 – LA DISSÉMINATION DES ARTS MARTIAUX

C'est en provenance de l'Inde, aux environs du VIe siècle de notre ère, qu'un moine bouddhiste du nom de Bodhidharma (Daruma en japonais) introduisit en Chine une discipline à la fois martiale et méditative au temple de Shaolin, au pied des monts Song-Chan situés dans l'Est du pays.

Ainsi, les rares données historiques disponibles, souvent contestées, suggèrent que le *Kalarippayatt*,[41] un art villageois indien millénaire, serait à l'origine des arts martiaux d'Extrême-Orient.

Selon le récit légendaire, Bodhidharma enseigna aux moines du temple un mode de méditation perpétuelle permettant d'accéder à l'illumination ou d'atteindre l'état d'éveil appelé « *Satori* »[42] en japonais. Cette pratique de vie deviendra le « Zen ».[43]

Pour des besoins de défense des moines de Shaolin contre les animaux et les brigands, et afin de mieux résister physiquement à de longues méditations, il leur enseigna également des exercices martiaux qui deviendront au fil du temps le *Kung-fu Shaolin*, *Kung-fu* signifiant littéralement « celui qui a atteint la perfection ».

L'influence de Bodhidharma marque selon toute vraisemblance le début de la dissémination du Zen et des arts martiaux dans tout l'Extrême-Orient. Les arts martiaux s'étendirent alors à la Chine, à la Corée, au Japon et au Sud-Est asiatique.

Devant la supériorité explicite de ces disciplines, nombre de pratiques tribales et villageoises cédèrent peu à peu le pas à des adaptations et au développement des arts martiaux que nous connaissons aujourd'hui. Voyageurs, conquérants et conquis ont répandu les arts martiaux dans des formes d'expression des plus variées, des techniques de combat aux techniques méditatives et respiratoires en passant par des médecines douces basées sur le rétablissement de l'équilibre du *Chi*, force vitale interne inaliénable de l'être humain.

---

[41] **Kalarippayatt** ou *Kalarippayattu* : (Ind.) Art martial et médecine ancienne originaire de l'État du *Kerala* situé au sud-ouest de l'Inde. Les médecins guerriers du *Kalarippayatt* ont laissé des traces documentaires de leur art remontant jusqu'au 2e siècle avant Jésus-Christ.

[42] **Satori** : (Jap.) Cœur et Soi. Éveil ou illumination. État contemplatif qui permet de constater sa propre nature et de faire l'expérience de l'unicité réalisée avec toutes choses. Être libéré de l'illusion d'un Soi séparé et de l'illusion de l'existence.

[43] **Zen** : (Jap.) École bouddhique de recherche de la vérité intérieure par la méditation et le recueillement en dehors des inutiles rituels religieux (Syn. : *Ch'an* ou *Tchan* en chinois, « il a d'abord donné »; *Dhyâna* en sanskrit, « méditation »; *Son* en coréen; *Thien* en vietnamien).

La doctrine s'appuie sur la pratique de la méditation (*Zazen*) en position « *Agura* » (assis par terre avec jambes croisées devant soi) et des *Koans* (énoncés de vérités paradoxales que l'intellect ne peut saisir, forçant ainsi la pensée au silence), pour l'accès à la connaissance intuitive (*Satori* ou illumination) et à la révélation de sa vraie nature (*Kensho*).

À l'époque du développement des premiers arts martiaux, la conception de l'Univers voulait que la Terre fût plate plutôt que ronde. Cette vision du monde a influencé allègrement le développement des arts martiaux.

Beaucoup d'entre eux sont toujours basés sur la dépendance du sol plutôt que sur la légèreté corporelle. C'est pourquoi nous retrouvons, encore aujourd'hui dans plusieurs formes d'arts martiaux, des positions larges, près du sol et d'allure surnaturelle, souvent inspirées de postures d'animaux.

Bien que ces formes aient semblé tout indiquées à une époque, il peut être surprenant qu'elles soient encore pratiquées de nos jours. Les arts martiaux ne devraient-ils pas continuer de se développer en tenant compte des nouvelles connaissances acquises par l'homme à propos de lui-même et de l'Univers ?

Par ailleurs, la compréhension de nombreuses pratiques traditionnelles demeure parfois méconnue. Par exemple, nous avons tous admiré des coups de pied de côté portés à des hauteurs vertigineuses dans des films d'action ou lors d'exhibitions d'arts martiaux.

Si nous nous replaçons dans le contexte de la création d'une telle technique, nous découvrirons qu'elle servait à désarçonner un ennemi montant à cheval en terrain montagneux. Les arts martiaux développés dans les régions marécageuses comme les rizières mettaient l'accent davantage sur les techniques utilisant les bras et les mains en raison des mouvements difficiles des jambes dans de telles conditions.

De plus, les outils aratoires et d'usages communs de toutes sortes étaient maniés pour se défendre des agresseurs armés de sabres et de lances. Les arts martiaux ont notamment développé le maniement du *Nunchaku*[44] qui à l'origine sert à battre le riz, du *Jo*, le bâton de marche, et du *Bo*, un long bâton servant à transporter une double charge répartie de chaque côté.

---

[44] **Nunchaku** : Mot japonais désignant un fléau d'armes d'origine chinoise constitué de deux branches généralement en bois et reliés ensemble par une chaine ou une corde. « *Shaku* » est une unité de mesure d'environ 30 cm et « *Nun* » signifie identique. Il s'agit d'une variation d'un outil aratoire destiné à décortiquer le riz en le battant.

Cette arme fut fortement popularisée auprès de l'Occident par les films mettant en vedette Bruce Lee (1940 – 1973), fondateur du *Jeet-Kune-Do* (1967), la « Voie du poing qui intercepte ».

De nombreux arts martiaux pratiquent son maniement. Il s'agit d'une arme utilisée notamment dans la pratique du *Kobudo* originaire de l'ile d'Okinawa au Japon. Considéré comme une arme, le *Nunchaku* est prohibé au Canada et dans de nombreux autres pays.

Le Japon, riche en traditions martiales originaires de l'époque des Samouraïs,[45] fit connaissance avec les premiers Occidentaux, les Portugais, vers 1542. Ce n'est cependant qu'au XXe siècle que l'Occident rencontra réellement les arts martiaux orientaux.

Les arts de combat s'appellent *Jutsu* [46] en japonais. Un préfixe se place devant le mot selon la technique ou la méthode dont il est question, avec ou sans armes. En voici quelques exemples : *Kenjutsu* pour les techniques de sabre, *Jujutsu* pour les techniques de souplesse, *Aïkijutsu* pour les techniques de l'harmonie et *Bujutsu* pour l'ensemble des techniques guerrières.

La paix des clans imposée sur le Japon par les shogouns[47] de la dynastie Tokugawa, qui dura de 1603 à 1868, et l'influence du bouddhisme Zen auront permis le développement des arts sous de nombreux aspects.

Les Samouraïs vécurent en paix durant plus de 250 ans en se livrant à de nombreuses pratiques artistiques comme la calligraphie, la poésie, l'arrangement floral et la cérémonie du thé. Ces activités, exécutées dans un monde visant la perfection, faisaient savourer l'instant présent aux Samouraïs qui, à tout moment, pouvaient être engagés dans des combats mortels.

Aujourd'hui encore, ces activités sont pratiquées afin de permettre à l'homme moderne de savourer l'instant présent, seul moment réel de l'existence pouvant contenir le bonheur.

Comme pour beaucoup de japonais, nombre de gens d'affaires pratiquent la cérémonie du thé afin de maintenir leur équilibre intérieur devant les tumultes et les incertitudes de leur vie. Évidemment, les Samouraïs, guerriers assujettis à un code d'honneur appelé Bushido,[48] se livraient intensément à la pratique des arts martiaux.

---

[45] **Samouraï** : (Jap.) Caste militaire de guerriers de l'époque de l'ancien Japon ayant vécu de 1192 à 1868.

[46] **Jutsu** ou *jitsu* : (Jap.) Désigne le processus d'apprentissage des arts martiaux par lequel la discipline pratiquée met au premier plan l'utilisation effective des techniques au combat.

[47] **Shogoun** : (Jap.) Abréviation de *Seitaishogun*, signifiant « grand général pacificateur des barbares ». Il s'agit à la fois du général des armées et aussi du chef du clan guerrier.

[48] **Bushido** : Mot japonais désignant le code d'honneur que devaient respecter les Samouraïs. Les sept grandes vertus confucéennes y étant associées sont : BIENVEILLANCE ou HUMANITÉ (*JIN*), DROITURE ou RECTITUDE (*GISHI*), RESPECT ou CIVILITÉ (*REIGI*), FERVEUR ou COURAGE (*YUKI*), AUTHENTICITÉ ou HONNÊTETÉ (*MAKOTO*), LOYAUTÉ ou FIDÉLITÉ (*CHUGI*) et HONNEUR (*MEIYO*).

Lorsqu'un maitre d'arts martiaux perçoit de telles qualités chez un élève, il lui est alors très dévoué.

Ces derniers rassemblaient des techniques très explicites et expéditives qui étaient enseignées à l'abri des regards dans des écoles, sous la direction de maitres. Les techniques étaient axées sur la victoire définitive au combat, en duel ou sur un champ de bataille.

À la suite du règne des Samouraïs, vers la fin du XIXe siècle, les *Jutsu* ont été remplacés par les « *Do* », signifiant « Voie » ou chemin spirituel. Les méthodes d'entrainement et les techniques furent altérées et visaient dorénavant le développement personnel des pratiquants. Le *Kenjutsu* est devenu le Kendo, le *Jujutsu* : le Judo, l'*Aïkijutsu* : l'Aïkido, et ainsi de suite.

Les *Jutsu* avaient donc été pacifiés. Une discipline mortelle de combat comme l'*Aïkijutsu* est devenue, par l'Aïkido, une discipline de contrôle de l'attaquant. Cependant, pour ceux qui maitrisent cet art et qui en comprennent les arcanes, ces techniques harmonieuses peuvent reprendre à volonté le chemin inverse et s'avérer létales.

On parlera ainsi du *Jutsu* de l'Aïkido pour qualifier l'altération des techniques menant à la compréhension de ce retour aux origines guerrières. La Voie indique le cheminement spirituel suivi par le pratiquant dans une discipline artistique ou martiale. La discipline pratiquée est le médium par lequel l'adepte réalise l'union de soi à l'Univers par la coordination corps – esprit.

Cet éveil lui fait alors rencontrer sa vraie nature (*Kensho*) qui sera exprimée dans tous les aspects de sa vie. La progression est liée à l'élévation de la conscience, et c'est ce qui explique que l'objet de la discipline est sans fin.

De nombreux maitres voient dans les sports de combat un avilissement des arts martiaux. La compétition rend compte d'une célébration de l'égo du vainqueur à un moment précis, en un lieu choisi et selon des règles établies et arbitrées, alors que la vraie nature des arts martiaux se réfère au travail de toute une vie.

Dans ce moment de gloire éphémère lié à la compétition, l'égo est valorisé alors que son abandon est justement l'une des caractéristiques de l'éveil. En d'autres termes, la compétition fait régresser le pratiquant dans toutes les directions, sauf peut-être en ce qui a trait au conditionnement physique lié à un entrainement intensif du corps.

Carnet de voyage

« Lors d'une activité champêtre qui dura quelques jours, je fis la connaissance d'un jeune homme qui me questionna sur l'Aïkido et les arts martiaux. Pour lui, ce qui lui paraissait réel dans ce domaine se limitait aux sports de combat télévisés dits ultimes.

Il rejetait d'emblée toutes autres considérations philosophiques ou métaphysiques, les considérant comme inutiles. Puisque je pratique la Voie de l'harmonie avec le Ki, je respectai son opinion.

Durant la journée, il se luxa fortement une cheville lors d'un échange sportif. Résultat, il ne pouvait marcher que très difficilement. Je lui proposai alors de l'examiner. Il acquiesça.

Après quelques manipulations et pressions effectuées avec Ki, la douleur s'estompa et au bout d'une dizaine de minutes, à son grand étonnement, il put marcher à nouveau et ainsi continuer à jouir de l'activité sociale. Par mesure de précaution, je lui recommandai de consulter un médecin dès le lendemain.

Je lui expliquai alors que si ma pratique avait été limitée à me battre, je n'aurais pas pu l'aider. La puissance requise pour casser des briques à main nue ou pour contrôler un individu est la même que celle pour soigner, c'est l'énergie, le Ki.

Aider d'autres personnes et faire le bien est véritablement la Voie des arts martiaux. Cette finalité est de loin beaucoup plus utile et positive pour soi-même et pour la société que de se battre pour de l'argent ou par esprit de domination. J'ajoutai que c'est l'une des raisons pour lesquelles je pratiquais les arts martiaux intensément.

Ainsi, en lui transmettant de nouvelles connaissances pratiques, son esprit s'est alors ouvert à de nouvelles perspectives de vie ».

Maitre Jigoro Kano a fondé le Judo[49] en 1882 alors qu'il n'était âgé que de 22 ans. En 1972, soit 90 ans plus tard, l'art martial devenait un sport olympique au même titre que des disciplines comme le tennis de table et le marathon. Beaucoup d'autres disciplines martiales suivent les traces de la quête de profits dans le sport, ce qui implique par définition la présence de compétitions. C'est en effet l'élément compétitif qui détermine la teneur de l'activité.

---

[49] **Judo** : (Jap.) « Voie dite de la souplesse » dans le sens d'adaptation, constituant ainsi un principe de vie. Il s'agit d'un art de combat fondé par Maitre Jigoro Kano en 1882.

La pratique est principalement constituée d'un ensemble de techniques de projection, de contrôles au sol, d'étranglements et de clés.

La mise en marché du sport avec toutes ses lubies aura conduit beaucoup de gens à l'adulation de vedettes chimériques. En effet, l'idolâtre ne connait pas son idole autrement que par le biais d'une perception fabriquée par les médias. Malgré ce qu'on en dira, il n'y a pas de héros, et ce, dans aucun sport.

Le sport, en estrade ou sur le terrain, n'est rien d'autre qu'un divertissement, un amusement limité seulement à l'importance qu'on lui accorde sur le plan individuel.

Pour un adulte, l'idolâtrie sportive est aussi pernicieuse maintenant qu'à l'époque des gladiateurs romains, et elle est aussi maladive que la religion et que le patriotisme.

L'aliénation causée par le fanatisme sportif déborde parfois en émeutes et en bagarres causant la mort. Quelle équipe sportive mérite qu'un humain se batte ou meure pour elle ?

Évidemment, aucune ! Pourtant, cela se produit quand même. La même question se pose pour les religions et les idéologies politiques. Pour ceux dont l'esprit est clair, ils obtiendront toujours la même réponse à ces questions.

Pour un enfant, le sport est une source de motivation bénéfique pouvant l'inciter à l'activité physique essentielle à son développement, lorsqu'il est présenté positivement par des parents cherchant à combler les besoins de leurs enfants et non leurs propres « désirs ».[50]

L'activité physique est essentielle au bien-être et elle est garante de la santé aussi bien physique que mentale d'un humain, mais n'est pas un art.

Il en va de même pour l'autodéfense,[51] même si cette activité d'apprentissage de la survie comporte un ensemble de techniques, ces dernières ne sont qu'inspirées des arts martiaux orientaux, mais n'en sont pas.

---

[50] **Désir** : Selon le *Bouddha*, les causes de la souffrance humaine peuvent être trouvées dans l'incapacité à voir correctement la réalité. Cette ignorance et les illusions qu'elle entraine conduisent à l'avidité, au désir de posséder davantage que les autres, à l'attachement et à la haine pour des personnes ou des choses.

Cette philosophie de vie affirme que de la souffrance nait du désir ou de l'envie. C'est en les supprimant tous deux que *Siddhartha Gautama*, le Bouddha historique dit *Shakyamuni*, l'éveillé, serait parvenu au *Nirvana* (état de paix intérieure totale et permanente provenant du détachement).

[51] **Autodéfense**, défense personnelle (en anglais « *Self-defense* ») : Désigne un ensemble de techniques tirées des arts martiaux et des sports de combat visant, du moins théoriquement, à permettre au pratiquant de faire face à une attaque armée ou non.

Quoi qu'il en soit, il vaut la peine d'apprendre n'importe quel art martial ou son dérivé, surtout s'il est bien enseigné, car ce sont là des activités qui font vivre des expériences fascinantes.

Si les grands maitres fondateurs des arts martiaux japonais Jigoro Kano (Judo), Gichin Funakoshi (Karaté) et *O'Sensei* Morihei Ueshiba (Aïkido), ont réussi à conserver le savoir ancestral des techniques guerrières en les adaptant à des Voies pacifiques, il est à propos de voir dans ces arts martiaux la réalisation de soi, la paix et l'harmonie, et non la promotion de l'égo ou de la domination d'autrui.

Représentation de Maitre Morihei Ueshiba (1883 – 1969)

« Dans le vrai Budo, il n'y a ni adversaire ni ennemi. Le vrai Budo ne fait qu'un avec l'Univers, ce qui signifie qu'il est relié au centre de l'Univers. Le vrai Budo est œuvre d'amour, il implique de donner la vie à tout ce qui existe, de ne pas tuer ni de s'opposer l'un à l'autre »[52]

[52] Citation de Maitre Morihei Ueshiba tirée de : Robert Pater, « **Les arts martiaux et l'art du Management** », Albin Michel, Paris, 1990, p. 146, 273 p.

Le *Budo* regroupe l'ensemble des arts martiaux traditionnels du Japon. Il est souvent désigné comme « la Voie des arts martiaux », « la Voie du guerrier » ou « la Voie du combat ». Il est aussi vrai qu'au sens étymologique du terme, « *Bu* » signifie : l'arrêt des armes ou l'arrêt du combat, révélant implicitement la recherche de la paix. Ainsi, la juste interprétation du terme *Budo* s'avère celle de « la Voie de la paix ».

Morihei Ueshiba (1883 – 1969), appelé aussi « *O'Sensei* » ou « Maitre des maitres », a consacré sa vie, sans relâche, à la pratique des arts martiaux. Il commença son apprentissage par la pratique du *Kenjutsu* et du *Jujutsu* à l'âge de 19 ans à Tokyo. Puis, il s'enrôla dans les rangs de l'armée japonaise durant la guerre avec la Russie où il acquit la réputation de féroce combattant.

Après la guerre, qui dura de février 1904 à septembre 1905, Morihei Ueshiba retourna chez lui à Tanabe, sa ville natale, située dans la préfecture de Wakayama. Appelé à travailler dans la partie nord de l'ile d'Hokkaido, il suivit intensément les enseignements de Sokaku Takeda,[53] Maitre réputé du style *Daito-ryu* et l'un des derniers Samouraïs.

Ainsi, huit années s'écoulèrent avant qu'il ne fasse la connaissance d'Onisaburo Deguchi (1871 – 1948),[54] le dirigeant d'une nouvelle secte shintoïste[55] appelée *Omoto-kyo*. Ses études avec Deguchi se déroulèrent durant une autre huitaine d'années durant laquelle il développa l'art martial du nom d'*Aïki-bujutsu*.

---

[53] **Sokaku Takeda** (1859 – 1943) : Japonais, dernier membre d'une famille traditionnelle de Samouraïs, qui a consacré sa vie à la diffusion des arts martiaux de son clan, tout particulièrement le *Daito-Ryu Jujutsu* rebaptisé le *Daito-ryu Aïkijujutsu*. Takeda fut à la fois un des premiers maitres d'arts martiaux au sens moderne du terme et un des derniers guerriers du Japon traditionnel.

[54] **Onisaburo Deguchi** (1871 – 1948) : Né sous le nom de *Kisaburo Ueda*, *Onisaburo* est issu d'une famille paysanne et montre dès son plus jeune âge des capacités intellectuelles exceptionnelles et de l'intérêt pour la spiritualité. En 1898, il rencontre *Nao* la fondatrice du mouvement religieux *Omoto*. Il entre dans cette religion et en devint rapidement l'une des personnalités-clés.

En 1900, il épouse la cinquième fille de *Nao Deguchi*, *Sumiko*, et adopte le nom d'*Onisaburo Deguchi*. En 1908, avec *Nao Deguchi*, il fonde une école appelée *Dai Nihon Shuseikai* qui devient la *Taihonkyo* en 1913 puis la *Kodo Omoto* en 1916. En 1923, il apprend l'*Esperanto* (langue universelle de 1887) et commence à l'utiliser dans les activités du mouvement. Il est surtout connu en occident pour avoir été l'enseignant et le mentor religieux de *Morihei Ueshiba*, le fondateur de l'Aïkido.

[55] **Shintoïsme** : Religion de type chamanique vénérant les *Kamis* (divinités et forces de la nature), précédant l'arrivée du bouddhisme au Japon aux environs du Ve siècle. Au Japon moderne, cette religion regroupe plus de 100 millions de pratiquants.

L'*Omoto-kyo* dite « la secte de la grande source » est une branche ésotérique du shintoïsme prônant la vision d'un dieu universel se manifestant dans la nature entière à travers les mouvements et les rythmes de l'énergie, vitale et cosmique, appelée « *Ki* ».

Au cours d'une mission périlleuse à caractère philanthropique et spirituel en Chine qui faillit, d'ailleurs, lui couter la vie, il vécut plusieurs expériences mystiques. Il fut rapporté que lorsqu'il se trouvait sous le feu du tir ennemi, il voyait des passages luminescents annonçant l'arrivée imminente de projectiles d'armes à feu, ce qui lui permettait de les éviter.

En une autre occasion, à la suite d'un combat avec un redoutable escrimeur, une illumination soudaine lui fit ressentir une harmonie parfaite. Il rapporta qu'une lumière dorée venue du ciel se déversait sur lui. À la suite de ces expériences mystiques, il rebaptisa son style l'*Aïkibudo*, changeant ainsi le caractère martial de son art par une Voie de développement reposant sur des principes d'harmonie et d'amour.

Malgré le tumulte mondial des nombreuses guerres du début du XXe siècle, il a fondé à Tokyo, vers 1931, le « *Dojo Aïkibudo* » qui deviendra par la suite celui de l'Aïkido, la « Voie de la paix » ou « Voie de l'harmonie universelle ».

Inspirée de schèmes religieux Shinto, bouddhiques et ésotériques, et de techniques martiales chinoises et japonaises, la Voie pacifique qu'il décrit par l'Aïkido est celle de l'atteinte de la perfection par l'union de soi à l'Univers. À travers cette synthèse moderne des arts martiaux, Maitre Ueshiba était capable de prouesses dont il est dit que lui seul pouvait incarner une telle perfection.

Maitre Koichi Tohei (1920 – 2011), qui devint disciple de Maitre Ueshiba à l'âge de 19 ans, aura su interpréter comment ce dernier parvenait à réaliser cette union de soi à l'Univers, et surtout, comment l'enseigner à d'autres.

En effet, Maitre Tohei a découvert quatre principes universels permettant de coordonner le corps et l'esprit afin de réaliser l'union de soi avec l'Univers, ne faisant alors qu'un avec lui. Cet état d'harmonie universelle permet au pratiquant d'accéder à son plein potentiel et à l'exprimer naturellement dans sa vie courante.

À l'instar de Maitre Ueshiba, son expérience de vie hors du commun lui a permis de vérifier l'authenticité de ces principes dans des situations extrêmement difficiles et dangereuses. En effet, à l'âge de 23 ans, juste après sa graduation de l'université Keio Gijuku, il fut recruté par l'armée.

Il passa alors quatre années de campagne en Chine à titre de chef de peloton d'infanterie. Utilisant ses connaissances du *Ki* et de la coordination corps – esprit, surtout sous les feux de l'ennemi, il fut capable de ramener sains et saufs les 80 hommes qui étaient sous son commandement.

Après la guerre, il retourna à la pratique du Zen, du *Misogi*[56] et de l'Aïkido. Il est aussi devenu un disciple de Tempu Nakamura (1876 – 1968), Maitre d'arts martiaux et fondateur du *Shin-shin Toitsu Do*, la « Voie de l'unification corps – esprit ». Cette discipline est également connue comme étant le Yoga japonais. Il s'agit d'une étude des principes de la nature et de la façon dont ils peuvent être affinés par le pratiquant pour lui permettre l'éveil et la réalisation de ses potentiels.

À travers les enseignements de Maitre Nakamura, Koichi Tohei reconnut le principe fondamental voulant que l'esprit gouverne le corps. Ce principe deviendra alors le centre de son propre enseignement qui le conduira à fonder, entre autres, l'Aïkido *Shin-shin Toitsu*.

Maitre Koichi Tohei, le seul disciple ayant obtenu officiellement le grade de dixième Dan d'Aïkido du fondateur en 1969, a consacré sa vie à l'étude des arts martiaux, des philosophies orientales et des pratiques s'y rattachant. C'est en 1953, à Hawaï (É.-U.), qu'il introduisit pour la première fois les principes de *Ki* et d'Aïkido en Occident, à la demande de Maitre Ueshiba.

Ainsi, on assista peu à peu à la naissance du « *Think positive!* ». En effet, Maitre Koichi Tohei démontrait physiquement que la puissance d'une personne et l'expression de son potentiel résidaient dans sa capacité à relaxer et dans son attitude positive. Bien que ce genre de concept soit généralement accepté de nos jours, à cette époque ce fut une révolution de la pensée occidentale.[57]

Afin de préserver ces précieuses découvertes, il a fondé, en 1971, « *Ki Society International* » ou « *Ki No Kenkyukai* », signifiant : « Société d'étude sur le *Ki* ».

---

[56] **Misogi** : (Jap.) Pratiques traditionnelles shintoïstes dont le but est la purification du corps et de l'esprit. Peut être traduit par « ablution », ou « lustration » signifiant « purification rituelle ». Les femmes doivent se vêtir d'un *Kimono* blanc et d'un voile, et les hommes portent un vêtement léger que l'on nomme *Fundoshi* et un bandeau de résolution (*Hachimaki*). Les pratiquants crient des évocations qui affirment le potentiel de réalisation de chacun d'unir le corps et l'esprit et la communion avec les esprits divins (*Kamis*).

Pratiquées souvent sous une chute d'eau glacée, les pratiques *Misogi* comprennent également la marche pieds nus sur des braises, l'escalade, le jeûne et la méditation accompagnée d'exercices respiratoires, le tintement de cloches, etc.

[57] **Note** : Au moment de la dissémination des principes universels de coordination corps – esprit en Amérique, et par la suite, des Occidentaux ont emprunté partiellement les enseignements de Maitre Koichi Tohei pour donner naissance à une pléiade de mouvements et de conférenciers de type « motivateurs » de toute nature.

Sans toutefois maitriser l'essence de cette magnifique technologie offerte au monde par Maitre Koichi Tohei, des animateurs de séminaires y font référence en employant une terminologie différente et complaisante pour les publics auxquels ils s'adressent. Comme pour un spectacle, les résultats sur le développement des participants à ces séminaires divertissants et onéreux sont souvent médiocres et les effets positifs générés par l'engouement de l'activité s'avèrent généralement de courte durée.

Cette organisation est vouée à la diffusion des principes universels de coordination corps – esprit. Il s'agit en fait de la seule organisation spécialisée dans l'enseignement des pratiques relatives au *Ki* reconnue, dès 1977, par le Ministère de la Santé et du Travail du Japon.

L'application des principes universels constitue une pratique destinée au corps et à l'esprit, pouvant s'appliquer en tout lieu, à tout moment et en se livrant à n'importe quelle activité.

Représentation de Maitre Koichi Tohei (1920 – 2011)

« Ce que vous apprenez aujourd'hui, vous pourrez l'enseigner demain ! »

I.3 – CONTE : LE POURFENDEUR D'AIR ET LA MAITRISE DE L'ART

Rojii était forgeron de métier et artiste. Pour la plus grande joie des seigneurs de guerre, il fabriquait des Katanas[58] de grande beauté dont les courbes féminines alliaient esthétique, douceur et force. La dernière de ses œuvres portait le nom de « Sol-couvert-de-rosée ». Dans ses temps libres, Rojii se consacrait au maniement du sabre.

Bien qu'il n'eût pas le droit de porter un sabre, privilège accordé uniquement à la caste des Samouraïs et aux maitres de thé, on lui accorda néanmoins le loisir de s'entrainer avec un Boken, un sabre en bois simulant le poids et la portée d'un sabre réel.

Il n'eut pas de formation très élaborée dans ce domaine, mais il rencontra un maitre qui lui apprit deux techniques à exécuter selon des règles très strictes. Une faveur de son mécène, le Shogounat,[59] lui avait été accordée.

Ainsi, année après année, sans se lasser, il s'exerça en observant les règles d'exécution apprises de Maitre Chan qu'il n'eût la chance de rencontrer que deux fois dans sa vie, à son grand regret.

Les pratiques débutaient tout d'abord par un exercice de concentration visant à apaiser son esprit, tel que cela le requérait dans ses activités de création artistique. L'une de ces règles se résumait à tenir le sabre avec grande légèreté.

La première technique consistait à soulever le Boken au-dessus de la tête, à abaisser le centre de gravité en faisant suivre le sabre comme si on le laissait tomber parallèlement au sol en utilisant le poids de celui-ci. Il s'agit du coup classique porté vers l'avant afin de pourfendre un attaquant.

---

[58] **Katana**, *Daito*, *O'dachi* ou *Nihonto* : (Jap.) Emblème de la caste des *Samouraïs*, le *Katana* est un sabre, soit une arme blanche courbe à un seul tranchant, dont la lame mesure plus de 60 cm. L'ensemble *Katana* et sa version plus courte que l'on appelle *Wakizashi* (dont la lame mesure entre 30 et 60 cm) constituent le *Daisho*.

Le *Katana* est une arme de taille (dont on utilise le tranchant) et d'estoc (dont on utilise la pointe). Sa production dépasse celle du *Tachi* pendant l'époque de *Muromachi* (après 1392). Le *Katana* se porte glissé dans l'*Obi* (la ceinture) tranchant vers le haut, à la différence du *Tachi*, le sabre de cavalerie.

Bien que le *Katana* ait une taille de lame supérieure à 2 *Shakus* (2 fois 30,2 cm), soit plus de 60 cm, cette longueur peut varier selon les périodes et techniques de guerre. Il se manie généralement à deux mains, exception faite de la technique à deux sabres de Musashi Miyamoto, et des techniques impliquant l'utilisation du fourreau.

La poignée (*Tsuka*) commence par une garde (*Tsuba*) qui protège la main et se termine par une extrémité utilisée pour frapper (*Tsuka-gashira* ou *Kashira*). Le poids d'un *Katana* peut varier de 800 grammes à 1300 grammes (1.3 kg). Suivant la tradition, les lames de valeur portent leur propre nom.

[59] **Shogounat** : Gouvernement militaire du Japon de l'époque des Samouraïs.

La deuxième technique consistait à tenir le sabre d'une main et à le placer sur le bras opposé, à la verticale, puis de bouger le centre de gravité vers l'avant en portant un coup à l'horizontale en tournoyant. Cette frappe est destinée à couper la tête d'un quelconque brigand se tenant debout devant soi.

Durant plusieurs années, Rojii pourfendit l'air en s'appliquant à respecter les règles. Ces moments de joie et d'allégresse le rendaient heureux. Il vivait l'instant présent entièrement et le temps qui s'écoulait lui semblait irréel.

Il s'aperçut que l'exercice devenait de plus en plus léger, et lui semblait-il que son cœur aussi. Il constata également que ses œuvres artistiques devenaient de plus en plus esthétiques, et que les seigneurs de guerre qui les acquéraient n'osaient qu'en tout dernier recours entacher de sang ces objets précieux.

Après des milliers et des milliers de coupes à pourfendre l'air, il lui vint un questionnement. Un jour qu'il s'exerçait, il se demanda ce qui se produirait si son Boken frappait quelque chose, un obstacle. Que ressentirai-je ? Quel effroi ce serait si je n'avais pas respecté les règles du maitre !

Se tenant à l'extérieur près de son atelier, il décida de placer une petite poutre sur deux montants, à l'horizontale, à hauteur de poitrine d'homme. Il prit position, éleva le Boken et faisant fi mentalement de l'obstacle, il abaissa le sabre de bois.

À son grand étonnement, la poutre avait été brisée en deux comme si un géant l'avait écrasée de ses mains puissantes. C'était étonnant, mais il se dit alors qu'il devait frapper un obstacle qui résisterait au Boken, car il n'avait rien ressenti.

Non loin de là, dans un petit boisé, il aperçut un petit arbre feuillu balloté par le vent dont le tronc dénudé était d'un diamètre de près de deux fois la taille de la poignée de son Boken. Il s'en approcha et il lui fit subir la deuxième technique qu'il avait pratiquée si longtemps, celle censée couper la tête d'un attaquant.

Sur l'impact, il vit l'arbre éclater sur le passage du Boken qui le traversa de part en part, puis la partie supérieure de l'arbre tomba bêtement. « Incroyable ! » se dit-il. « Un Boken ne coupe pas et pourtant il accomplit l'œuvre qu'il est censé représenter ! »

Toutefois, il n'avait, encore une fois, rien ressenti ! Alors, d'un pas décidé, il se dirigea vers un autre arbre dont le tronc était de la taille d'un homme. Il refit la même technique.

Encore une fois, il ne ressentit rien. Cependant, sous l'impact du déploiement d'une force inouïe, il vit son Boken suivre le contour exact du tronc pour ressortir dans la position qu'il aurait occupé s'il n'avait pas rencontré l'obstacle : l'arbre était demeuré intact ! Puis, il regarda le Boken attentivement et ne décela aucune entaille ou marque quelconque.

La magie n'était pas dans le Boken, mais bien dans les enseignements justes de Maitre Chan et dans la pratique qu'il a en avait fait.

Cette expérience le marqua. Sachant maintenant ce qu'on pouvait faire seulement avec un Boken, il trouvait dorénavant bien inutile d'aiguiser les Katanas qu'il fabriquait. Il comprit aussi que le maitre lui avait enseigné la juste pratique. Il n'osa pas envisager d'avoir pratiqué, tout ce temps, une mauvaise technique, car tous les autres aspects de sa vie en avaient été constamment enrichis.

Rojii devait livrer le Katana baptisé « Sol-couvert-de-rosée » à son mécène. Il se mit en route pour entreprendre un voyage de quatre jours.

Alors qu'il arrivait au marché d'une petite ville sur le chemin de la ville d'Edo, il sentit une présence derrière lui.

En se retournant, il vit Maitre Chan, qui des années plus tard et du haut de sa monture, le reconnut ! Rojii, rempli de joie, se prosterna immédiatement en remerciant le Bushi[60] de lui avoir enseigné les deux techniques.

Maitre Chan mit pied à terre, le salua, et les deux hommes convinrent de discuter dans un salon de thé à proximité.

Rojii lui raconta ses expériences. Tout en admirant « Sol-couvert-de-rosée », Maitre Chan, affichant un large sourire, lui dit :

- *Rojii, tu n'as pas à me remercier. Je t'ai certes enseigné ces deux techniques simples que toi seul as su mettre en pratique. C'est toi uniquement qui as fait le travail par ta volonté et ton Kokoro.[61] Tu as maintenant en toi la Voie et c'est moi qui doit te remercier.*
- *Mais, que voulez-vous dire Maitre ?*
- *Tu crois ne connaitre que deux techniques alors que tu maitrises maintenant le Grand Art ! En réalité, tu maitrises maintenant une infinité de techniques, car tu as révélé la connaissance enfouie au fond de toi.*

  Ton maitre ce n'est pas moi, c'est l'Univers. Je ne t'ai montré que le chemin que tu as choisi librement de prendre. Cela m'honore profondément que nous ayons maintenant le même maitre. Cela signifie que toi et moi ne faisons plus qu'un, dorénavant.

Sur ces mots, Rojii sentit une chaleur l'envahir, une lumière dorée et étrange le traversa et il se savait heureux. Le Satori l'avait rejoint.

Après le départ de Maitre Chan, un Samouraï interpela Rojii. Il avait écouté attentivement la conversation des deux hommes au salon de thé, à leur insu.

Ce qui avait piqué la curiosité du Samouraï et celle de son élève l'accompagnant c'était le récit de Rojii coupant un arbre vert avec un Boken. Il lui dit :

- *Mon élève est d'avis que cette histoire est sans doute exagérée. Vous serait-il possible de démontrer votre prétention ?*

---

[60] **Bushi** : Mot japonais signifiant littéralement « guerrier gentilhomme ». Le *Bushi* appartient à une classe supérieure de guerriers.

[61] **Kokoro** : (Jap.) Aussi *Shin*. *Xin* en Chinois. Cœur, esprit, l'essence de l'homme. Concept associé au courage. L'expression du *Kokoro* (esprit), le contrôle de l'égo et des pulsions, réfère à la première étape fondamentale de toute progression dans les arts martiaux.

Et Rojii de répondre :

– Votre élève exprime sans doute ce que vous lui avez enseigné. Je lui pardonne sans prétention son arrogance, et donc la vôtre.

Devant cette déclaration le Samouraï devint rouge de colère et songea à pourfendre Rojii sur-le-champ. Puis, telle une illumination à rebours, il devint triste en constatant soudainement sa propre détresse intérieure. Il ne pouvait plus se résoudre à attaquer Rojii qui avait atteint son honneur mal placé, et qui se tenait paisiblement et rayonnant devant lui.

En fait, le Samouraï ne décelait aucune faille dans la concentration de Rojii, c'est-à-dire que ce dernier n'offrait aucune ouverture qui l'exposerait à une attaque soudaine.

Et Rojii se prit à dire :

– Je reconnais n'avoir aucun mérite puisque durant des années j'ai pratiqué sans relâche. Il est donc normal que je récolte les fruits que j'ai cultivés. Quels genres de fruits allez-vous bientôt récolter ? Regardez à l'intérieur de vous et vous le saurez !

Dans des moments contemplatifs, des oiseaux se posent sur ma tête et mes épaules. Même lorsque je chasse, la faune environnante ne s'enfuit pas parce qu'elle ressent en moi l'harmonie avec la nature. Il m'est aussi arrivé de commander au ciel et aux nuages par nécessité. Je puise à la source de vie l'énergie pour aider les autres à recouvrer la santé. Je pressens les dangers bien avant que mes sens physiques ne puissent les repérer, et je laisse mon intuition me guider sur des chemins sûrs.

Il n'y a pas démonstration qui puisse amener en vous cette connaissance. Vous seul pouvez y accéder, dans le plus grand secret, sans tambour ni trompette. Ne cherchez pas dans les autres ou dans l'illusion du monde ce qui se trouve en vous. Empruntez la Voie de l'Univers et j'en serai honoré, car nous aurons ainsi le même maitre.

Sur ces mots, le Samouraï et son élève se prosternèrent par respect pour Rojii, maintenant un maitre à leurs yeux.

Le Samouraï remercia humblement Rojii d'avoir daigné lui montrer le chemin de la Voie de l'harmonie. Non pas que Rojii en eut besoin, mais en échange de cette révélation, le Samouraï proposa de l'escorter et de le protéger jusqu'à sa destination. Rojii accepta avec joie l'amitié du Samouraï et de son élève.

KATANA

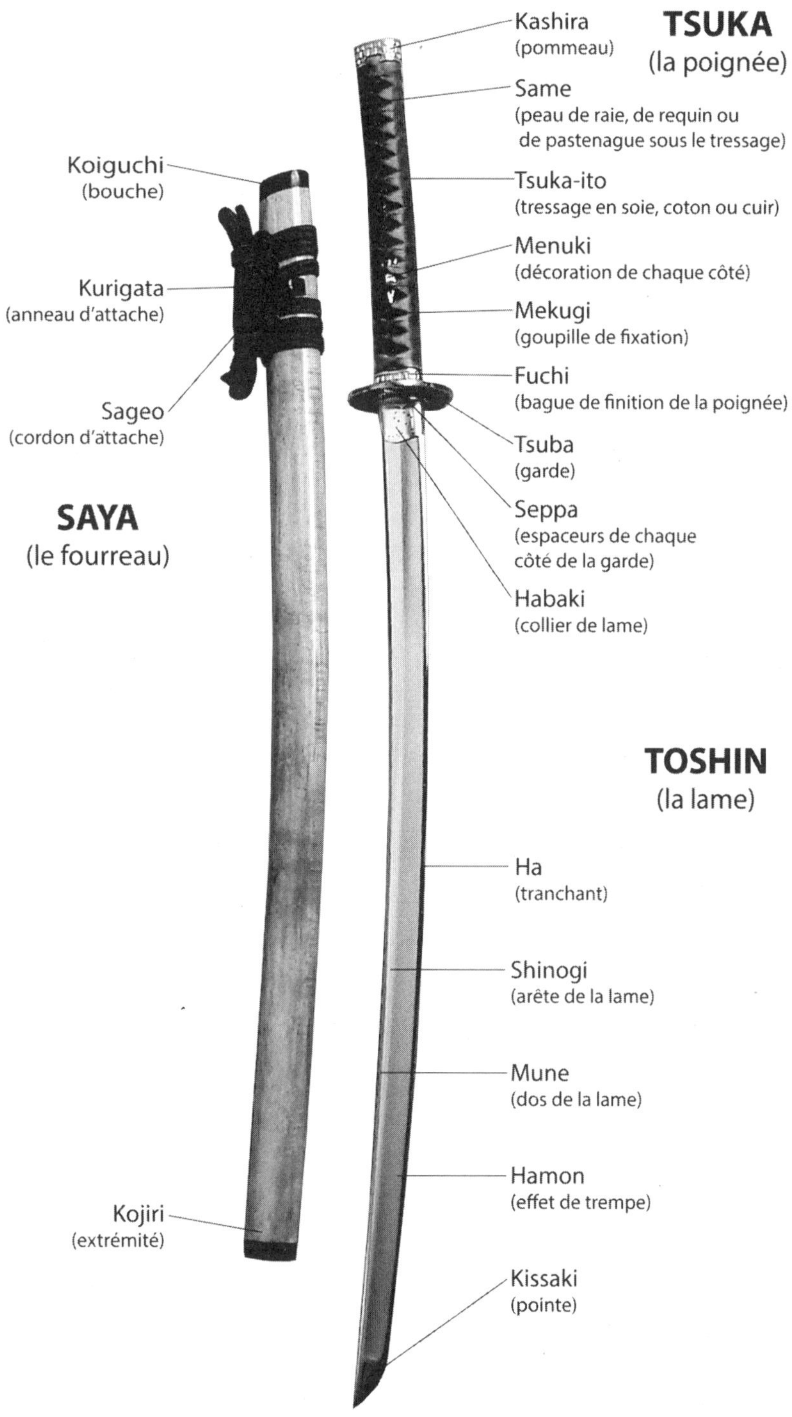
Kashira
(pommeau)
TSUKA
(la poignée)
Same
(peau de raie, de requin ou de pastenague sous le tressage)
Tsuka-ito
(tressage en soie, coton ou cuir)
Menuki
(décoration de chaque côté)
Mekugi
(goupille de fixation)
Fuchi
(bague de finition de la poignée)
Tsuba
(garde)
Seppa
(espaceurs de chaque côté de la garde)
Habaki
(collier de lame)
Koiguchi
(bouche)
Kurigata
(anneau d'attache)
Sageo
(cordon d'attache)
SAYA
(le fourreau)
TOSHIN
(la lame)
Ha
(tranchant)
Shinogi
(arête de la lame)
Mune
(dos de la lame)
Hamon
(effet de trempe)
Kojiri
(extrémité)
Kissaki
(pointe)

II – L'ÉNERGIE UNIVERSELLE

La puissance d'un individu (qui va bien au-delà de sa force musculaire), sa volonté, sa capacité d'adaptation et son contrôle unique et réel sur son environnement sont proportionnels à sa capacité à diffuser le *Ki* universel et à l'exprimer dans tous les aspects de sa vie.

Les arts martiaux ont comme pierre angulaire le *Ki* universel constituant ce que l'on appelle l'« océan d'énergie ». C'est pourquoi les pratiques martiales se doivent d'être cohérentes avec les lois qui régissent l'Univers.

Qu'il soit formulé de manière consciente ou non, le but ultime poursuivi par un individu au travers de telles pratiques se résume à s'harmoniser avec l'Univers au point de ne faire qu'un avec la nature. De cette manière, il aura pleinement accès à son potentiel naturel qu'il pourra exploiter de droit dans sa vie courante.

II.1 – LE *TAO* DE L'ÉNERGIE DEPUIS LA NUIT DES TEMPS

Le *Ki* désigne l'énergie cosmique universelle, soit la force qui régente la nature, ainsi que l'énergie vitale propre à l'homme, laquelle lui est livrée à sa naissance. Il est l'élément central de l'Aïkido formé de trois mots distincts : ***Aï***, ***Ki*** et ***Do***.

AÏ : Harmonie, amour, union

KI : Énergie universelle

DO : Voie de développement

D'origine chinoise, l'ancien idéogramme du mot *Ki* comporte à sa base un symbole traduisant le mot « riz », soit la nourriture, interprétée comme une source d'énergie vitale pour le corps et qui engendre le souffle de vie.

On note également huit directions à la manière d'une boussole, suggérant que l'énergie se diffuse dans toutes les directions. Cette interprétation révèle la fluidité du *Ki*, un échange énergétique continuel entre l'individu et l'Univers.

La partie externe symbolise l'élément « vapeur » issu de la cuisson du riz. Au sens large, la vapeur sous forme de nuages se condense en pluie pour aller nourrir la Terre et permettre la vie dans un cycle continuel de mutations.

Kanji du mot *Ki*

Vers le milieu du XXe siècle, pour rendre ce caractère pour le moins ancien plus simple à écrire, le symbole interne a été remplacé par un « X », une représentation moins imaginative que l'originale, et qui indique aussi, symboliquement, une discontinuité dans la diffusion et l'échange avec le *Ki* universel.

Aïkido signifie : « Voie de l'harmonie avec l'énergie universelle ». Le *Kanji* [62] « *Aï* » est représenté par une marmite pour la cuisson du riz avec son couvercle.

C'est l'union de deux objets complémentaires travaillant ensemble à l'unisson, coopérant à la réussite, tout comme le corps et l'esprit. « *Aï* » signifie donc harmonie, amour ou union. Le symbole du bas représente aussi une bouche, une relation avec la nourriture et la respiration, et donc avec l'énergie (le « *Ki* »).

Le « *Do* » est représenté sur sa gauche par un pied, ou encore un homme marchant, évoquant ainsi le mouvement. Sur sa droite on aperçoit (avec l'imagination requise) une tête hirsute suggérant la pensée, ou un chemin. « *Do* » signifie la Voie de développement spirituel, le chemin que l'homme suit dans sa quête interne de savoirs.

---

[62] **Kanji** : (Jap.) Caractères empruntés à la culture chinoise (sinogrammes) et utilisés dans la langue japonaise. Les *Kanjis* contiennent également une très petite proportion de caractères créés au Japon, appelés *Kokuji*. La valeur du *Kanji* est idéographique.

En Chine, cet idéogramme représente le *Tao* (ou *Dao*), soit la force fondamentale qui habite toutes choses dans l'Univers.

Ces symboles archaïques sont évidemment attachants, mais ils représentent bien davantage. Dans la philosophie orientale, le *Ki* lie tous les êtres et les choses de l'Univers entre eux, au-delà de l'espace et du temps.

Sur le plan individuel, le *Ki* anime le corps par un réseau de lignes d'énergie appelés en acuponcture, les méridiens. Ces derniers convergent vers le « centre de l'énergie vitale », le « *Kikaï-tanden* »[63] situé dans la région hypogastrique et qui correspond au centre de gravité d'un être humain.

Le *Ki* universel contenu dans cet « océan d'énergie » possède une valeur neutre. Lorsqu'il se polarise, il produit les êtres et les formes constituant l'Univers. L'effet conjugué des forces du *Yin*[64] (pôle négatif) et de celles du *Yang* (pôle positif) crée et maintient l'équilibre de l'univers physique.

Ainsi, du monde absolu est né le monde dit relatif. Cette polarité est indispensable pour maintenir l'univers physique et les conditions nécessaires à l'édification de la vie. La polarité se retrouve indépendamment aux niveaux atomique, cellulaire, organique, corporel, dans toutes choses et aux niveaux planétaires et sidéraux. Elle crée le temps, synonyme de non-permanence en tout, qui n'existait pas dans l'absolu avant que ne soit constitué le monde physique.

Tai-Ki

[63] **Kikaï-tanden :** (Jap.) Aussi *Kikaï*, *Seika-tanden* ou *Seika-no-itten*. *Qi-haï* ou *dan-tian* en Chinois. C'est le centre de la vie instinctive et intuitive de l'humain.

[64] Aussi : « *Ying* » (Chin.).

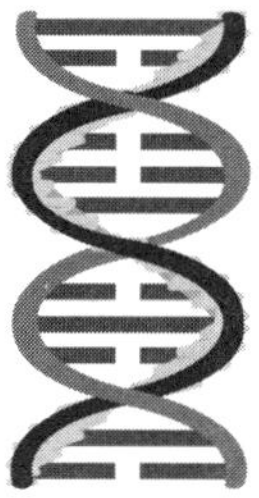

De l'absolu, synonyme d'espace permanent intemporel, la pensée-énergie[65] aura permis la création de l'univers physique.

Le *Tai-ki* (ou *Tai-ji*) est une représentation taoïste[66] de l'Univers. Au centre, le symbole du *Yin* (en noir) et du *Yang* (en blanc) présents en toutes choses, l'un contenant une partie de l'autre en toute complémentarité.

Le *Tai-ki* est souvent entouré des huit trigrammes[67] fondamentaux combinant sous forme linéaire les éléments du *Yin* : ▬▬ ▬▬ ; et du *Yang* : ▬▬▬▬. Les interprétations de ces derniers symboles sont très variées.

On y reconnait, entre autres, les notions de base en électricité, le code binaire utilisé en informatique et même la structure de l'ADN humain.

Ces symboles, expliquant la création des êtres et des choses en perpétuelles mutations, ont été codifiés par le légendaire souverain chinois Fu Xi,[68] il y a 5000 ans.

---

[65] **Pensée-énergie** : Toute création humaine provient tout d'abord de la pensée. En extrapolant ce processus à l'Univers, la pensée émanant de l'absolu aurait donc créé le monde physique. Cela implique que le microcosme humanoïde représenterait le processus de création de l'Univers.

La création au sens universel ne peut s'exprimer autrement que par la pensée animant l'énergie subtile, le *Ki*, c'est-à-dire en le polarisant afin de lui conférer une nature relative qui produit les formes physiques de notre monde.

[66] **Taoïsme** : « L'enseignement de la Voie ». C'est à la fois une doctrine philosophique et une religion originaire de la Chine. Prenant ses racines dans une culture ancienne, ce courant repose sur des textes, dont le *Tao Tö King* de *Lao Tseu* écrit vers 600 av. J.-C., et s'exprime par des pratiques qui influencèrent tout l'Extrême-Orient. En 2015, le taoïsme regrouperait plus de 9 millions de disciples.

Le taoïsme apporte entre autres : une quiétude mystique passive, reprise par le bouddhisme *Chan*, l'ancêtre du *Zen* japonais, une éthique qui professe la liberté individuelle absolue ; un sens des équilibres du *Yin* et du *Yang* contribuant au développement de la médecine chinoise et au développement personnel, et une appréhension visible du réel dans la calligraphie et l'art.

[67] **Les trigrammes** : Aussi *Ba-gua* (Chin.), *Pa-kua* (Jap.) ou *Palgwe* (Cor.). Les huit trigrammes sont des symboles linéaires du *Yin* et du *Yang*. Leur symbolique est exprimée à travers la pratique des arts martiaux asiatiques.

Les trigrammes combinés forment les 64 hexagrammes à la base du livre des mutations appelé *Yi-king* (*Yi-Jing*) ou livre des oracles (+/- 650 av. J.-C.), Le *Yi-king* est vu comme la bible métaphysique de la Chine.

Considéré souvent comme un livre divinatoire par le profane, le *Yi-king* est en fait un monument de la sagesse Chinoise véhiculant trois principes fondamentaux : 1 — **Tout est en mouvement perpétuel** ; 2 — **Tout n'est qu'apparence** ; et 3 — **L'humain possède la liberté de choisir**.

[68] **Fu Xi** : Personnage légendaire considéré comme le premier sage chinois. Il s'inspira de l'observation de la nature, notamment d'une carapace de tortue, pour créer les huit trigrammes expliquant le mouvement perpétuel des choses de l'Univers, il y a 5000 ans.

Ses travaux sont à la base de la philosophie taoïste et de la morale confucianiste. *Fu Xi* a apporté une grande contribution à l'avancement de la civilisation chinoise. Il instaura notamment le mariage.

Cette ancienne représentation de l'Univers est au centre du message fondamental révélé dans la pratique des arts martiaux : l'équilibre en soi-même et l'harmonie avec toutes choses de la création.

« Rien ne nait ni ne périt, mais des choses déjà existantes se combinent, puis se séparent de nouveau ! » [69]

Carte spirituelle du guerrier

Ressemblant étrangement à une carte du réseau routier de la ville de Beijing en Chine, le schéma original présenté à la page suivante, qui est constitué du *Tai-Ki* entouré des huit trigrammes, est une carte spirituelle émanant de la connaissance des principes de la nature.

Contrairement à ce qui pourrait s'avérer une interprétation rapide, il ne s'agit pas ici d'opposer des contraires d'une direction à l'autre, mais plutôt de se mouvoir au rythme imposé par la nature, conséquence de ses variations continuelles d'énergie à tous azimuts. Ainsi, le chiffre un (1) n'est pas l'opposé du chiffre deux (2). Par extrapolation, la haine n'est pas le contraire de l'amour (c'est simplement la conséquence de son absence). La Terre n'est pas l'antagoniste du Ciel, etc.

Rien ne s'oppose, car tout est illusion dans l'univers de non-permanence. Tous les éléments se complètent pour constituer un chef-d'œuvre d'harmonie. L'humain qui le reconnait est lui-même un être complet et uni à la nature. Ce dernier pose le choix conscient d'œuvrer en ce sens, c'est-à-dire de maintenir un tel équilibre intérieur. La pratique réelle des arts martiaux permet d'y parvenir.

Dirigés vers l'extérieur, à l'instar d'un compas de navigation, on aperçoit les points cardinaux, et aussi les huit (8) directions relevant de la pratique des arts martiaux qui symbolisent l'infini (∞) et la diffusion naturelle du *Ki* dans toutes les directions.

Vers l'intérieur, on y retrouve huit principes associés à la coordination corps – esprit et à l'Aïkido, les qualités émergentes d'une personne éveillée, et les vertus de l'artiste martial véritable devenu, au prix de sa pratique, un guerrier accompli.

La carte s'interprète également selon que chacune des zones octogonales réfère à l'un de trois états ascendants d'élévation de la conscience, qui correspondent à trois niveaux d'éveil distincts :

---

[69] Citation d'Anaxagore, philosophe grec présocratique (500 – 428 avant J.-C).

1er **niveau (*Shoden*)** — la conscience de soi et de la nature, par l'acquisition de connaissances, intuitives et scientifiques ; 2e **niveau (*Chuden*)** — la conscience du moment présent, par l'unification du corps et de l'esprit, et l'expression éthique et esthétique du potentiel de *Ki*, et ; 3e **niveau (*Okuden*)** — la conscience de l'esprit « UN » par l'union de soi à l'Univers, le non-désir et l'abandon de l'égo.

Le guerrier qui s'observe peut alors localiser sur la carte un état dominant. Par la suite, il repère un état complémentaire ou supérieur, et opère alors un processus planifié d'ascension en orientant, pour y arriver, sa pratique active ou passive de la Voie qu'il aura choisie (ex. : arts martiaux, pratiques respiratoires, méditation, etc.). La carte spirituelle du guerrier est un outil d'élévation de la conscience, soit un chemin vers l'éveil. Elle constitue également une synthèse conceptuelle du présent ouvrage.

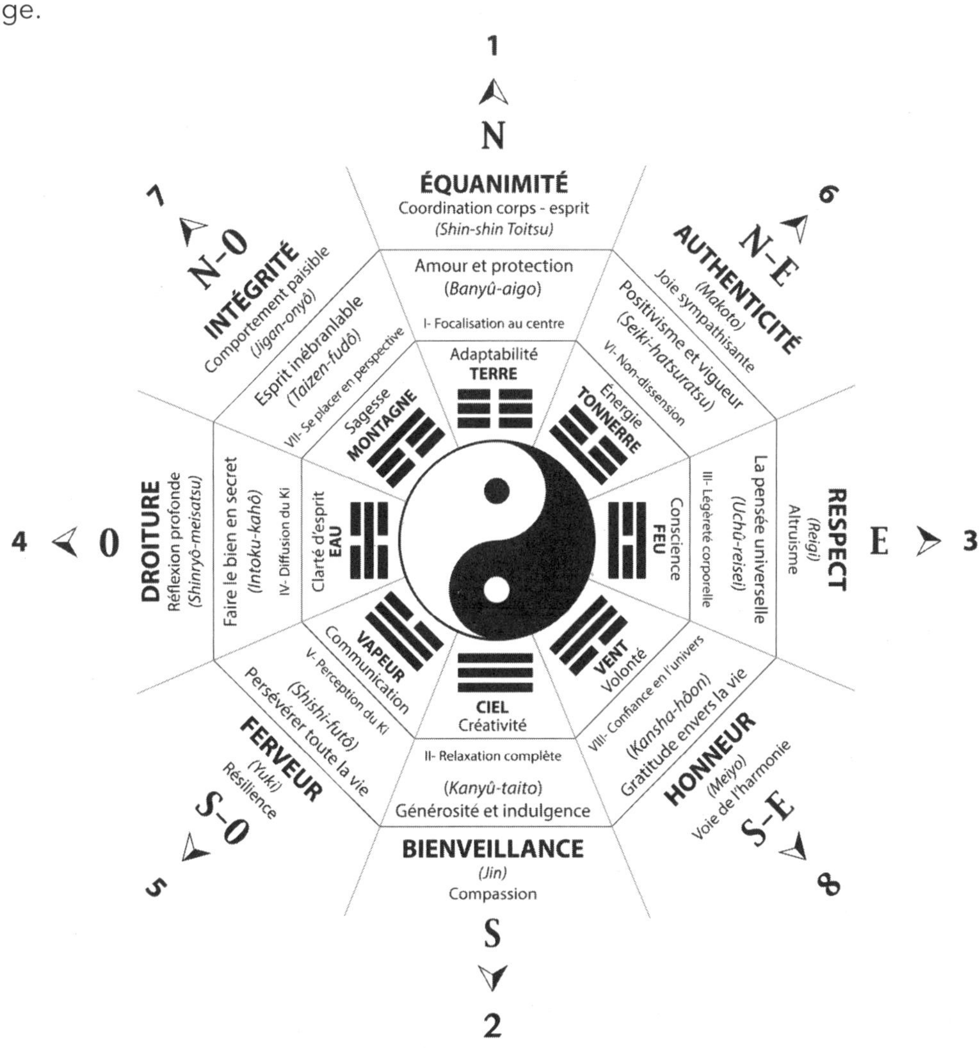

II.2 – TOUT EST EN MOUVEMENT PERPÉTUEL

Dans les pratiques liées au *Ki*, on insiste souvent sur la différence entre relaxation passive et active, et sur la visualisation de courants d'énergie. Cette vision des choses s'accorde bien avec celle de la science, où la matière est comprise comme étant essentiellement dynamique, en mouvement et rythmée.

La physique décrit la plupart des particules matérielles comme étant liées à des structures moléculaires atomiques et nucléaires et, par conséquent, qui ne sont pas au repos, mais qui ont une tendance inhérente à bouger. Selon la théorie quantique, la matière n'est jamais inerte, mais toujours en état de mouvement.

Bien qu'il soit plus que raisonnable d'affirmer l'existence du *Ki*, la science n'a pas démontré que cette « énergie » pouvait être utilisée pour obtenir les résultats que l'on obtient dans les pratiques liées au *Ki*.

Malgré cela, lorsqu'on explique le « fonctionnement » des techniques de *Ki*, on affirme que cette énergie vitale peut être dirigée et utilisée par un être humain. Les effets des mouvements de *Ki* issus de ces pratiques sont cependant observables (mesurables) et tangibles.

« Les Aïkidokas[70] *voient le Ki comme l'énergie universelle présente en toute chose, un concept souvent difficile à accepter pour les Occidentaux. Si l'idée de diffuser un rayon d'énergie du bout de vos doigts aux confins de l'Univers rebute à votre bon sens, alors pensez plutôt en termes "d'attention" ou "d'esprit" et servez-vous de cette visualisation comme d'un moyen.*

C'est ce que fit Einstein qui s'imagina transporté par une onde lumineuse pour développer sa théorie de la relativité. Si c'était "vrai", que verriez-vous, comment vous sentiriez-vous ? Est-ce qu'Einstein s'est fait transporter par un rayon de lumière ? Non, pas au sens littéral, mais cette expérience fut "vraie" en ce qu'elle l'a mené à des résultats concrets : cette visualisation lui a permis de voir et de comprendre des faits bien réels ».[71]

Les résultats obtenus en utilisant le *Ki* sont souvent étonnants et difficilement explicables par le sens commun. Ils échappent à ce qu'on a l'habitude d'expérimenter en psychologie ou en physiologie. Cependant, nous aurions tort de chercher à voir là des forces mystérieuses ou magiques.

---

[70] **Aïkidoka** : (Jap.) Pratiquant de l'Aïkido (syn. : Aïkidoïste).

[71] Traduction libre d'un texte de Carol Shifflett, tiré de : « **Ki in Aikido : A Sampler of Ki Exercises** », Round Earth Publishing, Merrifield, Virginia, USA, 2002, p. 6, 208 p.

Une anecdote rapportée par William Reed exprime bien cette idée :

« Lors d'un séminaire à Los Angeles, Maitre Tohei se trouva avec un professeur de Karaté qui fixait un encrier avec intensité. Il demanda au professeur ce qu'il faisait, et ce dernier lui répondit qu'il essayait de faire bouger l'encrier avec son Ki. Il demanda à Maitre Tohei si lui-même pouvait le faire, et si oui, pouvait-il en faire une démonstration.

Maitre Tohei répondit qu'en effet, cela lui était possible et qu'il serait heureux de s'exécuter. Il prit alors l'encrier dans sa main et le déplaça de l'autre côté de la table. Le professeur de Karaté protesta en disant que non, il ne fallait pas utiliser sa main. Maitre Tohei répondit qu'au contraire, c'était son Ki qui avait déplacé sa main, et que la main avait déplacé l'encrier : s'il n'était nul besoin du corps, pourquoi alors rester en vie ? Le Ki déplace le corps, et le corps déplace les objets ».[72]

Entropie

La cosmologie rend compte de la création de l'Univers. La naissance d'une étoile est issue de particules gazeuses en mouvement qui, sous l'effet de leur propre gravité, s'effondrent sur elles-mêmes. La matière se contracte, devient opaque, se réchauffe et il en résulte un embryon stellaire.

Le chaos, ou désorganisation, qui régnait parmi les particules en mouvement avant la naissance de l'étoile, a diminué. Il s'agit alors d'une réduction de leur entropie.[73] Par ailleurs, l'émission chaotique dans l'espace de photons lumineux émanant de l'étoile accroit l'entropie de l'Univers, et incidemment sa structure. L'étoile, structure organisée, est maintenant créatrice de chaos en émettant ses rayons dans toutes les directions.

Les photons lumineux du Soleil qui frappent la surface de la Terre sont absorbés et cette énergie, dans certaines conditions, est l'élément déclencheur et essentiel à l'édification de la vie. Du chaos, on observe donc l'apparition de structures organisées évoluant jusqu'à des niveaux de plus en plus complexes.

Cependant, à l'instar de la naissance de l'étoile, l'organisation de structures réduit l'entropie de celles-ci et augmente l'entropie de l'Univers.

---

[72] Traduction libre d'un texte de William Reed, tiré de : « **A Road That Anyone Can Walk : Ki** », *Japan Publications inc.*, Tokyo & New-York, 1992, pp. 148 – 149, 340 p.

[73] **Entropie** : De manière générale l'entropie est une mesure qui permet d'évaluer la transformation de l'énergie. Dans le contexte spécifique au présent ouvrage, l'entropie caractérise le degré d'organisation.

Toute création (physique ou intellectuelle) engendre une transformation énergétique qui produit le retour vers le cosmos d'une nouvelle énergie.

Par exemple, l'absorption de photons lumineux à la surface de la Terre occasionne une émission de rayons infrarouges vers le cosmos. L'énergie solaire n'est donc pas consommée, mais transformée. Dans ce processus d'échanges, de transformations et de mutations, notre monde relatif s'organise, ou se développe, contribuant ainsi à la croissance de l'Univers.

L'organisation de structures requiert donc un apport énergétique. On observe que plus une structure est complexe, plus grand est l'apport énergétique requis pour la maintenir et plus grand est le nombre de structures moins complexes. Au fil du temps, l'organisation de ces systèmes ressemble quelque peu à une forme pyramidale. Ainsi, il existe beaucoup moins de composantes végétales que minérales, beaucoup moins de composantes animales que végétales, etc.

S'il existe des éléments plus complexes que l'être humain, on ne les a pas encore découverts. Ou alors, notre conscience ne nous permet pas encore de les percevoir. Dans le cas de structures très complexes, on observe également qu'elles sont beaucoup plus fragiles que celles inférieures et qu'elles requièrent davantage d'énergie pour survivre.

Les lois universelles d'échange énergétique s'appliquent donc de la même façon à l'être humain qui doit payer son tribut de retour énergétique vers le cosmos. Ceci, afin de maintenir sa propre trame évolutive et sa croissance aussi bien physique que spirituelle.

Ainsi, les nombreux potentiels d'un être humain peuvent être développés à condition d'entreprendre un processus qui réduit sa propre entropie. Ce faisant, il se produira un accroissement de l'entropie universelle. D'un point de vue scientifique, c'est ce qui est entendu lorsque, dans l'étude du *Ki*, il est question de :

1 — « Diffusion du *Ki* universel » : Mouvements, échanges énergétiques passant par le centre d'un individu dans la réalisation d'un potentiel ;

2 — « Clarté d'esprit » : Diminution de l'entropie d'un individu ou augmentation de sa concentration, par opposition à chaos, négativité, désordre ou confusion ;

3 — « Création de l'Univers » : Accroissement de l'entropie de l'Univers et croissance d'une structure existante, soit l'épanouissement du pratiquant.

Ce mouvement énergétique naturel, en harmonie avec la création, s'avère la source du développement de l'être humain. Les pratiques qui découlent de l'étude du *Ki* mettent de l'avant des processus systématisés de maintien et d'accélération de ces mouvements énergétiques.

Seuls les effets produits par ces mouvements sont mesurables physiquement, biochimiquement et biologiquement et non le mouvement lui-même. C'est pourquoi la science, au moyen de sa méthodologie, n'arrive pas encore à cerner le *Ki* dans ce contexte humain.

Par ailleurs, les effets psychosociaux produits sur le plan individuel par les pratiques liées au *Ki* sont remarquablement évidents, mais difficilement mesurables statistiquement puisqu'ils se rapportent à chaque personne individuellement.

Pie-grièche bucéphale sur une branche
Par : Miyamoto Musashi (1584 – 1645)

II.3 – TOUT N'EST QU'APPARENCE

La physique quantique[74] apparue au début du XXe siècle, nous indique que les atomes[75] ne sont pas des objets solides et indivisibles, mais qu'ils sont plutôt composés de vastes étendues d'espace d'énergie à l'intérieur desquelles des particules extrêmement petites se meuvent.

À cette échelle infinitésimale, ces particules sont différentes des objets solides. Les unités de la matière composant les atomes sont très abstraites et revêtent un double aspect. Elles apparaissent tantôt comme des objets solides (des formes tangibles) et tantôt sous l'aspect d'ondes (des formes immatérielles).

Cette double propriété remet en question la notion même de la réalité de la matière. En effet, au niveau subatomique la matière n'existe pas avec certitude à des endroits précis, mais manifeste plutôt une « tendance à exister ». C'est un monde qui n'est ni réel ni objectif, mais qui demeure toutefois à la base de notre réalité.

Par voie de cohérence, les adeptes du Zen considèrent la vie telle une illusion parfaite. Cela ne parait-il pas vraisemblable du point de vue scientifique lorsqu'on affirme que la matière est constituée de particules infiniment petites qui, heureusement pour le monde physique, manifestent leur tendance à exister ?

On réfère au « vide » pour identifier la masse sombre de l'Univers. La science indique que cette masse sombre, constituant 80 % de la masse cosmique, est composée en réalité de champs et de particules qui interagissent plus faiblement que celles constituant la matière.

Ce « vide » cosmique ne contient en réalité que d'énormes quantités d'énergie. La physique cosmologique a découvert que cette mystérieuse énergie présente dans l'Univers produit vraisemblablement son accélération.

---

[74] **La physique quantique** est l'appellation générale d'un ensemble de théories physiques nées au XXe siècle qui, comme la théorie de la relativité, marque une rupture avec ce que l'on appelle maintenant la physique classique, l'ensemble des théories et principes physiques admis au XIXe siècle.

Les théories dites « quantiques » décrivent le comportement des atomes et des particules, ce que la physique classique, notamment la mécanique newtonienne et la théorie électromagnétique de Maxwell, n'avaient pu faire, et permettent d'élucider certaines propriétés du rayonnement électromagnétique.

La physique quantique heurte le sens commun à plusieurs égards. Sa description du monde microscopique, radicalement nouvelle, s'appuie sur de nouveaux postulats : la quantification, la dualité onde-particule, le principe d'incertitude, le principe d'une nature qui joue aux dés, l'observation qui influe sur le système observé, l'intrication des objets et les évènements contre-factuels.

[75] **Atome** : Du grec ancien "*atomos*", insécable ("*a*" pour : sans, et "*tomos*" pour partie, soit "sans-partie", donc indivisible).

Contrairement aux résultats anticipés en vertu des principes de la physique classique en ce qui a trait à l'attraction des corps, les chercheurs ont découvert que l'Univers était en expansion. En d'autres termes, il est logique de penser que l'énergie cosmique domine la matière.

De même que la notion d'objets solides de la physique atomique (science de l'infiniment petit) a été anéantie par la physique quantique, l'espace vide a perdu sa signification en astrophysique et en cosmologie (sciences de l'Univers dans ses grandes dimensions).

Dans le monde des particules, il n'y a pas de distinction entre matière et espace vide. Le soi-disant vide n'a donc rien à voir avec le néant. Au contraire, il contient un nombre illimité de particules qui naissent et disparaissent sans fin. Il constitue également un potentiel infini de possibilités.

Le vide n'existerait vraisemblablement pas dans l'Univers. Cette absence de vide confirme donc la présence d'une substance dont les constituants de base se définissent ici tel que le *Ki* universel. Ainsi, une philosophie ou une doctrine vouée à l'appréhension du vide ou du néant serait en contradiction avec la structure même de l'Univers.

Notons également que la notion de vide est souvent confondue avec celle de la vacuité, « *Ku* »,[76] qui décrit un état de non-entrave du mental d'une personne afin de laisser l'esprit s'exprimer et s'accomplir librement dans le monde physique. Ce qui s'avère très dissemblable du vide entendu généralement à la manière occidentale.

Les résultats de la physique moderne semblent ainsi confirmer les paroles du sage chinois Zhang Zai (1020 – 1077) : « *Quand on sait que le Grand Vide est plein de Chi, on sait que le Néant n'existe pas* ».[77] Toute énergie et matière est une expression concentrée de *Ki* universel, la substance de l'Univers.

---

[76] **Ku** : (Jap.) Concept représentant l'essence même de la pratique du *Zen*. Dans les arts martiaux japonais on y réfère comme *Mushin* ou *Muso* (*Wu-xin* en chinois), soit l'esprit pur, libre ou originel.

Le *Ku* désigne la pensée sans attache, libre de l'égo et de ses affirmations. Par opposition, *Ushin* désigne la pensée superficielle et fixée. *Ku* est le chemin vers l'illumination (le « *Satori* »).

Dans les arts martiaux, seul l'esprit libre de toute entrave mentale est instantanément réceptif à toute intention ou mouvement de l'adversaire. Même si cet état ou faculté semble hors d'atteinte pour beaucoup de pratiquants, il s'obtient facilement par la pratique de la coordination corps – esprit.

[77] **Zhang Zai** (1020 — 1077) : Cosmologiste chinois ayant fortement contribué au développement de la philosophie confucianiste. Extrait de : Fritjof Capra, « Le Tao de la physique », Éditions Sand, Paris, 1985, p. 227, 346 p.

Précurseurs de la physique quantique, les travaux de Nikola Tesla[78] confirment scientifiquement que l'Univers constitue un océan d'énergie inépuisable. Il décrivait l'Univers comme un monde infinitésimal, constitué de particules tournant sur elles-mêmes en se déplaçant le long d'orbites, à la manière des corps célestes, et entrainant avec eux l'éther. Ainsi, il existe, dans le cosmos, une forme d'énergie disponible en tous points de l'Univers.

Dans la production d'un mouvement de *Ki*, il est souvent fait référence à la diffusion du *Ki* à l'infini. Un débat sur la cosmologie de l'Univers met en cause la structure de l'Univers. Les théories s'opposent pour déterminer si l'Univers est fini ou infini. La question se pose pertinemment puisque les pratiques liées au *Ki* se doivent d'être cohérentes avec les réalités universelles.

Dans un Univers fini, on suggère que la réalité perçue n'est qu'un retour de lumière semblable à un jeu de miroir nous laissant paraitre l'Univers beaucoup plus grand et complexe qu'il ne le serait en réalité. Même si c'était le cas, cela impliquerait que la trajectoire des photons lumineux suivrait une course sans fin pour produire l'illusion de l'infini.

Dans un cas comme dans l'autre, la possibilité d'une diffusion du *Ki* universel à l'infini est probante. Somme toute, l'idée de la diffusion du *Ki* à l'infini est une visualisation cohérente avec les connaissances actuelles sur l'Univers.

[78] **Nikola Tesla** (1856 — 1943) : Il a été l'un des plus grands savants du monde. Ingénieur, découvreur et inventeur, il a déposé plus de 300 brevets couvrant 125 inventions dont la radio, le radar et le courant alternatif. Il est aussi l'inventeur de l'énergie libre, une technologie permettant de transformer le *Ki* cosmique en électricité et de la distribuer sans fil.

La disponibilité illimitée de l'énergie et sa gratuité ont été mal accueillies par le capitalisme de l'ère industrielle du début du 20e siècle qui a tourné ses investissements vers les sources d'énergie polluantes et non renouvelables que nous connaissons aujourd'hui. L'exploitation et l'utilisation de l'énergie fossile sont les principales causes de la destruction de l'environnement de notre planète.

II.4 – L'HUMAIN POSSÈDE LA LIBERTÉ DE CHOISIR

Mais comment la conscience, la pensée ou une philosophie peuvent-elles influer physiquement sur une situation donnée, sur la matière ou même sur la substance de l'Univers ?

À l'instar d'une étoile qui émet son rayonnement chaotique dans le cosmos, une personne coordonnée met en mouvement le *Ki* universel dans toutes les directions. Ces particules infiniment petites sont concentrées ou dirigées lorsque la personne émet une intention, une attention ou simplement une pensée, ce qui actualise la création d'un flot énergétique dans une direction précise.

C'est le cas de l'exercice de visualisation dit du « bras inflexible », dont le résultat se traduit notamment par une résistance physique extraordinaire sans nécessiter d'effort physique apparent ou ressenti.

Le *Ki* est une énergie omniprésente dans tout l'Univers. Elle domine la matière. Nous sommes constitués de cette énergie concentrée, comme toutes choses d'ailleurs. Notre conscience affecte son mouvement. Par la coordination corps – esprit, nous pouvons systématiquement produire des effets découlant de ces mouvements énergétiques. De fait, tous les gestes que nous posons découlent originalement de nos choix.

L'humain vit donc dans une substance universelle qui n'est pas nécessairement perçue par ses sens et dont il est ironiquement constitué entièrement. Par ailleurs, toute forme d'énergie ne peut avoir pour seule origine que le *Ki* universel.

Selon Maitre Koichi Tohei, « *le Ki est un ensemble infini de particules infiniment petites. De la même façon, le Soleil, les étoiles, les plantes, les animaux, l'esprit et le corps humain sont tous issus du Ki universel.*

Le Ki est la substance même de l'Univers, il n'a pas de commencement ni de fin, sa valeur absolue ne s'accroit ni ne diminue. Nous sommes "UN" avec l'Univers, et nos vies sont une partie de la vie de l'Univers ».[79]

Pour beaucoup de gens, incluant la majorité des pratiquants d'Aïkido, le *Ki* n'est qu'un concept poétique parce qu'on ne peut le voir ou le toucher physiquement. C'est pourtant la même chose avec l'électricité : on ne peut la voir, mais cela ne nous empêche pas de l'utiliser et même d'en produire. La pensée est aussi une réalité qu'on ne peut voir ni toucher.

---

[79] Traduction libre d'un extrait de : Koichi Tohei, « **Ki in daily life** », *Ki No Kenkyukai*, Tokyo, Japon, 1978, p. 20, 139 p.

Comment peut-on nier de tels éléments de la réalité ? Il en va de même pour la conscience qui est pourtant à la base même de notre existence.

On retrouve dans la nature une multitude de phénomènes énergétiques bien réels, quoique non palpables. Toutefois, nous pouvons observer les effets des mouvements de *Ki*, ses manifestations, et non l'énergie elle-même.

Selon les mots du sage chinois Zhang Zai : « *Lorsque le Chi se condense, il devient manifeste, il est alors tangible. Lorsqu'il se disperse, il n'est plus visible, il n'a alors plus de forme. Au moment de sa condensation, peut-on affirmer qu'il n'est autre que passager ? Mais, au moment de sa dispersion, a-t-on le droit d'en déduire hâtivement qu'il est inexistant ?* »[80]

Ainsi, le *Ki* se condense et se disperse sans cesse, produisant toutes les formes matérielles qui, ultérieurement, retourneront à nouveau vers le cosmos. Nous débutons toujours avec le chiffre « un » pour compter quoi que ce soit. Il est impossible que ce nombre soit réduit à zéro.

« *Quoi que ce soit* » *ne peut pas provenir du néant et donc* « *un* » *ne peut pas provenir de zéro. Le Ki est comme le nombre* « *un* ». *Le Ki est constitué de particules infiniment petites, plus petites qu'un atome.*

Le Ki universel qui se condense devient l'individu, puis il devient le centre situé dans le bas-ventre. Le centre qui continue à être condensé n'atteindra jamais zéro, mais ne fera qu'un avec l'Univers. C'est cela la nature du Ki ».[81]

« *Par rapport au petit, il n'y a pas de minimum, mais il y a toujours un plus petit, car il n'est pas possible que l'être soit anéanti par la division* ».[82]

Pour comprendre comment était constitué notre monde physique, la science a pu isoler les éléments de base de la matière, identifiant tout d'abord l'atome comme particule élémentaire.

---

[80] Citation tirée de : Fritjof Capra, « **Le Tao de la physique** », Éditions Sand, Paris, 1985, pp. 217 – 218, 346 p.

[81] Traduction libre d'un dicton de Maitre Koichi Tohei tiré de : « **Ki Sayings** », *Ki No Kenkyukai* (*The Ki Society*), *Privately Printed*, Tokyo, Japon, 1973, p. 11 (*THE ESSENCE OF KI*), 44 p.

[82] Citation d'Anaxagore, philosophe grec présocratique (500 – 428 avant J.-C).

Puis, on a découvert que l'atome était constitué de deux autres particules, soit un noyau autour duquel gravite l'électron (–). Le noyau est lui-même constitué de deux particules : le proton (+) et le neutron. Plus récemment, on a découvert que ces particules étaient à leur tour constituées de quarks et l'on estime que bientôt, des particules encore plus petites seront découvertes, et ainsi de suite.

En 2012, le CERN[83] observait le « boson de Higgs »,[84] aussi appelé la « particule de Dieu », qui est responsable d'imputer à la matière la masse qui lui confère son existence dans le monde physique. Cette poursuite de recherche de particules infiniment petites définit par elle-même le processus scientifique de la découverte du *Ki*.

Il existe des liens cohérents et sans équivoque entre les connaissances scientifiques actuelles sur la matière et l'énergie, et les connaissances et affirmations issues de diverses pratiques liées au *Ki*.

Un fait scientifique révèle que lorsqu'on mesure le comportement tel que le « *spin* »[85] d'un électron, qui au départ ne présente pas d'orientation définie, ce dernier s'oriente dans une direction précise.

On dira que l'acte de mesure modifie la fonction d'onde de l'électron. Ce phénomène se produit parce que l'observateur ne peut pas se dissocier de l'observation puisqu'il fait partie intégrante de ce qu'il observe, implicitement l'Univers.

---

[83] **Le CERN**, est l'Organisation européenne pour la recherche nucléaire. C'est l'un des plus grands et des plus prestigieux laboratoires scientifiques du monde. L'organisation a pour vocation la physique fondamentale, la découverte des constituants et des lois de l'Univers.

Il utilise des instruments scientifiques très complexes, dont un accélérateur de particules d'une circonférence de 27 km, pour sonder les constituants ultimes de la matière : les particules fondamentales. En étudiant ce qui se passe lorsque ces particules entrent en collision, les physiciens appréhendent les lois de la nature.

[84] Le **boson de Higgs** est considéré comme la clé de voûte de la structure fondamentale de la matière. Il explique notamment pourquoi certaines particules ont une masse, et par conséquent pourquoi l'Univers existe tel que nous le connaissons. « *Sans lui, nous n'existerions pas* », a constaté le comité Nobel qui a décerné conjointement son prix 2013 à François Englert (81 ans) de l'université libre de Bruxelles et au britannique Peter Higgs (84 ans) de l'université d'Edimbourg, qui avaient postulé l'existence de cette particule dans les années 1960.

Le 4 juillet 2012, le CERN annonçait la découverte (l'observation) du boson de Higgs grâce à l'imposant accélérateur de particules et ses deux détecteurs géants.

[85] **Le spin** est une propriété quantique intrinsèque associée à chaque particule, caractéristique de la nature de la particule, au même titre que sa masse et sa charge électrique. Comme d'autres observables quantiques, sa mesure donne des valeurs discrètes et est soumise au principe d'incertitude.

C'est la seule observable quantique qui ne présente pas d'équivalent en physique classique, contrairement, par exemple, à la position, l'impulsion ou l'énergie d'une particule. Le *spin* a d'importantes implications théoriques et pratiques. Il influence pratiquement tout le monde physique (source : Wikipédia 2013).

Qui plus est, le fait d'observer, qui implique de prêter une attention, produit la matérialisation de la particule. L'observateur, un témoin de notre réalité, décide donc malgré lui de l'expression du résultat, soit du comportement de l'énergie. Il crée la réalité du moment. Inévitablement, l'être humain influence le mouvement universel par le seul biais de sa conscience et donc de ses actions.

Ainsi, lorsqu'une personne s'observe, en utilisant par exemple le médium de la méditation, elle influence directement sa propre réalité, elle la crée. Lorsqu'une personne maintient une condition externe à elle-même dans sa vie de tous les jours, elle s'observe continuellement, et donc, elle crée sa vie.

Il s'agit ici d'un phénomène d'altération du niveau de conscience qui s'obtient de manière performante et constante par la maitrise de la coordination corps – esprit. De tels processus réorganisent non seulement la structure propre d'un individu à tous les niveaux, mais également son environnement et les objets de son attention, en agissant sur ses composantes de base et sur celles de notre univers physique, le *Ki*.

Il est donc sensé d'affirmer que la conscience de l'humain joue un rôle déterminant sur les mouvements de l'énergie, et que ce dernier peut se servir de cette influence pour obtenir des résultats prévisibles sur la matière (dans le monde physique). Il est dit que les pratiques liées au *Ki* rendent tangible l'organisation d'un mouvement dirigé d'énergie.

C'est l'incidence de la conscience dans l'action qui rend possible de tels résultats. Les personnes qui ont une connaissance profonde du *Ki*, et donc une conscience élargie, sont capables d'influencer la matière (le tangible) aussi bien que l'immatériel (l'intangible). C'est de cette manière que nous pouvons réussir de véritables prodiges physiques dans la pratique de l'Aïkido, que nous stimulons la vitalité d'une autre personne, que nous donnons une direction souhaitable aux évènements, que nous utilisons l'intuition librement, etc.

Le *Ki* est à la base de tout ce qui existe, c'est la source de la vie, et c'est pourquoi certains le considèrent divin. Cet ensemble illimité de particules infiniment petites, lorsque condensé, révèle toutes les formes perceptibles par nos sens et aussi les formes immatérielles comme la pensée et l'intuition.

L'être humain bénéficie d'un accès illimité à cette énergie dont il a besoin pour se maintenir en vie, et aussi pour vivre en santé, de manière positive et utile pour lui-même et pour la société. Le constat d'être vivant signifie d'utiliser, de produire (de créer) et d'échanger de l'énergie.

À la source, cette énergie c'est le *Ki*. La coordination corps – esprit permet effectivement à l'humain d'interagir avec le *Ki*, de l'influencer et de le diriger à volonté.

En analysant des phénomènes naturels de manière scientifique, on se doit d'en décortiquer les composantes et de quantifier d'innombrables données pour obtenir des résultats parfois douteux. Il est bien de connaitre les vues et l'avancement de la science, sans toutefois s'y subordonner.

Nous n'avons qu'à constater consciemment notre véritable nature (*Kensho*) sans autres considérations. C'est ainsi que de nombreux humains ont transcendé la science actuelle depuis des millénaires seulement en utilisant leur intuition, leur bon sens et la logique.

Les connaissances scientifiques actuelles et l'étude du *Ki* convergent dans la même direction en ce qui a trait à la compréhension de l'être humain et de l'Univers. La science et l'étude du *Ki* ne s'opposent en rien.

Les pratiques de *Ki* ne sont qu'un moyen, plus intuitif que la science, sans doute, mais assurément plus systématique et organisé que des préceptes philosophiques de développement du potentiel d'un être humain. Sciences, étude du *Ki* et philosophies empruntent des chemins différents pour découvrir les mêmes vérités.

Peut-être ne pouvons-nous pas encore démontrer scientifiquement les mouvements de *Ki* qu'un être humain peut produire, mais nous ne pouvons pas nier leur existence non plus lorsque nous expérimentons la coordination corps – esprit et des exercices pratiques de *Ki* avec un partenaire.

[86]

$$i\hbar \frac{\partial\psi}{\partial t}(x,t) = \left\{ mc^2 \propto_{\emptyset} - i\hbar c \sum_{j=1}^{3} \propto_j \frac{\partial}{\partial x_j} \right\} \psi(x,t)$$

« Tout ce que nous sommes est le résultat de ce que nous avons pensé,
est fondé sur nos pensées, est fait de nos pensées. L'esprit est tout.
Nous devenons ce que nous pensons ! » (Bouddha).

[86] **L'équation de Dirac** : Cette formule mathématique à la fois complexe, mystérieuse pour les non-initiés, et même esthétique sur le plan visuel, décrit le comportement de particules élémentaires de *spins* demi-entiers, comme les électrons.

II.5 – CONTE : L'ENSEIGNEMENT DU VÉNÉRABLE CHAT

D'inspiration taoïste et Zen, ce conte philosophique du XVIIe siècle contient l'essentiel du secret des arts martiaux.[87]

« Shoken, un expert dans l'art du sabre, était importuné depuis quelques jours par un rat qui s'était installé chez lui. Les meilleurs chats des alentours avaient été invités dans la maison transformée en arène pour l'occasion.

À la surprise générale, cela se terminait toujours par le même scénario : le chasseur, terrifié par les attaques du rat, finissait par prendre la fuite en miaulant.

L'expert, désespéré, décida de tuer lui-même la terrible bête. Armé de son sabre, Shoken passa à l'attaque. Mais le rat, vif comme l'éclair, esquivait tous les coups. Shoken s'acharna. Le rat restait intouchable. En sueur, et à bout de souffle, l'expert finit par renoncer.

Allait-il devoir abandonner une partie de sa maison à ce maudit rat ? Cette perspective le rendait de plus en plus ténébreux. Or, un jour, il entendit parler d'un chat qui avait la réputation d'être le plus grand chasseur de rats de la province...

Quand Shoken vit le fameux chat, tout ce qui lui restait d'espoir l'abandonna, car l'animal, qui n'était plus tout jeune, ne payait vraiment pas de mine. N'ayant plus rien à perdre, il le laissa pénétrer dans la pièce où sévissait le rat.

Le chat entra tout doucement, d'un pas tranquille, comme si de rien n'était. Quand le rat l'aperçut, il resta pétrifié sur place, visiblement terrorisé. Le chat s'approcha calmement de lui, l'attrapa sans effort et sortit de la pièce en le tenant dans sa gueule.

Le soir, tous les chats qui avaient participé à la chasse au rat se réunirent dans la maison de Shoken. Le grand chat, héros du jour, fut respectueusement invité à la place d'honneur.

L'un des chats prit la parole : "Nous sommes considérés comme les chats les plus expérimentés du village. Mais aucun d'entre nous n'a réussi à faire ce dont vous avez été capable avec ce terrible rat. Votre maitrise est vraiment extraordinaire. Nous brulons tous d'impatience de connaitre votre secret".

Le vénérable chat répondit : "Avant de tenter de vous indiquer les principes du grand art, la direction de la Voie, j'aimerais entendre ce que vous-mêmes avez compris et comment vous vous êtes entrainés".

[87] Tiré de : P. Fauliot, & M. Random, « **Les contes des arts martiaux** », Éditions Albin Michel, France, 1995, pp. 175 – 181, 184 p.

Le chat noir se leva et dit : "Né dans une célèbre famille de chasseurs de rats, j'ai été entrainé depuis mon enfance à cet art. Je suis capable de faire des bonds de deux mètres, de me faufiler dans un trou à rat, bref, je suis devenu expert en toutes sortes d'acrobaties. D'autre part, je connais un grand nombre de ruses et j'ai plus d'un tour dans mon sac. J'ai honte d'avoir eu à battre en retraite devant ce vieux rat".

Le grand chat expliqua : "Vous n'avez appris que la technique. Vous êtes seulement préoccupé de savoir comment combiner votre attaque. Les anciens maitres ont en fait inventé la technique à seule fin de nous initier à la méthode la plus appropriée pour exécuter le travail. La méthode est naturellement simple et efficace.

Elle contient tous les aspects essentiels de l'art. L'efficacité technique n'est pas le but de l'art. Elle n'est qu'un moyen qui doit rester en accord avec la Voie. Si la Voie est négligée, et si l'efficacité prime, l'art du combat ne tarde pas à dégénérer et à être utilisé n'importe comment. N'oubliez jamais cela".

Le chat tigré s'avança pour donner son avis : "Selon moi, le plus important dans l'art du combat, c'est le Ki, l'énergie, l'esprit. Je me suis longtemps entrainé à le développer. Je possède maintenant l'esprit le plus puissant, celui qui remplit le Ciel et la Terre. Dès que je fais face à un adversaire, mon Ki s'impose à lui et ma victoire est assurée avant que le combat commence.

Même quand un rat court sur une poutre, je peux le capturer : il me suffit de diriger mon Ki sur lui pour le faire tomber. Mais avec ce mystérieux rat, rien à faire... Cela me dépasse".

Le vénérable Chat répliqua : "Vous êtes capable d'utiliser une grande partie de vos pouvoirs psychiques, mais le simple fait d'en avoir conscience travaille contre vous. Opposer votre puissant psychisme à l'adversaire n'est pas une solution, car vous risquez de rencontrer plus fort que vous.

Vous dites que votre esprit remplit le Ciel et la Terre, mais vous vous trompez. Ce n'est pas l'esprit lui-même, ce n'est que son ombre. Il ne faut pas confondre le psychisme et l'esprit. Le véritable esprit est un flot d'énergie inépuisable qui coule comme un fleuve alors que la force du vôtre dépend de certaines conditions à la manière des torrents qui ne vivent que le temps d'un orage.

Cette différence d'origine implique une différence de résultats. Un rat traqué se montre souvent plus combattif qu'un chat qui l'attaque. Il est aux aguets et tout son être incarne l'esprit de combat. Presque aucun chat n'a de chance de briser sa résistance".

Le chat gris prit la parole à son tour : "Comme vous venez de le dire, un esprit est toujours accompagné par son ombre et, quelle que soit sa force, l'ennemi peut profiter de cette ombre. Je me suis longtemps entrainé en ce sens : ne pas résister à l'adversaire, mais, au contraire, chercher à utiliser sa force pour la retourner contre lui. Grâce à ma fluidité, même les rats les plus puissants ne parviennent pas à m'atteindre. Mais cet étonnant rat ne s'est pas laissé prendre au piège de mon attitude de non-résistance".

Le vieux chat répondit : "Ce que vous appelez l'attitude de non-résistance n'est pas en harmonie avec la nature : il s'agit d'un truc fabriqué dans votre mental. La non-résistance artificielle nécessite une volonté psychique qui interfère avec la qualité de vos perceptions et qui bloque la spontanéité de vos mouvements.

Pour laisser la nature se manifester à fond, il est nécessaire de vous débarrasser de toute contrainte mentale. Quand la nature suit son propre chemin et agit à sa guise en vous, il n'y a plus aucune ombre, aucun flottement, aucune faille dont puisse profiter l'adversaire...

"Bien que n'étant qu'un simple chat qui ne connait pas grand-chose des affaires humaines, permettez-moi d'évoquer l'art du sabre pour exprimer quelque chose de plus profond. L'art du sabre ne consiste pas seulement à vaincre l'adversaire.

C'est avant tout l'art d'être conscient, au moment critique, de la cause de la vie et de la mort. Un Samouraï doit s'en souvenir et s'exercer à un entrainement spirituel aussi bien qu'à la technique du combat. Il doit donc essayer de pénétrer la cause de la vie et de la mort.

Quand il a atteint ce niveau d'être, il est libre de toute pensée égoïste, il ne nourrit aucune émotion négative, il ne calcule ni ne délibère. Son esprit est alors non résistant et en harmonie avec ce qui l'entoure. "Quand vous êtes parvenu à l'état de non-désir, l'esprit, qui est par nature sans forme, ne contient aucun objet.

Le Ki, l'énergie spirituelle, se répand alors sans blocage, d'une manière équilibrée. Si, par contre, un objet l'attire, l'énergie bascule et s'écoule dans une seule direction tandis qu'il y a manque dans une autre. Là où il y en a trop, cela déborde et ne peut être contrôlé. Là où il y a un manque, ce n'est pas suffisamment nourri et cela se ratatine.

Dans les deux cas, vous vous trouvez dans l'impossibilité de faire face aux situations qui sont en perpétuel changement. Mais là où prévaut le "non-désir", l'esprit n'est pas pompé dans une seule direction, il transcende à la fois le sujet et l'objet".

Shoken posa alors cette question : "Que doit-on entendre par "transcender le sujet et l'objet" ? Le vénérable chat déclara : "Parce qu'il y a un "moi", il y a aussi un ennemi. Quand il n'y a pas de moi, il n'y a plus d'ennemi. Si vous collez un mot sur les choses, si vous les enfermez dans une forme fixe et artificielle, elles paraissent exister en opposition. Le mâle s'oppose à la femelle, le feu à l'eau.

Mais quand il n'y a aucun jugement qui se manifeste dans votre mental, aucun conflit d'opposition ne peut y prendre place. Il n'y a plus alors ni moi ni ennemi. Quand le mental est dépassé, vous goutez un état d'absolu "Mushin", vous êtes en sereine harmonie avec l'Univers, vous êtes un avec lui. Vous ne faites plus aucun choix entre vrai ou faux, plaisant ou déplaisant.

Vous êtes libre du monde dualiste fabriqué dans votre mental. Mais quand un tout petit grain de poussière entre dans l'œil, nous ne pouvons plus le garder ouvert. L'esprit est semblable à l'œil : dès qu'un objet y pénètre, son pouvoir est perdu.

"Voilà tout ce que je peux vous expliquer ici. C'est à vous d'en expérimenter la vérité. La vraie compréhension se trouve en dehors de tout enseignement écrit. Une transmission spéciale d'homme à homme est nécessaire, mais de toute façon la vérité ne s'atteint que par soi-même.

Enseigner n'est pas très difficile, écouter non plus, mais il est vraiment difficile de devenir conscient de ce qui est en vous. Le Satori, l'éveil, n'est rien d'autre que le fait de voir au-dedans de son être. Le Satori est la fin d'un rêve. L'éveil, la réalisation de soi et voir au-dedans de son être ne sont, ni plus ni moins, que des synonymes".

悟
り

SATORI
(Illumination)

III – NOTRE VÉHICULE BIOLOGIQUE

Aucun chef-d'œuvre technologique ne saurait se comparer de près ou de loin à la magnificence du corps humain. Comme pour tous les êtres vivants complexes, notre corps est constitué d'un ensemble structuré d'organes variés ayant des fonctions bien définies.

Le corps physique est notre véhicule biologique temporaire nous permettant de projeter notre conscience dans l'univers dense, c'est-à-dire d'évoluer dans le monde physique.

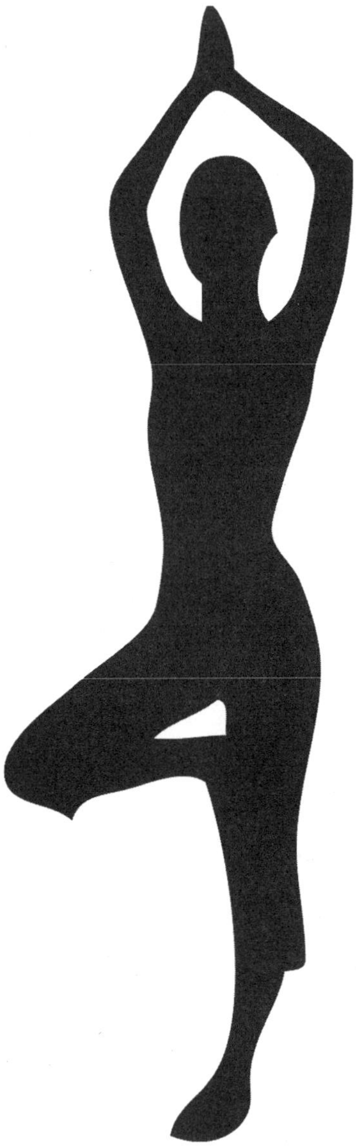

La conscience est une énergie immatérielle utilisant le cerveau humain semblable à un dispositif complexe de transfert pour la mémoire. Le cerveau n'est pas à l'origine de la conscience.

Pour ceux qui ont un jour vécu des expériences, telles qu'une sortie hors du corps ou un rêve lucide contrôlé, les affirmations qui précèdent s'avèreront probantes.

Afin de comprendre les processus menant à un élargissement de la conscience, on se doit de connaitre certains mécanismes subtils faisant interagir l'esprit avec le corps.

Cette connaissance permet aussi de mieux comprendre comment l'humain appréhende, selon son niveau de perception, le monde physique qui l'entoure. Le raffinement de cette perception est essentiel au pratiquant, car elle mène à l'éveil et au développement d'une intuition martiale opérante.

Dans ce chapitre, il sera donc question du cerveau triunique, des processus de perception — attitudes — comportements, et des effets des neurones miroirs et de leurs pièges.

Il sera également question du cerveau viscéral, soit l'organe physique lié à l'extériorisation du potentiel de *Ki* et au bonheur de vivre entièrement l'instant présent.

III.1 – LE CERVEAU TRIUNIQUE

Le cerveau cervical régissant les fonctions du corps humain est une merveille biologique. Selon l'approche triunique, il se compose de trois fonctions évolutives se différenciant aux niveaux anatomique et psychologique : le cerveau reptilien, le cerveau limbique et le cerveau néocortex.

Le **cerveau reptilien** se réfère au plus ancien du règne animal (400 millions d'années), soit au plus primitif. Il contrôle de nombreuses fonctions du corps comme la respiration, le rythme cardiaque, la température corporelle et l'équilibre. Ses fonctions sont liées aux instincts primaires. Il est responsable de la survie, du besoin de vivre en groupe et de la hiérarchisation sociale, des pulsions et compulsions, et des rituels qu'il trouve lénifiants.

Sa mémoire est à court terme et son action est de type réflexe. Par exemple, lorsqu'une émeute se produit à la suite de la victoire d'une équipe de hockey ou de foot, le reptilien est à l'œuvre. Dans ce cas-ci, les fanatiques participant au saccage affirment leur appartenance à un groupe, ils font désormais partie d'une horde, et ils en profitent pour marquer leur territoire en se livrant à des actes de vandalisme et de violence.

De surcroit, les autres groupes sont perçus comme des clans, et donc comme des ennemis potentiels. Ceci peut définir aussi bien les comportements destructeurs des gangs de rue.

Dans la pratique des arts martiaux, les rituels apaisent l'esprit et créent une prédisposition à apprendre. Par exemple, les saluts respectueux, le protocole d'échauffement, le code vestimentaire et l'ambiance générale d'un *Dojo* sont des traditions visant à procurer aux pratiquants un contexte de bien-être et d'esthétisme, soit un état visant à se rapprocher le plus possible d'un contact avec l'esprit, la vraie nature de l'humain.

Une erreur courante est cependant de s'attacher à ces traditions sans questionnement (comme s'il s'agissait d'un but en soi), et de considérer la pratique martiale trop sérieusement, ce qui perturbe le développement des individus en les confinant à un stade « reptilien ». Ce confinement est un piège et devient alors un frein à l'éveil, ce qui est contradictoire avec les buts de la pratique des arts martiaux.

Quoiqu'indispensable pour notre survie, le système reptilien c'est l'animal en nous qui peut faire ressortir des comportements d'agressivité et de bas instincts lorsque la conscience est sérieusement entravée par le processus mental, un état révélant l'antithèse de l'éveil.

« L'illusion nommée mental [...] tu as un cerveau qui contrôle le corps, stocke l'information et la manipule. Les processus abstraits du cerveau sont définis par le mot « intellect ».

[...] Le cerveau n'est pas le mental. Le cerveau est réel ; le mental ne l'est pas. Le mental est une excroissance illusoire [...] il comprend toutes les pensées aléatoires et incontrôlées qui, surgies de l'inconscient, font surface dans notre conscient comme des bulles. La conscience n'est pas le mental ; l'attention n'est pas le mental.

Le mental est une obstruction, une aggravation. Le cerveau peut être un outil capable de se souvenir des numéros de téléphone, de résoudre des problèmes de math ou de créer des poèmes.

De cette manière, il travaille pour le reste du corps, comme un tracteur. Mais, lorsque tu n'arrives plus à arrêter de penser à ce problème de math, à ce numéro de téléphone, ou lorsque des pensées ou des souvenirs gênants surgissent malgré toi, ce n'est plus ton cerveau qui travaille, c'est ton mental qui divague [...] le tracteur est devenu fou ». [88]

Les obstructions psychologiques et psychiques du mental freinent l'expression de l'esprit dans le monde physique par le biais de la conscience qui s'y projette. Les aléas du mental sont des illusions créées par le cerveau et qui peuvent s'avérer incontrôlées. La vacuité recherchée dans les pratiques méditatives vise à rompre les entraves du mental. Y parvenir mène à la réelle liberté.

[88] Source : Dan Millman, « **La sagesse du guerrier pacifique** », Éditions Octave Inc., Canada, 2011, p. 72, 200 p.

Le **cerveau limbique** (60 millions d'années) est quant à lui le siège physique de la mémoire et aussi le générateur des émotions comme le désir, la joie, la colère, la tendresse, etc. C'est aussi le centre de la foi, des croyances et des bases idéologiques. Le limbique est celui qui domine et contrôle le croyant asservi par ses dogmes.

Il induit des mécanismes de défense qui occultent ce qui est négatif pour nous en analysant les expériences du passé de la vie présente, et aussi celles des incarnations précédentes. Ainsi, le système limbique aiguillera une personne ayant subi un traumatisme vers des choix qui préviendront d'éveiller la négativité ou la souffrance qu'elle avait alors ressentie par le passé. Ce processus de défense, de protection, est une lame à deux tranchants qui opère sans discrimination.

Les effets de traumatismes passés peuvent se traduire dans la vie courante par des problématiques de santé ou de comportements. Ces derniers peuvent s'avérer difficiles à résoudre parce que les causes en sont justement occultées par le système limbique.

Finalement, le **cerveau néocortex** (3,6 millions d'années), le plus récent, dont les proportions des lobes frontaux sont propres à l'humain, est le centre de la raison et du langage. Il est l'assise de la créativité, de l'altruisme et du sens des responsabilités. Il entame des processus permettant de se projeter dans l'avenir, de créer et de conceptualiser.

Il permet d'appréhender la réalité sous différents angles et d'y découvrir rationnellement les côtés positifs et négatifs. Il va nourrir le cerveau limbique de cette manière et ce dernier génèrera, au terme de son analyse, les émotions correspondantes dominantes, positives ou négatives. Le rationnel du système néocortex est celui qui domine le scientifique.

Ainsi, le comportement d'un humain peut varier selon ses instincts, ou ses émotions ou sa raison. Cependant, les trois systèmes du cerveau triunique ne sont pas nécessairement hiérarchisés.

Par exemple, le cerveau reptilien peut faire ressentir une fringale à la vue de nourriture de confort. Le système limbique permet cependant à un individu de reporter l'assouvissement de ce besoin en prêtant intensément attention à autre chose, et le néocortex peut rationaliser la situation en prétextant le maintien d'un poids santé.

Autre exemple, le reptilien contrôle le rythme cardiaque. Le système néocortex permet à un individu de visualiser un moment de détente intense qui diminuera son pouls.

Pour ce faire, il en appellera au système limbique pour reproduire le souvenir d'un tel moment de relaxation intense, comme celui de s'éveiller tranquillement après une bonne nuit de sommeil. Rappelons toutefois que de contrer la faim est une mesure temporaire et que ralentir volontairement son rythme cardiaque a ses limites.

D'emblée, c'est la perception qu'a un individu de son contexte de vie, soit l'appréhension ou l'interprétation qu'il fait de la réalité, qui déclenchera l'action selon les attributs de l'un des trois systèmes. De cette perception, une attitude sera induite, puis un comportement cohérent avec ladite attitude suivra.

Une situation peut donc être gérée en fonction des instincts, des émotions ou de la raison. Il devient évident que le résultat comportemental va s'avérer différent en regard de chacune des trois options. Le niveau de perception s'avère alors crucial dans le développement d'un individu.

Aussi, une personne qui n'intègre pas ces systèmes devient facilement manipulable. On n'aura qu'à tirer sur une « corde sensible » faisant appel à ses instincts de survie ou à ses émotions pour générer des comportements variés et prévisibles. C'est un peu comme appuyer sur des boutons qui génèreraient des réactions instantanées.

De tels processus appliqués à des populations, par exemple par le biais de campagnes systématiques de relations publiques et de désinformation, constituent un aspect important du contrôle des masses. Une personne centrée, c'est-à-dire en état de coordination corps – esprit, pourra éviter de tomber dans ces bien tristes pièges.

Étendre son niveau de perception signifie d'élargir son champ de conscience. Ce faisant, il se produira l'intégration harmonieuse des instincts, des émotions et de la raison. À partir de ce moment, le libre arbitre pourra réellement s'exercer dans la vie d'un individu.

Il sera alors devenu ce fameux « guerrier pacifique »[89], libre de toute contrainte, équilibré, et ne faisant qu'un avec la nature, soit la véritable expression incarnée de l'esprit « UN ».

---

[89] En référence au personnage de l'œuvre de Dan MILLMAN, « **La Voie du guerrier pacifique** », Éditions du Roseau, Canada, 1994, 447 p.

III.2 – LA PERCEPTION MOTIVE LES COMPORTEMENTS

« Ce que vous percevez n'est pas ce qui est,
vous devez voir au-delà des apparences ! »

La perception possède quelques caractéristiques que l'on se doit de connaitre pour être en mesure d'étendre efficacement la portée de sa conscience :

1. Elle est **constante** : un changement dans la réalité doit persister un moment avant d'être perçu. Par exemple, lors d'une première bordée de neige d'une saison hivernale, les accidents routiers sont nombreux parce que beaucoup d'automobilistes ne réalisent pas immédiatement le changement dans les conditions de la route ;
2. Elle est **sélective** : nous ne portons notre attention qu'à peu d'éléments de la réalité à la fois. C'est bien normal, car l'environnement en contient beaucoup plus que nous pouvons en traiter ;
3. Elle est **interprétative** : la perception complète l'information partielle ou superficielle pour lui donner un sens, qu'il soit réel ou non (voir l'exemple ci-contre du triangle invisible) ;

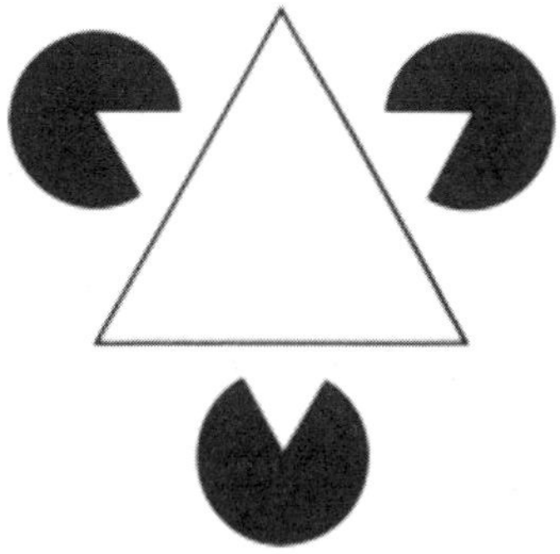

4. Elle **répond aux attentes** : l'interprétation de la réalité est basée sur ce que l'on anticipe, sur ce que l'on souhaite, sur nos valeurs et nos croyances ;
5. Elle est **intuitive** : la perception agit inconsciemment et capte les variations énergétiques, même subtiles. Le développement de cette perception trouvant des applications pratiques dans tous les aspects de notre vie est un processus développé notamment par la pratique de l'Aïkido avec les connaissances du *Ki*.

C'est ainsi que l'expérience de la vie offre à chacun d'entre nous une infinité de choix, de perspectives et de possibilités qui sont toutefois obnubilés par notre niveau de perception, et donc de conscience.

De plus, des recherches en neuroscience ont fait, récemment, la découverte des « neurones miroirs ». Cela signifie que lorsqu'un observateur voit une autre personne poser un geste, les mêmes zones de son cerveau s'activent et au même moment.

L'humain est donc empathique par nature parce que le cerveau va mimer ce que l'autre fait. Ce qui génère des désirs de voir se matérialiser chez l'observateur ce qu'il observe. On comprend donc naturellement ce que l'autre fait et même pourquoi.

Du désir nait la souffrance

« *La sagesse consiste simplement à finir par apprendre à désirer ce que l'on a, et non pas systématiquement ce que l'on n'a pas. À partir du moment où l'on y parvient, on est non seulement dans la sagesse, mais également libéré.*

Dès lors que je suis sans désir de possession, je suis content de ce que j'ai, et donc libre ? Libre de creuser ce que j'ai. J'ai une conscience. Je peux explorer cette conscience pendant des années, jusqu'à la rendre suraigüe, éveillée.

Et capable d'une certaine distance vis-à-vis des désirs et des comportements que mes neurones miroirs me poussent à imiter ».[90]

« *[...] en orientant notre désir vers les choses extérieures et les objets matériels, nous ne trouverons jamais le repos. Par nature, l'homme désire toujours autre chose. Regardez un enfant. Il semble satisfait de son jouet, et puis il voit un autre jouet dans les mains d'un autre enfant : il se désintéresse du sien et désire spontanément l'autre.*

Le désir de l'homme est mimétique : il désire toujours ce que l'autre possède. Connaissez-vous la différence entre l'enfant et l'adulte ? La taille de son jouet.

Dans l'ordre de l'avoir, le désir est sans limites. Pour être heureux, l'homme doit quitter la logique de l'avoir pour passer à celle de l'être. Son bonheur ne tiendra plus à la possession des objets extérieurs, mais à une qualité d'être.

Et tout le sens de la vie, c'est justement d'apprendre à être bien, au-delà de ce que l'on possède, des objets ou des personnes qui nous donnent du plaisir, des évènements qui surviennent. C'est de découvrir que le bonheur et le malheur sont à l'intérieur de nous, et non dans les choses ou les évènements extérieurs ».[91]

Parmi les méthodes visant à élargir le champ de la conscience, mentionnons les arts martiaux et la méditation, soit les deux cotés d'une même pièce.

---

[90] Tiré d'un entretien à propos des neurones miroirs et du désir mimétique, citant le psychanalyste Boris Cyrulnik, avec le professeur Jean-Michel Oughourlian, auteur du livre : « **Le troisième cerveau – La nouvelle révolution psychologique** », Albin Michel, 2013, 336 p.

[91] Tiré de LENOIR, Frédéric, « **L'Âme du monde** », Nil éditions, Paris, France, 2012, pp. 72 – 73, 202 p.

Méditer est l'intériorisation de l'art martial, et la pratique martiale est une méditation active, c'est-à-dire en mouvement. Les exercices respiratoires conjuguent quant à eux ces deux éléments en un seul.

Peu importe la pratique retenue, l'interrogation qui doit être posée consiste à vérifier qu'elle intègre minimalement les trois fonctions du cerveau triunique.

Ainsi, une méditation basée sur une ritualisation peut satisfaire le pratiquant au niveau reptilien, une croyance peut contenter le système limbique, un élément de connaissance scientifique peut satisfaire le néocortex. Mais, individuellement, rien de tout cela ne produira un réel élargissement du champ de conscience, puisque chaque élément est limité à un système distinct, c'est-à-dire à son champ de conscience propre.

La pratique nous rend meilleurs

Au-delà de la perception, la clé qui permet d'exprimer la maitrise d'un art ou de toute autre activité, c'est la pratique. Nous stimulons des cellules nerveuses par nos actions ou nos états d'être. Par la pratique, soit la répétition d'activités, nous renforçons les connexions neuronales y étant associées.

Cette association permet aussi d'étendre notre maitrise aux domaines similaires. Ainsi, un musicien peut jouer une infinité de pièces musicales et possiblement plusieurs autres instruments de musique.

L'apprentissage, qui est la résultante de la pratique, permet d'accéder efficacement à l'information lorsque requise. Dans le même ordre d'idée, la non-pratique réduit nos capacités et notre performance.

Beaucoup de gens croient que certaines personnes possèdent des dons parce qu'ils sont des virtuoses de leur domaine. C'est faux. C'est la pratique qui permet la maitrise dans quoi que ce soit.

Au début du chapitre, il a été dit que la conscience est une énergie utilisant le cerveau humain comme un dispositif de transfert pour la mémoire. L'information sur nos vies antérieures est donc accessible. Par exemple, comment expliquer qu'un enfant en bas âge devient subitement un virtuose de musique si ce n'est qu'il se souvient de sa pratique dans d'autres vies ?

Il existe de nombreux cas de régressions où l'on a pu valider, hors de tout doute, des souvenirs de vies antérieures. Or, le cerveau ne peut inventer des faits réels du passé inconnus des sujets se livrant à de telles expérimentations.

Cela ne peut s'expliquer autrement que par la notion d'incarnations passées et de la conscience qui est une énergie immatérielle, et non pas une création du cerveau.

Ces expériences sont fascinantes à vivre et permettent l'élargissement du champ de conscience. On s'y livre pour soi-même et non pour le démontrer aux autres. En effet, contrairement à l'approche scientifique, l'approche spirituelle est basée sur l'intériorisation de la connaissance.

C'est d'ailleurs le principal fossé difficilement conciliable entre les deux méthodologies. Considérer les deux approches sans ne se subordonner à aucune d'entre elles est sans nul doute une des grandes qualités d'une personne éveillée.

Un autre aspect à considérer c'est que l'humain possède en lui toute la connaissance de son espèce depuis la nuit des temps. Ce concept se réfère aux anales dites « akashiques ».[92] Cette connaissance inconsciente est accessible de diverses manières, mais c'est tout d'abord l'éveil qui permet d'y accéder.

CHUGI
(Loyauté)

[92] **Anales akashiques** : Aussi appelées mémoire akashique, désigne un concept ésotérique de la fin du XIXe siècle de théosophes occidentaux créé à partir d'éléments de la philosophie indienne. Le mot sanskrit « *Akasha* » signifie semblable à la lumière astrale, inaltérable et pure, et désigne le cinquième élément, la « quintessence » ou l'« éther » (*Ku*).

III.3 – LE CERVEAU VISCÉRAL

L'accomplissement des processus corporels de transformation de la nourriture peut comparer le corps à une usine. Comme l'électricité requise pour faire fonctionner une usine, ces processus corporels requièrent l'accès à une source externe d'énergie, c'est-à-dire de *Ki*.

Le lieu de cette connexion entre le corps et l'océan d'énergie cosmique se situe dans le bas-ventre, ou région du « *hara* ».[93] C'est le centre, un point situé à quelques largeurs de doigts sous le nombril. On l'appelle « *Kikaï-tanden* » en japonais, ce qui signifie « mer de *Ki* du bas-ventre ». Il correspond au centre de gravité du corps et au point d'origine de la formation de l'embryon humain.

C'est également le centre du traitement des émotions générées et enregistrées par le système limbique. C'est pourquoi on ressent ce qu'on appelle parfois des papillons, soit des crampes dans le bas-ventre lorsqu'on est sur le point de se livrer à une activité perçue comme stressante, par exemple avant un examen académique ou avant de monter sur une scène pour offrir une prestation à un public.

Le trac est une manifestation du cerveau viscéral qui « digère » ou traite les émotions générées par le cerveau limbique. Il est donc à-propos de nourrir constamment le cerveau viscéral d'émotions positives.

Le centre est aussi le lieu physique de la concentration et il est la porte d'accès aux niveaux supérieurs de conscience et de perception.

Lorsqu'une personne rend opérant le cerveau viscéral par la focalisation appropriée, ce dernier unifie les trois cerveaux cervicaux composant le cerveau triunique.

La personne n'est alors aucunement subordonnée aux aléas du mental. Elle est libre de l'influence de ses instincts, de ses émotions et de sa raison, tout en ayant accès à volonté à toutes ces extraordinaires ressources. C'est l'une des raisons scientifiques qui justifient de se livrer à des activités spirituelles comme la méditation.

Physiquement, le cerveau viscéral s'avère le point culminant du système nerveux entérique[94] qui constitue un deuxième cerveau.

---

[93] **Hara** : (Jap.) Terme désignant la région abdominale. L'expression « *Hara-kiri* » signifie ouverture du ventre. Il s'agit du geste posé par le Samouraï dans le rituel appelé « *Seppuku* », un suicide lui permettant de racheter son honneur à la suite d'un manquement considéré grave selon le code du « *Bushido* ».

[94] **Système nerveux entérique** : Partie du système nerveux autonome (ensemble des organes et des éléments de tissus nerveux dont dépendent les fonctions vitales et la réception des messages sensoriels) qui contrôle le système digestif aussi bien pour l'activité motrice (péristaltisme et vomissements) que pour les sécrétions et la vascularisation.

Sa composition comprend près de 200 millions de neurones, soit autant que dans la moelle épinière. Il contient également 20 neurotransmetteurs[95] identiques à ceux du cerveau cervical.

La fonction du cerveau viscéral va bien au-delà du contrôle du système digestif, d'organes avoisinants et de la production de 80 % des cellules immunitaires du corps. Des amas neuronaux, reliés par des fibres nerveuses, constituent un cerveau pensant à part entière prenant la forme de réseaux complexes. Le deuxième cerveau, comme on l'appelle, est connu des taoïstes depuis plus de 400 ans.

Il est connecté notamment au cerveau cervical par le nerf vague.[96] Même s'il possède une mémoire opérante, il ne prend en charge que le moment présent. Il possède la capacité de dominer certaines fonctions importantes de l'encéphale et du corps, en contexte de survie, instinctivement ou consciemment par la coordination corps – esprit, ce qui libère l'action de toute pensée ou émotion interférente.

Cet état d'esprit connu des pratiques martiales, s'appelle « *Mushin* », et sa découverte est un objectif des pratiques liées au *Ki*.

Afin d'intérioriser les connaissances qui précèdent, un petit exercice permet de ressentir par soi-même l'effet d'un courant d'énergie activé consciemment. Il s'agit de se tenir calmement debout, de prendre conscience de son cerveau cervical, puis de suivre avec un doigt le trajet général qu'emprunte le nerf vague jusqu'au cerveau viscéral, soit jusqu'au *Kikaï-tanden*. Une chaleur, un frisson ou des picotements peuvent alors être ressentis, comme si une nouvelle connexion s'ouvrait ou se renforçait.

Dans les pratiques méditatives, respiratoires, martiales ou toutes autres activités, ce qui est juste, approprié ou en harmonie avec la nature peut parfois s'avérer difficile à apprécier. Comme nous l'avons vu précédemment, la perception que nous en avons peut laisser place à un large éventail d'interprétations biaisées par notre champ de conscience et nos attentes. Se livrer à une pratique erronée ou négative peut s'avérer désastreux dans la vie d'une personne, même si cette dernière croit fermement à sa légitimité.

---

[95] **Neurotransmetteur** : Substance émise par une synapse neuronale et servant à acheminer l'influx nerveux. Les neurotransmetteurs sont libérés par des neurones pour communiquer avec d'autres neurones. La sérotonine est un neurotransmetteur largement mis à contribution par les processus du cerveau viscéral car elle participe notamment à la gestion des émotions.

[96] **Nerf vague** : Chacun des deux nerfs crâniens provenant du bulbe rachidien et responsables de l'innervation des organes du cou, du thorax et de la partie supérieure de l'abdomen. Le nerf vague est le nerf crânien qui tient son nom du fait que son territoire est le plus étendu.

De plus, l'illusion est facilement créée par le contentement de l'un des systèmes du cerveau triunique.

Cependant, il n'est rien de plus facile que de répondre à cette question complexe. On n'a qu'à vérifier le bien-fondé de la pratique en évaluant si le pratiquant est, et demeure, en état de coordination corps – esprit durant son activité.

Rappelons que toute expression physique de la création émane de la pensée énergie, soit de l'univers non physique. L'univers physique relevant de nos perceptions est constitué exclusivement d'énergie condensée prenant diverses formes.

Dans l'expérience charnelle de la vie, la coordination corps – esprit est un état altéré de la conscience qui permet d'agir sur l'énergie subtile non physique, le *Ki*, pour produire des résultats tangibles physiquement.

C'est pourquoi il est possible de mesurer cet état. La méthode d'évaluation par *Biofeedback* est expliquée en détails dans le chapitre suivant qui traite des principes universels permettant de réaliser consciemment la coordination corps – esprit.

不
動
心

FUDOSHIN
(Esprit imperturbable)

III.4 – CONTE : LE MAITRE DE THÉ ET LE *RONIN*

« Le seigneur de Tosa se rendit à Yedo, la capitale, pour une visite officielle au shogoun. Il n'avait pas pu s'empêcher d'emmener avec lui son maitre de Cha-no-yu, dont il était très fier. Le Cha-no-yu, la cérémonie du thé, est un art japonais fortement influencé par le Zen.

Chaque geste doit être exécuté avec une très grande concentration. Il s'agit de goûter, grâce à un délicat rituel, le mystère de "l'ici et maintenant".

Pour être admis au palais, le maitre de thé dut revêtir la tenue des Samouraïs et donc, porter leur marque distinctive, c'est-à-dire deux sabres. Depuis son arrivée à Yedo, le spécialiste de Cha-no-yu ne quitta pas le palais.

Plusieurs fois par jour, il exerçait son art dans les appartements de son seigneur, à la plus grande joie des invités. Il officia même en présence du shogoun.

Or, un jour, le seigneur lui donna la permission de faire un tour en ville. Saisissant cette chance de visiter la capitale, le maitre de thé, toujours habillé en Samouraï, s'aventura dans les rues mouvementées de Yedo...

Alors qu'il traversait un pont, il fut soudain bousculé par un Ronin, l'un de ces guerriers errants qui sont soit de preux chevaliers, soit de fieffés brigands. Celui-là avait l'air d'être de la pire espèce.

Il déclara, froidement : "Ainsi, vous êtes un Samouraï de Tosa. Je n'apprécie pas beaucoup d'être bousculé de la sorte et j'aimerais donc que nous réglions ce petit différend sabre en main."

Désemparé, le maitre de thé finit par avouer la vérité : "Je ne suis pas un vrai Samouraï, malgré les apparences. Je ne suis qu'un humble spécialiste de Cha-no-yu qui ne connait absolument rien au maniement du sabre."

Le Ronin ne voulut pas croire à son histoire. D'autant plus que son véritable but était, en fait, de tirer quelque argent de cette victime dont il avait pressenti la nature peu courageuse. Il resta inflexible et haussa le ton pour impressionner son interlocuteur.

Un attroupement ne tarda pas à se former autour des deux hommes. Profitant de l'aubaine, le Ronin menaça de déclarer publiquement qu'un Samouraï de Tosa était lâche, qu'il avait peur de se battre.

Voyant qu'il était impossible de faire entendre raison au Ronin, et craignant que sa conduite porte atteinte à l'honneur de son seigneur, le maitre de thé se résigna à mourir. Il accepta le principe d'un combat.

Mais, ne voulant pas se laisser tuer passivement, pour qu'on ne dise pas que les Samouraïs de Tosa ne savent pas se battre, il eut une idée : se rappelant qu'il était passé quelques minutes plus tôt devant une école de sabre, il pensa qu'il pourrait y apprendre comment tenir un sabre et affronter honorablement une mort inévitable.

Il expliqua donc au Ronin : "Étant en mission pour mon seigneur, je dois d'abord m'acquitter de mon devoir. Cela risque de prendre encore deux bonnes heures. Auriez-vous la patience de m'attendre ici ?"

Respectant chevaleresquement les règles du Bushido, ou imaginant que sa victime avait besoin de ce temps pour réunir une somme dissuasive, le Ronin accorda le délai.

Notre spécialiste de Cha-no-yu se précipita à l'école qu'il avait remarquée et demanda à voir le maitre de sabre de toute urgence. Le portier était peu disposé à laisser entrer cet étrange visiteur qui ne paraissait pas être dans son état normal et, surtout, qui n'avait aucune lettre de recommandation.

Mais, touché par l'expression tourmentée de l'homme, il décida finalement de l'introduire auprès du maitre. Celui-ci écouta avec beaucoup d'intérêt son visiteur lui raconter sa mésaventure et son désir de mourir en Samouraï.

"Voilà un cas remarquable, unique même", déclara le maitre de sabre.

"Ce n'est pas le moment de plaisanter", répliqua le visiteur.

"Oh, mais pas du tout, je vous assure. Vous êtes vraiment une exception. D'habitude, les élèves qui viennent me voir veulent apprendre comment manier un sabre et comment vaincre. Vous, vous voulez que l'on vous enseigne l'art de mourir... Mais avant, pourriez-vous me servir une tasse de thé puisque vous êtes maitre en cet art incomparable ?"

Le visiteur ne se fit pas prier, car c'était certainement pour lui la dernière occasion de pratiquer son art. Paraissant tout oublier de son tragique destin, il prépara soigneusement le thé puis le servit avec un calme surprenant. Il exécutait chacun de ses gestes comme si rien d'autre n'avait d'importance en cet instant.

L'ayant observé attentivement pendant toute la cérémonie, le maitre de sabre fut profondément impressionné par le degré de concentration de son visiteur.

"Excellent, s'exclama-t-il, excellent ! Le niveau de maitrise de soi que vous avez atteint en pratiquant votre art est suffisant pour vous conduire dignement devant n'importe quel Samouraï.

Vous avez tout ce qu'il faut pour mourir honorablement, ne vous inquiétez pas. Écoutez seulement ces quelques conseils : dès que vous apercevrez votre Ronin, pensez avant tout que vous allez servir du thé à un ami.

Après l'avoir salué poliment, remerciez-le pour le délai accordé. Pliez ensuite délicatement votre veste et déposez-la au sol, avec votre éventail dessus, tout comme vous faites pour la cérémonie du thé. Attachez le bandeau de résolution autour de votre tête, relevez vos manches, puis annoncez à votre adversaire que vous êtes prêt pour le combat.

Après avoir dégainé votre sabre, levez-le au-dessus de la tête tout en fermant les yeux. Il ne vous restera plus qu'à vous concentrer au maximum de vos possibilités pour abaisser vigoureusement votre arme juste au moment où vous entendrez le Ronin pousser son cri d'attaque. Je parie que cela finira par un massacre mutuel."

Le visiteur remercia le maitre de sabre pour ses précieux conseils et retourna à l'heure dite près du pont où l'attendait le Ronin. Suivant les instructions qu'il avait reçues, le spécialiste de Cha-no-yu se prépara au combat comme s'il était en train d'offrir une tasse de thé à un hôte.

Quand il leva le sabre et ferma les yeux, le visage de son adversaire changea d'expression. Le Ronin n'en croyait pas ses yeux.

Était-ce bien le même homme qui se trouvait en face de lui ? Dans un état d'extrême concentration, le maitre de thé attendait le cri qui serait le signal de son dernier mouvement, de son ultime action...

Mais au bout de plusieurs minutes qui lui parurent des heures, le cri ne s'était toujours pas fait entendre. N'y tenant plus, notre Samouraï improvisé finit par ouvrir les yeux.

Personne... Il n'y avait plus personne en face de lui ! Le Ronin, ne sachant comment attaquer ce redoutable adversaire qui ne montrait aucune faille dans sa concentration, ni aucune crainte dans son attitude, avait reculé pas à pas jusqu'au moment où il s'était éclipsé, sans demander son reste et bien content de s'en être tiré vivant ». [97]

[97] Conte antique tiré de P. Fauliot, & M. Random, « **Les contes des arts martiaux** », Éditions Albin Michel, France, 1995, pp. 113 – 118, 184 p.

IV – COORDINATION CORPS – ESPRIT

En maintenant la coordination corps – esprit, nous choisissons de vivre positivement et de nous consacrer entièrement à chacune des activités de la vie courante, et cela, dans le seul moment qui existe, le moment présent projetant son énergie vers l'avenir. Évidemment, c'est plus facile à dire qu'à réaliser.

C'est pourquoi nous devons parfois nous y entrainer afin de retrouver notre condition naturelle d'être humain telle qu'elle était à la naissance, c'est-à-dire innocente, libre et unifiée. Cette condition spirituelle de vacuité mentale s'appelle *Mushin*.[98]

Souvent, les gens se tournent vers des activités à caractère spirituel lorsqu'ils vivent des situations difficiles. Il est alors ardu d'utiliser efficacement des techniques spirituelles, car elles ne sont pas maitrisées. Bien au contraire, c'est quand tout va bien que le moment est propice pour s'entrainer.

Aussi, une personne initiée à une pratique nouvelle aura tendance à la comparer ou à l'associer à des éléments de sa propre connaissance qui semblent en relation avec elle. Dans ce cas, il est difficile d'apprendre quoi que ce soit.

Comme le dit l'adage : « *Si votre tasse de thé est pleine, il n'est pas possible d'en rajouter !* ». Lors des pratiques liées au *Ki*, le seul critère de réussite est véritablement l'ouverture d'esprit.

Ce qui ravira certains lecteurs réside dans le fait qu'ils peuvent expérimenter et obtenir des résultats tangibles tout en demeurant indifférents par rapport à l'existence du *Ki*. Ici l'objectif n'est pas théorique, il est pratique.

Par contre, le langage choisi pour transmettre l'information utilise principalement le concept du *Ki* afin de faire comprendre la mécanique de production de ces résultats.

Par exemple, certains exercices requièrent la visualisation d'un mouvement de *Ki*. Lorsqu'une personne réussit un exercice, cela ne signifie aucunement que le *Ki* existe puisque d'autres types de visualisations fonctionnent également.

Par exemple, imaginer un « jet d'eau » ou un « rayon laser » plutôt qu'un flot de *Ki* produira les mêmes résultats tangibles physiquement. La conceptualisation du *Ki* n'est qu'un guide, tout comme le doigt qui pointe la lune... On ne doit pas regarder le doigt, mais bien la direction et finalement l'objet vers lequel il est dirigé.

De nombreux ouvrages à caractère philosophique ou spirituel peuvent être fascinants à lire. Cependant, rares sont les ouvrages qui fournissent des méthodes d'actualisation vérifiables physiquement et applicables dans la vie de tous les jours.

---

[98] **Mushin** ou *Muso* : (Jap.) « L'esprit pur, libre ou originel ». *Wu-xin* en chinois. Voir aussi : « *Ku* » (note de bas de page n° 76, [p. 55]).

Les principes universels de coordination corps – esprit n'ont de valeur que dans la mesure où ils sont expérimentés et vécus.

Essayer de décrire le gout de la coriandre à une autre personne ne lui donnera qu'une vague idée de l'herbe fine. Ce n'est qu'en y goutant qu'elle en appréciera la saveur fraiche, délicate et unique.

En effet, demeurer au stade de la conceptualisation ou de la foi, ou pire, penser que l'on a compris, ne produira pas de résultats significatifs.

La méthode de Biofeedback

Dans les activités liées à l'étude du *Ki*, le développement des pratiquants est constamment vérifié en utilisant une méthode de « *Biofeedback* » qui, au prix d'expérimentations et d'études remarquables, a été mise au point par Maitre Koichi Tohei. Il s'agit de légers tests physiques visant à vérifier la coordination corps – esprit du pratiquant.

En effet, la stabilité physique du corps est le reflet de l'état spirituel d'une personne et s'obtient uniquement par l'union du corps et de l'esprit. Cette union, que l'on nomme la coordination, permet la diffusion du *Ki* universel et son utilisation ou, si vous préférez, permet la production de résultats tangibles.

Comme nous le verrons plus loin, cette méthode de validation permet également de vérifier l'authenticité de nombreuses disciplines et autres pratiques tant physiques, philosophiques, doctrinales que religieuses.

Il est important de mentionner que la science n'a pas encore réussi à expliquer la production de ces résultats physiques pouvant être reproduits à volonté.

La substance universelle, nommée *Ki*, semble non mesurable pour le moment. Ce que les pratiquants peuvent percevoir ou ressentir ce sont des résultats de la diffusion du *Ki*, c'est-à-dire de son mouvement, et non le *Ki* lui-même. Cependant, le pratiquant avancé percevra les variations d'énergie.

Un individu peut déplacer cette énergie infinie et l'utiliser dans ses activités courantes tant physiques que mentales. Et, puisqu'il est en vie, il le fait déjà inconsciemment, de façon naturelle, sans s'en rendre compte.

L'étude de la coordination corps – esprit permet de mieux utiliser nos ressources internes et le *Ki*, et de les actualiser pleinement dans le monde physique. Les exercices de *Ki* et l'Aïkido ont pour objectif commun d'expérimenter les effets de la diffusion du *Ki* sur le corps et l'esprit.

Certains exercices de *Ki* peuvent sembler plus ardus que d'autres. Cependant, ils peuvent tous être exécutés facilement par celui qui désire apprendre et qui persévère.

Dès le début des pratiques liées au *Ki* et au cours de son développement, le pratiquant laisse tomber de nombreuses barrières qui sont le fruit de pièges propres à son mental et non la réalité. Les difficultés relatives que perçoit le pratiquant lui viennent de son esprit dualiste.[99]

Les principes de coordination corps – esprit

Les quatre principes universels sont des outils qui permettent de réaliser et de maintenir la coordination corps – esprit. Leur application nous permet de produire un flot de *Ki* naturel et constant. Ces principes peuvent être appliqués à toute situation. C'est pourquoi ils sont qualifiés d'universels.

Il est primordial de comprendre et d'expérimenter les quelques exercices démontrant les quatre principes. Le pratiquant choisira par la suite celui qui lui convient le mieux pour son développement individuel ou selon la situation.

Si une personne en maitrise un, elle les maitrise tous. De la même façon, s'il en est un qu'elle ne maitrise pas, elle n'en maitrise alors aucun. Chacun des principes explique la même réalité, mais sous un angle différent.

LES QUATRE PRINCIPES UNIVERSELS
DE COORDINATION CORPS – ESPRIT

1. **Focaliser calmement l'attention au centre situé dans le bas-ventre.**
2. **Relaxer complètement en relâchant les tensions du corps.**
3. **Laisser reposer avec légèreté toutes les parties du corps vers le bas.**
4. **Diffuser le *Ki* universel en maintenant une attitude positive.**

---

[99] **Dualisme** : Vision de la relation entre le monde physique et l'esprit affirmant que les phénomènes mentaux sont dissociés du monde physique au lieu de ne faire qu'un. Dans ce cas, la perception d'un individu de la réalité le confine à une hiérarchisation relative des phénomènes plutôt que de percevoir ce qu'ils sont réellement.

À la lumière des principes universels, nous pouvons facilement découvrir la raison qui nous empêche de coordonner notre corps et notre esprit en révisant notre posture, nos attitudes ou nos mouvements.

Notons que ces principes sont simples et faciles à mettre en pratique seulement pour une personne qui les comprend. L'expérimentation conduit à cette compréhension.

Fait étonnant, si nous expérimentons de nouveau le même exercice, si simple soit-il, de la bonne façon, en faisant preuve d'ouverture d'esprit, nous apprenons quelque chose de nouveau à chaque fois. En effet, le raffinement de la compréhension de la coordination corps – esprit ne connaît pas de limites.

L'application des quatre principes de coordination corps – esprit révèle deux aspects dont il faut tenir compte. Tout d'abord, ils impliquent tous un mouvement d'énergie. En effet, ils produisent des résultats à condition que la conscience y joue un rôle très actif. Aussi, la formulation même de chaque principe indique de faire quelque chose très intensément. Cependant, pour y arriver, nous devons nous exécuter sans effort mental ou physique.

Cela ne semble-t-il pas paradoxal de faire des choses sans effort ? Non, car la vraie nature humaine n'est ni mentale ni physique, elle est esprit et elle transcende ces deux autres dimensions. L'expérimentation des principes universels nous le démontre.

La majorité des exercices présentés dans cet ouvrage s'exécutent habituellement avec l'aide d'un partenaire. Les « tests » ne sont pas des concours de force ou d'habileté. Personne ne gagne ni ne perd quoi que ce soit. Les tests doivent toujours être sincères, c'est-à-dire que nous ne devons jamais laisser de « chance » à notre partenaire.

Le travail de l'examinateur doit être exécuté avec précision, sans esprit de compétition. Il s'agit d'une méthode pour aider une autre personne à se développer en lui procurant une rétroaction (*Biofeedback*) précise sur sa capacité à réaliser et à maintenir la coordination corps – esprit.

Au moyen des exercices de *Ki* et des tests, nous cherchons toujours à démontrer la différence physique qui existe lorsqu'une personne est en état de coordination corps – esprit et lorsqu'elle ne l'est pas. De cette façon, le pratiquant apprend progressivement à réaliser la coordination et à la reproduire dans diverses situations. Au début, il coordonnera son corps et son esprit dans des positions statiques puis il apprendra à maintenir sa coordination en mouvement, par exemple, dans la pratique de l'Aïkido.

Certaines personnes maitrisent déjà la coordination corps – esprit sans nécessairement en être conscientes. Elles ont pu apprendre de diverses façons, soit intuitivement, à l'école de la vie, puisqu'il s'agit d'un état naturel, ou par la pratique de disciplines variées. Dans ces cas, elles pourront renforcer leurs capacités tout en apprenant à enseigner aux autres les principes universels et surtout, à les appliquer dans toutes les activités de la vie, et non pas seulement dans la pratique d'une discipline quelconque.

Dans le cadre d'exercices divers, une personne va expérimenter la coordination de son corps et de son esprit de façon volontaire. Ce ne sera cependant que le début. Il s'agira par la suite d'approfondir cette condition et de la rendre permanente.

La coordination est un état naturel qui entraine, chez une personne qui la découvre, des changements significatifs dans sa vie parce que ce faisant, elle est réellement positive. Le défi c'est de maitriser le mental et ses pièges et de modifier positivement le bagage incrusté dans le subconscient afin de le rendre harmonieux avec les lois universelles.[100] C'est par l'expérimentation et l'entrainement qu'on y arrive généralement de la meilleure façon.

BUDO

« La Voie des arts martiaux »

[100] **Loi universelle** : Règle immuable régissant les rapports naturels entre les phénomènes physiques et métaphysiques, liée à un objet d'existence ou de non-existence, qu'elle soit démontrée, connue, observée ou non.

IV.1 – FOCALISER CALMEMENT L'ATTENTION AU CENTRE SITUÉ DANS LE BAS-VENTRE

Le centre est la région où se trouve le point d'échange entre l'esprit, le corps humain et le *Ki* universel. Lorsqu'une personne se tient debout, calme et relaxée, son centre est situé en avant et au milieu de l'abdomen, à la hauteur des têtes des fémurs, plus précisément au niveau où ces os se trouvent en contact avec le bassin.

Le centre est un endroit du corps, un point où il n'est pas possible de produire de tension physique. Il peut changer de place lorsque le corps adopte d'autres positions. La première étape de familiarisation consiste à trouver le centre. C'est-à-dire, à le localiser dans diverses postures familières.

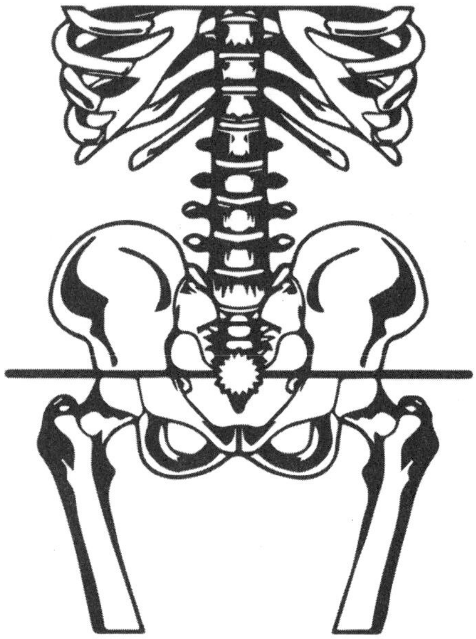

Le premier principe consiste à focaliser l'attention, c'est-à-dire à diriger sa pensée à l'endroit où se situe le centre. Cela ne signifie aucunement de fixer son attention, sa pensée ou son esprit. La focalisation implique un mouvement, alors qu'une fixation s'avère un mode statique d'expression.

Étymologiquement, le mot concentration signifie « avec le centre ». La concentration est une condition naturelle qui se réalise lorsque nous sommes calmes et relaxés, et en ne faisant qu'une chose à la fois.

Focaliser l'attention implique en soi un mouvement continu de l'esprit qui se réalise sans effort, sans tension, simplement par la prise de conscience du centre. Aussi, est-il inutile d'espérer focaliser l'attention, la pensée ou l'esprit au centre lorsque le corps est tendu.

La posture debout

Le premier exercice qui permet d'expérimenter la focalisation au centre situé dans le bas-ventre consiste simplement à se tenir debout, les bras pendant de chaque côté. Comme illustré, le partenaire se tient à côté de la personne en se plaçant à 90 degrés. Il procède alors à chacun des quatre tests d'usage qui doivent être exécutés avec une grande légèreté.

« Le partenaire qui se livre aux tests ne doit pas s'exécuter de manière saccadée, violente, nonchalante, avec hésitation ou tester plusieurs fois de suite inutilement ».

Il doit être très attentif à ce qu'il fait et il doit transmettre une information précise sur le travail qu'accomplit la personne réalisant l'exercice.

Par ailleurs, le partenaire qui procède aux tests se doit de reconnaitre la coordination corps – esprit quand il la touche, quand il la voit et quand il la ressent. C'est une tâche plus difficile à accomplir que celle de la personne éprouvée.

Un examinateur coordonné développera une intuition réelle et, par la pratique, sera capable un jour de ressentir le *Ki* des autres, des endroits et des évènements.

La personne testée et le partenaire se développent donc en tout temps et de façon très intense lors des expérimentations liées au *Ki*.

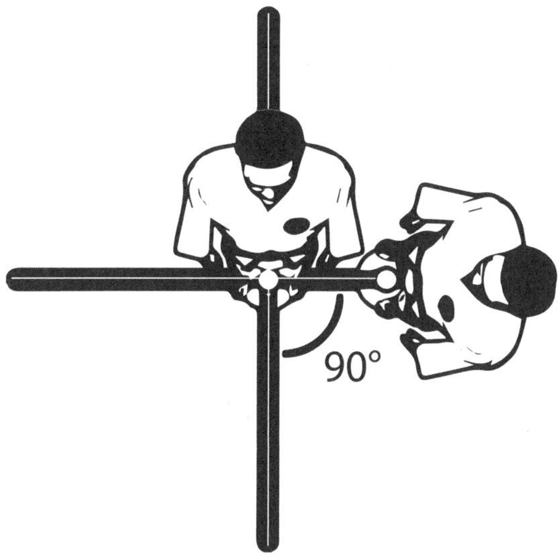

Pour commencer, l'examinateur applique une très légère pression de la main, tout en gardant son coude vers le bas, aux environs du milieu de la poitrine de la personne subissant les tests. Cette dernière va chanceler ou être déséquilibrée par cette manœuvre exécutée avec grande légèreté.

Il en est de même pour le second test qui consiste à appliquer avec délicatesse une pression au bas du dos, vers l'avant.

Pour le troisième test, il s'agit d'agripper la cheville, à deux mains, et de la soulever vers le haut. Finalement, on procède au quatrième test en saisissant le poignet de la personne mise à l'épreuve et en appliquant une pression vers le haut dans le sens du bras.

Ces manœuvres peuvent être exécutées dans n'importe quel ordre, surtout s'il est perçu que la personne mise à l'épreuve les anticipe. Même si cette dernière lutte physiquement contre l'un de ces tests, ou ne fait tout simplement rien, elle sera facilement déséquilibrée.

Si nous procédons au test en forçant physiquement, nous constaterons que la personne testée pourra aussi compenser physiquement. Par contre, en manœuvrant avec grande légèreté, elle sera facilement déséquilibrée même si elle tente d'appliquer une force physique contraire au test.

En effet, pour qu'une force appliquée dans une direction ait un impact, elle doit y rencontrer une force conflictuelle avec laquelle elle pourra s'opposer, sans quoi, elle sera sans effet. Hé oui, il doit y avoir au moins deux belligérants pour produire une situation conflictuelle.

Il est donc important de tester avec grande légèreté, car en appliquant une force physique considérable, la personne éprouvée pourra compenser physiquement, consciemment ou non. Cela lui donnera l'illusion qu'elle a réussi l'exercice alors qu'il n'en est rien. On doit impérativement expérimenter ce fait pour le constater ! Alors, allez-y...

Le partenaire doit se souvenir de l'intensité des divers tests qui ont produit un déséquilibre afin de les reproduire à nouveau exactement de la même façon, avec la même force et la même légèreté.

À présent, la personne se livrant au test court sur place quelques secondes puis s'arrête calmement. Cela lui permettra d'adopter une position naturelle. Elle relaxe ses épaules en les mouvant avec légèreté.

Pour y arriver, elle est contrainte de relaxer son corps. À ce stade, le bas de son dos est droit et l'abdomen est légèrement rentré.

La personne regarde vers l'avant. Elle pose le bout des doigts d'une main sur son centre, en les pointant légèrement vers le haut, et prononce à voix haute et avec conviction : « le centre ! ». Cette procédure aide à focaliser l'attention au centre situé dans le bas-ventre et à l'incruster dans le subconscient.

En effet, il suffit d'exécuter cette procédure une seule fois, avec sincérité, pour qu'un individu n'ait aucune difficulté à localiser son centre par la suite, et ce, pour le restant de sa vie.

Se plaçant derrière la personne, le partenaire l'aide à monter sur la pointe des pieds en saisissant, à hauteur des épaules, le vêtement de celle-ci en le tirant vers le haut avec légèreté. Lorsque stabilisée, la personne redescend tranquillement.

Elle doit cependant faire en sorte de ne pas laisser retomber le poids de son corps sur ses talons, un peu comme si quelque chose de très fragile, comme une feuille de papier de riz, allait se briser si elle le faisait.

De fait, le poids de son corps repose naturellement dans la partie avant de ses pieds au niveau de son centre. La personne notera également que ses bras tombent naturellement vers le bas, un peu en avant, non pas vers l'arrière comme dans une position forcée de type militaire.

De cette manière, le *Ki* circule à travers tout le corps, aussi bien du bout des doigts que du bout des orteils.

De nouveau, le partenaire reprend les « mêmes tests » que tout à l'heure, un à un, jusqu'à ce que la personne testée réussisse l'exercice. Nous constaterons alors qu'elle n'est pas déséquilibrée et ne chancèle pas si elle maintient son attention focalisée au centre.

Elle doit faire fi des tests du partenaire tout en étant consciente de l'exercice. Elle ne nie pas l'évènement pour autant.

L'attitude à maintenir est celle qui prévaut lorsqu'une personne déambule dans la rue pendant que tombe une fine pluie : elle est consciente des gouttelettes qui l'imprègnent, mais n'y prête pas attention pour autant, et surtout, ne lutte pas contre elles. Cet exemple est un type d'analogie efficace qui peut être utilisé lorsque nous nous livrons à des expérimentations liées au *Ki*.

La personne qui subit les tests ne doit pas lutter physiquement, car l'actualisation de la coordination corps – esprit ne tolère aucune tension physique. Aussi, lorsque le débutant se prête aux tests, il a tendance à déplacer sa focalisation du « centre » vers l'endroit où le partenaire le touche, rompant ainsi sa coordination.

Si la personne tente de refaire l'exercice en focalisant son esprit ailleurs qu'au centre, par exemple, sur sa tête ou sur l'un des « *Chakras* »,[101] le partenaire n'aura aucune peine à la déséquilibrer puisqu'elle aura ainsi rompu sa coordination. Expérimentez-le…

Issu des premières cellules embryonnaires du corps, le centre est tout à la fois le centre de gravité, le centre spirituel et le centre énergétique d'un être humain. L'énergie des tests transmise à la personne coordonnée est redirigée au centre puis dissoute dans le cosmos. Lorsque le corps et l'esprit sont unifiés, nous constatons physiquement un état de stabilité indéniable du corps.

La condition de l'esprit est reflétée sur le corps et la condition du corps est reflétée sur l'esprit. C'est dire qu'en testant physiquement, avec légèreté, la stabilité du corps d'une personne, nous en testons également la condition de l'esprit.

« **À esprit immuable : corps physique stable** ».

[101] **Chakra** : Mot dérivé du sanscrit désignant dans la conception religieuse hindoue, l'un des sept centres énergétiques du corps situés principalement le long de la colonne vertébrale. À ne pas confondre l'un de ces centres énergétiques avec le *Kikaï-tanden* situé en surface de l'abdomen à quelques largeurs de doigts sous le nombril.

Le bras inflexible

Lors du quatrième test de l'exercice précédent, où une pression au poignet est appliquée vers le haut, c'est-à-dire dans le sens du bras, on observe un curieux phénomène. En effet, si l'exercice est réussi, non seulement le corps demeure stable, mais le bras est devenu rigide.

La personne est maintenant prête pour un exercice facile à enseigner et qui résume bien le système de développement de la coordination. Cet exercice est communément appelé, à raison, le « bras inflexible ».

Dans un premier temps, la personne se tient debout, un bras levé en avant à l'horizontale. Son partenaire, lui, se place à côté et procède au test. Il pose une main sur le biceps et l'autre sous le poignet, puis applique progressivement une force physique visant à plier le bras de la personne. Cette dernière résiste physiquement.

Tôt ou tard, le partenaire risque bien de réussir à plier le bras en raison de l'avantage de sa position, et la personne mise à l'épreuve se fatiguera rapidement en raison d'un effort physique soutenu.

Le partenaire doit se souvenir de la quantité de force physique qu'il applique sur le bras de la personne testée, car il devra reproduire le même effort un peu plus tard. Si la personne ne fait rien, ce qui est bien plus simple, le bras va plier facilement. Dans les deux cas, le test et l'exercice sont valables.

Dans un deuxième temps, la personne debout coordonne son corps et son esprit en focalisant l'attention au centre, tel que décrit précédemment. Le partenaire vérifie la coordination de la personne en testant sa stabilité physique.

La personne lève alors un bras de façon très détendue et naturelle, non pas avec le concours de l'épaule, mais bien comme si un fil tirait le bout de ses doigts vers le haut. Le bras demeure toujours en pleine extension avec la même courbure naturelle qui prévalait lorsqu'il pendait sur le côté.

Arrêtant à mi-chemin en avant d'elle (à l'horizontale), pointant légèrement le bout de ses doigts vers l'avant, la personne évite de tendre ses muscles ou de produire des tensions dans son bras et son épaule. Si elle est demeurée coordonnée et donc vraiment détendue, elle aura la vague impression que son bras flotte dans l'air sans effort.

Elle ne doit pas se préoccuper du test qui viendra. La personne doit donc maintenir un esprit inébranlable en continuant à focaliser son attention au centre situé dans le bas-ventre, et ce, quoiqu'il arrive. Conséquemment, la personne testée ne ressent pratiquement aucun stress sur son bras et en vient à douter sérieusement de la ténacité du testeur, et ce, même si ce dernier se risque à appliquer davantage de force physique.

La personne testée peut demeurer dans cette position aussi longtemps qu'elle le désire, sans se fatiguer, alors que le partenaire s'épuise sous l'effort. Ceci est l'un des nombreux exemples physiques démontrant la puissance d'un individu qui diffuse le *Ki*.

Bien que la personne subissant le test n'utilise aucunement ses muscles de manière consciente ou d'autres formes de tensions physiques, son bras est devenu virtuellement inflexible. Les enfants réalisent habituellement cet exercice avec une facilité déconcertante.

Que le partenaire soit très fort physiquement et très musclé n'y change rien. Même si la personne testée se révèle être une dame âgée ou un enfant et que le testeur soit un homme, il lui sera vraisemblablement impossible de plier le bras en appliquant une force physique. Bien entendu, l'exercice doit être exécuté correctement.

Notons que jusqu'à maintenant la science n'a pas pu expliquer les résultats des exercices les plus simples de coordination corps – esprit comme celui du bras inflexible. Même les nombreux pratiquants d'Aïkido réfutant le concept de *Ki* n'arrivent pas à trouver d'explication plausible à ces phénomènes, et ce n'est pas faute d'avoir essayé.

Les muscles et la force physique d'une personne coordonnée sont bien sûr mis en action lors des tests, mais ils le sont naturellement et de la bonne façon, c'est-à-dire sans contrainte. Dans ce cas, le corps peut faire son œuvre. Il peut exprimer pleinement son potentiel lorsqu'il est libre de toute tension physique et mentale.

C'est pourquoi la majorité des humains n'ont pas nécessairement accès à volonté à cette expression naturelle de soi qu'est la coordination parce qu'ils sont tendus physiquement ou mentalement.

Confronter ses paradigmes et ouvrir son esprit s'avère parfois difficile, et c'est pourquoi on doit expérimenter de manière progressive la coordination corps – esprit.

Renforcement de la coordination

Lorsque la personne aura localisé son centre et expérimenté le premier principe de coordination, elle n'aura qu'à prononcer à voix haute ou mentalement : « *Focaliser calmement l'attention au centre situé dans le bas-ventre !* », afin de se coordonner. Par contre, nous ne devons pas répéter cette procédure deux fois de suite.

En effet, on constatera que la personne perd sa coordination lorsqu'elle est testée pendant qu'elle prononce de nouveau « *Focaliser calmement l'attention au centre situé dans le bas-ventre !* ». Pourquoi ? Parce qu'à la reprise, elle recommence et ce faisant, elle interrompt ce qu'elle avait déjà entrepris, soit l'induction de la coordination corps – esprit.

Ce phénomène est lié au fait que la focalisation au centre produit non seulement la coordination corps – esprit, mais aussi une mise en mouvement du *Ki* universel. Lorsque nous reprenons la focalisation, nous arrêtons ce mouvement, rompant ainsi la coordination.

À la reprise, nous devons plutôt nous dire : « *Je continue à focaliser calmement l'attention au centre situé dans le bas-ventre !* ». Ainsi, le mouvement de *Ki* initié par la coordination du début n'est pas interrompu, mais s'en trouve renforcé. Il est donc tout indiqué de se coordonner au réveil et de renforcer le processus pendant la journée plutôt que de recommencer chaque fois.

Ce genre de subtilité tend déjà à nous démontrer que ce que nous exprimons a de fortes conséquences sur nous-mêmes.

Le corps qui ne peut être soulevé

Lorsque la personne exécute le bras inflexible correctement, le partenaire pourra tenter, en guise de test supplémentaire, de la soulever en la saisissant de face sous les aisselles. Afin que l'exercice soit valable, le partenaire doit au moins pouvoir soulever la personne lorsqu'elle n'est pas coordonnée.

Démonstration du corps qui ne peut être soulevé,
par Noah et Philippe.

Lors de ce test, le partenaire doit éviter de secouer inutilement la personne testée en tout sens, car s'il s'agit d'un débutant, il sera distrait facilement par une telle manœuvre. Lorsque la personne maintient sa coordination, c'est-à-dire sans forcer ou lutter, il est pratiquement impossible pour le partenaire de la soulever.

Pour la personne mise à l'épreuve, une autre façon d'exécuter l'exercice de manière à réduire les effets d'appréhension du test consiste à accueillir le partenaire en touchant ses bras ou son abdomen, avec grande légèreté, du bout de ses doigts.

Cette manœuvre délicate a pour effet de rediriger l'énergie du partenaire contre lui-même. Ce dernier lutte désormais contre sa propre énergie et incidemment il ne pourra pas la transmettre à la personne testée dans le but de la soulever.

Les considérations du profane

Malgré l'enseignement d'exercices comme celui du bras inflexible, ou celui du corps qui ne peut être soulevé, j'ai constaté que certaines personnes demeurent perplexes face à l'utilité de telles pratiques. « *À quoi cela sert-il de réaliser de telles démonstrations ?* » La réponse à cette question est fort simple.

Nous arrivons à de meilleurs résultats dans tout ce que nous entreprenons, aussi bien physiquement que mentalement, lorsque nous coordonnons notre corps et notre esprit ! Ces démonstrations très basiques ne sont que le début d'une sensibilisation au formidable pouvoir de l'unification corps – esprit.

Tous reconnaissent que la tension physique et le stress sont les causes majeures des maladies physiques et mentales, et qu'ils sont générateurs de conflits. Ces exercices simples cherchent à démontrer que la véritable force réside dans le calme, la relaxation et la clarté d'esprit.

Expérimenter les principes universels, c'est devenir de plus en plus conscient du potentiel infini enfoui en nous-mêmes, et aussi du fait que nous pouvons facilement y accéder à volonté, l'utiliser et le réaliser.

Les exercices de *Ki* nous montrent comment y parvenir. De même que les potentialités de l'esprit humain sont infinies, le raffinement des exercices liés au *Ki* et la profondeur de la coordination le sont aussi.

En différentes occasions, des personnes m'ont rapporté qu'elles avaient tenté de reproduire « l'exploit » du bras inflexible en présence d'un groupe de connaissances sans toutefois y parvenir. Elles en étaient très amères. Elles pouvaient cependant s'exécuter devant moi et réussir parfaitement l'exercice.

Après quelques discussions, je compris qu'elles avaient essayé de démontrer le bras inflexible dans le dessein d'épater la galerie, plutôt que dans celui de partager leurs nouvelles connaissances des principes universels.

Leurs motifs étaient négatifs et égocentriques, et c'est pourquoi elles se sont tournées en ridicule devant leur groupe respectif.

Si vous souhaitez démontrer des exercices à une autre personne ou à un groupe, sachez que l'Univers vous y aidera à condition que votre dessein soit valable et juste. Ainsi, l'enseignement des principes universels et le partage des connaissances sont des œuvres qui visent le développement et l'épanouissement de l'être humain, et non à faire grandir son propre égo.

Avec la pratique, une personne pourrait très bien démontrer l'application des principes universels en toutes occasions et en toutes circonstances. Cependant, la sagesse issue de sa propre pratique lui fera poursuivre des buts nobles et lui fera abandonner son égo plutôt que de le promouvoir.

Avant de procéder à un exercice démontrant l'application des principes universels avec quelqu'un de non-initié, il est souhaitable d'expliquer les raisons qui nous poussent à nous livrer à ces pratiques.

Aussi, ça fonctionnera toujours si vous expliquez à quelqu'un comment faire plutôt que d'essayer de démontrer bêtement vos habiletés. Qui plus est, en montrant aux autres comment réaliser la coordination corps – esprit, vous contribuez à leur éveil, une dévotion de très loin plus noble.

« *Un jour, une fillette de 11 ans à qui j'avais enseigné plusieurs exercices de Ki les avait démontrés innocemment à plusieurs personnes. Un adulte, un homme très fort physiquement, avait alors été très frustré par ces prodiges auxquels il ne pouvait trouver un schème de référence plausible selon ses connaissances et son expérience de vie.*

Il ne pouvait pas plier le bras de la fillette, ne pouvait pas la déplacer ni la soulever. Il a simplement rejeté la vérité en niant ce qu'il avait pourtant vu et expérimenté physiquement ».

Nous ne devons pas créer de dissension en diffusant les principes universels ; au contraire, nous devons promouvoir l'harmonie. Si une personne exprime une fermeture d'esprit sans équivoque et même de l'agressivité vis-à-vis de telles exhibitions, eh bien, changez simplement et positivement d'activité ou de sujet de conversation.

Lorsque confronté à des éléments hors des schèmes de références habituels, un individu peut vouloir s'y intéresser ardemment ou s'y soustraire en s'éloignant parfois ventre à terre. Nous devons accepter ces divergences d'intérêt et ces vues différentes sans les juger.

Aussi, il est étonnant de constater que des gens sont plus enclins à croire ou à laisser diriger leur vie par des noumènes[102] métaphysiques sur lesquels ils n'ont aucun contrôle, plutôt que de s'intéresser à des pratiques simples et tangibles comme les pratiques liées au *Ki*. Ainsi, nombreuses sont les personnes qui se fieront davantage à leur horoscope qu'à leurs capacités intrinsèques pour orienter leur vie et réaliser leur vraie nature.

« ***Nul homme ne peut vous révéler quoi que ce soit qui ne sommeille déjà dans l'aube de votre connaissance [...] Car la vision d'un homme ne prête pas ses ailes à un autre homme*** ». (Khalil Gibran, 1883 – 1931)[103]

Quelle devise de *Dojo*, ou quel nom pour un *Katana*, convient mieux que BANYU-AÏGO (amour et protection pour toute chose de la création) ?

[102] **Noumène** : Objet de l'entendement qui correspond à une intuition insensible, par opposition au phénomène qui lui est basé sur l'observation ou l'expérimentation.

[103] Tiré de : GIBRAN, Khalil (poète et peintre libanais, [1883 – 1931]), « **Le prophète** », Éditions E.J.L., Collection Librio 185, Paris, 2005, p. 51, 90 p.

IV.2 – RELAXER COMPLÈTEMENT EN RELÂCHANT LES TENSIONS DU CORPS

Beaucoup de gens s'imaginent que relaxer complètement le corps signifie le laisser s'effondrer. Il n'en est rien. Prenons l'exemple classique de deux toupies : l'une tournant sur elle-même à pleine vitesse et l'autre laissée au repos sur une table.

Toutes deux sont en apparence parfaitement immobiles et apparaissent donc très relaxées. Celle qui tourne sur elle-même est cependant remplie d'une puissante énergie alors que celle laissée sur le côté est inerte. Il est ici question de relaxation vivante et de relaxation morte. La relaxation vivante est celle que nous souhaitons, car elle permet de réaliser notre plein potentiel en coordonnant le corps et l'esprit. Quant à la relaxation morte ? Hé bien, nous aurons tout le loisir de l'expérimenter à l'heure de notre décès !

Nous pouvons comparer la relaxation vivante à l'œil d'un typhon qui est d'un calme immuable, alors que le typhon lui-même est rempli d'une énergie incommensurable. En réalité, pour un être vivant, le calme réel et l'action représentent exactement la même chose. La relaxation vivante est un état très actif.

« À l'instar de la surface de l'eau calme qui reflète la lune et l'oiseau qui vole, le véritable calme vivant est l'état d'esprit qui reflète toute chose clairement. C'est l'état d'esprit naturel et originel de l'être humain qui lui permet de s'accomplir.

Nous sommes habitués à faire face à des problèmes de nervosité inutilement. La nervosité produit une contraction des vaisseaux sanguins qui rend difficile l'expulsion de toxines et nous rend ainsi susceptibles de développer de nombreuses maladies. La relaxation est véritablement une source de vie.

Répandons la méthode de réelle relaxation qui nous rend capables d'affronter chaque jour avec la légèreté et la fraicheur d'une douce brise printanière. En pratiquant la relaxation vivante, nous annihilons la nervosité et l'anxiété dans nos activités courantes ».[104]

Tekubi Shindo Waza

Une manière d'expérimenter la relaxation vivante consiste à se tenir debout et à secouer les poignets de bas en haut, un peu comme si on essayait de se débarrasser d'une gomme à mâcher qui serait collée au bout des doigts.

---

[104] Traduction libre d'un dicton de Maitre Koichi Tohei tiré de : « **Ki Sayings** », *Ki No Kenkyukai* (*The Ki Society*), *Privately Printed*, Tokyo, Japon, 1973, p. 6 (*RELAXATION*), 44 p.

Au fur et à mesure que la personne se détend, la vibration produite par le mouvement des poignets va se propager progressivement aux bras, aux épaules, puis aux jambes et ainsi de suite, jusqu'à ce que tout le corps soit en mouvement avec grande légèreté.

Lorsque toutes les parties du corps sont détendues, la personne arrête doucement de secouer les poignets, mais continue de le faire mentalement, c'est-à-dire en maintenant la sensation de légèreté générée par les impulsions offertes au corps par le mouvement.

On notera qu'à ce moment les membres reposent dans leurs positions naturelles, c'est-à-dire vers le bas. Le partenaire pourra alors procéder aux quatre tests de stabilité pour vérifier la coordination corps – esprit de la personne. Le corps relaxé de cette manière ne s'effondre, ni se fatigue, et la personne est alors réellement positive.

Aussi, comme il en sera de nouveau question à la section VI.3 : « *Boken* inflexible et vibrations » (p. 141), la fréquence vibratoire du pratiquant augmente.

La sensation de légèreté résultant de la relaxation complète doit être maintenue en mouvement et dans toutes les positions. En effet, on doit se souvenir de cette sensation afin de la reproduire le moment venu.

Se pencher en avant

Appliquer le premier principe de la coordination du corps – esprit implique parfois de localiser le centre, ce qui peut s'avérer très complexe dans certaines positions car il change d'endroit au gré des postures que l'on adopte.

Voici un exercice qui le démontre : La personne se tient debout, un pied avancé d'un demi-pas et se penche vers l'avant comme elle le ferait pour attacher ses lacets de chaussure.

Lorsqu'elle est complètement penchée en avant et immobile, le partenaire se tenant derrière teste, avec légèreté, sa stabilité. Dans ce cas-ci, le test consiste à appliquer une pression sur les hanches, vers le bas.

Si la personne n'est pas coordonnée ou tente de résister physiquement, elle sera facilement déséquilibrée vers l'avant ou s'affaissera au sol tout simplement.

Par la suite, la personne debout se coordonne et se concentre sur le maintien de la sensation d'extrême légèreté produite par la réalisation de la coordination. Elle se souviendra de cette sensation, ce qui lui permettra de l'induire par la suite dans d'autres postures.

À nouveau, elle se penche vers l'avant en s'assurant de plier l'abdomen au niveau du bassin (ou du centre) et de conserver le bas de son dos bien droit. Elle doit exécuter le mouvement de façon naturelle, en maintenant son corps très relaxé. Cette fois, en appliquant le même test que précédemment, le partenaire ne pourra pas déséquilibrer la personne.

Aussi, lorsque nous ne pouvons pas utiliser un principe universel, nous en utilisons un autre afin de réaliser la coordination corps – esprit, comme dans le cas présent.

« Chacun des quatre principes universels réfère exactement à la même chose. Chacun des quatre principes explique la même réalité, mais sous une approche différente ».

Lorsqu'une personne est coordonnée, elle maintient un état d'harmonie avec elle-même et subtilement, avec l'Univers. C'est d'ailleurs le but ultime de l'entrainement : « Ne faire qu'un avec l'Univers ! ».

Je l'ai !

Le calme est l'activité et l'activité est le calme. L'Univers en perpétuel mouvement possède un rythme bien particulier. Lorsque nous coordonnons notre corps et notre esprit, nous suivons naturellement ce rythme universel. Cela nous permet de vivre pleinement, de manière harmonieuse, en nous donnant accès à notre plein potentiel.

Lorsqu'une personne assume ou tient pour acquis qu'elle est coordonnée, elle brise aussitôt le rythme et perd sa coordination corps – esprit.

En effet, ce genre de réflexion fait en sorte que l'individu stoppe le mouvement induit par la coordination alors que l'Univers continue le sien, produisant ainsi une rupture de l'harmonie universelle.

Une personne peut refaire n'importe lequel des exercices de *Ki* correctement une fois, puis, penser juste après : « *Je l'ai !* » sans rien changer d'autre. Elle constatera alors une rupture instantanée de la coordination corps – esprit.

Lorsque nous pensons : « *Je l'ai !* » nous nous imaginons que nous avons atteint un objectif fixé alors que cela ne signifie absolument rien. Le seul objectif, ici, n'est pas d'atteindre quelque chose, de posséder ou de dominer, mais bien d'être coordonné ici et maintenant, sans plus.

« La coordination corps – esprit est une habitude de vivre entièrement le moment présent ».

La coordination corps – esprit est un état naturel que paradoxalement chacun doit redécouvrir constamment. L'entrainement et les pratiques liés au *Ki* amènent l'adepte à pouvoir se coordonner de plus en plus fréquemment, longtemps et intensément.

Le pouvoir du *Ki* est sans limites et l'entrainement est sans fin. Pour l'être humain qui en comprend la signification profonde, l'entrainement lié au *Ki* dure toute la vie.

Dans la pratique, « ne faire qu'un avec l'Univers ! » ne doit pas nous préoccuper. En effet, c'est le cheminement de l'individu et le processus de découverte de son être véritable qui importent.

Par l'entrainement, nous accentuons ce processus en cherchant à être de moins en moins ce que nous ne sommes pas réellement. Cela signifie de s'éveiller à notre vraie nature et d'être soi-même, c'est-à-dire d'exprimer positivement notre nature profonde dans le monde physique.

Le pont humain

Voici un exercice surprenant qui démontre la puissance de la relaxation vivante que l'on pourrait aussi appeler : « relaxation active ». La personne est couchée au sol sur le dos, les bras le long du corps et se détend. Le partenaire lui saisit les chevilles et les soulève tranquillement.

Les jambes de la personne vont plier à la hauteur du bassin. Puis, le partenaire lui soulève les épaules. Il se produit alors le même phénomène, c'est-à-dire que le corps plie au niveau de la taille.

À présent, la personne, couchée sur le dos, ramène ses jambes vers elle en laissant les pieds au sol, puis, soulève ses hanches et les replace avec délicatesse.

Elle allonge alors ses jambes pour les replacer dans leur position initiale. Le bas du dos sera maintenant droit dans la région située près du coccyx.

La personne pourra alors réellement se détendre en relaxant complètement les autres parties de son corps. Elle éprouvera une sensation d'extrême légèreté.

Bien entendu, elle peut aussi choisir de focaliser calmement son attention au centre situé dans le bas-ventre. Pour faciliter la réussite de l'exercice et sa compréhension, la personne testée pourrait également visualiser qu'elle est devenue une tige de métal. Toutes ces stratégies sont bonnes à condition d'en adopter qu'une seule à la fois. La personne fait fi du test imminent et le partenaire procède alors aux mêmes tests que tout à l'heure.

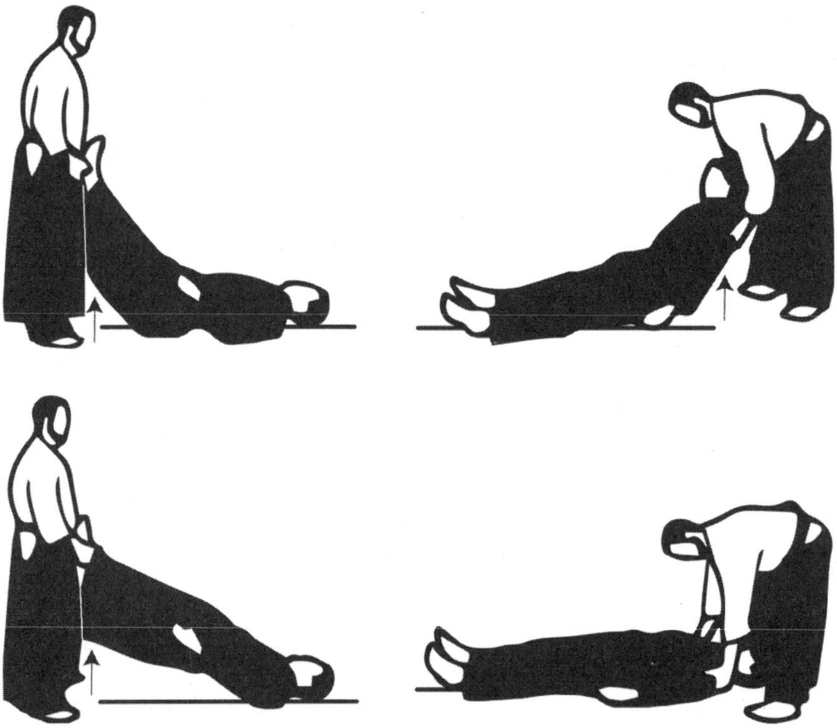

Lorsque les chevilles sont soulevées, le corps de la personne plie au niveau de la base du cou plutôt qu'au niveau de l'abdomen. Il semble aussi qu'il soit virtuellement impossible, pour le partenaire, de lui soulever les épaules. On peut également vérifier l'inflexibilité des bras en saisissant un poignet et en appliquant une force dans le sens du bras.

Cet exercice cherche à démontrer que dans la relaxation vivante, l'esprit de l'individu joue un rôle essentiel. En focalisant toute l'attention au centre ou en utilisant des visualisations adéquates, la personne peut réaliser facilement la coordination corps – esprit. Elle développe ainsi sa volonté.

Lorsque la personne maitrise l'exercice précédent, elle peut pousser plus loin l'expérimentation avec l'aide d'un troisième collaborateur. Il s'agit de soulever la personne simultanément par les chevilles et les épaules en utilisant son vêtement, et de les déposer sur deux chaises de sorte que le corps de la personne repose dans le vide.

Nous devons prendre grand soin de placer une partie des épaules sur l'une des chaises. Cette mesure de sécurité préviendra de possibles blessures au cou, dans l'éventualité où la personne testée s'affaisserait suite à une rupture subite de sa coordination en cours d'exercice.

Lorsqu'elle est en place, c'est-à-dire reposant dans le vide entre les deux chaises, bien droite et relaxée, le partenaire s'assoit délicatement sur elle au niveau du bassin, jambes de chaque côté.

Bien que tout à fait consciente des manipulations et de l'exercice, la personne ne prend aucunement en considération le test imminent et maintient sa focalisation en portant son attention au centre situé dans le bas-ventre.

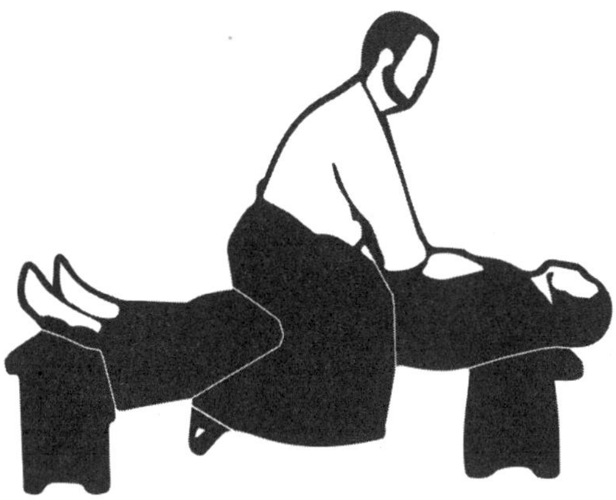

Lorsqu'il s'assoit, le partenaire maintient une vive attention afin d'éviter de tomber sur la personne advenant une rupture de coordination de celle-ci. Progressivement, le partenaire pourra appliquer tout son poids, et d'autres collaborateurs pourront même se joindre à lui de la même manière, s'il y a suffisamment de place.

Lorsque la personne réalise l'exercice de la bonne manière, elle n'est pas dérangée par les manipulations physiques, ni par le poids des corps qui reposent sur son abdomen. Si elle ne réalise pas une relaxation active ou qu'elle force physiquement, elle s'affaissera indubitablement.

Des démonstrations similaires étaient jadis réalisées dans des spectacles d'hypnotisme. Bien qu'impressionnant en apparence pour des spectateurs, il est facile de réaliser l'exercice en étant pleinement lucide. Le point commun entre une personne coordonnée et une personne hypnotisée est l'expérimentation d'une relaxation complète.

Cet exercice cherche à démontrer qu'une personne coordonnée peut subir un stress physique important sans en être dérangée ou affectée. Il en est de même dans les cas d'agressions verbales ou lors de situations dangereuses. En focalisant calmement notre attention au centre, les effets négatifs de l'environnement peuvent être annihilés infiniment, puis dissipés dans le cosmos, c'est-à-dire sans que nous en soyons affectés.

En maintenant notre coordination, les émotions humaines comme la peur, peuvent être ressenties, mais n'auront aucune incidence sur nos moyens de réagir positivement. C'est en diffusant fortement le *Ki* qu'on prévient que la négativité des autres et des évènements ne nous atteigne.

Maintenir la coordination dans la position couchée produit sur l'organisme le même effet que l'état de sommeil. Ainsi, passer une heure dans cette position équivaut à une heure de sommeil en termes d'échange énergétique. Si une personne souffre d'insomnie, elle n'aura qu'à maintenir sa coordination au lit et elle évitera ainsi les conséquences néfastes de cette affection.

Comme dans tous les cas où une personne coordonne son corps et son esprit, la respiration se fait calme, discrète et profonde. Ceux qui réussiront à s'endormir coordonnés se réveilleront avec une énergie débordante.

Une personne atteinte de bronchopneumonie m'a rapporté que suite à quelques heures de sommeil coordonné, la maladie avait été pratiquement annihilée. Un médecin venait à peine de lui prescrire un repos complet de quatre mois. Son énergie vitale a été renouvelée très rapidement et la guérison qui a suivi a été des plus naturelles, faisant appel aux ressources universelles qui sont enfouies en chacun de nous. Cette anecdote révèle non pas une guérison qui aurait eu lieu de toute façon, mais plutôt une réduction évidente du temps de convalescence.

Faire confiance

Un autre exercice permettant d'expérimenter la relaxation complète s'effectue comme suit : la personne se tenant debout, un pied avancé d'un demi-pas, dos à dos avec le partenaire, se penche vers l'arrière et s'appuie sur ce dernier.

Le partenaire doit sentir une lourde masse s'appuyer sur lui pour que l'exercice soit valable. Lorsque la personne est en position, le partenaire doit s'esquiver soudainement au sol, sans crier gare. Si la personne est complètement relaxée et qu'elle diffuse le *Ki* vers l'avant, alors elle demeurera en place, sinon elle tombera.

Voici une leçon que nous pouvons tirer de ce simple exercice : « nous devons faire confiance aux autres, mais nous devons nous assurer de ne pas en dépendre outre mesure ! » Ainsi, nous n'aurons jamais l'impression non justifiée que quelqu'un nous a laissé tomber.

Le commutateur de Ki

La relaxation complète et la coordination corps – esprit peuvent se réaliser par le biais d'une visualisation fort simple.

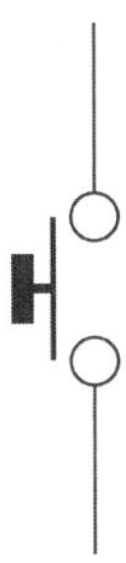

Peu importe la position, si le bas du dos demeure droit, la personne peut réaliser la relaxation morte en laissant son corps s'effondrer. Le partenaire peut procéder à divers tests d'usage comme ceux qui ont été expliqués précédemment (par exemple : le test du bras inflexible).

La visualisation consiste simplement à appuyer mentalement sur un bouton imaginaire qui activerait le *Ki* universel. Le collaborateur reprend alors les mêmes tests pour constater l'état de coordination de la personne.

Lorsqu'une personne a compris le processus et la valeur des pratiques de *Ki*, le seul fait d'y penser positivement induit la relaxation vivante et donc la coordination corps – esprit. Ces processus sont simples et naturels et, en les activant, une personne s'harmonise progressivement avec elle-même et donc avec l'Univers.

IV.3 – LAISSER REPOSER AVEC LÉGÈRETÉ TOUTES LES PARTIES DU CORPS VERS LE BAS

Le corps humain, comme tout autre corps physique, subit l'attraction terrestre. Si on laisse un ballon sphérique se reposer par terre, tôt ou tard le nœud va faire en sorte de se retrouver au ras du sol. Rien de plus naturel puisque la partie la plus lourde, où se trouve le nœud, entrainera le ballon vers le bas suivant la loi de la gravitation.

Cette règle s'applique aussi à l'être humain. Cependant, nous luttons parfois inconsciemment contre cette loi naturelle de la gravitation. Le haussement des épaules, les étirements inconsidérés des membres du corps allant plus loin que leur point naturel d'arrêt, les démarches saccadées, etc., sont autant de mouvements et de positions qui ne sont pas appropriés.

Ces gestes et comportements produisent des tensions physiques de toutes sortes, provoquant ainsi la rupture de la coordination corps – esprit. La personne peut expérimenter le troisième principe de la façon suivante :

Le partenaire procède aux tests d'usage pour vérifier si la personne se tenant debout est bien coordonnée. Ensuite, cette dernière haussera à peine l'une de ses épaules sans rien changer d'autre.

Subtilement et inconsciemment, elle aura ainsi déplacé son poids, ou centre de gravité, vers le haut. Le partenaire procèdera alors aux mêmes tests et constatera que la personne aura rompu sa coordination.

Il en va de même pour une personne appuyant ses mains sur ses hanches (attitude d'agressivité à proscrire dans un *Dojo*), ou sur le bas de son dos (symptôme d'intense fatigue), car ce faisant, elle produit des tensions dans ses épaules et déplace également son centre de gravité vers le haut.

Cet exercice nous démontre que des façons de faire ou d'agir allant à l'encontre des lois de la gravité diminuent le potentiel d'un individu. Elles doivent donc être évitées dans la vie courante parce qu'elles produisent, bien inutilement, de la fatigue et du stress.

Notons que la force « g », ou force gravitationnelle, nous attire vers le centre de la Terre, mais que d'autres forces, comme la force centripète causée par sa rotation, cherchent à nous en expulser.

Le pont entre Ciel et Terre

Une personne appliquant ce troisième principe, « Laisser reposer avec légèreté toutes les parties du corps vers le bas », ne se cloue pas au sol pour autant.

En effet, en appliquant ce principe correctement, la personne constate qu'elle jouit de la plus grande légèreté tout en respectant la force dominante qu'est la force d'attraction de la planète.

Ainsi, les positions martiales ou autres, qui préconisent de s'agripper au sol ou de s'y enraciner tel un arbre, empêchent de réaliser la coordination corps – esprit.

Vu sous un autre angle, on dira que la coordination corps – esprit est un état d'être qui permet au pratiquant de composer avec son environnement et de vivre en équilibre avec les énergies cosmiques (le « *Yang* », énergies positives associées à l'harmonie et à la pensée universelle), et avec les énergies telluriques[105] (le « *Yin* », énergies négatives associées au chaos et à l'égo).

Le maintien de cet équilibre entre Ciel et Terre constitue un échange bioénergétique qui maintient l'homéostasie essentielle à la performance et au bien-être de l'être humain sur Terre.

Dans ce contexte, on peut analogiquement comparer l'humain à une ampoule électrique. Lorsque le courant passe, elle s'illumine, l'humain est alors éveillé et il est le créateur de sa vie. Lorsqu'il y a une coupure ou une baisse de circulation d'énergie, c'est la noirceur, l'humain est alors enlisé dans une inconscience relative et il est dominé par son environnement.

Bras dessus, bras dessous

La personne en mesure d'exécuter l'exercice du bras inflexible correctement peut expérimenter mentalement ce troisième principe. Elle n'a qu'à penser à la partie située au-dessus de son bras allongé. Le partenaire touche avec ses doigts cette région du bras de la personne pour en faciliter la prise de conscience.

Le partenaire procède alors au test qui consiste à soulever le bras de la personne en appliquant une pression vers le haut sous le triceps. Le partenaire n'aura aucune difficulté à soulever le bras.

On reproduit alors toute la procédure, mais cette fois-ci, la personne pense à la partie située en dessous de son bras. Bien entendu, elle ne doit pas forcer vers le bas durant l'exercice, car les tensions ainsi générées causeraient une rupture instantanée de coordination.

---

[105] **Énergie tellurique** : D'une densité moyenne de 2 ampères par km^2, l'énergie tellurique est un courant électrique qui circule dans la croute terrestre.

Le partenaire touche la personne de nouveau avec ses doigts, mais cette fois-ci dans la région située en dessous du bras. Le partenaire procède donc au même test que tout à l'heure. On notera alors une résistance sans équivoque comparativement au test précédent.

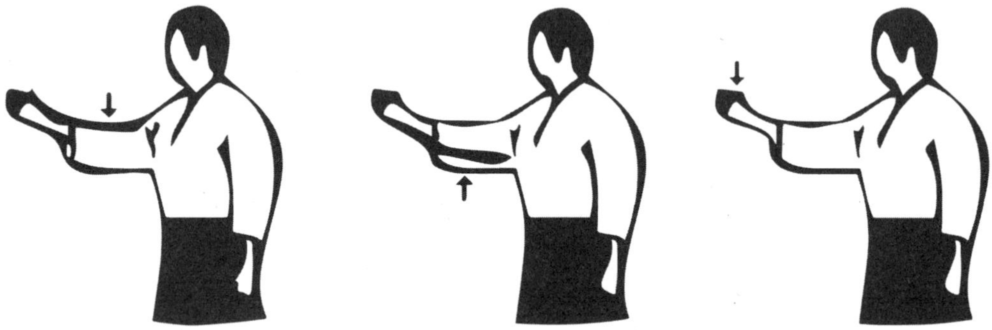

À ce stade, nous pouvons même tester en appliquant progressivement une force vers le bas directement sur la main de la personne. Le test révèlera une forte résistance si elle laisse reposer mentalement les parties de son corps vers le bas. Dans le cas contraire, si elle visualise que le poids est situé sur le dessus du bras ou résiste physiquement, il sera aisé pour le partenaire de l'abaisser.

Nous pouvons en déduire que les lois de la physique ont également des implications mentales. C'est-à-dire que l'Univers est un tout, physique et métaphysique, indissociable, constitué de lois universelles inaliénables que nous avons avantage à découvrir, à respecter et à utiliser afin de nous permettre de vivre pleinement.

Appuyer sur le partenaire

Un autre exercice consiste à se pencher en avant et à appuyer ses avant-bras sur le dos du partenaire penché devant soi. Pour que l'exercice soit valable, le partenaire doit sentir sur lui le poids de la personne. Le partenaire s'affaisse alors soudainement au sol sans crier gare.

La personne qui n'est pas coordonnée va s'affaisser avec lui ou être fortement déséquilibrée. Par contre, lorsqu'elle est coordonnée, seulement ses bras tomberont avec le partenaire et son corps ne sera aucunement privé de stabilité.

Deux des principes de coordination corps – esprit sont liés davantage au monde physique, soit : « Relaxer complètement en relâchant les tensions du corps » (deuxième principe) et « Laisser reposer avec légèreté toutes les parties du corps vers le bas » (troisième principe).

Les deux autres principes sont liés davantage au monde mental ou spirituel, soit : « Focaliser calmement l'attention au centre situé dans le bas-ventre » (premier principe) et « Diffuser le *Ki* universel en maintenant une attitude positive » (quatrième principe) qui est décrit ci-après.

IV.4 – DIFFUSER LE *KI* UNIVERSEL EN MAINTENANT UNE ATTITUDE POSITIVE

Il existe une autre méthode facile pour exécuter ou pour enseigner l'exercice du bras inflexible. Elle consiste à se concentrer sur la visualisation d'un puissant boyau d'arrosage connecté dans l'épaule, et dont l'eau sous pression traverserait le bras levé à l'horizontale. Cette eau serait métaphoriquement expulsée infiniment loin sous la forme d'un puissant jet dirigé par le bout des doigts.

La personne exécutant l'exercice porte son regard dans la même direction que l'imagerie le lui suggère en pointant le bout de ses doigts. La visualisation peut être modifiée à volonté pourvu que la personne testée imagine un flot énergétique circulant à travers de son bras vers l'avant.

Par exemple, elle pourrait imaginer un rayon laser ou simplement un mouvement de *Ki* et le même effet se produira. Le partenaire procède alors aux tests d'usage pour vérifier la coordination de la personne. Dans la négative, on devra reprendre toute la procédure. La visualisation mentale permet de réussir les exercices.

Lorsqu'un individu est calme, relaxé et pense qu'il diffuse du *Ki*, eh bien le *Ki* est effectivement diffusé.

Il arrive souvent que le partenaire, se rendant compte d'une forte résistance, augmente la force du test de façon progressive. En effet le débutant tente souvent de tester jusqu'à un point de rupture fictif afin de tester les limites de l'exercice et celles de la personne mise à l'épreuve. Ce comportement indique que le partenaire s'est piégé lui-même mentalement.

On doit bien comprendre qu'en testant adéquatement, on indique à la personne mise à l'épreuve la différence d'intégrité physique lorsqu'elle est coordonnée et lorsqu'elle ne l'est pas.

Il est donc inutile pour le partenaire de fausser le test, car ce faisant, il renvoie un message erroné à la personne testée.

Aussi, si nous tentons de diriger le *Ki* à deux endroits différents en même temps, nous ne pourrons pas réussir l'exercice. Nous ne sommes véritablement efficaces à une chose que lorsque notre esprit est inébranlable et que nous y portons toute notre attention.

Dans l'exercice précédent, si nous pointons le bout des doigts dans une direction alors que nous tentons de diffuser le *Ki* dans une autre, nous ne pourrons pas maintenir la coordination corps – esprit. En effet, le bras ne sera plus inflexible. Cela démontre que le corps et l'esprit doivent être unifiés afin de révéler notre véritable force. Il doit donc exister une cohérence entre ce que font l'esprit et le corps, sinon nous ne pourrons pas réaliser l'unité de soi.

La visualisation piégée

Dans cet exercice, la personne dirige le *Ki* intentionnellement par le bout de ses doigts. Pour plier facilement le bras, le partenaire n'a qu'à les rediriger, avec légèreté, vers la personne. Cependant, il ne pourra pas y parvenir si la personne utilise l'un des trois autres principes universels de coordination pour réaliser l'exercice. Expérimentez-le !

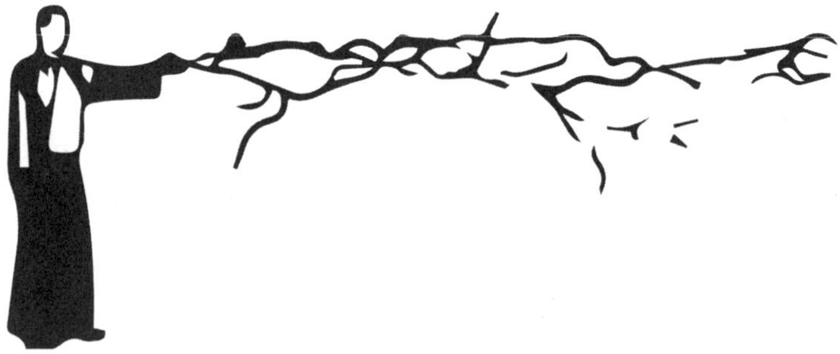

Les règles corporelles

Afin de diffuser le *Ki*, il est impératif de maintenir une bonne posture. Lorsque c'est le cas, le *Ki* universel est diffusé dans toutes les directions de manière naturelle et inconsciente.

Le maintien de la posture debout avec coordination corps – esprit a été expliqué précédemment. Nous devons toutefois maintenir cette condition ou état, en mouvement et lors de nos activités quotidiennes. La principale règle pour y parvenir est d'éviter de laisser se produire des tensions physiques ou mentales, et de toujours se déplacer à partir du centre.

Ainsi, lorsque nous nous asseyons, nous devons plier l'abdomen à la hauteur du centre situé dans le bas-ventre. Nous pouvons procéder à divers tests pour vérifier la coordination dans toutes les positions.

Par exemple, dans le cas d'une personne qui se tient debout avec coordination et qui s'assoit, son bras va demeurer inflexible, son corps ne pourra être soulevé,[106] etc. Un partenaire peut le vérifier facilement.

« *Il est plus facile de coordonner son corps et son esprit lorsque nous sommes assis ou debout sans bouger plutôt qu'en nous déplaçant. La véritable coordination exige cependant d'être maintenue même lorsque nous sommes en mouvement.*

Les exercices de développement des capacités à diffuser le Ki nous apprennent à maintenir notre coordination corps – esprit dans la vie de tous les jours. En appliquant ces exercices à nos activités courantes, nous pouvons fonctionner au meilleur de nos capacités en toutes circonstances ».[107]

Nous devons respecter les principes de coordination corps – esprit sans quoi le flot naturel de *Ki* universel sera interrompu, freinant ainsi l'accès à nos potentiels physique et mental.

« *Marcher est aussi le Zen [...] Que l'on bouge ou que l'on soit immobile le corps demeure toujours en paix. Même si l'on se trouve face à une épée l'esprit demeure tranquille* » (Shodoka).[108]

---

[106] **Note** : Pour vérifier la coordination d'une personne dans la position assise, on aura qu'à tenter de soulever une des jambes en plaçant une main sous la cuisse près du genou de la personne testée, puis en appliquant une pression vers le haut avec légèreté. Si la personne testée n'est pas en état de coordination corps – esprit, il sera très aisé, pour le partenaire, de lui soulever la jambe.

[107] Traduction libre d'un dicton de Maitre Koichi Tohei tiré de : « **Ki Sayings** », *Ki No Kenkyukai* (*The Ki Society*), *Privately Printed*, Tokyo, Japon, 1973, p. 12 (*KI DEVELOPMENT EXERCISES*), 44 p.

[108] Tiré de P. Fauliot, & M. Random, « **Les contes des arts martiaux** », Éditions Albin Michel, France, 1995, p. 123, 184 p. Le *Shodoka*, ou "Chant de l'immédiat *Satori*", est l'un des textes essentiels du Zen. Composé de 78 poèmes, il a été écrit au VIIe siècle par le maître chinois Yoka Daishi.

Marcher avec coordination

Un exercice démontrant la coordination en mouvement consiste à se tenir debout à environ trois mètres du partenaire. La personne commence à marcher pour passer juste à côté du partenaire qui tend un bras pour la saisir au passage et ainsi l'empêcher de passer.

Il est facile pour le partenaire de retenir la personne. Maintenant, la personne refait l'exercice, mais cette fois-ci en étant coordonnée. Elle fait fi du partenaire qui désire l'empêcher de passer, c'est-à-dire qu'elle évite de lutter, de forcer contre le test et de produire des tensions dans son corps ou son esprit.

Elle dirige mentalement le *Ki* vers l'avant, à l'infini, en prenant soin de se déplacer à partir du centre. On notera que le centre se déplacera parallèlement au sol. Cette fois-ci, le partenaire sera bêtement emporté au passage. En effet, il sera entrainé par la personne avec une légèreté déconcertante si l'exercice est bien exécuté.

La raison de ce phénomène est simple : si un individu désire en déplacer un autre, il doit d'abord déplacer l'esprit de ce dernier, peu importe la force physique des gens concernés. Ce principe fondamental constitue certainement une information d'intérêt pour le pratiquant des arts martiaux.

Par la coordination, un individu rend son esprit immuable et son corps ne peut pas être déplacé à moins qu'il rencontre, dans certaines conditions, quelqu'un de plus calme qui réussit à lui faire rompre sa coordination corps – esprit en produisant un puissant mouvement de *Ki*.

Diffuser le *Ki* universel signifie également « être positif ». Lorsque quelqu'un réussit des exercices comme celui du bras inflexible, alors il est véritablement positif durant au moins un bref moment. Lorsque nous agissons ou réagissons positivement, le *Ki* est diffusé et nous sommes alors au meilleur de nous-mêmes.

« *L'univers absolu ne fait qu'un. C'est alors que surgissent deux forces en opposition pour créer notre monde relatif. En Orient, ce dualisme se nomme Yin et Yang et en Occident il se nomme négatif et positif. Une vie heureuse est une vie positive alors qu'une vie sombre en est une négative. Éliminons chaque pensée négative et choisissons dorénavant de vivre positivement* ».[109]

Le demi de mêlée

Un autre exercice consiste à se tenir debout, à environ trois mètres du partenaire qui, lui, a pris la position typique d'un demi de mêlée au « *football* ». La personne s'avance vers le partenaire, dépose ses doigts sur la poitrine de ce dernier, paumes vers le haut, et tente de le faire reculer. C'est un concours de force à l'avantage du partenaire.

Maintenant, la personne se coordonne et diffuse le *Ki* à l'infini vers l'avant. Elle avance à partir du centre, dépose avec grande légèreté le bout de ses doigts sur la poitrine de la personne et continue d'avancer, faisant fi de la farouche opposition du partenaire.

Lorsque l'exercice est bien exécuté, la personne fait reculer le partenaire avec aisance et grande légèreté. Dans ce cas-ci, la personne dirige l'esprit du partenaire vers l'arrière par sa diffusion du *Ki* universel.

« *La règle veut que là où sera dirigé l'esprit, le corps suivra...* »

---

[109] Traduction libre d'un dicton de Maitre Koichi Tohei tiré de : « **Ki Sayings** », *Ki No Kenkyukai* (*The Ki Society*), *Privately Printed*, Tokyo, Japon, 1973, p. 8 (*PLUS LIFE*), 44 p.

Rayonnement de Ki

L'attitude révélant la diffusion du *Ki* est naturelle et positive, et elle exprime une sensation de dégagement d'énergie. Ainsi, des personnes paraitront plus grandes qu'elles le sont en réalité parce que consciemment ou non, elles diffusent le *Ki* universel. Nous dirons alors de ces personnes qu'elles ont du charisme, de l'entregent ou d'autres traits de personnalité qui sont ressentis plutôt qu'observés.

C'est une manière de percevoir la diffusion d'énergie. Nous devons éviter de retenir, posséder ou économiser l'énergie universelle, nous devons la faire circuler allègrement. L'harmonie de soi avec l'Univers résulte d'un rayonnement de *Ki*, de sa diffusion.

Les positions naturelles, où les membres sont en pleine extension, facilitent la coordination alors qu'autrement il est parfois très difficile de diffuser le *Ki*. Ainsi, plier les bras vers soi équivaut parfois à retenir le *Ki* plutôt que de le diffuser.

« ***Lorsqu'il est question de coordination corps – esprit, une personne est coordonnée entièrement ou elle ne l'est pas du tout*** ».

Tous les principes de coordination sont appliqués et conformes ou aucun d'entre eux ne l'est. Toutefois, une personne coordonnée peut l'être plus profondément qu'une autre. Par l'entrainement, une personne développera ses capacités à diffuser de plus en plus de *Ki* et à maintenir la coordination corps – esprit de plus en plus longtemps.

Niveaux de tests

Jusqu'ici, il a été question de tests physiques exécutés avec grande légèreté pour valider la coordination corps – esprit. Ces tests de base, qualifiés de tests de premier niveau, mènent progressivement à la compréhension des principes universels.

Par la suite, le partenaire pourra augmenter la difficulté en distrayant intentionnellement la personne avant de procéder au test. Par exemple, il déposera sa main un bref moment plutôt que d'appliquer directement la force du test.

Ce type de manœuvre, de même que d'autres tactiques distrayantes ont pour but de briser la coordination de la personne juste avant de la tester. Il s'agit du deuxième niveau de test.

Dans les pratiques avancées, le test se raffine davantage. Ayant maitrisé sa capacité de coordination, le partenaire effectuera préalablement un déplacement de *Ki*.

En effet, le *Ki* sera diffusé dans la direction du test puis il procèdera avec la plus grande légèreté. C'est le troisième niveau de test. Ainsi, une personne risque toujours de trouver quelqu'un qui réussira à mouvoir son esprit puis, conséquemment, son corps.

Pour qu'un test déstabilise une personne, il faut que l'esprit de celle-ci ait été déplacé en premier lieu, et seulement par la suite, même longtemps après, le corps sera déplacé par un léger contact physique. Il est important de bien comprendre et d'accepter cette loi universelle. L'entrainement s'avère, de toute évidence, un véritable défi sans fin.

Notons également que le troisième niveau de test peut aussi faire l'objet d'observations dans la vie courante du pratiquant afin de mesurer le niveau d'intégration réel des connaissances de la coordination corps – esprit et de *Ki*.

Laisser tomber le bras

Dans l'exercice suivant, le partenaire lève son bras de côté à 90 degrés. La personne se place derrière et tente d'abaisser le bras du partenaire, au niveau du biceps, en laissant tomber le sien ou en le forçant vers le bas. Le partenaire résiste physiquement. Il s'ensuit une collision et celui qui a le plus de force physique dominera.

À présent, la personne se coordonne puis s'avance calmement vers le partenaire et s'arrête tout près derrière lui. Par visualisation mentale, la personne se livrant à l'exercice diffuse le *Ki* universel vers le haut.

Ensuite elle lève son bras du même côté que celui du partenaire, en pointant les doigts au ciel. L'étape suivante consiste à diffuser du nouveau *Ki* vers le bas en pointant les doigts vers le sol et en regardant dans cette direction.

À ce moment, la personne n'a qu'à laisser calmement tomber son bras inflexible en pleine extension naturelle et libre de toute tension. Peu importe la vitesse de descente du bras, il emportera celui du partenaire avec grande légèreté, sinon le partenaire lui-même s'effondrera au sol.

Si une collision est ressentie au contact physique des bras, c'est qu'il s'est produit une rupture de coordination en cours d'exercice. Afin de faciliter la réalisation de l'exercice, la personne peut déplacer physiquement son centre vers le bas, en fléchissant légèrement les genoux, avant de laisser tomber son bras.

Également, produire calmement un son du genre « haaa... », en expirant par la bouche, nous permet de vérifier si la coordination est effectivement maintenue. En effet, le son ne demeurera pas constant si la personne rompt sa coordination en cours d'exercice.

La difficulté de cet exercice est de faire fi d'un obstacle imaginaire. La principale obstruction c'est le bras du partenaire, non pas parce qu'il existe physiquement, mais bien parce que la personne croit qu'elle y rencontrera de la résistance. Le mouvement de *Ki* de cette dernière dirigera l'esprit du partenaire vers le bas et le corps suivra au moindre contact physique.

Cela signifie que l'obstacle réside dans l'esprit de la personne, et non dans la résistance physique du partenaire. Lorsque nous réussissons cet exercice, nous réalisons combien de nombreux freins « irréels » peuvent nous empêcher de réaliser notre potentiel humain. En définitive, les seuls blocages résident dans le mental de l'individu et le défi est intrinsèque à ce dernier.

L'exercice précédent peut se réaliser d'une autre façon. Au lieu d'exécuter les mouvements de *Ki* un à un, nous pouvons les produire rapidement, à distance, dans notre esprit. La personne s'avance alors vers le partenaire et abaisse directement le bras de celui-ci avec une main, sans hésitation ni empressement.

Voilà un exercice qui peut sembler plus difficile que ceux décrits jusqu'ici. Si ça s'avère le cas pour les pratiquants en présence, il sera préférable de le réaliser à la fin d'une session d'entrainement, lorsque le *Ki* universel aura été largement diffusé et que la sensation de la coordination aura été bien assimilée. Par la pratique, on en vient à réaliser l'exercice simplement en maintenant la coordination corps – esprit.

Projection par le vêtement

Nous pouvons aussi réaliser un exercice similaire. La personne coordonnée se tient debout à côté du partenaire, agrippe son vêtement près de l'épaule, principalement avec l'auriculaire et le pouce, puis laisse tomber le bras. Le bras de la personne demeure toujours en pleine extension naturelle. Aussi, on doit enlever « le mou » du vêtement, il ne doit pas demeurer de jeu.

Pour y arriver facilement, on n'a qu'à reculer ou à bouger le centre vers le bas, après avoir agrippé le vêtement avec légèreté. En exécutant cette manœuvre, le partenaire va déjà se retrouver chancelant. La personne n'a alors qu'à laisser tomber le bras et le partenaire sera projeté au sol avec une grande légèreté, même s'il résiste avec force.

Et même s'il porte un vêtement fragile, dans ce contexte, il ne sera pas déchiré si l'exercice est bien fait. Si la personne rencontre de la résistance, elle doit tout de même demeurer structurée et continuer naturellement son mouvement sans lutter ni forcer contre le partenaire.

Les principes universels sont tous cohérents entre eux. C'est pourquoi nous utilisons principalement l'auriculaire pour agripper le vêtement, nous référant physiologiquement au troisième principe « Laisser reposer avec légèreté toutes les parties du corps vers le bas ».

Ce genre d'exercice suscite beaucoup d'intérêt chez les artistes martiaux. Laisser tomber le bras s'appelle « *Ude-mawashi Waza* » et c'est d'ailleurs un exercice très important de l'Aïkido. Pour révéler notre puissance réelle, nous devons maintenir une attitude positive d'harmonie et d'unité plutôt qu'une attitude de domination.

Par exemple, penser « projection » plutôt que « harmonie » annihile nos capacités de réaliser ce genre d'exercice. Testez-le pour le constater par vous-mêmes !

Le poignet libre

Pour l'exercice suivant, la personne et le partenaire se tiennent debout, dans un angle de 90 degrés. Le partenaire saisit fermement, d'une ou des deux mains, le poignet de la personne. Cette dernière tente de se gratter la tête en levant la main. Le partenaire peut facilement l'en empêcher.

Ensuite, la personne se tient seule, se coordonne, et se gratte la tête de façon très naturelle, c'est-à-dire d'un mouvement partant du bout de ses doigts. Le partenaire reprend alors le poignet de la personne. En faisant fi du test, la personne n'aura aucune difficulté à se gratter la tête.

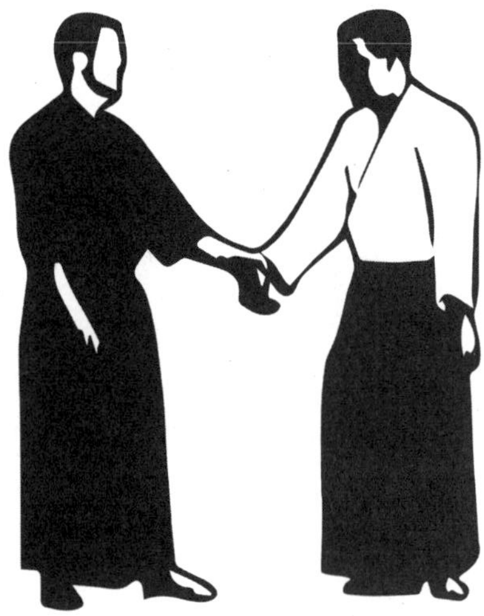

Pour aider à la réussite de l'exercice, la personne peut, lorsque le partenaire lui tient le poignet, se gratter la tête avec sa main libre plusieurs fois. Lorsque la personne a fait le mouvement de manière naturelle de ce côté, elle procède alors de l'autre côté de la même façon en reproduisant la même sensation malgré la prise du partenaire. C'est une autre manière de réaliser l'exercice.

Pour l'ensemble des exercices, le piège habituel c'est que la personne est déconcentrée par le contact physique du partenaire. Lorsque le partenaire agrippe le poignet de la personne et que cette dernière en est dérangée, le partenaire n'a pas seulement agrippé un membre du corps de la personne, mais bien son esprit. C'est pourquoi le partenaire soumet la personne à son contrôle physique.

Le même phénomène se produit lors d'une agression physique ou verbale, d'un évènement tragique, ou de tout autre processus d'intimidation, ou encore devant une tâche en apparence difficile à accomplir. Moins nous sommes habiles à nous coordonner, plus nous sommes à la merci et contrôlés par les évènements.

Lorsqu'une personne réalise la coordination, elle demeure calme et sereine devant l'adversité. Son esprit imperturbable la rend capable d'agir avec la plus grande efficacité.

Lorsque nous avons réellement compris cette loi universelle, nous développons une attitude d'être, appelée en *Budo* (la Voie des arts martiaux) : « la divine indifférence ». Cette dernière laisse toute la place aux sentiments, aux émotions et autres attributs de la nature humaine, à la différence que l'individu n'est pas soumis à leur contrôle. Il s'agit là de la véritable expression du Soi où il n'y a qu'équilibre, paix intérieure et harmonie universelle.

JIN
(Bienveillance)

IV.5 – VIE AVEC *KI*

Quelle que soit la situation, l'être humain peut décider de s'y enrichir ou de s'y perdre. Nous décidons consciemment de vivre positivement ou négativement. C'est véritablement à chacun de nous de choisir. Le positivisme, l'authenticité et l'amour pour toutes choses font partie intégrante des principes universels.

Nous pouvons refaire tous les exercices décrits dans cet ouvrage, mais nous ne pourrons pas en réussir un seul si nous tentons de les réaliser dans la négativité, car le flot de *Ki* sera rompu sur-le-champ. Les principes universels de coordination corps – esprit s'intègrent à toutes les activités de la vie quotidienne.

« Un sage prit la parole et dit : un vieil homme est assis à l'entrée d'une ville. Un étranger s'approche et lui demande :

– *Je ne suis jamais venu dans cette cité ; comment sont les gens qui vivent ici ?*

Le vieil homme lui répond par une question :

– *Comment étaient les habitants de la ville d'où tu viens ?*
– *Égoïstes et méchants. C'est la raison pour laquelle je suis parti, dit l'étranger.*
– *Le vieil homme répond : tu trouveras les mêmes ici.*

Un peu plus tard, un autre étranger s'approche et demande au vieil homme : je viens d'arriver ; dis-moi, comment sont les gens qui vivent dans cette ville ?

– *Le vieil homme répond : dis-moi, mon ami, comment étaient les gens dans la cité d'où tu viens?*
– *Ils étaient bons et accueillants ; j'y avais de nombreux amis. J'ai eu de la peine à les quitter.*
– *Tu trouveras les mêmes ici, répond le vieil homme.*

Comment le vieillard peut-il donner deux réponses opposées à la même question ? Parce que chacun porte son univers dans son cœur. Deux frères, deux amis, deux époux ne verront jamais le monde de manière identique, même s'ils partagent le même quotidien.

[...] Le regard que nous portons sur le monde n'est pas le monde lui-même, mais le monde tel que nous le percevons à travers le prisme de notre sensibilité, de nos émotions, de notre esprit, de notre culture. Si le monde vous apparait triste ou hostile, transformez votre regard et il vous apparaitra autrement.

C'est par un travail intérieur, psychologique et spirituel que nous pouvons véritablement changer et faire évoluer notre perception du monde extérieur ».[110]

---

[110] Tiré de LENOIR, Frédéric, « **L'Âme du monde** », Nil éditions, Paris, France, 2012, pp. 104 – 105, 202 p.

Les gens qui s'adonnent aux expérimentations de *Ki* peuvent témoigner de la merveilleuse énergie et du bien-être qui y règnent. Lorsque cette attitude est transposée dans nos vies : travail, repos, corvées, lecture, entrainement sportif ou toute autre activité prend une toute nouvelle dimension.

Le plaisir et l'efficacité dans l'action en sont réellement accrus, car les activités sont réalisées dans la détente, une à la fois, et en se consacrant entièrement à l'« ici et maintenant ».

La diffusion du *Ki* universel nous amène à une vie intense et riche en expériences diverses dans une perspective de détachement. L'application des principes universels au quotidien produit des effets positifs aussi variés qu'infinis :

- **Une meilleure santé** : Le *Ki* est l'énergie vitale. En diffusant le *Ki* allègrement dans sa vie, de façon intuitive ou grâce aux pratiques liées au *Ki*, une personne stimule sa propre énergie vitale, sa circulation sanguine, son métabolisme et son système immunitaire. Elle jouit ainsi d'une plus grande vigueur.
- **Une meilleure performance au stress** : La concentration ainsi qu'une attitude de détachement développées par l'entrainement rendent une personne de plus en plus calme devant l'adversité. Même face à de fortes pressions provenant de l'environnement, une personne continue de penser clairement et peut agir avec la plus grande efficacité.
- **De meilleures relations humaines** : Par la diffusion du *Ki*, nous réalisons que tous les autres peuvent nous apprendre quelque chose et, de ce fait, nous aider à grandir. Peu importe avec qui nous transigeons, une attitude positive, sans préjugés, permet d'établir des relations humaines harmonieuses où tout le monde y gagne.

  La coordination nous permet d'être plus attentifs à autrui et de développer des qualités comme la compassion et l'humilité. Les conflits interpersonnels proviennent souvent d'attitudes égocentriques, de fermeture d'esprit et de désir de domination. Une personne qui se coordonne est capable de résorber mentalement et physiquement les conflits et de montrer la Voie universelle à d'autres, celle de la coopération et de la paix.
- **Une meilleure intuition** : La diffusion du *Ki* universel permet à une personne de lire, c'est-à-dire de percevoir, les intentions d'autrui, l'environnement et les évènements. Elle pourra alors poser courageusement les gestes appropriés nécessaires au maintien de l'harmonie et de la joie de vivre.

- **Une grande volonté** : L'application des principes universels exige une grande motivation. Au fur et à mesure qu'une personne se livre à des pratiques liées au *Ki*, sa volonté et sa capacité d'agir s'accroissent. Plus une personne diffuse le *Ki*, plus sa volonté est grande, et vice-versa.

  La volonté d'agir positivement et la diffusion du *Ki* universel sont en réalité la même chose. Une personne pourra ainsi orienter sa vie en sachant que la direction qu'elle prend lui permettra de réaliser sa propre nature, et non céder aux pressions de l'environnement ou à des croyances fatalistes.

- **Une attitude positive face à la vie** : Peu importe la situation à laquelle une personne est confrontée, elle conservera une bonne attitude. Ayant accès à son plein potentiel, elle sera en mesure de résoudre les problèmes qu'elle rencontre plus facilement. Elle sait que le hasard n'existe pas et attirera vers elle les bienfaits de l'Univers qui ressemblent souvent à d'heureuses coïncidences.

- **Une meilleure performance physique** : Si une personne a développé sa capacité d'être véritablement calme et relaxée la majeure partie de son temps, elle pourra démontrer une plus grande acuité durant la pratique de sports et devant des situations exigeant des réflexes aiguisés ou requérant une grande capacité d'adaptation.

Exprimés dans une autre perspective plus concise, lorsqu'une personne diffuse le *Ki* universel dans sa vie courante, un certain nombre de traits de caractère liés aux attitudes et aux comportements émergent.

Ces qualités, ou dimensions spirituelles, sont innées en chacun de nous. Elles font simplement surface naturellement lorsqu'une personne réalise l'union de son corps et de son esprit :

- L'amour, et les comportements protecteurs sous-jacents, envers toute chose de la création ;
- La constance d'un esprit inébranlable soit la préservation d'un sang-froid en tout lieu et en toute circonstance ;
- L'adoption de comportements paisibles favorisant la paix, la communication et la coopération ;
- L'expression de la gratitude envers la vie et la jouissance constante du fait d'être vivant, « ici et maintenant » ;

- Le développement de la pensée universelle, soit la conscience de l'interconnexion de toutes les choses dans l'Univers ;
- L'expression d'une grande générosité et d'une indulgence liée au constat que chaque humain représente une expression différenciée de soi-même, soit de l'esprit universel ;
- L'altruisme pur et l'adoption de comportements d'hommes de bien qui agissent sans attendre de récompense en retour ;
- L'application d'un sens critique profond et rationnel par la réflexion et la recherche nécessaires qui permettent l'élévation de la conscience ;
- La diffusion de l'énergie universelle, soit l'expression d'un positivisme réel et de la vigueur en découlant ;
- La volonté d'agir qui permet de persévérer durant toute la vie.

La meilleure manière d'aborder les déboires ou la mauvaise fortune consiste à les considérer comme des tests de coordination élaborés par l'universel. En fait, ce sont des tests élaborés par soi-même, car ils sont la récolte de ce que nous semons et avons semé. La vie que nous menons n'est que le miroir profond de soi-même.

L'être humain a tout ce dont il a besoin pour se développer et se réaliser pleinement, dès sa naissance. L'Univers y pourvoit et guide les individus. C'est pourquoi, lorsque nous sommes réellement positifs, nous constatons que la mauvaise fortune n'est qu'un moyen que prend l'Univers pour nous guider et nous permettre de croitre.

Cette perspective n'a rien de fataliste. Au contraire, elle laisse à chacun la responsabilité de son développement qui ne peut se produire qu'avec volonté et *Ki*. Si on cultive la haine et le mépris, on récoltera assurément la violence et le dénigrement. Si on entretient l'amour et l'harmonie, notre vie sera bénie par le bonheur et la paix.

Nous constatons souvent que des situations qui semblaient négatives de prime abord se sont transformées en de véritables bénédictions. Pour une personne réellement positive, toute expérience vécue est une occasion de grandir humainement. Ces personnes comprennent intuitivement le sens véritable de la vie.

Nous ne sommes vivants que dans l'instant présent. Le passé et l'avenir n'ont d'existence qu'à travers les sentiments de nostalgie et d'angoisse face aux évènements vécus et à vivre. Ces sentiments annihilent la plénitude d'être qui existe seulement dans l'instant présent.

Vivre attentif à l'« ici et maintenant » nous oriente et nous projette vers l'avenir. Cela s'appelle « diffuser le *Ki* ».

Transposé concrètement, cela signifie de fournir les efforts requis afin d'induire des résultats réellement positifs. Le juste effort qui prépare l'avenir est un processus qui ne s'opère que dans le moment présent en coordonnant le corps et l'esprit.

Maitre Taisen Deshimaru (1914 – 1982), bouddhiste Zen japonais, nous indique :

« *Nous devons créer notre vie, nous rendre libres, détachés, justes, attentifs à l'ici et maintenant : tout s'y trouve. Se donner totalement ici et maintenant, ne pas économiser l'énergie* ».[111]

Vivre dans une telle perspective s'oppose parfois à notre éducation et aux contraintes de vie en société. Afin de retrouver notre équilibre naturel, nous devons nous y entrainer. La coordination corps – esprit est un état qui doit être redécouvert continuellement. Pour y arriver, nous devons conserver en tout temps l'attitude d'un débutant (*Shoshin*[112]).

À cet égard, Roshi Shunryu Suzuki (1904 – 1971), le célèbre moine de l'école Zen Soto,[113] nous dit : « *L'esprit du débutant contient beaucoup de possibilités, mais celui de l'expert en contient peu [...] Dans l'esprit du débutant n'existe pas la pensée : "j'ai atteint quelque chose." Toutes les pensées égocentriques limitent notre vaste esprit* ».[114]

Il peut être plus facile et motivant de se développer et d'apprendre en groupe plutôt que par soi-même. Avec des amis, il est facile de constituer un groupe d'étude. Le but de cette activité, préférablement animée par une personne familiarisée avec les pratiques liées au *Ki*, est l'expérimentation et l'application pratique des principes universels dans la vie courante.

---

[111] Citation de : Taisen Deshimaru, dans « **Zen et arts martiaux** », Éditions Albin Michel, France, 1991, p. 32, 153 p.

[112] **Shoshin** : (Jap.) L'esprit du débutant qu'il convient de maintenir toute la vie.

[113] L'école Zen ***Soto*** ou ***Caodong*** (en japonais : *Soto-shu*, en mandarin *Caodongzong*, des noms des deux maitres fondateurs Caoshan Benji et Dongshan Liangjie). Au Japon actuel, la *Soto* est la principale école du bouddhisme Zen (*Chan* en mandarin). Au XIIe siècle, à la suite d'un séjour en Chine, Maitre Dogen importe cette école au Japon. L'école obtiendra une grande notoriété en Occident.

[114] Citation de Maitre Zen Shunryu Suzuki Roshi, de l'école *Soto*, « **Esprit Zen, esprit neuf** », Éditions du Seuil, 1977, pp. 30 – 31, 180 p.

« L'Univers absolu ne fait qu'un. C'est le Ki. Nos vies et nos corps sont issus du Ki universel. Nous étudions minutieusement les principes universels et les pratiquons. Nous ne faisons qu'un avec l'Univers. Il est inutile de se décourager ou de craindre.

La Voie que nous suivons est celle de l'Univers et aucune difficulté ou épreuve ne peut lui faire obstacle. Ayons le courage de dire : Si j'ai la conscience claire et si mon esprit est calme, je peux affronter un ennemi de dix millions d'hommes ! »[115]

Conseils pour pratiquer...

Et Jitoku demanda à Rojii...

– Sensei, pourriez-vous me donner quelques conseils pour guider ma pratique ?

Et Rojii répondit :

– Le potentiel de Ki étant illimité, tu dois toujours conserver l'esprit du débutant « Shoshin » pour te développer. Il n'y a donc pas d'expert qui vaille. Chacun d'entre nous possède déjà toute la connaissance. La seule chose qu'un instructeur peut faire est d'éveiller la connaissance enfouie au plus profond de l'inconscient d'une autre personne.

Donc, lorsqu'il n'y a pas de maitre aux environs pour animer ton esprit, l'Univers lui-même devient le maitre que tu recherches, c'est-à-dire ton propre Soi. Cela signifie qu'au lieu de consommer l'enseignement, tu fais des arts martiaux ton domaine d'étude. Tu révèleras ainsi le Dieu qui sommeille en toi et tu le laisseras s'exprimer.

– On me demande parfois de démontrer mes connaissances du Ki pour prouver la teneur de l'art et son authenticité. Que dois-je faire alors ? Si je démontre un exercice défiant l'entendement des profanes, les éveillés diront alors que c'est normal puisque je pratique le Grand Art depuis fort longtemps. Les incultes diront que c'est de la magie ou qu'il y a un truc.

[115] Traduction libre d'un dicton de Maitre Koichi Tohei tiré de : « **Ki Sayings** », *Ki No Kenkyukai* (*The Ki Society*), *Privately Printed*, Tokyo, Japon, 1973, p. 3 (*THE WAY TO UNION WITH KI*), 44 p.

Si je refuse, on dira que je me dérobe par peur de l'échec parce que ma pratique n'est peut-être pas si valable que cela après tout.

Pour ma part, je suis indifférent à ces possibilités. Mon égo mis au rencart, je n'ai d'autres désirs que d'aider autrui. Comment puis-je répondre à mes détracteurs de sorte que je puisse les aider à grandir eux aussi et à s'éveiller ?

– Jitoku, je reconnais bien là ton Kokoro *!*[116] *Aussi, ce n'est pas en réussissant des démonstrations que tu démontreras ton contrôle du* Ki *et ta force, mais bien en enseignant aux autres comment exprimer le* Ki *à leur tour dans tous les domaines d'activité humaine, incluant les arts martiaux.*

Par exemple, si quelqu'un te demande de démontrer un bras inflexible, fais-le en l'enseignant à celui qui te le demande et en te servant d'autres personnes pour tester afin qu'elles puissent en témoigner. Ainsi, la démonstration n'en sera que plus éloquente et tous auront appris quelque chose.

Et Rojii d'ajouter :

– Le partage des connaissances est l'une des clés de l'élévation de la conscience, de celle d'autrui et de la nôtre par la même occasion. Nous apprenons de ceux à qui nous enseignons.

Ceux qui thésaurisent la connaissance pour se garder un avantage secret sur les autres mettent, par cet acte d'attachement, un terme à leur développement, et cela se révèle vrai peu importe la discipline à l'étude.

[116] **Kokoro** : voir note de bas de page n° 61 (p. 41).

DEUXIÈME PARTIE

L'UNIVERS UNIFIÉ ET LES PRINCIPES D'AÏKIDO

V – *KI* ET AÏKIDO, LE SECRET DES ARTS MARTIAUX

L'Aïkido c'est la « Voie de l'union avec le *Ki* universel ». Bien que le mot *Ki* apparaisse comme l'élément central du mot Aïkido, on constate que nombreux sont les adeptes considérant le *Ki* occasionnellement ou simplement comme un concept spirituel, c'est-à-dire, sans application physique réelle. C'est pourtant tout le contraire. Les exercices simples qui sont présentés dans ce livre en font foi.

De surcroit, il peut même s'avérer futile de pratiquer l'Aïkido sans une compréhension adéquate du *Ki*, car cette approche corrompt rapidement l'art martial en le réduisant en une simple activité physique basée sur la mécanique corporelle. Ce qui s'avère pour le moins superficiel quoique cela puisse sembler correct du point de vue strict de l'autodéfense. Par la pratique adéquate et assidue d'une discipline martiale, un pratiquant développera graduellement au fil des années une grande puissance. Il pourrait choisir de l'exprimer en dominant d'autres personnes, même en prenant la vie d'autrui, l'acte le plus sombre auquel puisse se livrer un être humain, et de surcroit un artiste martial.

Malgré sa puissance, il privilégiera plutôt l'harmonie, la tolérance, la paix et le respect. Il prendra ainsi la responsabilité des capacités qu'il aura développées. La puissance dont il dispose est réelle, mais son processus de développement lui aura fait acquérir une conscience qui ira de pair avec ses habiletés. À un stade élevé, cette puissance ne pourra pas servir contre l'humanité et la société, car son développement aura été régi par la sagesse. La vie de l'adepte sera alors empreinte de l'éthique humaine privilégiant l'amour et la protection pour toutes choses.

À l'origine de sa découverte au début du vingtième siècle, l'Aïkido est un art de paix qui guide l'énergie de l'attaquant, puis par voie de conséquence l'esprit, et finalement le corps qui sera contrôlé par le défendant. C'est d'ailleurs dans la compréhension de cette séquence que réside le véritable secret des arts martiaux : l'énergie, l'esprit, le corps et finalement, tout évènement. Ainsi, en pratiquant cet art martial tout en respectant les principes universels, la force, la corpulence et les autres attributs physiques comme le sexe ou l'âge ne devraient nullement entrer en ligne de compte pour effectuer avec succès les techniques variées de l'Aïkido.

Carnet de voyage

« J'ai eu la chance de participer à de nombreux camps d'entrainement d'Aïkido avec Ki (Aïkido Shin-shin Toitsu) à Portland en Oregon aux États-Unis d'Amérique. Cela m'aura permis de rencontrer et d'échanger avec de grands maitres d'Aïkido, dont Sensei Calvin Yutaka Tabata qui a vécu toute sa vie dans l'entourage et par l'enseignement de Maitre Koichi Tohei.

En 1991, lors de ma première participation à ces extraordinaires évènements, j'ai confronté un paradigme d'importance qui aura changé ma vision des arts martiaux. Au début de l'activité, un exercice consistait à tenir l'avant-bras d'un partenaire pour l'empêcher de se mouvoir. Mon partenaire du moment s'était avéré être une petite dame aux traits asiatiques, d'un âge très respectable.

Fort, à cette époque, d'une expérience de plus de vingt-cinq années dans la pratique des arts martiaux, j'adoptai une position stable, du moins c'est ce que je croyais. Je me souviens encore de mes doigts entourant complètement l'avant-bras de la dame lors de ma saisie. Je me demandais bien comment elle pourrait se sortir de cette prise. Puis, affichant un large sourire, la dame, très posée, se déplaça légèrement pour projeter sans effort et avec une facilité déconcertante mes quelques 95 Kilos !

À mon arrivée au sol, je m'esclaffai, tout comme les participants des alentours qui furent témoins de la scène et qui purent constater mon étonnement. J'eus l'impression béante et contradictoire d'avoir été renversé par un bus, sans toutefois avoir ressenti de collision. C'est d'ailleurs la juste sensation offerte à l'attaquant lorsqu'une technique d'Aïkido est bien exécutée.

J'ignorais alors que la dame était Sensei de haut rang parce que nous ne portions pas de tenue traditionnelle qui aurait pu me l'indiquer. En effet, il s'agissait d'une activité de "Jissen-kaï"[117] *qui se déroule normalement sans protocole vestimentaire. Ce jour-là, je fus à même de constater la puissance d'une personne maitrisant la coordination corps – esprit et la diffusion du Ki, et ce, sans "effet de halo"*[118] *qui aurait pu m'influencer.*

---

[117] **Jissen-kaï :** (Jap.) Groupe d'étude sur le *Ki* dont le processus fut développé par Maitre Koichi Tohei. Il s'agit d'activités d'apprentissage visant l'application et la diffusion des principes universels de coordination corps – esprit dans la vie courante des pratiquants. Aussi appelé initialement : « *Ki No Genri Jissenkaï* ».

[118] **Effet de halo** : Aussi appelé « effet de notoriété » ou « effet d'aura ». Une altération psychologique (positive ou négative) du jugement d'une personne par rapport à une autre ou à une chose. Cet effet est produit par un biais cognitif lié aux caractéristiques mêmes de la perception.

Cette perception erronée entrainera une attitude caractérisée, puis un comportement différent de ce qu'il aurait dû être, c'est-à-dire différent de l'authenticité.

L'effet de halo va attribuer de fausses qualités (ou des défauts) à des personnes en raison de leur statut, et non pas pour ce qu'elles sont réellement.

Par exemple, dans le contexte cité plus haut, en sachant que la dame est un Senseï de haut niveau l'attaquant peut être enclin à renoncer à attaquer sincèrement devant cette compétence présumée.

Dans le cas contraire, c'est-à-dire en ne le sachant pas, l'attaque est libre d'arrière-pensées et la technique devra s'avérer réellement efficace. Par la focalisation au centre, l'effet de halo est dissipé et les attitudes et comportements sont sincères. De cette manière, les préjugés envers les personnes et les choses s'estompent.

À partir de ce moment, j'ai pu laisser tomber de nombreuses barrières mentales et je commençai réellement à ouvrir mon esprit. Cet apprentissage progressif de l'abandon de l'égo permettant un réel développement de soi ne se réalise qu'avec l'expérimentation, avec Ki ».

La pratique de l'art martial

Un art martial véritable rend l'adepte de plus en plus habile et efficace à mesure qu'il le pratique. Ainsi, en vieillissant, on devrait s'améliorer sans cesse au lieu de se heurter à des limites physiques. En ce sens, l'Aïkido pratiqué avec *Ki*, la peinture et la musique sont des arts véritables.

Plus qu'un art martial, l'Aïkido est un art de vivre qui cultive la non-dissension. C'est cette Voie de la paix et son caractère essentiellement défensif, où vaincre sans combattre est glorieux, qui, en partie, confèrent à l'Aïkido son caractère spirituel indéniable.

Le développement et l'efficacité martiale du pratiquant passent par sa compréhension du *Ki* et des principes universels, et non pas par la seule connaissance de techniques. La diffusion du *Ki* et le développement de l'intuition sont l'essence même des arts martiaux. Il est donc normal de les pratiquer et de les enseigner en premier lieu.

L'Aïkido se résume à une pratique très dynamique de développement de la coordination corps – esprit. Les exercices présentés ici sont d'excellents moyens de développement des capacités à diffuser le *Ki* même pour les personnes désintéressées des arts martiaux. L'idée sous-jacente de la pratique c'est d'abord de développer la capacité d'une personne à diffuser le *Ki* universel et de pratiquer les arts martiaux par la suite, et non l'inverse.

Dans de nombreuses disciplines martiales il est prétendu que la pratique inlassable des techniques produit une transcendance du pratiquant au fil du temps. Or, c'est simplement lié au fait qu'à force de répéter sans cesse les mêmes mouvements, le pratiquant finit, un jour, par relaxer.

Ce serait là un bon principe si les techniques étaient pratiquées correctement dès le départ, mais hélas ! c'est fréquemment le contraire. Ce n'est pas après des années de pratique que l'adepte doit être informé (ou qu'il se rende compte) de la juste pratique, c'est lorsqu'il commence son étude de l'art martial. Car, répéter sans cesse une erreur ne rendra le pratiquant que très bon à la commettre, et il sera difficile de corriger les mauvaises habitudes par la suite.

Peu importe la discipline martiale, elle doit débuter et se poursuivre avec coordination corps – esprit. C'est la condition *sine qua non* de la juste pratique. Pratiquer des techniques des centaines de fois correctement permettra de rendre la forme d'expression martiale très esthétique tout en permettant au pratiquant d'intégrer la connaissance, c'est-à-dire de la faire sienne.

Pour maitriser les mouvements de *Ki* et la coordination, les arts martiaux font appel aux « *Katas* »,[119] qui sont des enchainements de mouvements et de techniques. En Aïkido, les techniques enseignées aux débutants font appel à des mouvements très larges et très longs. Ces « *Katas* » ont pour but d'enseigner la diffusion et la compréhension des mouvements de *Ki* et sont appelés « grands cercles ». Ils sont essentiels à toute progression (la section 16 de l'annexe VI présente un complément d'information et des conseils sur la pratique des *Katas* [pp. 383 – 385]).

Par la suite, les cercles sont réduits progressivement et de plus en plus. Les techniques des « petits cercles » paraissent alors surgir de nulle part, sans effort, harmonieuses et instantanées. Pour y arriver, l'apprentissage des grands cercles avec *Ki* est préalablement nécessaire. Puis, avec la pratique, la maitrise des petits cercles devient une seconde nature, car l'adepte a assimilé la compréhension des mouvements d'énergie qu'il peut dorénavant utiliser à volonté.

« Un jour, un Samouraï, grand maitre de sabre, voulut obtenir le vrai secret de l'escrime. Il alla au sanctuaire japonais de Kamakura et rendit grâce au dieu Hachiman le grand Bodhisattva[120] *devenu protecteur du Budo.*

En redescendant les marches du temple, à minuit, il sentit sous un grand arbre, la présence d'un monstre en face de lui. Par intuition, il dégaina son sabre et le tua. L'intuition et l'action avaient jailli au même instant, libres de toute pensée. Le samouraï comprit alors le vrai secret des arts martiaux ».[121]

---

[119] **Kata** : (Jap.) Aussi « *Gyo* », « *Dao* » en chinois ou « *Hyong* » en coréen. Enchainement de techniques martiales répertoriées, exécutées en solo ou avec des partenaires avec ou sans armes, conjuguant à la fois la forme extérieure des mouvements au substrat spirituel du pratiquant.

Le *Kata* est un mode traditionnel de transmission de la connaissance des arts martiaux d'Extrême-Orient. Le *Kata* offre à l'artiste martial authentique un domaine d'étude qui se poursuit la vie entière en raison de l'affinement d'une compréhension qui transcende le domaine physique.

[120] **Bodhisattva :** (Sanskrit) Incarnation du Bouddha. Divinité qui renonce pour un temps au Nirvana, la libération du cycle des naissances et renaissances, afin de soulager la souffrance humaine dans le monde.

Être d'illumination qui désire voir se réaliser l'illumination en chaque être, sensible et insensible.

[121] Adaptation d'un texte du livre du Maitre Zen Taisen Deshimaru (1914 – 1982), « **Zen et arts martiaux** », Éditions Albin Michel, France, 1991, p. 27, 152 p.

La pratique de l'Aïkido utilisant la perspective de l'énergie vitale fait appel à cinq principes qui s'appliquent à toute situation où l'on doit transiger avec les autres. C'est un processus éthique de communication permettant l'expression de soi de manière harmonieuse.

LES PRINCIPES DE L'AÏKIDO

1. **Coordonner le corps et l'esprit en diffusant le *Ki* universel...**
   afin d'être au meilleur de soi-même.

2. **Percevoir le *Ki*, l'intention et le rythme du partenaire...**
   afin de prendre l'initiative.

3. **Ne laisser se produire aucune collision...**
   afin de créer l'harmonie selon le principe de non-résistance.

4. **Se placer dans la même perspective que le partenaire...**
   afin d'aligner les axes de communication énergétique.

5. **Laisser l'Univers réaliser l'évènement à travers soi...**
   afin de produire le résultat avec confiance.

Le monde physique, aussi appelé le monde relatif, est souvent conflictuel. Lorsqu'il est appliqué à la vie de tous les jours, l'Aïkido trace le chemin du retour à l'équilibre et à l'harmonie. Dans l'application des principes de l'Aïkido, une personne avisée y puisera une grande richesse en apprenant à annihiler sur elle-même le stress négatif, à améliorer ses relations interpersonnelles, à cultiver sa volonté d'agir et à résoudre des conflits pacifiquement, aussi bien dans sa vie personnelle que professionnelle.

Il sera question, dans les sections subséquentes, de l'essentiel des arts martiaux. Bien qu'il soit question d'Aïkido, ces principes et exercices s'adressent à tous les pratiquants des arts martiaux.

Parfois, des artistes martiaux prendront plusieurs décennies pour acquérir une compréhension limitée des principes universels et du *Ki*. Ce faisant, ils seront considérés comme de grands pratiquants. Cependant, point n'est besoin d'attendre si longtemps puisque la connaissance est accessible « ici et maintenant ».

Notons toutefois que cette connaissance ne fera que placer le pratiquant sur une Voie de développement, constituant ainsi un processus d'affinement sans fin puisque l'Univers lui-même est infini.

Nouer avec élégance l'*Obi*[122] autour de la veste du *Keikogi*[123]

[122] **Obi** : (Jap.) Ceinture portée dans les arts martiaux classiques japonais, l'*Obi* s'enroule deux fois autour de la taille du pratiquant et se noue avec un nœud plat au niveau du *Kikaï-tanden*. La ceinture tient fermement en place le *Keikogi* tout en maintenant l'abdomen ferme.

[123] **Keikogi** : (Jap.) *Aikidogi* dans le cas présent. Vêtement d'entrainement des arts martiaux composé d'une ceinture (*Obi*), d'une veste (*Uwagi*) et d'un pantalon (*Zubon*), souvent fait de coton. Son abréviation « *Gi* » est souvent utilisée pour le désigner. La veste se porte en plaçant le revers de gauche par-dessus le revers de droite, l'inverse indiquant que son porteur est en période de deuil.

À ne pas confondre avec le *Kimono*, le vêtement traditionnel japonais qui s'avère parfois d'un grand raffinement, à manches longues et amples et maintenu en place par une volumineuse ceinture.

Plier le *Keikogi*

Voici trois façons de plier le *Keikogi* (*Gi* ou *Aikidogi*) qui est constitué de la veste (*Uwagi*), du pantalon (*Zubon*) et de la ceinture (*Obi*) :

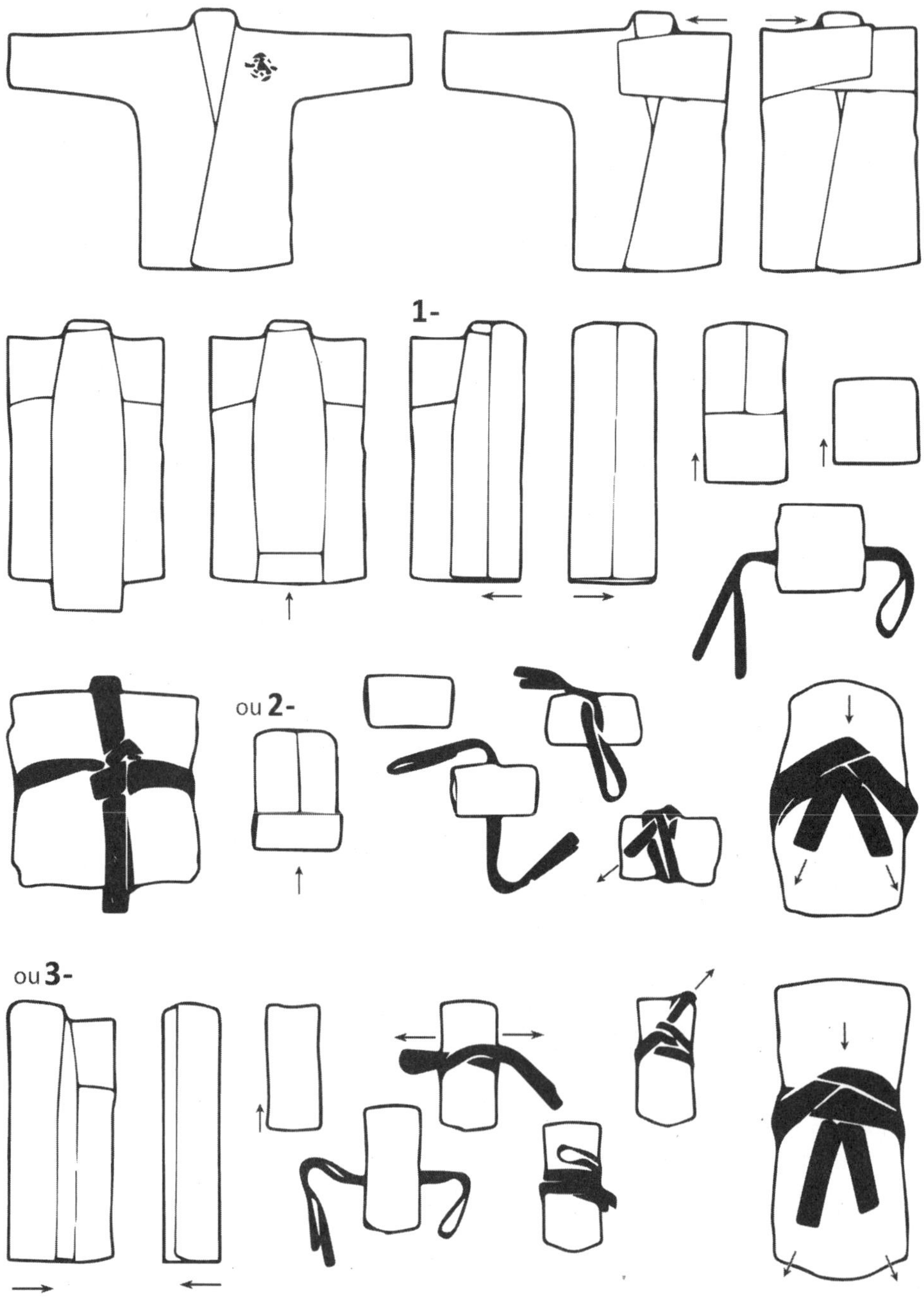

VI – COORDONNER LE CORPS ET L'ESPRIT EN DIFFUSANT LE *KI* UNIVERSEL

... afin d'être au meilleur de soi-même.

Jusqu'à présent, il a été démontré que lorsqu'une personne applique les principes de coordination corps – esprit, elle jouit d'une grande puissance physique et mentale dont le potentiel de réalisation s'avère colossal.

Dans la pratique des arts martiaux, la coordination corps – esprit est essentielle. Les techniques martiales connues et bien maitrisées deviennent inutiles si une personne perd son calme, devient tendue, pense négativement ou est contrôlée par la peur ou la colère.

C'est pourquoi les manœuvres d'intimidation sont fréquemment utilisées par des agresseurs, car lorsqu'elles fonctionnent elles ont une emprise certaine sur leur proie. En effet, ces tactiques peuvent s'avérer déconcertantes pour la victime, et si c'est le cas, cette dernière se place sur la voie d'être contrôlée par l'assaillant.

Une personne confrontée à toute situation dangereuse a besoin d'un accès ininterrompu à son plein potentiel. Ainsi, en maintenant la coordination, une personne possède beaucoup plus de moyens pour se tirer d'affaire que lorsqu'elle adopte un comportement d'agressivité (réaction du système reptilien) ou est en proie à la panique (réaction du système limbique).

Celui qui a l'esprit clair est en pleine possession de ses moyens et pourra trouver des échappatoires ou des actions qui ne font nullement appel aux techniques martiales, mais bien à l'intelligence et à l'intuition. La centration qui passe par le *Kikaï-tanden* s'opère dans le moment présent et permet au cerveau viscéral d'intégrer toutes les ressources potentielles d'un individu, dont la diffusion du *Ki* dans un dessein approprié.

L'apprentissage des arts martiaux augmente considérablement la confiance en soi, et cela se traduit par un changement d'attitude, mais ne dépend pas des techniques. La présence d'esprit, la capacité à saisir d'emblée une situation donnée, le calme et l'action (qui sont en réalité la même chose)[124] sont inhérents à la coordination corps – esprit d'une personne.

Notons que nul n'est invincible même s'il est coordonné, mais à plus forte raison s'il ne l'est pas. Le premier principe d'Aïkido est donc de coordonner le corps et l'esprit afin de se rendre capable de diffuser le *Ki* universel et de l'utiliser.

---

[124] Dans le processus d'éveil, l'expression « **le calme est l'action et l'action est le calme** » signifie que la zénitude engendre la juste manifestation physique, et que de cette efficience une nouvelle quiétude s'installe, reprenant ainsi le cycle de développement vers l'atteinte de la perfection.

VI.1 – SURVIE ET COORDINATION

L'autodéfense nous enseigne d'innombrables techniques, mais omet souvent le plus important, c'est-à-dire de rester calme devant l'adversité. Dans une recherche scientifique américaine,[125] il a été démontré qu'un agresseur sélectionne une victime non pas en fonction de l'âge, du sexe, du gabarit ou d'autres caractéristiques personnelles, mais plutôt en fonction de la démarche de l'individu.

En y regardant de plus près, l'étude a révélé que les personnes ayant une démarche centrée étaient systématiquement rejetées par les criminels comme victimes potentielles. Somme toute, l'autodéfense est une question d'attitude.

La coordination corps – esprit est la clé de l'autodéfense et requiert une attitude positive pour se réaliser. Lorsque coordonnée, une personne n'offre aucune ouverture à un éventuel assaillant. La position adéquate consiste simplement à se tenir debout avec coordination, relaxé et les bras tombant de chaque côté.

La position dite de « combat » de l'Aïkidoka n'existe pas, car du fait même de l'appeler ainsi brise la coordination corps – esprit. Qui dit intention de combattre ou de dominer, dit attitude négative et donc, rupture de coordination.

D'un autre point de vue, en adoptant une position de combat, il arrive aussi que l'utilisation inadéquate des mains et des bras, à des fins de stylisation par la gestuelle, puisse nuire à l'application de la technique martiale.

Lorsque coordonné, c'est-à-dire en adoptant une position naturelle, *Nage*[126] bénéficie d'une grande mobilité de mouvement et peut répondre très rapidement à toute éventualité. À l'opposé, l'adoption d'une position de combat ou de gestes de stylisation crée des tensions, réduisant ainsi cette liberté de mouvement tout en rompant la coordination.

Voici un exemple pratique : lorsqu'une personne est coordonnée, debout, calme et sereine, il est impossible de lui appliquer adéquatement la prise dite du « double Nelson ».

Cette prise appliquée par-derrière consiste à nouer les mains derrière la tête de la personne en passant sous ses bras. Cette prise est très dangereuse, car elle a pour objectif de contraindre fortement la nuque jusqu'à un point de rupture.

---

[125] Rapporté par William Reed, dans : « **KI : A practical guide for Westerners** », Japan Publications inc., Tokyo & New-York, 1986, pp. 199 – 200, 225 p. Cet ouvrage de référence est fortement recommandé pour l'étude du Ki, avec du même auteur : « **A Road That Anyone Can Walk : Ki** », 1992, 340 p.

[126] **Nage** : (Jap.) En Aïkido, *Nage* désigne celui qui applique une technique martiale de défense à *Uke* (l'attaquant). On emploie aussi les mots japonais *Tori* et *Shite*. ***Nage* se prononce « na-gué » en japonais**. Phonétique internationale : [*nage*].

Si l'agresseur bénéficie de l'effet de surprise parce que sa victime n'est pas centrée, lutte physiquement ou adopte une position dite de combat, il lui sera relativement facile de la confronter.

Par contre, si la personne est coordonnée, il est pratiquement impossible pour le partenaire, de nouer ses mains sur la nuque, peu importe le gabarit des personnes impliquées. Essayez-le pour bien le comprendre ! Dans un cas comme celui-ci, les techniques d'autodéfense enseignent généralement à réagir lorsque les mains sont nouées sur la nuque, c'est-à-dire lorsqu'il est trop tard.

Dans la pratique de l'Aïkido, le principe de coordination s'applique aussi bien à *Uke*,[127] l'attaquant, qu'à *Nage*, celui recevant l'énergie de l'attaque ou de l'exercice.

De cette façon, les attaques sont réelles, très rapides et plus efficaces que si elles étaient effectuées en utilisant aveuglément la force physique. La personne qui doit se défendre d'une telle attaque doit relever un défi de concentration avec elle-même plutôt que de lutter avec l'attaquant, car il est extrêmement difficile de se défendre d'une attaque exécutée avec coordination corps – esprit.

[127] **Uke** : (Jap.) Mot dérivé du verbe *Ukeru* qui signifie subir, recevoir. Aussi *Ukete* et *Seme*. En Aïkido, *Uke* désigne le pratiquant qui subit la défense, c'est-à-dire celui qui se voit appliquer une technique martiale par *Nage,* soit par celui qui se défend. ***Uke* se prononce « ou-ké » en japonais**. Phonétique internationale : [*uke*].

Aussi, point n'est besoin de connaitre grandement les arts martiaux pour se défendre d'une attaque essentiellement physique. En effet, il s'avère relativement aisé de contrer ce type d'attaque lorsqu'une personne demeure un tant soit peu calme et relaxée.

En Aïkido pratiqué avec *Ki*, la seule façon de projeter un attaquant centré c'est d'être coordonné soi-même et d'appliquer les quatre autres principes. Aussi, en demeurant coordonné l'attaquant se protège lui-même et sera en mesure de subir de fortes projections sans subir de blessures, et ce, parfois sur quelques mètres de distance avant de retomber sur le sol.

VI.2 – ATTAQUER AVEC *KI*

Les trois exercices statiques suivants permettent de comprendre progressivement la différence entre une attaque avec et sans *Ki*.

L'anneau de métal

Pour débuter, *Nage* joint le pouce et l'index de l'une de ses mains pour former ainsi un cercle. Son partenaire, *Uke*, utilise alors ses index pour séparer les doigts de *Nage*, tel qu'illustré ci-dessous.

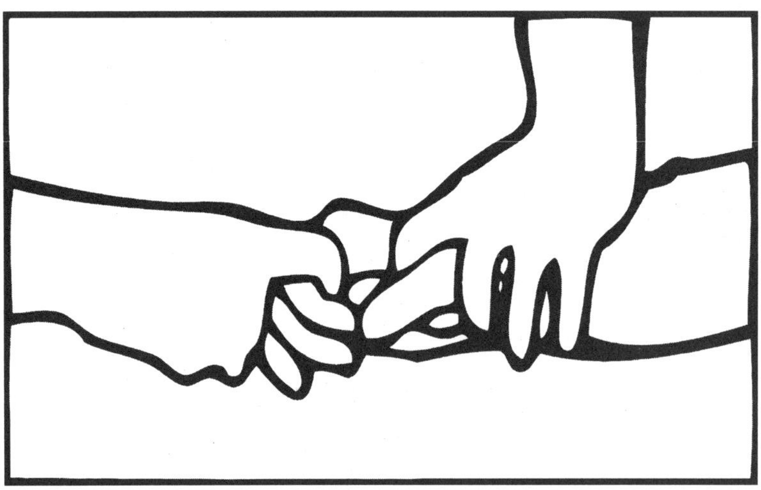

Nage résiste physiquement. *Uke* applique alors progressivement une force physique afin d'ouvrir l'anneau constitué du pouce et de l'index de *Nage*. Il va y parvenir sans grande difficulté.

Par la suite, *Nage* se concentre. Cela signifie qu'il coordonne son corps et son esprit. Il visualise alors qu'il a, entre ses doigts, une frêle fleur qu'il tient par la tige, de manière à ne pas la briser ni la laisser tomber même si un fort vent se levait. *Nage* exécute donc l'exercice avec la plus grande légèreté et prend garde de ne pas se laisser distraire.

Uke reproduit alors le test précédent pour se rendre compte qu'il lui sera pratiquement impossible de séparer les doigts de *Nage*. Cet exercice se nomme : « l'anneau de métal ». On l'appelle ainsi parce qu'on peut aussi le réaliser en se concentrant sur l'imagerie qui suggère que les doigts joints ensemble forment froidement un solide anneau de métal.

Lors d'une attaque, on doit agripper et tenir de cette façon le poignet du partenaire ou le sabre que l'on tient, c'est-à-dire avec la plus grande légèreté, tout en maintenant sa coordination.

Cependant, au lieu de joindre le pouce avec l'index, on doit joindre le pouce et l'auriculaire, respectant ainsi de manière cohérente le troisième principe de coordination corps – esprit : « Laisser reposer avec légèreté toutes les parties du corps vers le bas » (voir section IV.3 [p. 106]).

Si nous ne pouvons pas empoigner entièrement un membre du partenaire ou un objet, notre esprit doit s'en charger, c'est-à-dire en le faisant mentalement. C'est ce qui s'appelle : « tenir avec *Ki* ». Tenir un objet avec *Ki* permet d'expérimenter, une fois de plus, les capacités physiques émanant de la volonté de l'esprit.

Tenir le Tanto avec Ki

Pour expérimenter la puissance de l'anneau de métal et développer sa capacité à tenir avec *Ki*, on peut procéder à un exercice comme celui-ci :

Pour ce faire, on utilise n'importe quel objet pouvant être tenu dans une main, dont la surface est lisse. Dans le cas présent, on utilisera un *Tanto*[128] en bois. *Nage* tient le *Tanto* devant son partenaire *Uke*.

Ce dernier lui saisit le poignet d'une main et l'extrémité du *Tanto* de l'autre main, de manière à l'extraire de la saisie de *Nage*. Si celui-ci tient le *Tanto* en forçant physiquement, il sera aisé pour *Uke* de le lui extirper de la main.

[128] **Tanto** : (Jap.) Poignard à lame incurvée, généralement de moins de 30 cm, muni d'une garde et conçu et structuré à la manière d'un *Katana*. Le *Tanto* fait de bois est utilisé dans de nombreuses pratiques martiales, car il simule la dimension et le poids d'une arme blanche réelle.

Nage tient maintenant le *Tanto* avec grande légèreté, tout comme dans l'exercice de l'anneau de métal. Il visualise le *Ki* émanant de la main, entourant entièrement l'objet telle une super colle. Le partenaire refait alors le test. Si ledit test est réussi, *Nage* tiendra facilement le *Tanto*, sans appliquer de force physique, et *Uke* ne pourra pas reprendre l'objet comme il l'a fait précédemment.

Épaule à épaule

Dans cet exercice, *Uke* se tient en face de son partenaire *Nage* et lui saisit le poignet du même côté. *Uke* tient le poignet en utilisant sa force physique et *Nage* tente de se déplacer pour venir se positionner épaule à épaule avec *Uke*, paume de la main tournée vers le haut, tel qu'illustré ci-dessous. En relaxant, ce sera facile d'y arriver.

Par la suite, *Uke* tient le poignet avec *Ki*, tel qu'expliqué lors de l'exercice de l'anneau de métal et de celui de tenir le *Tanto* avec *Ki*. *Nage* tente à nouveau de se positionner épaule à épaule avec son partenaire, mais lorsqu'il entame son déplacement, il se voit infliger une vive douleur au poignet.

Nage aura l'impression qu'au moindre mouvement, il coince son poignet dans un « anneau de métal » immobile et très solide. De fait, il s'agit d'une attaque réelle.

En maintenant sa coordination, *Uke* sera même en mesure de projeter *Nage* simplement en laissant tomber son bras tout en pointant son index vers le sol devant lui. Cette manœuvre aura pour effet d'y diriger le *Ki* du partenaire, puis son esprit, puis son corps physique.

Voilà un exercice statique dont le principe s'applique aussi lors d'une attaque rapide, qui s'avère un mode dynamique d'expérimentation de la coordination. Dans un tel cas, une technique de défense exécutée sans *Ki* est, la plupart du temps, inefficace. Ce genre d'exercice procure une sensation de grande légèreté et d'harmonie.

Notons que nul ne peut tenir efficacement avec *Ki* si l'intention est de dominer. La puissance du *Ki* est illimitée lorsqu'une personne est détachée de l'objet, et elle ne peut que servir le bien même si, paradoxalement, cela peut signifier de contrôler physiquement une ou plusieurs autres personnes.

VI.3 – *BOKEN* INFLEXIBLE ET VIBRATIONS

Dans la pratique de l'Aïkido, le maniement du sabre a pour objectif d'expérimenter notre capacité à diffuser le *Ki*. Dans ce dessein, la relaxation vivante joue un grand rôle. Au cours de l'entrainement, le pratiquant utilise un *Boken* (sabre de bois) qui simule la masse et la portée d'un sabre réel (le *Katana*).

Pour arriver à tenir le *Boken* adéquatement, on doit tout d'abord coordonner le corps et l'esprit, puis le tenir avec *Ki* tel que décrit auparavant. La main gauche se place à l'arrière et la droite près de la garde.

Le tranchant est dirigé légèrement vers l'extérieur, du côté gauche, dans un angle d'environ 20 degrés. Le *Boken* possède habituellement une arête double sur le dessus. Lorsque tenu adéquatement, le pratiquant devrait voir l'arête de gauche du *Boken* orientée franchement vers le haut.

Uke pointe le *Boken* directement vers la gorge du partenaire, en diffusant le *Ki* à l'infini vers l'avant. Pendant qu'il tient le *Boken*, il serait judicieux de vérifier sa coordination corps – esprit en procédant à divers tests de stabilité comme ceux utilisés pour la position debout.

On pourra également tester l'inflexibilité des bras en utilisant le *Boken* comme levier, tel qu'illustré. Dans ce cas, si la personne tient le *Boken* avec force, soit en contractant ses muscles, il sera très facile de faire plier l'assemblage bras et *Boken*.

Les pratiques de sabre nous apprennent à diffuser fortement le *Ki*.

En effet, l'objet qui est manipulé, tel que le *Boken*, devient une extension du corps, un prolongement de notre être.

La fréquence vibratoire[129] du pratiquant est alors transmise à l'objet lorsqu'il est tenu avec *Ki*.

La radiesthésie permet de constater ce fait en mesurant la fréquence vibratoire à l'aide d'un pendule et d'un biomètre.[130]

[129] **Fréquence vibratoire** : Voir la note de bas de page n° 18, p. 12.

[130] **Biomètre** : Un cadran semblable à un rapporteur d'angles avec graduation en unités *Bovis* (ou *Angstrœms*) utilisé en radiesthésie, afin de mesurer la fréquence vibratoire des choses, des êtres vivants et des lieux.

Pour effectuer cette mesure, on utilise un pendule (n'importe quel petit objet symétrique suspendu à un fil souple de plus ou moins 16 cm). Cet instrument permet d'amplifier notre sensibilité naturelle de perception des vibrations qui émanent de toutes choses.

On suspend le pendule tenu avec légèreté au-dessus du centre au bas de la charte. L'opérateur concentre sa pensée sur une chose ou un être. Le pendule se mettra alors à osciller pour pointer vers le résultat. D'un opérateur à l'autre, les résultats affichent une constance relative. Cependant, les écarts entre les diverses mesures d'un même opérateur s'avèrent significatifs.

Note *: Afin d'entrer en résonance avec le pendule, l'opérateur suspend ce dernier au-dessus la paume de son autre main ouverte jusqu'à ce qu'il s'immobilise doucement après avoir effectué diverses oscillations (par exemple : en cercle dans le sens des aiguilles d'une montre, d'avant en arrière, etc.).*

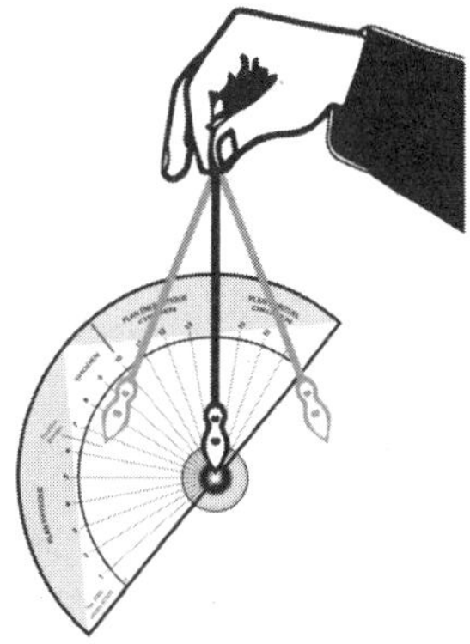

La vibration du *Boken*, tenu avec de la force physique, enregistre la même basse fréquence que lorsqu'il est laissé seul ; mais lorsqu'il est tenu avec *Ki*, sa fréquence vibratoire sera identique à celle de la personne qui le tient, soit une fréquence beaucoup plus élevée.

Par exemple, un pratiquant pourrait œuvrer dans le plan énergétique et enregistrer une fréquence vibratoire de 12 000 *Bovis* alors que son *Boken* vibrera normalement dans le plan physique inférieur à 500 *Bovis*. Le *Boken* vibrera à 12 000 *Bovis* lorsque tenu adéquatement par le pratiquant en état de coordination corps – esprit.

Dans la pratique de nombreux arts martiaux, une technique consiste à frapper la partie avant du *Boken* ou du sabre de l'adversaire afin de se rapprocher de lui sans danger, à un endroit permettant de le pourfendre. Dans l'Aïkido pratiqué avec *Ki*, cette technique n'est qu'un test pour déterminer si le pratiquant tient son sabre de bois adéquatement, c'est-à-dire avec coordination corps – esprit.

Si c'est le cas, la personne subissant l'attaque est protégée, et un partenaire qui procède à une attaque à l'aveugle va s'empaler. En effet, si la coordination a été maintenue, le *Boken* de la personne ainsi frappé va se repositionner automatiquement et instantanément dans la position initiale.

Dans le premier cas, il est question d'une technique s'adressant à des cascadeurs et, dans l'autre cas, d'un simple test de coordination corps – esprit. Selon l'approche choisie, il existe, de toute évidence, un univers de différences.

Tenir le sabre adéquatement est réputé être un exercice beaucoup plus difficile qu'il y parait. Dans des pratiques avancées, le *Boken* est muni d'un pointeur au laser fixé à son extrémité. La personne tient le *Boken* et dirige le faisceau lumineux vers un mur. Cette manœuvre nous permet de percevoir l'amplification du mouvement (ou le tremblement) de l'extrémité du *Boken*. Nous pourrons alors observer l'état de calme du pratiquant qui est directement proportionnel à l'oscillation du point lumineux sur le mur.

Si le pratiquant est tendu ou ne tient pas son *Boken* avec coordination, le point lumineux oscillera sur de bien plus grandes distances. Le but de ce jeu est de s'améliorer et d'accroitre la profondeur de la coordination corps – esprit. Ainsi, il n'y a donc pas de limite à bien tenir le sabre. Ceci n'est toutefois que le début des pratiques adéquates d'escrime.

Cadran de radiesthésie pour mesurer la fréquence vibratoire (0 à 18 K *Bovis*)

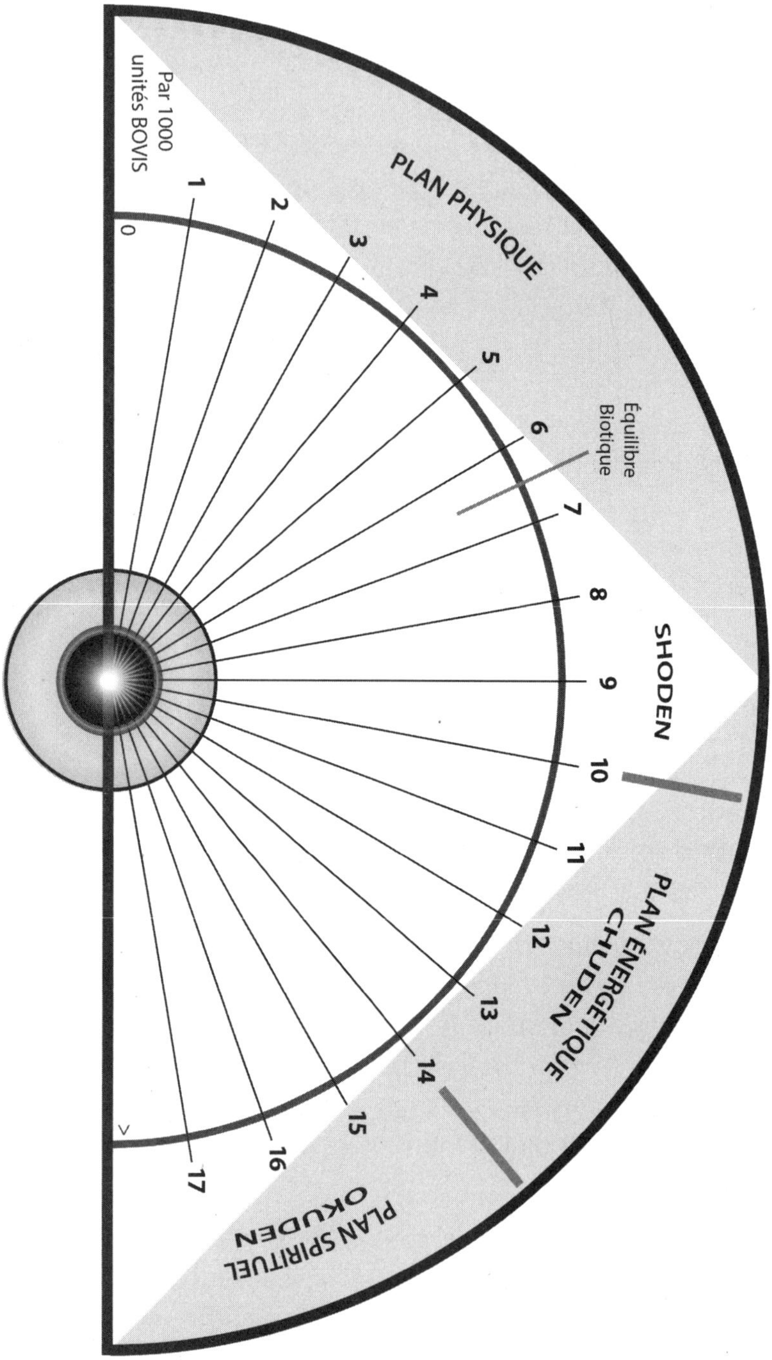

Cadran de radiesthésie pour mesurer la fréquence vibratoire (0 à 90 K *Bovis*)

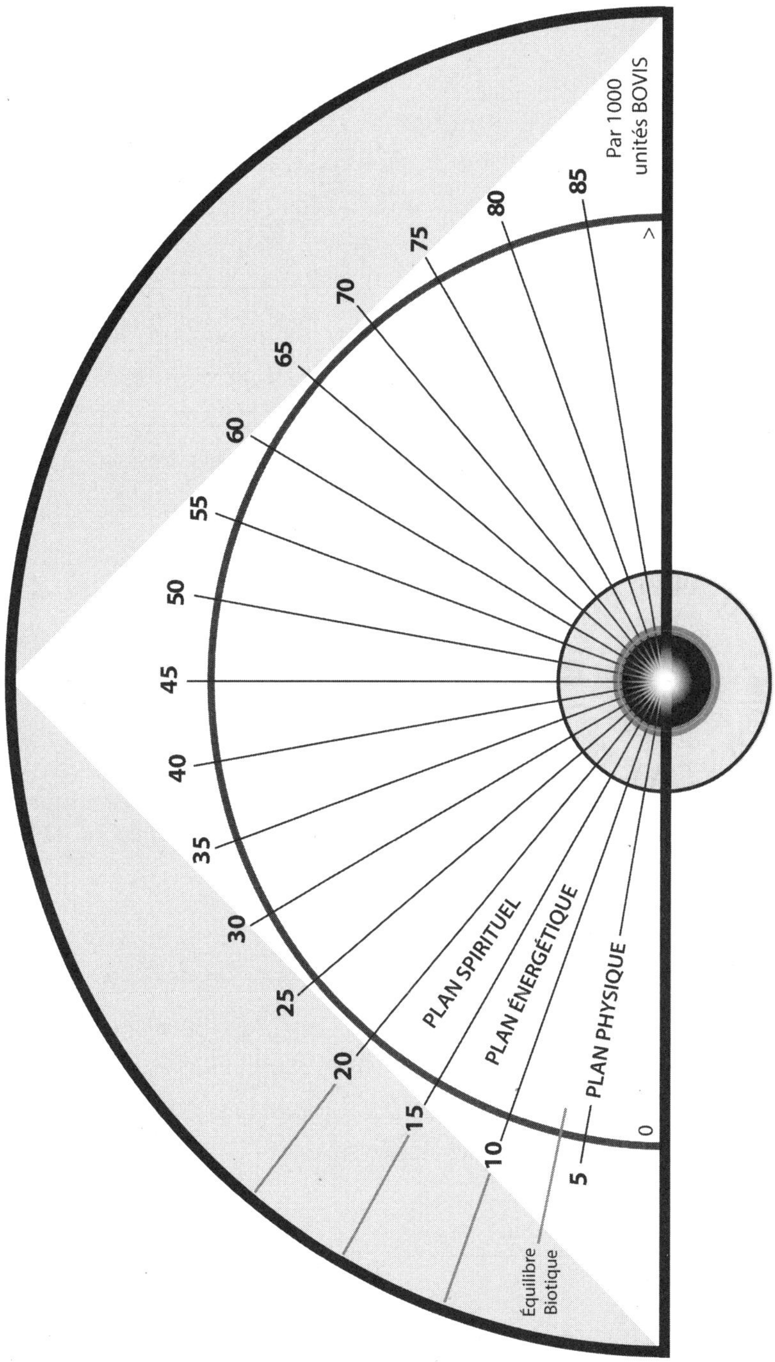

VI.4 – AMPLIFICATEUR DE L'ÉTAT MENTAL

Ainsi, dans les pratiques liées au *Ki*, il existe de nombreuses façons d'amplifier la condition de l'esprit afin d'en mesurer physiquement le calme. Dans la vie de tous les jours, on peut utiliser des méthodes apparentées d'évaluation de soi. Dès lors, il est possible de s'observer et de s'évaluer, à condition d'être sincère envers soi-même.

Par exemple, une activité courante comme conduire une automobile produit une amplification de l'état mental d'une personne. Une personne calme et équilibrée sera courtoise au volant, elle respectera le Code de la route et elle sera prudente parce qu'elle est consciente de la présence des autres et de l'environnement qui l'entoure.

Même dans cette activité routinière, une personne éveillée exprimera du respect pour la vie. Elle est alors en contrôle de ce qu'elle fait. Elle est en état de coordination corps – esprit, et elle vit le moment présent entièrement.

Nous avons souvent observé qu'un automobiliste qui attend sur un feu rouge s'avancera si le véhicule d'à côté s'avance un peu. Cela signifie que le conducteur n'opère pas dans le moment présent et qu'il subit les influences extérieures, se plaçant même sans raison en compétition avec les autres. Son *Ki* est dirigé au gré de l'environnement. La personne est alors susceptible de subir des influences de toutes sortes dans sa vie plutôt que de la construire.

Si des choses similaires vous arrivent, il est impératif de prendre le temps de vous recentrer, car momentanément vous ne jouissez plus de la vie sans même vous en rendre compte. Votre énergie vitale est drainée bien inutilement par les stimuli de l'environnement qui ne devraient pas vous contrôler de la sorte.

Une personne dérangée mentalement aura tendance à adopter des comportements d'insouciance et d'agressivité, plaçant le droit et l'égoïsme au premier plan au détriment du bon sens, remplaçant ainsi la courtoisie par l'intolérance.

Par exemple, un conducteur qui a la priorité sur une route (le droit) peut décider d'exercer ce droit même s'il cause un accident plutôt que de faire preuve de courtoisie (le bon sens). En exprimant des valeurs perverties, une personne affectera négativement de nombreux autres aspects de sa vie.

Ainsi, en observant les comportements routiers, nous pouvons facilement en déduire que beaucoup de gens dans notre société ont un urgent besoin de soins pour corriger leur déséquilibre mental.

L'Organisation Mondiale pour la Santé (OMS), dans son rapport de 2001,[131] estimait qu'une personne sur quatre serait affectée par des troubles mentaux ou neurologiques à un moment ou un autre de sa vie.

L'OMS constatait également que, pour toutes sortes de raisons, près du deux tiers des personnes que l'on sait souffrir d'incapacité mentale ne bénéficieraient pas d'un traitement médical. D'autre part, le tissu actuel de l'humanité n'en est encore qu'à l'aube de la connaissance de sa vraie nature, l'harmonie.

Les humains sont généralement contrôlés par la pensée dogmatique et les doctrines. Pourtant, il n'en tient qu'à eux de se libérer, de laisser l'esprit s'exprimer dans le monde physique sans subir le contrôle du mental, sans subir le contrôle des masses, et ainsi devenir libres.

Dans un tel contexte, il semble tout indiqué de diffuser des technologies de l'esprit qui soient simples, comme la coordination corps – esprit, et qui permettent la prise de conscience de l'instant présent et de soi, conduisant éventuellement à la maitrise de soi.

Ceci vaut pour les personnes dérangées mentalement aussi bien que les personnes saines d'esprit, car pour un humain, le fait de vivre en société implique, à n'en pas douter, de côtoyer son prochain.

Par extrapolation, des activités et pratiques qui relèvent de la pratique des arts martiaux ou de la compréhension du *Ki*, comme tenir le sabre, peuvent facilement trouver des correspondances adaptées dans une infinité de contextes de la vie quotidienne.

MAKOTO
(Authenticité)

[131] Rapport sur la santé dans le monde 2001 : « **La santé mentale : nouvelle conception, nouveaux espoirs** », Organisation mondiale de la Santé — Bibliothèque de l'OMS — Genève, Suisse.

VI.5 – DIFFUSION DU *KI*, RÈGLES D'USAGE ET *HAKAMA*

Le principe de coordonner le corps avec l'esprit est certainement le plus important, car son omission ne permettra pas l'application des quatre principes subséquents d'Aïkido. C'est pourquoi la pratique oblige de développer prioritairement cet aspect, et le maintien de cet état, dans la vie courante.

Le respect des règles du *Dojo* exige de saluer à beaucoup d'endroits et en maintes occasions. Par exemple, on saluera avant d'entrer au *Dojo*, en sortant, avant de s'entrainer avec un partenaire, etc. Cette pratique est commune à beaucoup d'arts martiaux. Elle n'est pas révérencielle, et on l'attribue la plupart du temps à des traditions ou à des valeurs nobles comme le respect.

Toutefois, la véritable raison de s'y prêter est simplement d'accroitre notre focalisation au centre, c'est-à-dire la profondeur de notre coordination corps – esprit. Ce processus doit être considéré sérieusement et il implique de saluer avec *Ki*, c'est-à-dire à partir du centre.

Voici un exercice qui démontre la profondeur de concentration que l'on doit associer au salut. *Nage* prend la position *Seiza.*[132] *Uke* se tient derrière lui et place ses mains sur les épaules de son partenaire pour l'empêcher de bouger. *Nage* peut facilement saluer en entrainant *Uke* dans une chute s'il maintient sa coordination corps – esprit ; dans le cas contraire, *Uke* le retiendra aisément.

[132] **Seiza** : (Jap.) Position traditionnelle japonaise consistant à s'agenouiller sur le sol en pliant les jambes en dessous des cuisses, tout en reposant les fesses sur les talons.

Les chevilles sont tournées vers l'extérieur du corps dans une forme en « V ». Le dessus des pieds se retrouve à plat sur le sol et les gros orteils se croisent ou se touchent. Finalement, les fesses sont descendues et trouvent appui sur les talons. Voir section XI.1 : « Maitrise de la posture » (p. 209), pour plus de détails.

Lorsqu'un pratiquant s'apprête à se rendre au *Dojo* pour sa pratique, le *Ki* est déjà diffusé dans cette direction et ce dernier suivra physiquement le mouvement d'énergie pour s'y rendre. La pensée de se rendre au *Dojo* dirige le *Ki* dans cette direction précise et, selon la règle, le corps suivra.

À son arrivée au *Dojo* et durant toute la période d'entrainement, le pratiquant renforcera cette diffusion du *Ki* notamment par le respect des règles d'usage, appelées « *Reishiki* », ce qui contribuera à promouvoir son développement dans la pratique de l'art tout en savourant entièrement l'instant présent.

Le but des règles d'usage est de nous aider à nous concentrer sur l'entrainement et à maintenir une attitude de respect mutuel. Ainsi, un environnement d'apprentissage et d'entraide se crée.

L'attitude issue de la compréhension de ces règles dans la vie courante nous rend capables de communiquer parfaitement avec quiconque et en toutes circonstances.

Voici quelques règles de base à suivre dans la pratique des arts martiaux, bien que celles-ci s'appliquent spécifiquement à l'Aïkido :

- Si vous êtes porteur d'une maladie contagieuse, ne vous présentez pas au *Dojo*. Demeurez à la maison et pratiquez la méditation et des exercices de respiration avec *Ki*, afin de regagner la vitalité perdue. Diminué physiquement, mais sans contagion, le pratiquant peut se présenter au *Dojo* pour se voir offrir des activités de récupération énergétique ;
- Arrivez avant l'heure au *Dojo* et procédez à des exercices d'échauffement. Vous bénéficierez ainsi d'un enseignement d'appoint de votre instructeur avant la pratique ;
- Demeurez centré et attentif en tout temps, en adoptant des postures naturelles et structurées ;
- Diffusez le *Ki* et saluez à l'orientale à votre arrivée et à votre sortie du *Dojo*, avant d'entrer ou de quitter la natte d'entrainement (le *Tatami*[133]) et lorsque vous invitez et quittez un partenaire d'entrainement ;

---

[133] **Tatami** : (Jap.) Couvre sol en panneau rectangulaire constitué traditionnellement de paille de riz compressée. Dans un *Dojo* d'arts martiaux, les tatamis constituant la natte d'entrainement ont pour objectif d'amortir les chutes des pratiquants.

Les *Tatamis* sont en usage dans les intérieurs d'habitations japonaises depuis le XVIIe siècle. À notre époque, on retrouve également des *Tatamis* en matières synthétiques.

- Ne saluez pas quelqu'un se trouvant par terre si vous-même êtes debout. Par respect, attendez que l'autre personne soit au même niveau que vous ou plus haute physiquement avant de la saluer.
- Baissez les yeux lors du salut pour montrer une bonne attitude de confiance (dans le cas contraire, ne saluez pas du tout et quittez le *Dojo*) ;
- Saluez physiquement et verbalement l'instructeur lors de votre arrivée et de votre départ du *Dojo*. L'instructeur s'interpelle toujours « *Sensei* ».
- Les instructeurs avancés se doivent d'être interpelés « *Sensei* » peu importe l'endroit ou le contexte où l'on se trouve ;
- Soyez courtois, propre de votre personne et prêt pour l'entrainement dès votre arrivée, et participez au rangement et au nettoyage du *Dojo* avant et après la pratique ;
- Ne marchez jamais avec des chaussures sur le *Tatami*. L'entrainement se fait généralement pieds nus ou en chaussant des bas.
- Placez vos sandales ou chaussures à l'entrée dans le sens opposé à la natte d'entrainement, prêtes à être enfilées lorsque vous quittez le *Dojo* ;
- Si vous arrivez en retard, attendez attentivement en retrait de l'espace d'entrainement en position *Seiza* que le *Sensei* vous autorise à entrer sur le *Tatami* ;
- Si, au cours d'une pratique, vous devez ajuster votre vêtement d'entrainement, saluez, tournez-vous, ajustez votre vêtement, retournez-vous et saluez de nouveau ;
- Communiquez positivement en évitant les bras croisés (attitude de fermeture d'esprit), les mains posées sur les hanches (attitude d'agressivité) ou toute autre forme de langage non verbal négatif. Ceci est également souhaitable dans tous les contextes de la vie courante ;
- Après l'entrainement, offrez avec courtoisie de plier le *Hakama* du *Sensei* ou d'un pratiquant avancé ;
- Conservez l'esprit du débutant (*Shoshin*) en tout temps, soit une attitude positive favorisant l'apprentissage et l'ouverture d'esprit.

Organisation d'un Dojo

L'agencement d'un *Dojo* fait appel à des règles précises favorisant la concentration et l'apprentissage. Sur le mur frontal situé idéalement au Nord, que l'on nomme « *Shomen* »,[134] on retrouve généralement un petit autel appelé « *Kamiza* »,[135] une ou plusieurs calligraphies, ou textes ou objets (ex. : un sabre), une effigie, et souvent, une photographie du fondateur de l'art martial.

Le salut de groupe, initié par le *Sensei*, au début de l'entrainement et à la fin, s'exécute dans cette direction, soit à l'opposé de l'entrée du *Dojo* située au mur Sud (*Shimosa*). Le maitre fait face à ses élèves, soit dos au *Shomen*. On dira que le *Sensei* faisant face au Sud reçoit toute la lumière du jour pour l'aider à mieux refléter vers les élèves la connaissance qu'il doit transmettre.

Les assistants se placent dos au mur de l'Est (*Joseki*), soit à la gauche du maitre faisant face à ses élèves. Les visiteurs et invités de marque prennent place à la droite du *Sensei*, soit le long du mur Ouest (*Shimoseki*). Lorsque le *Shomen* est réservé au *Kamiza*, le *Sensei* prendra place à l'Est et les élèves à l'Ouest.

DOJO
(Lieu de l'éveil)

[134] **Shomen** : (Jap.) Le siège supérieur, la place d'honneur du mur supérieur d'un *Dojo* faisant face à l'entrée.

[135] **Kamiza** : (Jap.) Le siège de l'esprit, le siège des *Kamis* (divinités ou esprits dans la religion shintoïste).

Plan typique d'un *Dojo*

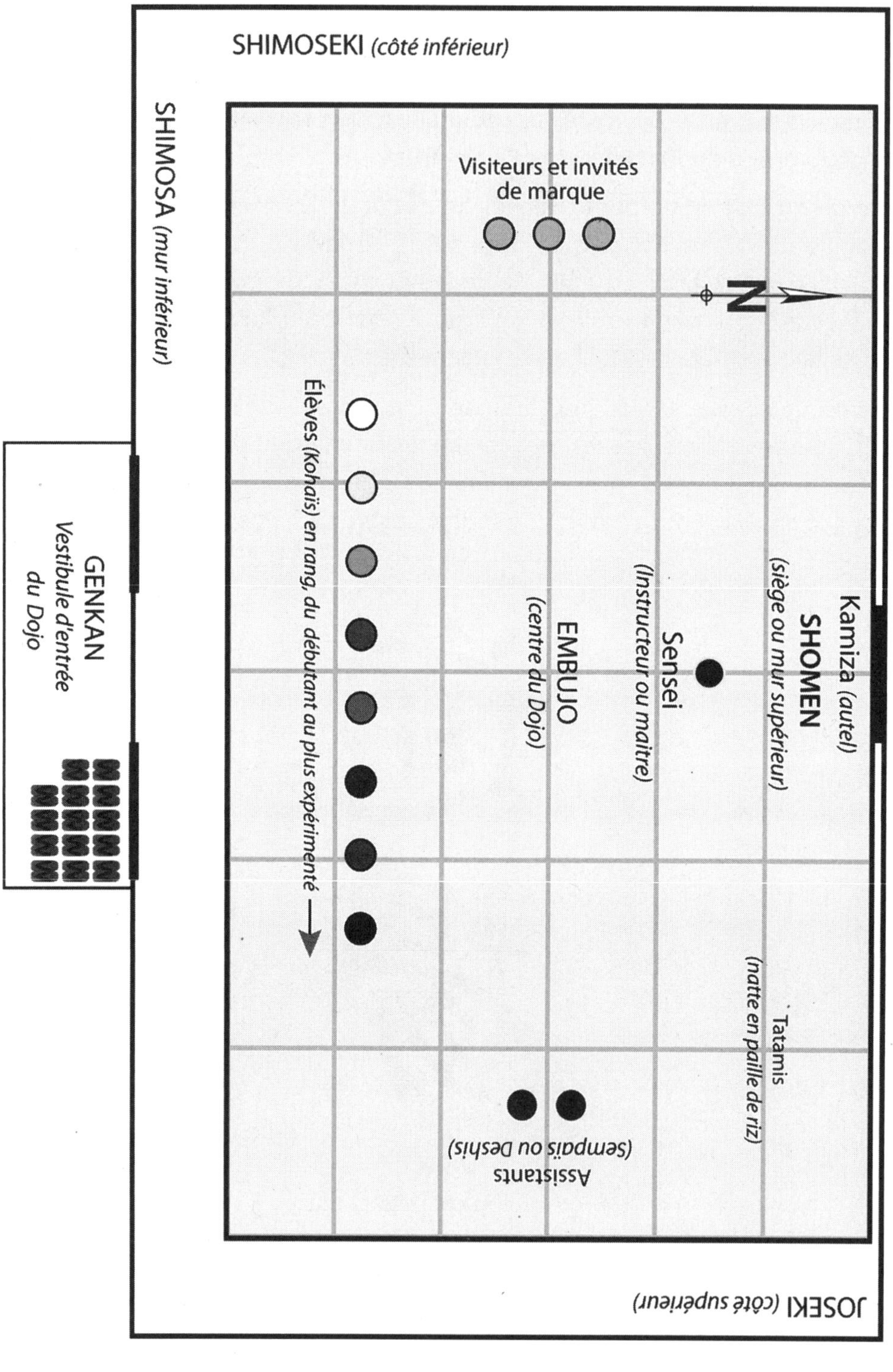

Les règles d'usage, appelées également « l'étiquette », deviennent plus subtiles et complexes au fur et à mesure qu'une personne progresse dans la pratique de l'Art. Elles sont un symbole d'engagement envers le processus de développement que nous entreprenons et une marque de respect pour soi-même.

En définitive, les règles d'usage se résument à simplement diffuser le *Ki* universel, soit d'appliquer le premier principe d'Aïkido. En prêtant attention aux règles d'usage, une personne peut s'adapter facilement à toutes sortes de situations complexes. Par exemple, sans être initiée à la cérémonie du thé japonaise (*Cha-no-yu*), une personne maitrisant les règles d'usage et diffusant le *Ki* pourra s'adapter et y participer avec succès.

Carnet de voyage

« Lors d'un voyage d'entrainement à l'étranger, j'ai offert avec courtoisie ma participation pour effectuer, avec Ki, quelques rénovations au Dojo qui m'accueillait. Je travaillais avec Sensei Pat, et nous avions à entrer et à sortir fréquemment du Dojo pour transporter des matériaux et des outils. Chaque fois, nous devions saluer pour des raisons d'étiquette.

Pour simplifier notre tâche, je suggérai alors innocemment de saluer une seule fois au début puis à la toute fin. Sensei Pat me regarda en souriant et me dit : Ne pas saluer en raison d'un si petit inconvénient laisserait la porte ouverte au relâchement de notre entrainement. Nous ne pouvons nous le permettre si nous désirons continuer à croitre et à nous développer ! »

Dans la pratique de l'Aïkido, l'étiquette est l'effort minimal omniprésent pour l'apprentissage et pour le développement de soi. Ainsi, elle devient une seconde nature qui indique la manière d'agir la plus harmonieuse dans n'importe quelle activité. Ceux qui respectent un tant soit peu les règles d'usage dans leur vie font le bien et assument leurs responsabilités pleinement.

Pour aider à maintenir la coordination corps – esprit durant la pratique, les Aïkidoïstes[136] portent le *Hakama*, le pantalon traditionnel d'équitation ou de cavalerie de l'époque des Samouraïs d'avant 1868.

---

[136] **Aïkidoïste** : Pratiquant de l'Aïkido désigné à la manière occidentale et impliquant l'idée sous-jacente de la philosophie liée à la pratique. Équivalent d'*Aïkidoka*, le mot japonais référant souvent à l'élève avancé ou à l'instructeur lui-même.

La forme actuelle du *Hakama* a été développée à l'époque médiévale japonaise Edo, aussi appelée la période Tokugawa, qui a duré de 1600 à 1868.

Il s'agit d'un pantalon très ample composé de cinq plis sur le devant et de deux plis à l'arrière représentant chacun, dit-on, l'une des sept vertus du code du Bushido.[137] Il se porte par-dessus le *Keikogi*. Les règles qui régentent son port varient d'une école d'arts martiaux à l'autre.

Bien que le Samouraï portât le *Hakama* avec des jambières, une fable populaire prétend qu'il permettait de cacher la position des pieds lors de mouvements de faible amplitude. D'ailleurs, le fait de voir les pieds de l'adversaire n'offre qu'un avantage bien ténu d'un point de vue martial.

Ce vêtement de forme pyramidale inspirant la stabilité corporelle, à la fois esthétique et mystérieux, permet d'induire une coordination plus profonde pour ceux qui en sont conscients, c'est-à-dire pour les pratiquants qui s'appliquent à diffuser le *Ki*.

Le *Hakama* est un survêtement utilisé pour de nombreux usages cérémoniels au Japon. Toutefois, celui qu'on utilise dans les arts martiaux comme l'*Iaido*, l'Aïkido, le *Kendo*, le *Kyudo*, le *Jiu-jutsu*, etc., est minimalement muni d'un dosseret semi-rigide appelé *Koshi-ita*.

Cette pièce du vêtement permet de maintenir le bas du dos droit, une condition essentielle à la coordination corps – esprit. Aussi, le *Hakama* est noué par-devant directement au niveau du centre, maintenant ainsi un point d'attention lié directement au *Kikaï-tanden*.

Les pratiquants qui revêtent le *Hakama* constatent souvent à court terme de grandes améliorations dans leur pratique de l'Art en raison de cette induction quasi forcée de la coordination.

En définitive, il s'agit d'une pièce de technologie induisant la coordination corps – esprit, mais on ne doit cependant pas en dépendre dans l'apprentissage de l'Aïkido, car nous ne portons pas un tel vêtement dans la vie courante. C'est, entre autres raisons, ce pourquoi nous devons tout d'abord nous appliquer à maitriser la coordination corps – esprit sans artifice avant d'envisager le port du *Hakama*.

---

[137] Voir la note de bas de page n° 48, p. 29.

Le Hakama

Il existe diverses manières de nouer le *Hakama* par-dessus le *Keikogi*. Toutes sont valables à condition que le *Hakama* se maintienne en place, c'est-à-dire sans que le pratiquant n'ait à le réajuster durant la période prévue d'entrainement.

Cette dernière occurrence est d'ailleurs très malvenue dans un *Dojo*. On dira d'un pratiquant qui noue mal son *Hakama* qu'il ne mérite pas d'arborer un tel symbole.

Contrairement à la pratique d'autres arts martiaux, par exemple le *Kendo* et l'*Iaido*, le pratiquant d'Aïkido doit souvent subir des chutes sur le dos, vers l'avant ou vers l'arrière, lors de diverses projections. Ainsi, un nœud protubérant situé à l'arrière pourrait lui causer des blessures au dos lors de ces chutes. C'est pourquoi dans la pratique de l'Aïkido on doit nouer le *Hakama* par-devant.

Plier adéquatement le *Hakama* permet de le transporter et de le ranger sans le froisser. Dans un Dojo d'Aïkido, on ne tiendra pas rigueur au pratiquant accusant de faibles performances martiales. Par contre, on remarquera assurément le non-respect de ce dernier s'il ne plie pas son *Hakama* avec grand soin.

Voici une méthode simple et esthétique, avec alternative, de revêtir et de nouer le *Hakama* par-dessus le *Keikogi* (voir l'illustration à la page suivante) :

1. Enfilez le *Hakama*, le côté des cinq plis en avant de soi. Placez le haut du *Hakama* au-dessus de l'*Obi* en maintenant fermement les cordons avant de chaque côté ;
2. Croisez les cordons dans le dos au-dessus de l'*Obi* et faites un nœud simple. Puis, ramenez les cordons vers l'avant et faites-les glisser sous la partie avant du *Hakama*. Nouez-les en dessous du nœud de l'*Obi* à l'aide d'un solide nœud plat.

   Alternative : *On peut également nouer les cordons en dessous du nœud de l'Obi, mais par-dessus la partie avant du Hakama, puis les enrouler sur eux-mêmes jusqu'à être en mesure de les dissimuler dans les côtés gauche et droit du vêtement* ;
3. En maintenant d'une main le *Koshi-ita* (le dosseret) au bas du dos, c'est-à-dire juste au-dessus de l'*Obi*, passez à tour de rôle les cordons sous l'*Obi* dans sa section apparente située de chaque côté du *Hakama*.
4. Nouez les cordons en avant avec un nœud plat sous le nœud (non apparent) de l'*Obi*. *Si la méthode alternative a été retenue, c.-à-d. en passant les cordons par-dessus, faites le nœud de manière à inclure les cordons apparents* ;
5. Terminez en enroulant les cordons sur eux-mêmes, ou nouez-les pour afficher une boucle décorative.

Revêtir le *Hakama*

Plier le ***Hakama***

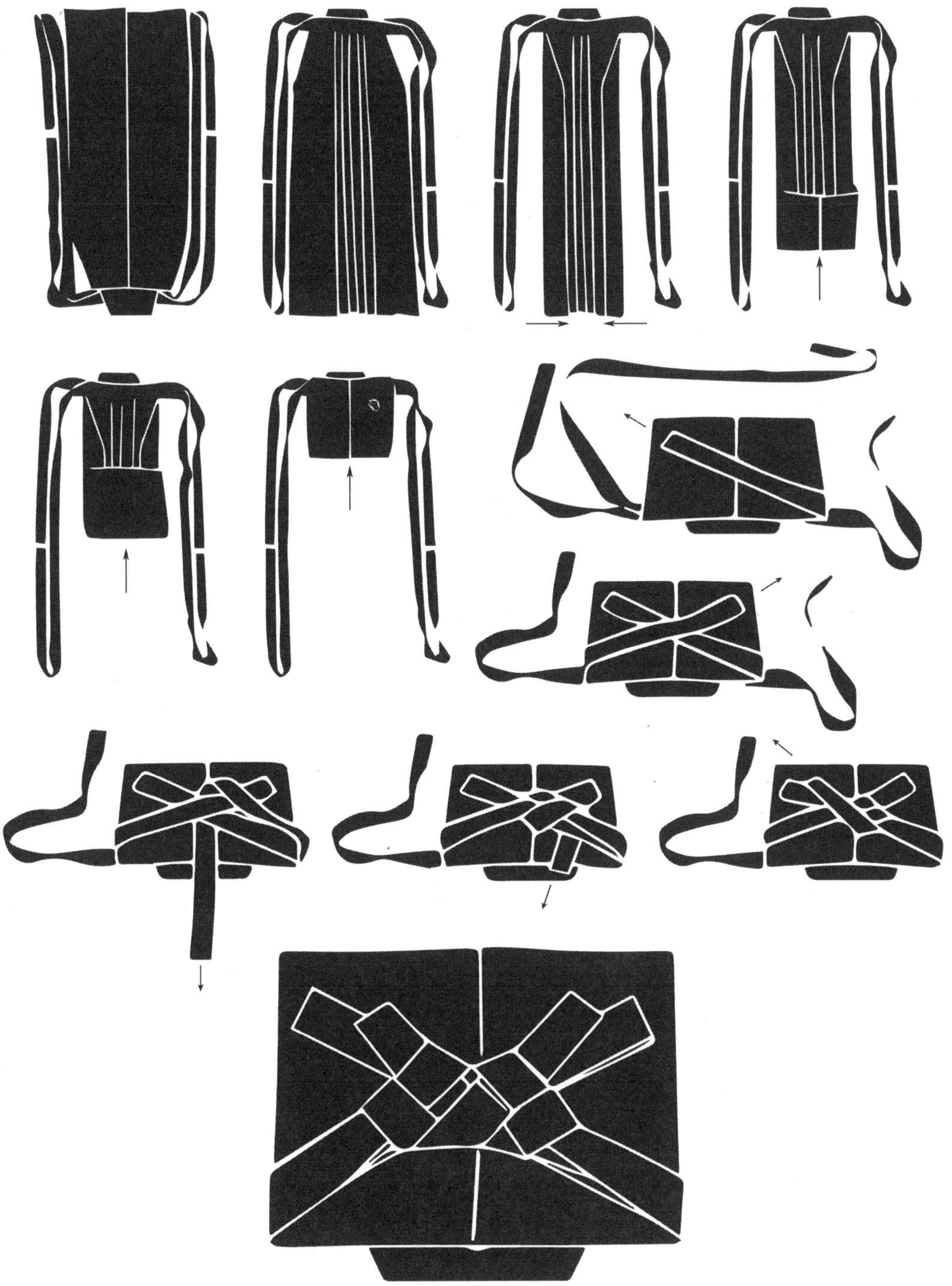

VI.6 – CONTE : LES ENSEIGNEMENTS DE *SENSEI ROJII* [138]

Ayant voyagé au loin en quête d'aventures, Rojii considérait qu'il avait eu la chance de faire la rencontre de maitres d'arts martiaux qui daignaient partager leurs connaissances.

Possédant lui-même une expérience considérable dans la pratique des arts martiaux, il avait déjà combattu pour sa survie. Il était cependant loin de se douter du gouffre d'ignorance qui le séparait de l'authenticité et des justes pratiques.

Il étudia les disciplines à mains nues, le maniement du sabre et du bâton de marche, les exercices respiratoires et de développement de la maitrise du Ki, la méditation et les techniques ésotériques du Budo.

Devant la magnificence du Grand Art qui lui était présenté, il se dédia entièrement à son apprentissage. Il fit de l'Art son étude, en tout lieu et à tout moment. C'est sans doute pourquoi les maitres l'accueillaient de si bonne manière.

Si bien qu'au bout de seulement quelques temps de pratique intense, en l'absence de Sensei, on lui confiait, à l'occasion, l'inculcation de ce qu'il avait appris aux autres apprentis avancés du Dojo.

Il comprit rapidement que l'enseignement exigeait à priori d'avoir fait sienne la connaissance du Grand Art. Ce qui se produit avec une pratique juste, suffisante et aussi avec grande sincérité. Par l'enseignement, il parvint à parfaire sa compréhension et à raffiner l'art de transmettre cette connaissance à d'autres.

Un jour, Rojii dut revenir au pays. Avant de partir, il discuta longuement avec Sensei. Il l'informa qu'il devrait trouver d'autres maitres pour continuer son étude dans son pays d'origine. Sensei lui dit :

– Rojii, ce que tu as appris, jusqu'à présent, tu le perdras si tu suis une Voie différente. Continue plutôt à suivre ta propre Voie comme tu le fais présentement.

– Mais maitre, comment faire si vous n'êtes plus à mes côtés pour me guider et me transmettre la connaissance ?

– Enseigne ce que tu sais et aide les autres à faire de la connaissance universelle la leur. La Société ne s'en portera alors que mieux.

---

[138] **Rojii** : Il s'agit d'un personnage fictif de plusieurs contes de ce livre (qui sont néanmoins tirés d'expériences vécues). Ce nom étrange a été inspiré du mot japonais *Roji* signifiant « sol couvert de rosée », qui désigne plus précisément le jardin épuré qui mène à une petite maison tout aussi dépouillée (*Chashitsu*) dédiée à la cérémonie du thé japonais (*Cha-no-yu*).

– Mais, je ne sais pas grand-chose, et enseigner ce que je sais, est-ce réellement suffisant ?

– Oui ! Ne turlupine pas ainsi ! De toute façon, tu ne pourras pas te tromper, car tu ne pourras pas enseigner ce que tu ne sais pas. Cependant, en partageant tes connaissances tu en recevras d'autres, parfois de manière très inattendue.

C'est un échange entre toi et l'Univers. Plus grandes seront ta dévotion et ta gratitude, plus le retour de l'Univers envers toi sera grand.

Sur ce, Rojii ne savait trop que penser des conseils du maitre, mais intuitivement il savait qu'il devait lui faire confiance. De retour au pays, en proie à une féroce curiosité, il s'enquit tout de même auprès de quelques maitres d'arts martiaux qui se trouvaient à sa portée. Il observa des pratiques martiales erronées en raison de leur désuétude et du manque de connaissances.

Il se rappela alors que Sensei disait que la Terre était ronde (Chido Setsu), mais que la pratique traditionnelle qui perdure était basée sur une épopée où l'on pensait que la Terre était plate. De manière générale, cela signifiait que la pratique n'avait pas évolué pour tenir compte de l'avancement de la connaissance humaine. Rojii venait de le constater de visu...

Dès lors, il abandonna l'espoir de trouver un maitre dont l'enseignement lui conviendrait. Il eut soudain l'idée biscornue qu'à partir de cet instant, puisqu'il œuvrait seul, l'Univers serait son seul maitre en tout, et ses élèves des professeurs.

Petit à petit, Rojii rencontra des gens curieux et désireux d'acquérir les connaissances qu'il avait acquises au prix d'une pratique inlassable. Il constitua un Dojo et entreprit tout aussi inlassablement d'enseigner ce qu'il savait. Il voyait en chacun de ses élèves des professeurs aux connaissances latentes. En faisant émerger de l'ombre ces connaissances qu'il savait innées en chacun, Rojii pouvait continuer à apprendre, à découvrir et à se développer davantage.

Ayant franchi l'étape essentielle d'annihilation de l'emprise de l'égo, il pouvait s'abreuver au savoir universel en utilisant comme médium... ses élèves ! Son Dojo reflétait cet état d'esprit et il y régnait l'harmonie. Un lieu où chacun s'améliore et se consacre entièrement au perfectionnement de la maitrise de l'Art.

Dans le Dojo de Rojii, les élèves prenaient place à l'Est, soit à l'endroit traditionnellement réservé au Sensei. Conséquemment, Rojii prenait place à l'Ouest, à l'endroit où l'élève sied pour recevoir la connaissance. Rojii aura ainsi su conserver l'esprit du débutant (Shoshin) et demeurer à l'affut de toute connaissance.

Au fil du temps, il rencontra d'autres artistes martiaux et maitres intéressés par sa pratique de l'Art qui le déclarèrent Sensei. Jitoku[139] était l'un d'entre eux. Rojii l'avait rencontré au cours d'un de ses nombreux voyages dans les iles du pays.

Jitoku était déjà un artiste martial accompli et reconnu. Il fut l'un des élèves les plus avancés, le Deshi,[140] de Soke[141] Shomane. Toujours en soif de connaissances, il demanda à Rojii sa collaboration dans l'élaboration d'activités d'entrainement pour ses élèves avancés et lui-même. Devant l'enthousiasme et la sincérité de Jitoku, Rojii acquiesça.

Et Jitoku demanda à Rojii :

– Sensei, comment puis-je vous rétribuer pour votre dévotion envers mes élèves et moi ?

– Mais tu le fais déjà Jitoku. M'accueillir cordialement et veiller sur moi me semble un très bon échange.

– Comment cette seule courtoisie liée à un niveau minimal d'éthique peut-elle être suffisante en échange de vos incroyables connaissances ?

Rojii lui répondit :

– Mais ce ne sont pas mes connaissances, ce sont celles de l'Univers. Il serait malvenu de ma part de monnayer la connaissance qui appartient à tous les humains. Elle ne m'appartient pas. Je n'ai que le mérite d'en avoir fait la mienne, et c'est tout.

Mon devoir est certainement de propager cette connaissance et de contribuer ainsi à un monde meilleur.

---

[139] **Jitoku** : Il s'agit du personnage fictif de plusieurs contes de ce livre (qui sont néanmoins tirés d'expériences vécues). Ce mot japonais désigne l'attitude de l'élève qui entreprend de progresser sur la Voie des arts martiaux par son initiative propre. C'est celui qui, à sa propre échelle, fait de la connaissance la sienne en redonnant constamment vie à ce que transmet la tradition de l'Art.

[140] **Deshi** : (Jap.) Désigne le disciple (l'élève) dans la pratique des arts martiaux. *Uchi* (maison) *Deshi*, désigne un disciple vivant à temps complet chez son Maitre, et *Soto Deshi* désigne un disciple vivant à l'extérieur.

[141] **Soke** : (Jap.) Aussi *Shodai* ou *Shosei*, *Si-Jo* en chinois, désigne le maitre fondateur d'une école d'arts martiaux. *Doshu* est un terme apparenté signifiant « maitre de la Voie » et désigne le représentant ultime d'une école d'arts martiaux tant du point de vue technique que spirituel. À ce titre, Maitre Koichi Tohei est le *Doshu* de l'Aïkido pratiqué avec *Ki*.

D'autre part, si mon enseignement devient monnayable, il perdra ses vertus, car les adeptes seront devenus des clients à satisfaire. Nous serions alors tentés d'enseigner ce que les élèves veulent entendre plutôt que d'enseigner ce que nous devons.

Nous ne pouvons pas nous permettre de tels écarts à l'authenticité, car notre développement cesserait et l'évolution de la connaissance s'estomperait.

Et c'est ainsi que Jitoku entreprit de suivre la Voie universelle en faisant du Grand Art son étude de tous les instants, et en enseignant ce qu'il savait à ceux qui présentaient une ouverture d'esprit et le désir sincère d'apprendre.

Ki

VII – PERCEVOIR LE *KI*, L'INTENTION ET LE RYTHME DU PARTENAIRE

... afin de prendre l'initiative.

Carnet de voyage

« Il m'est arrivé en de maintes occasions de me laisser guider par mon intuition, et je dois avouer que j'en suis très content. Cela m'est arrivé dans de nombreux contextes de la vie courante où j'ai eu accès à cette forme de connaissance bien concrète.

Voici quelques exemples dans l'un de ces contextes :

Lors d'un voyage de pêche sportive dans la brousse québécoise, je conduisais une camionnette sur une route forestière isolée. Je m'entretenais avec mon compagnon de voyage en admirant de magnifiques paysages naturels.

À un certain moment, j'appliquai brutalement les freins sans crier gare et sans savoir rationnellement pourquoi. Mon compagnon abasourdi par la manœuvre s'empressa d'exiger des explications devant ce comportement inattendu. C'est à ce moment qu'un cerf de Virginie traversa la route à l'endroit même où nous l'aurions percuté si je n'avais pas freiné.

En milieu urbain, j'eus aussi ce même comportement, mais dans la rue d'un quartier résidentiel cette fois-ci. Quelques fractions de seconde après l'immobilisation de l'automobile, un ballon suivi d'un bambin firent leur entrée dans la rue devant mon véhicule, sain et sauf grâce à ma réaction imprévisible.

En une autre occasion, alors que le feu de circulation tourna au vert devant moi, sans savoir pourquoi je restai sur place. Ma compagne de vie pensant que j'étais distrait m'indiqua que je pouvais démarrer. Je le voyais bien, mais quelque chose m'en empêchait.

L'instant d'après fut saisissant d'effroi lorsque nous vîmes une voiture foncer à haute vitesse devant nous en grillant le feu rouge. Ce jour-là, mon intuition m'avait une fois de plus sauvé la vie.

L'intuition est une capacité naturelle possédée par tous les humains. Seule l'agitation du mental empêche de l'appréhender et de l'utiliser. Je suis très reconnaissant envers l'Univers d'avoir été en mesure de percevoir l'énergie de ces évènements, le Ki, et surtout d'avoir su faire confiance en mon intuition... Martiale !

Oui, il s'agit ici d'une application directe des principes de l'Aïkido. Cela démontre aussi une fois de plus que les arts martiaux existent pour préserver la vie, et non pour la prendre ».

VII.1 – PRENDRE L'INITIATIVE

Nul ne peut dissimuler une attaque, car le mouvement de *Ki* universel précède toute action. Ainsi, nous ne pouvons pas réagir efficacement après avoir perçu visuellement une attaque (ou un évènement), car il est alors trop tard pour exécuter une technique martiale si l'adversaire est un tant soit peu compétent en ce domaine.

Nous devons d'abord percevoir le mouvement de *Ki* et enclencher notre action à ce moment précis. Voici quelques exercices qui démontrent comment développer cette habileté tout en établissant le bien-fondé de ce principe :

Abattre la mouche

Les partenaires se placent debout l'un en face de l'autre. *Uke* effectue un mouvement rapide visant à toucher avec sa main la poitrine de *Nage*. Celui-ci tente alors de faire dévier l'attaque de *Uke* comme s'il chassait avec sa main une mouche posée sur sa poitrine.

Si *Nage* réagit uniquement sur ce qu'il voit (sans *Ki*, ou physiquement), il ne parviendra que très difficilement à faire dévier l'attaque de *Uke*.

Par contre, si *Nage* est en état de coordination corps – esprit et qu'il agit suivant son intuition, il lui sera beaucoup plus facile de contrer l'attaque du partenaire. *Nage* réagira lorsqu'il percevra une variation, c'est-à-dire un changement dans l'environnement, même subtil.

L'intuition martiale dont il est question ne se développe qu'en étant coordonné. *Nage* perçoit le *Ki* de *Uke* et c'est à cet instant qu'il procède à la contre-attaque. C'est pourquoi son action arrive au bon moment, sans précipitation, et avec la pratique, à tous les coups.

Aligner le Ki

Il est parfois plus facile d'apprendre à détecter les variations du *Ki* lorsqu'on ne voit pas le partenaire. En effet, la plupart des gens sont habitués à réagir sur ce qu'ils voient, ce qui crée une grande distraction. Voici un exercice qui permet d'apprendre à ressentir le *Ki*.

L'un des partenaires exécute le bras inflexible. L'autre se place directement derrière lui en exécutant aussi un bras inflexible de sorte que les deux bras sont alignés dans la même direction.

Tous deux diffusent le *Ki* vers l'avant, maintenant ainsi une attitude positive. Le partenaire placé à l'avant ne voit pas ce que fait l'autre.

Le partenaire d'en avant s'applique à simplement maintenir la coordination corps – esprit, ce qui lui procure une sensation d'harmonie et d'unité avec l'autre partenaire sans penser qu'il se tient derrière lui, mais bien en diffusant le *Ki* en portant toute son attention vers l'avant.

À un certain moment de son choix, le partenaire se tenant à l'arrière va serrer le poing en grimaçant ou tendre indûment des muscles de son corps. Il va de ce fait rompre soudainement sa coordination corps – esprit.

Celui d'en avant aura alors ressenti un changement, une sensation subtile de variation dans l'environnement. Et à ce moment précis, il se retournera rapidement.

Souvent, il pourra constater que son partenaire est en train de briser sa coordination en serrant le poing. En effet, le *Ki* est diffusé avant que tout mouvement physique se produise. Donc, en enregistrant la variation de *Ki* et en se retournant rapidement, la personne à l'avant va généralement devancer le geste physique de son partenaire.

Lors d'une attaque, c'est justement cette avance qui permet à *Nage* de prendre l'initiative. C'est une étape cruciale dans la réalisation de la technique martiale. C'est cette perception de variation énergétique qui permet également de réaliser des techniques martiales avec les yeux bandés.

Éviter le sabre

Pour s'entrainer à développer cette habileté de perception d'énergie, on peut aussi procéder à l'exercice suivant :

Nage se place par terre sur les genoux (en position *Seiza*). Le partenaire se place derrière lui avec un *Boken* prêt à être abattu sur la tête de *Nage*.

Évidemment, *Uke* contrôle son action et demeure extrêmement alerte afin de stopper la course du sabre de bois dans l'éventualité où *Nage* ne réaliserait pas ce qui est attendu de lui en cours d'exercice.

Pour commencer, le partenaire émet un *Kiaï* [142] sonore avant d'abattre, avec grande détermination, le sabre sur la tête de *Nage*. Lorsque *Nage* entend le *Kiaï*, il évite la frappe en se laissant tomber sur le côté.

Les partenaires refont l'exercice plusieurs fois de suite. En apparence, c'est facile d'éviter le sabre parce *Nage* entend le *Kiaï* juste avant que le sabre soit abattu sur lui.

[142] Voir section XII.1 : « *Kiaï* vivant » (p. 250).

Cette procédure permet aisément à *Nage* de percevoir et d'enregistrer consciemment la variation de *Ki*, soit la sensation du subtil mouvement d'énergie précédant la chute du sabre.

Cette perception est palpable uniquement si *Nage* maintient sa coordination corps – esprit et qu'il diffuse le *Ki* vers l'avant.

Par la suite, le partenaire abat le sabre avec la même détermination, sans toutefois émettre de *Kiaï* sonore. *Nage* sera quand même capable de l'esquiver s'il fait confiance à sa perception et s'il agit suivant son intuition martiale (*Genshin* en japonais).

Cet exercice, le test « *Sakki* », ne se démontre pas publiquement, car on pourrait penser d'emblée que les partenaires s'arrangent entre eux pour que *Nage* puisse esquiver le sabre au bon moment. Dans ce genre d'exercice, seul le partenaire qui abat le sabre peut savoir si *Nage* a réussi l'exercice ou non.

Ces exercices, requérant une profonde concentration, sont des pratiques dites ésotériques. Cela signifie que la connaissance transmise s'adresse généralement à un petit nombre d'initiés. La célèbre maxime de *Kendo* qui nous dit : « *Ne gagne pas après avoir frappé, mais frappe après avoir gagné !* »,[143] réfère précisément à la perception du *Ki* dont il est question ici.

[143] Citation extraite de : **Daruma, Revue internationale d'études japonaises - spécial arts martiaux**, Éditions Philippe Picquier, France, Numéro 8/9, Automne 2000/printemps 2001, p. 159, 365 p.

En résumé, « Percevoir le *Ki*, l'intention et le rythme du partenaire » signifie maintenir la coordination corps – esprit afin de percevoir l'intention et l'attaque de l'adversaire bien avant qu'elles ne se produisent.

C'est plus facile à réaliser qu'il n'y parait, mais impossible pour un individu dominé par son mental. L'application de ce principe est intimement liée à l'ouverture d'esprit et à l'abandon de l'égo.

La perception du *Ki* est liée à la conscience dans l'action. Cela signifie que la personne subissant l'attaque est très attentive et qu'elle doit ressentir les variations d'énergie dans l'environnement. Elle doit tendre vers l'« *omni-conscience* », soit un état de perception extrême autant par ses sens physiques que par sa psyché.

Les médiums comme la méditation et les exercices respiratoires sont de bons moyens d'accroitre le niveau de conscience et notre fréquence vibratoire, et donc, notre capacité à lire les variations du *Ki*.

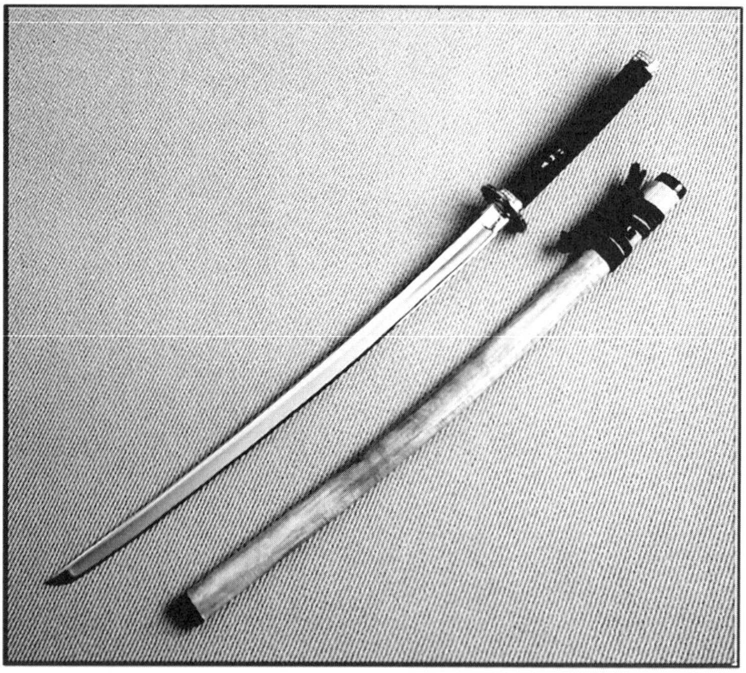

Au salon de thé, l'auteur présente un magnifique *Katana*
fabriqué entièrement à la main dans le cadre de ses activités de coutelier d'art.

VII.2 – DIFFUSER LE *KI* VERS L'AVANT

La perception du *Ki* se produit lorsqu'une personne diffuse elle-même le *Ki*. Par la coordination corps – esprit, le *Ki* se diffuse naturellement dans toutes les directions. Ainsi, les variations de *Ki* en provenance de n'importe quelle direction sont détectables.

Pour maintenir l'état de veille de la perception, soit l'« *omni-conscience* », le pratiquant doit impérativement diffuser le *Ki* en dirigeant son action vers l'avant, suivant l'alignement du centre, soit à partir du *Kikaï-tanden*. C'est d'ailleurs ce qui lui permettra de maintenir sa coordination. Quelques exercices permettent de le vérifier.

Sayu Waza

Dans l'exercice suivant, *Nage* se tient debout, en état de coordination corps – esprit, jambes légèrement écartées. Il balance alors ses bras d'un côté, puis abaisse le centre de gravité en fléchissant légèrement le genou du côté où les bras ont été balancés, tel qu'illustré.

Cet exercice s'appelle « *Sayu Waza* ». Il s'agit là d'un des nombreux exercices d'Aïkido pouvant être transposés dans une technique martiale. Le partenaire teste la stabilité de *Nage* en appliquant une pression latérale sur l'épaule.

Si ce dernier regarde dans la même direction que l'alignement de son bassin, c'est-à-dire devant lui, il restera en état de coordination corps – esprit, et son corps demeurera stable.

Par contre, lors du test du partenaire, si *Nage* regarde dans la direction de ses bras, soit de côté, il perdra sa coordination et donc sa stabilité physique.

On doit cependant retenir quelques éléments qui ont trait à cet exercice. On peut, bien sûr, regarder dans n'importe quelle direction et être en mesure de maintenir la coordination corps – esprit. En effet, une personne se tenant simplement debout peut regarder dans toutes les directions suivant les mouvements de la tête sans perdre sa coordination.

Dans ce cas, la personne n'accomplit pas d'action. Par contre, on ne peut pas maintenir la coordination en exécutant une action contradictoire avec la direction du centre. Dans cet exercice, le centre, qui suit toujours l'axe du bassin, est positionné vers l'avant.

En regardant vers l'avant, la personne exécute l'exercice de manière cohérente. En effet, son attention est dirigée dans la même direction que le centre, c'est-à-dire vers l'avant. Elle est alors stable. Mais, lorsqu'elle tourne la tête, son attention est dirigée dans une direction alors que le centre est orienté dans une autre. Or, lorsque l'esprit et le corps ne fonctionnent pas ensemble dans l'action il se produit une rupture de coordination, et, conséquemment, la personne perd aussitôt sa stabilité corporelle.

Cette cohérence entre l'intention et la direction du centre doit être respectée dans l'application d'une technique martiale, sinon une attaque exécutée avec coordination corps – esprit par *Uke* aura pour résultat de subjuguer *Nage* très facilement.

Porter l'attention vers l'avant signifie globalement de regarder dans la même direction que le centre. Règle générale, les mouvements portant les membres du corps hors de la perspective du pratiquant vont produire une rupture de coordination. Par exemple, une personne se tenant debout, avec ses bras allongés en avant d'elle, pourra conserver sa coordination corps – esprit tant et aussi longtemps qu'ils seront maintenus à l'intérieur de son champ de vision.

Ainsi, en écartant les bras progressivement vers l'arrière, elle perdra sa coordination dès le moment où elle ne sera plus en mesure de les repérer dans sa vision périphérique. Il en va de même si un seul bras sort du champ de vision.

Dans un tel cas, la focalisation au centre est interrompue puisque l'action ne s'opère plus vers l'avant. Il s'agit alors d'un cas de dispersion du *Ki*, soit l'antithèse de la concentration. Cela aura de fortes conséquences sur l'expression efficace de nos capacités, comme le démontre l'exercice suivant.

Abattre le sabre

Se plaçant en position *Seiza*, *Nage* tient le *Katana*, ou le *Boken*, vers l'arrière au-dessus de sa tête, se tenant prêt à l'abattre vers l'avant. Beaucoup d'artistes martiaux manient le sabre de cette façon, c'est-à-dire en dirigeant le *Ki* vers l'arrière, puis vers l'avant au lieu de toujours diffuser le *Ki* vers l'avant.

Ce faisant, *Nage* perd automatiquement sa coordination, renonçant ainsi au meilleur de l'expression de son potentiel.

Qui plus est, *Nage* est maintenant vulnérable à une attaque par-devant, car il est momentanément sans protection. Le sabre ainsi positionné à l'arrière est devenu momentanément veule. Il ne suffira à *Uke* d'utiliser le pouce et l'index d'une main pour retenir le sabre facilement même si *Nage* essaie, de toutes ses forces, de l'abattre vers l'avant.

En portant la pointe du sabre derrière soi, derrière la tête dans le cas présent, il est impossible de le ramener lorsqu'il est tenu par le partenaire.

Cette technique, qui consiste à amener le sabre derrière soi avant de l'abattre devant, réfère à l'utilisation de la force dans le maniement du sabre alors que seul le poids du *Katana*, ou du *Boken*, est censé faire la coupe. En effet, comme pour tout autre *Atémi* porté, le *Ki* est déployé à partir du centre et les membres du corps suivent l'effet de la gravité. Dans ce cas-ci, les bras devraient simplement tomber en guidant le sabre.

Par contre, si *Nage* tient le sabre au-dessus de sa tête, à l'intérieur de son champ de vision périphérique, il n'aura qu'à laisser tomber les bras pour faire une coupe très puissante même si *Uke* tente de le retenir comme précédemment. Ce dernier sera même projeté précipitamment vers l'avant en tentant de retenir le sabre.

Nage est ainsi protégé d'une attaque par-devant par sa diffusion du *Ki* et peut réagir très efficacement à une attaque soudaine. Il exprime alors un grand potentiel et la coupe est de loin plus puissante que si le sabre venait de par l'arrière, avec force physique.

Cet exercice démontre pourquoi il est impératif de toujours diffuser le *Ki* vers l'avant, soit dans la direction du centre suivant l'alignement du bassin.

Le *Katana* est guidé par les membres du corps libres de toute tension, c'est-à-dire complètement relaxés. Ceci permet de laisser tomber le sabre afin de tirer profit de l'accélération gravitationnelle de notre planète qui est de 9,81 m/s^2.

Pour décupler la vitesse de frappe et par voie de conséquence l'impact, le pratiquant abaissera, même subtilement, son centre (de gravité) au moment de porter l'*Atémi*.

Les tensions du corps (et/ou mentales) empêchent le déploiement optimal du *Katana* en le contraignant.

Les explications précédentes laisseront bon nombre de personnes songeuses quant à la qualité de certaines pratiques martiales. En effet, on se demandera pourquoi de simples considérations comme celles qui précèdent ne sont pas plus connues et même répandues. Comme pour bien d'autres domaines de savoirs, on peut expliquer cette méconnaissance par le biais de trois facteurs d'ignorance :

1. **Le facteur « fermeture d'esprit »** : Abattre le sabre de la mauvaise manière produira quand même un impact considérable, si bien qu'un pratiquant est presque contraint de croire que sa pratique est adéquate. Ainsi, il s'y complaira.

   Ce sera d'autant plus vrai si le pratiquant frappe quelque chose avec un *Katana* tranchant comme un rasoir.

2. **Le facteur « tradition »** : L'enracinement dans les pratiques anciennes, souvent ritualisées, immuables et considérées comme vraies, annihile tout questionnement et limite tout avancement.

   À l'instar de la religion, en adhérant à la tradition le pratiquant n'a plus besoin de penser. Il ira même jusqu'à parfumer son esprit de paraboles incompréhensibles de maitres dont les interprétations varient d'une personne à l'autre. C'est ici le principe de « double ignorance » qui induit le plus souvent une confusion extrême.

3. **Le facteur « illusion »** : Dans beaucoup de pratiques martiales, on tente de reproduire physiquement des techniques, à la manière des primates, c'est-à-dire en imitant ce que l'on voit sans compréhension réelle.

   Il en résulte que ce qui est reproduit est le fruit de la perception du pratiquant et non ce qui est, et encore moins l'essence d'une pratique.

« Il y a toujours une distorsion entre ce que l'on perçoit et la réalité. C'est l'une des nombreuses raisons de diffuser le Ki vers l'avant, car le niveau de perception se révèle alors plus élevé, plus précis, et donc plus près d'une réalité. C'est aussi un pas vers l'éveil ! »

VII.3 – L'INTENTION ET LE RYTHME

Réussir à prendre l'initiative relève du fait de connaître l'intention réelle de *Uke*. *Nage* se doit de ressentir cette intention. En maintenant la coordination corps – esprit, il percevra le *Ki* et sera en mesure d'y parvenir.

Cette perception est le résultat de l'empathie de *Nage* et elle est intrinsèque à ce dernier. En effet, au moment de l'attaque, les neurones miroirs s'allument et révèlent à *Nage* le désir de *Uke* (voir section III.2 : « La perception motive les comportements » [p. 71]). Dans ce cas-ci, c'est le désir d'attaquer précédant l'action.

Dans tous les cas, *Uke* doit, quant à lui, attaquer avec sincérité et ne jamais tomber en mode passif. Il doit se commettre entièrement, sinon il ne s'agira pas d'une attaque, et *Nage* ne sera pas sujet à subjugation.

Pour appliquer une technique de défense, *Nage* a besoin d'une attaque sincère, une action réelle, qu'elle soit lente ou rapide. C'est ce qui lui permettra de percevoir l'intention et donc l'attaque.

C'est cette intention de *Uke* qui permet à *Nage* de prendre l'initiative, une étape essentielle à l'application d'une technique d'Aïkido. *Nage* y parviendra parce qu'une fois engagé dans une attaque réelle, *Uke* ne pourra l'interrompre, à moins que *Nage* brise le rythme ou qu'il commande à *Uke* une action différente.

Une des caractéristiques programmées du comportement humain nous indique que *Uke* va poursuivre son attaque quoiqu'il arrive. Si le rythme est préservé, l'attaque continuera malgré lui, et malgré l'action entreprise par *Nage*. Voici un exercice qui démontre ce phénomène :

L'attaque du cerveau

Uke et *Nage* se tiennent debout, face à face. *Nage* allonge un bras devant lui. L'attaque de *Uke* consistera à saisir l'avant-bras à deux mains. Ce serait vraisemblablement pour *Uke* la première étape d'une suite d'enchainements.

En Aïkido, c'est généralement à ce stade qu'on appliquera une technique. On n'attendra pas que *Uke* puisse poursuivre son attaque avec un coup de poing, un coup de pied, ou tout autre *Atémi*, on agira sur-le-champ en prenant l'initiative.

L'attaque, quoique simpliste dans le cas présent, doit être sincère. *Uke* doit se concentrer et diriger toute son attention sur la saisie du bras de *Nage*.

Au terme de cette manœuvre, *Uke* tiendra le poignet et l'avant-bras de *Nage* tout naturellement, les mains placées l'une devant l'autre, de la même manière qu'il tient un *Boken*.

Maintenant, si au déclenchement rapide de l'attaque *Nage* présente abruptement le dos de sa main à *Uke* en retournant son avant-bras, ce dernier va tout de même saisir le bras et se retrouver dans une position qui aura l'air quelque peu maladroite et même singulière (telle qu'illustrée).

Pourtant, si *Nage* replace son bras dans la position initiale pendant que *Uke* maintient sa prise, on constatera que l'attaque a fonctionné entièrement. En effet, on réalisera que la position des mains de *Uke* sera identique à celle qui prévalait lorsque *Nage* s'est fait saisir l'avant-bras sans bouger.

Nage utilisera cette obstination aveugle qui pousse *Uke* à poursuivre son attaque. Il exploitera donc une caractéristique cérébrale pour le confondre. C'est d'ailleurs ce qui explique que les profanes observant l'Aïkido de l'extérieur ont parfois l'impression que l'attaquant collabore parce que ce dernier semble parfois s'accrocher à *Nage* coute que coute.

Sans les explications précédentes, ils se demanderont pourquoi *Uke* suit *Nage* de la sorte. De plus, cela indique que pour un humain, attaquer n'est pas un comportement naturel, ni performant, car il se désarme alors lui-même tout en s'exposant à une contre-attaque.

Maintenir le rythme

Afin de saisir le concept du rythme et de son application, les partenaires, se tenant l'un en face de l'autre procèdent à l'exercice qui consiste, pour *Uke*, à attaquer *Nage* en tentant d'agripper le poignet qui lui est présenté. *Nage* doit abaisser son bras au bon moment en le laissant tomber afin de contraindre *Uke* à le suivre.

Si *Nage* entame son geste trop tôt ou trop rapidement, *Uke* cessera son attaque et entreprendra autre chose. Si *Nage* entame son geste trop lentement, il accusera un retard permettant à *Uke* d'attraper et de contrôler son poignet.

Aussi, si *Nage* se fie à ce qu'il voit, c'est-à-dire s'il réagit lorsqu'il aperçoit *Uke* lancer son attaque, il entamera son geste trop tard, et *Uke* capturera son poignet.

Pour réussir à prendre l'initiative, *Nage* devra se fier à ce qu'il ressent et non à ce qu'il voit. Il doit percevoir les variations de *Ki* et entamer sans précipitation son geste physique à ce moment précis. Rappelons que la séquence naturelle des choses demeure toujours : le *Ki*, l'esprit, le corps et finalement la conclusion d'un évènement, soit le mouvement.

Dans l'action, lorsque *Nage* réagit à ce qu'il voit, c'est-à-dire lorsqu'il perçoit le mouvement du corps de *Uke*, il sera toujours trop tard. En effet, le mouvement du corps est la dernière chose à se produire. Réagir sur le mouvement du corps équivaut à commencer par la fin.

Nage doit donc commencer à agir physiquement lorsqu'il perçoit les variations de *Ki* précédant le mouvement physique de *Uke*, en l'occurrence l'attaque. Si c'est le cas, il devancera *Uke* aisément et maintiendra le rythme. Une fois l'exercice réussi, *Uke* suit, avec tout son corps, le mouvement effectué par *Nage* laissant tomber son bras, sans effort. *Uke* se retrouve ainsi dans une position très peu enviable d'un point de vue martial.

Nage aura ainsi franchi la première étape lui permettant de procéder à une technique d'Aïkido. En effet, en débutant avec coordination corps – esprit, il a été capable de percevoir le *Ki* de *Uke* révélant ainsi l'intention de ce dernier, ce qui lui aura permis de s'adapter et de suivre le rythme de l'évènement.

La réalisation de toute technique requiert, de prime abord, de prendre l'initiative. Par exemple, si *Nage* effectue préalablement un léger mouvement vers le haut quand *Uke* déclenche son attaque, puis qu'il enchaine avec le mouvement de l'exercice précédent tout en tournant ses hanches et en dirigeant le *Ki* vers le bas du bout des doigts, les *Kikaï-tanden* vont se retrouver alignés à 90 degrés et, conséquemment, *Uke* sera projeté au sol.

Il existe de nombreuses techniques où prendre l'initiative produit une projection. En situation réelle, le fait de prendre l'initiative met souvent l'attaquant en déroute sans que l'on puisse terminer la technique martiale. Dans ce cas, l'attaquant est quand même neutralisé, mais observée de l'extérieur, l'expression de l'harmonie peut paraître incomplète, voire même brutale.

« La séquence de mouvements de Ki est invariablement la même pour toutes les techniques d'Aïkido, c'est-à-dire : haut — bas..., bas — haut — bas... ou, haut — bas — haut — bas, etc. Il n'y a jamais de direction du Ki autre que "haut et bas" dans les mouvements qui produiront la projection de *Uke*. Mais, parce *Nage* se déplace de diverses manières pour réaliser une technique, on aura l'impression que des mouvements vont de côté ou de biais ou ailleurs, ce qui n'est, bien sûr, qu'une illusion d'optique ».

Pour ce qui est de l'exercice précédent, on doit considérer un certain nombre d'éléments. Ainsi, il s'agit effectivement d'une attaque véritable.

Uke pourrait, par exemple, enchainer avec des *Atémis* portés avec d'autres membres (poing, main, pied, coude, genou, etc.), ou il pourrait essayer de passer derrière *Nage* et tenter d'appliquer une technique de strangulation, ou encore il pourrait entreprendre une technique afin de l'amener au sol, et s'il possède des notions de *Ki*, il pourrait projeter *Nage* directement à partir de sa saisie.

Donc, *Nage* doit prendre l'initiative dès le début de l'attaque, car devant les innombrables possibilités subséquentes, il serait vite débordé et éventuellement confondu. En Aïkido, l'initiative doit donc être prise dès le début de l'attaque.

Un autre aspect à considérer veut qu'un attaquant assaille les parties du corps de l'adversaire qui sont les plus près lui. Par exemple, il ne tentera pas de saisir la main la plus éloignée si *Nage* se tient de côté, mais bien celle qui se trouve devant lui et à sa portée.

Ainsi, *Uke* tentera-t-il, au mieux, de s'adapter aux réactions de *Nage* pour se protéger. Ce qui signifie que *Nage* peut, dans une certaine mesure, induire l'attaque de *Uke*.

Par exemple, si on demande à *Uke* d'attaquer *Nage* d'un coup de poing et que ce dernier lui présente une main en direction du visage au bon moment, *Uke* va indubitablement l'agripper par réflexe de protection. *Nage* aura ainsi commandé subtilement à *Uke* une attaque de son choix sur laquelle il aura maintenant le loisir d'agir.

Par voie de conséquence, de nombreuses attaques peuvent être anticipées ou commandées simplement par l'assimilation de la connaissance du langage corporel. Par exemple, se tenir debout, les pieds parallèles, peut engendrer une saisie au col ; de face, avec un pied avancé, peut inviter un coup de poing ; une position de côté, un coup de pied circulaire ou une frappe latérale, etc.

YUKI
(Courage - Ferveur)

VIII – NE LAISSER SE PRODUIRE AUCUNE COLLISION

... afin de créer l'harmonie selon le principe de non-résistance.

Par l'application de ce principe, tous les gestes et les attitudes sont mis à contribution sans toutefois produire de collision avec le *Ki* du partenaire.

Lorsqu'il y a collision, qu'elle soit produite de manière corporelle, par des distorsions énergétiques, ou simplement par la condition mentale des pratiquants, l'harmonie est brisée et le chaos s'installe en transformant la pratique en une épreuve de force. Dans ce cas, on ne saurait qualifier la pratique d'« art martial », mais bien d'activité sportive.

Ainsi, pour qu'il y ait discordance dans l'action, il doit y avoir une lutte, et cela requiert qu'au moins deux personnes y consentent. C'est d'ailleurs l'une des caractéristiques de la compétition au sens large. *Nage* ne doit donc pas lutter contre l'attaque de *Uke*, car dans de nombreux cas il y prêtera force. En effet, acquiescer à l'attaque de *Uke* en luttant contre elle ne la rendra souvent que beaucoup plus efficace.

Lorsque *Nage* est en état de coordination corps – esprit, il doit maintenir cette condition pour poursuivre plus avant dans l'expression de l'Art. En forçant ou en réagissant négativement, il perdra cet état essentiel qui est la première condition d'accomplissement, soit le premier principe d'Aïkido.

Il existe trois plans ou approches sur lesquels *Nage* peut procéder à son étude du maintien de l'harmonie, soit : 1 — **le plan physique** ; 2 — **le plan énergétique**, et ; 3 — **le plan spirituel**.

En agissant proprement sur l'un de ces plans, le même résultat se produira, c'est-à-dire que l'attaque de *Uke* sera rendue caduque suivant les effets de l'application du principe de non-résistance.

Ce concept oriental a été profondément enraciné, comme un mode de vie culturel, et il a souvent été observé dans la pratique des arts martiaux. Les arts internes prennent leurs assises sur ce principe. La non-résistance est l'action sans effort. Il s'agit de ne pas résister aux flux d'énergies qui nous entourent, mais bien de s'aligner avec eux, et de créer ainsi l'harmonie.

La non-résistance c'est comme la nature de l'eau. En effet, la force de l'eau réside dans sa capacité à s'écouler autour d'obstacles et en toute souplesse. Cette force nous parait douce, voire même invisible. Cependant, sa puissance est colossale et, qui plus est, elle contribue essentiellement à l'édification et au maintien de la vie sur Terre. La résistance est un acte d'opposition contre les forces naturelles plutôt que d'en tirer parti en travaillant de concert avec elles.

VIII.1 – LA NON-RÉSISTANCE SUR LE PLAN PHYSIQUE

Dans cet exercice, *Uke* saisit *Nage* par-derrière à bras-le-corps. En luttant contre *Uke* pour s'échapper, *Nage* se retrouve facilement contrôlé par le partenaire.

Afin de prendre l'initiative qui lui permettra d'agir, *Nage* doit relaxer complètement et joindre avec l'action de *Uke* en tournant avec grande légèreté les mains vers l'extérieur, c'est-à-dire en éloignant les auriculaires en direction opposée de son corps, tout en les pointant vers le sol.

Cette manœuvre a pour effet d'enlever le peu de jeu qui subsiste même si *Uke* retient *Nage* avec grande détermination. De fait, lors de la procédure, *Uke* ressentira une soudaine fermeté, à peine perceptible, à l'endroit précis où ses bras croisent avec ceux de *Nage*.

La délicate manœuvre de *Nage* lui permet maintenant d'avancer où bon lui semble au grand désarroi de *Uke* qui n'a désormais plus l'emprise lui permettant de le contrôler. *Nage* n'a qu'à tourner légèrement ses hanches pour initier facilement son déplacement.

En s'acharnant à vouloir contrôler *Nage*, *Uke* se place même dans une situation d'ouverture à subir une technique martiale. Ainsi, *Nage* n'aura qu'à avancer en dirigeant le *Ki* vers le sol par le bout des doigts pour projeter *Uke*.[144] L'apparente emprise sur *Nage* dont *Uke* semblait jouir s'est estompée.

Notons que si la manœuvre de prendre l'initiative est effectuée avec force, il se produira la même chose que si *Nage* n'avait rien fait, et *Uke* sera en mesure de le contraindre. Aucun de ces deux extrêmes n'est valable.

---

[144] Voir description de la technique d'Aïkido n° 9.6 : « *Ushiro-dori Kokyu-nage* », à l'Annexe VI – Aide-mémoire de techniques d'Aïkido (p. 367).

« Sur un bateau glissant doucement sur les eaux calmes du fleuve, un maitre de musique dit à son élève : "Si tu tends trop la corde de ton instrument, elle va se briser. Si tu ne la tends pas suffisamment elle ne produira pas le son souhaité". Sur la rive, un observateur du nom Siddhartha Gautama[145] *avait entendu ces paroles. Il comprit ainsi ce que nous appelons maintenant la Voie du milieu ».*[146]

Agripper le doigt

Un exercice similaire peut s'effectuer de la façon suivante : *Uke* saisit l'index de *Nage* afin de l'immobiliser. *Nage* relaxe en laissant tomber son bras. De fait, il le laisse tenir par *Uke*. Puis, il enlève subtilement le jeu de l'étreinte de *Uke* en appuyant le bout de son doigt contre la grippe du partenaire, avec grande légèreté, sans forcer.

Ce faisant, en maintenant cette grande légèreté, *Nage* pourra mouvoir *Uke* dans toutes les directions sans effort apparent, et par la suite réussira à le projeter, toujours sans effort, en appliquant une technique d'Aïkido. Cet exercice est un exemple d'application du concept de non-résistance selon une approche corporelle.

La technique de l'enfant

Parfois, des pratiquants sont intimidés par le gabarit imposant d'un partenaire ou par son rang dans le *Dojo*. En appliquant le principe de non-résistance, il devient pourtant aisé d'exécuter n'importe quelle technique sur quiconque.

Pour appliquer ce principe, *Nage* peut utiliser une visualisation très réconfortante. Cette imagerie consiste à visualiser que *Uke*, qui l'attaque, est un enfant qu'il connait et qu'il aime au lieu de le voir comme un adversaire redoutable.

Ce faisant, *Nage* agira avec la plus grande délicatesse physique dans un dessein d'amour cherchant à protéger *Uke* au lieu de vouloir le dominer. Le résultat se traduira par l'application réelle de la technique, exécutée dans l'allégresse et sans produire de collision avec le partenaire.

---

[145] **Siddhartha Gautama** dit « *Shakyamuni* », soit le « Bouddha » ou « l'Éveillé ». Il est un guide spirituel qui vécut au VIe ou au Ve siècle avant J.-C., fondateur historique d'une communauté de moines errants qui donnera naissance au bouddhisme.

[146] **Voie du milieu** : (Chemin du milieu, Voie médiane, Voie moyenne) Concept bouddhique exigeant l'évitement de l'absence de pratique, et de pratique déraisonnable ou abusive. Lorsque *Siddhartha Gautama* prit conscience de cette notion d'équilibre en tout, il abandonna son ascétisme et vécut en soustrayant son incarnation de tous les extrêmes.

Un tel processus ne s'opère qu'avec le concours d'une grande sincérité intérieure, libre de l'emprise de l'égo. Lorsque c'est le cas, un très fort déploiement de *Ki* est induit.

Ainsi, même dans les arts martiaux la puissance énergétique issue de l'amour s'avère incommensurable. Elle engendre l'action de protéger toute chose de la création *(Banyu-aïgo)*.[147]

Le concept de non-résistance offre de nombreuses possibilités sur le contrôle de notre environnement et de nos vies, comme nous le verrons dans la troisième partie du livre.

Que ce principe de non-résistance soit appliqué selon l'un des trois plans correspondant à trois niveaux progressifs d'apprentissage et de compréhension, soit les plans physique, énergétique ou spirituel, le résultat sera toujours le même.

✱

---

[147] **Banyu-aïgo (Banyû-aigo)** : Concept spirituel qui signifie : « aimer et protéger toute chose de la création ».

C'est aussi la devise du *Dojo* de la paix Ki-Aïkido-Kaï Québec. *Banyu-aïgo* est l'une des dix qualités émergentes d'une personne éveillée avec :

Taizen-fudô : Un esprit inébranlable en toute circonstance ;

Jigan-onyô : Regard posé et comportement paisible ;

Kansha-hôon : Exprimer de la gratitude envers la vie ;

Uchû-reisei : La pensée universelle ;

Kanyû-taito : Générosité et indulgence ;

Intoku-kahô : Faire le bien sans attendre de récompense ;

Shinryô-meisatsu : Réfléchir profondément et comprendre ;

Seiki-hatsuratsu : Positivisme et vigueur ;

Shishi-futô : Persévérer durant toute la vie.

VIII.2 – LA NON-RÉSISTANCE SUR LE PLAN ÉNERGÉTIQUE

L'un des exercices décrits auparavant consistait à tenir le poignet de *Uke* avec *Ki*, c'est-à-dire en utilisant « l'anneau de métal » (voir section VI.2 : « Attaquer avec *Ki* » [p. 138]). *Nage* était alors pris au piège et ne pouvait pas bouger en utilisant de la force physique. L'application du troisième principe permet d'aller plus loin en procédant comme suit :

Uke tient le poignet de *Nage* avec *Ki*. Ce dernier ne parvient pas à se déplacer épaule à épaule comme dans l'exercice déjà décrit. La procédure est donc exécutée de nouveau, mais cette fois, *Nage* coordonne d'abord le corps et l'esprit.

Suivant le principe de non-résistance, il abandonne son bras et le laisse tenir par le partenaire. Si ce dernier veut le bras, on maintient l'harmonie en le lui laissant. *Nage* ne lui offre aucune résistance. Il n'autorise aucune collision de *Ki*. *Uke* aura alors l'impression de tenir une chiffe molle.

À ce stade, *Nage* se joint au *Ki* du partenaire en orientant délicatement le bout de ses doigts dans la même direction que le sens du bras de *Uke*, soit dans la direction générale de l'attaque. Le *Ki* est largement diffusé par les extrémités, en l'occurrence par le bout des doigts, et en particulier par l'auriculaire.

Ainsi, en joignant avec le *Ki* du partenaire, c'est-à-dire en alignant son propre *Ki* dans la même direction que celui du partenaire, il n'y a plus de conflit.

Nage pourra alors bouger son corps où bon lui semble sans subir de collision. Ceci à condition qu'il ne se préoccupe pas de l'emprise du partenaire, qu'il ne produise aucune tension physique et qu'il maintienne sa coordination.

Nage peut alors prendre l'initiative et le contrôle de la situation et il peut dorénavant se placer épaule à épaule avec le partenaire, sans difficulté.

Qu'il s'agisse d'une attaque physique ou verbale, le même principe de respect du *Ki* de l'attaquant s'applique.

Plier et déplier le bras inflexible

Comme il l'a été démontré, l'exercice du bras inflexible peut être réalisé en diffusant le *Ki* vers l'avant par le bout des doigts. Par la non-résistance, la non-opposition, *Nage* révèle une grande puissance physique réalisée sans effort.

Afin de représenter le concept d'action sans effort, c'est-à-dire de non-résistance, *Uke* teste le bras inflexible de *Nage* en maintenant une forte pression sur son bras quoiqu'il advienne en cours d'exercice.

Nage visualise un flux de *Ki* diffusé par le bout de ses doigts. *Uke* le teste en appliquant, comme il se doit, une grande force physique à la fois sur le biceps et sous le poignet de *Nage*. Ce dernier replie alors le bout de ses doigts vers lui. Résultat, le bras va se plier.

Puis, *Nage* retourne le bout des doigts vers l'avant et diffuse le *Ki* dans la même direction qu'en début d'exercice. Si *Nage* lutte physiquement pour déplier son bras, il n'y parviendra pas et *Uke* va le contraindre en raison de l'avantage physique de la position.

Par contre, s'il procède du bout des doigts avec grande légèreté, c'est-à-dire sans le concours de l'épaule et des muscles de son bras, il y parviendra facilement.

Pour s'y aider, *Nage* peut agiter doucement le bout de ses doigts. Ceci aura pour effet d'engendrer la sensation de légèreté recherchée et qu'il doit maintenir. Cet exercice est un exemple d'application physique du concept de non-résistance selon l'approche énergétique.

VIII.3 – LA NON-RÉSISTANCE SUR LE PLAN SPIRITUEL

Le maintien d'une attitude positive est lié au plan spirituel. Comme il a été démontré précédemment, une attitude négative annihile la coordination corps – esprit.

Penser Harmonie

Dans cet exercice, *Nage* se place derrière *Uke* et tente de le projeter au sol en appliquant une force contraignante sur ses épaules, à la verticale. De prime abord, il semble très ardu, voire impossible d'y parvenir. Ce n'est pourtant qu'une première barrière mentale que l'on se doit de dissiper rapidement. Dans les faits, cet exercice, comme la plupart de ceux décrits dans cet ouvrage, est facile à réaliser si le pratiquant ouvre son esprit.

Si *Nage* force physiquement pour réaliser l'exercice, il n'aura aucun succès. Il en va de même s'il pense négativement ou si son dessein est de dominer *Uke*. Il doit penser « HARMONIE » avec grande sincérité et maintenir cet état. Cela lui permettra de projeter *Uke* au sol avec grande légèreté, à la vitesse de son choix, sans produire de collision.

Le rameur spirituel

Dans l'exercice suivant, *Nage* se tient debout avec un pied avancé d'un demi-pas. Le premier mouvement qu'il exécutera consiste à mouvoir son centre vers l'avant, puis à déployer ses bras suivant une trajectoire faisant penser à un rameur s'exécutant à reculons, tel qu'illustré.

Le deuxième mouvement consiste à ramener le centre dans sa position de départ, puis à laisser tomber directement vers le bas les bras allongés par-devant, les replaçant ainsi dans leur position initiale, comme au début de l'exercice. Cet exercice d'Aïkido s'appelle « *Funakogi Waza* ».[148]

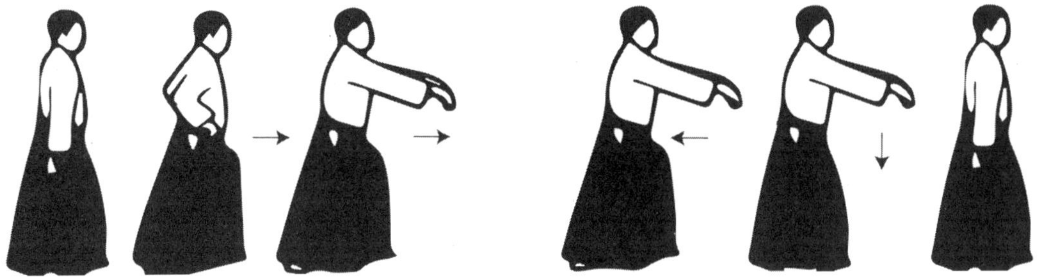

Se plaçant devant *Nage*, *Uke* lui saisit les poignets afin de les immobiliser. Si *Nage* tente de bouger en forçant avec ses bras ou ses épaules, *Uke* n'aura aucune difficulté à le contraindre.

Par contre, si *Nage* relaxe complètement, en n'offrant aucune résistance, et qu'il déplace son centre avant de déployer ses bras, il n'aura aucune difficulté à s'exécuter à l'aller comme au retour, malgré la saisie de *Uke*.

La phase suivante est d'autant plus surprenante pour les non-initiés. *Nage* s'appuie contre un mur, bras pendants. *Uke* lui immobilise les bras en les contraignant par les poignets collés au mur. *Nage* semble coincé car il ne peut pas bouger le centre comme auparavant.

Qu'à cela ne tienne, *Nage* va visualiser que son centre bouge vers l'avant et il sera ainsi en mesure de déployer ses bras sans effort, comme dans l'exercice précédent, malgré les tentatives d'immobilisation de *Uke*. Cet exercice est un exemple d'application physique du concept de non-résistance selon l'approche spirituelle.

[148] **Funakogi Waza** : (Jap.) Exercice du bateau à rames pour inculquer aux pratiquants de toujours mouvoir le *Kikaï-tanden* avant de procéder à un mouvement du corps ou des membres. Se référer à la section 2.A de l'Annexe V (p. 327).

« Dans une auberge isolée, un Samouraï est installé à diner, seul à une table. Malgré trois mouches qui tournent autour de lui, il reste d'un calme surprenant.

Trois Ronin (guerriers vagabonds, sans maitre) entrent à leur tour dans l'auberge. Ils remarquent aussitôt avec envie la magnifique paire de sabres que porte l'homme isolé. Sûrs de leur coup, trois contre un, ils s'assoient à une table voisine et mettent tout en œuvre pour provoquer le Samouraï.

Celui-ci reste imperturbable, comme s'il n'avait même pas remarqué la présence des trois Ronin. Loin de se décourager, les Ronin se font de plus en plus railleurs.

Tout à coup, en trois gestes rapides, le Samouraï attrape les trois mouches qui tournaient autour de lui, et ce, avec les baguettes qu'il tenait à la main. Puis, calmement, il repose les baguettes, parfaitement indifférent au trouble qu'il venait de provoquer parmi les Ronin.

En effet, non seulement ceux-ci s'étaient tus, mais pris de panique ils n'avaient pas tardé à s'enfuir. Ils venaient de comprendre à temps qu'ils s'étaient attaqués à un homme d'une maitrise redoutable.

Plus tard, ils finirent par apprendre, avec effroi, que celui qui les avait si habilement découragés était le célèbre duelliste japonais Miyamoto Musashi.[149] *Cette légende illustre un principe de la Voie du Samouraï face à un conflit, selon lequel on doit chercher à rétablir l'harmonie sans combattre (Mutekatsu) ».*[150]

[149] **Miyamoto Musashi** (1584 — 1645) : (ou Shinmen Takezo). Né dans le village de Miyamoto ce personnage est l'une des figures emblématiques du Japon, Samouraï, artiste, philosophe et le plus notoire maitre de sabre et duelliste de l'histoire du pays.

Il est aussi l'auteur du « Traité des cinq roues » paru notamment en 1977 aux éditions Albin Michel. Les principes de l'esprit décrits dans ce livre il y a trois siècles demeurent d'actualité et s'appliquent toujours aux affaires du monde moderne.

[150] Adaptation d'un extrait de P. Fauliot, & M. Random, « **Les contes des arts martiaux** », Éditions Albin Michel, France, 1995, pp. 152 – 153, 184 p.

IX – SE PLACER DANS LA MÊME PERSPECTIVE QUE LE PARTENAIRE

... afin d'aligner les axes de communication énergétique.

Récapitulons : pour réussir de manière appropriée une technique martiale, on doit tout d'abord coordonner le corps et l'esprit. Ensuite, on doit être en mesure de lire le *Ki* afin de prendre l'initiative suivant le principe de non-résistance.

Subséquemment, pour engendrer le résultat sans effort, soit un contrôle ou une projection, on doit également aligner les axes de communication énergétique. C'est le cœur du présent chapitre.

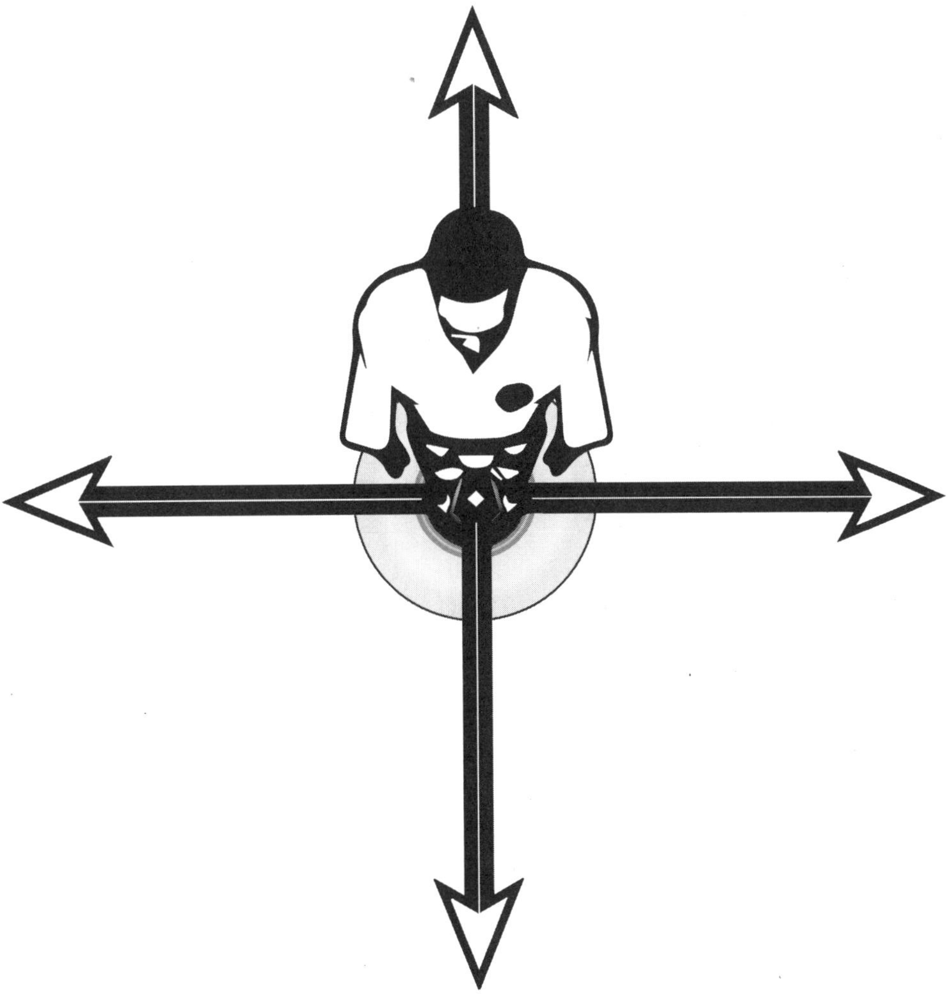

IX.1 – LE PRINCIPE DU DOUBLE OBÈLE

Le principe des axes de communication énergétique s'avère l'un des plus grands secrets des arts martiaux. Révéler sa découverte dans cet ouvrage va certainement changer à jamais la face des pratiques liées à l'Aïkido et aux arts martiaux en général.

Son symbole, illustré ci-contre, un double obèle (‡) utilisé anciennement en typographie, connu aussi en Occident sous le nom de « croix de Lorraine », est « la clé de l'action sans effort ».

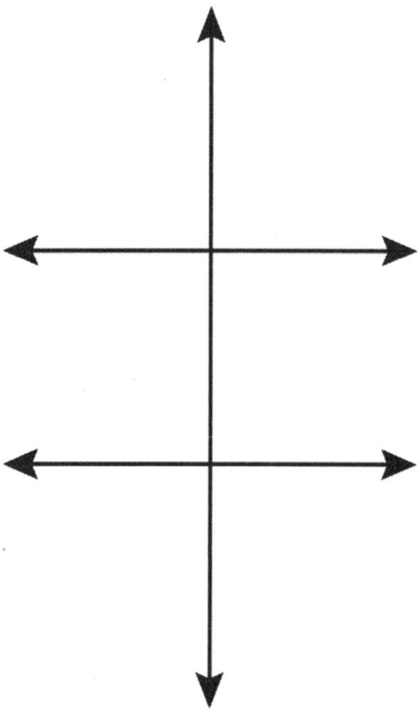

Les axes représentent les lignes de communication de l'énergie qui passent par le centre des partenaires (le *Kikaï-tanden*).

Pour générer l'action (l'évènement) sans effort dans la direction du *Ki* dirigé par *Nage*, par son processus de prise d'initiative, il suffit d'aligner les axes pour reproduire la configuration du double obèle.

Nage utilisera cette configuration pour mouvoir *Uke* ou pour le projeter sans effort, c'est-à-dire sans produire de collision.

Le fonctionnement de la clé est d'une simplicité désarmante. De cette simplicité sont pourtant produits des résultats physiques extraordinaires, et à la portée de tous.

Pour démontrer le bien-fondé de cette nouvelle approche peu orthodoxe, quelques exercices d'apprentissage sont présentés dans cette section.

Les axes de communication énergétique passent par le centre (le *Kikaï-tanden*) situé en avant et au milieu l'abdomen, à quelques largeurs de doigts sous le nombril. Ces axes sont fixes, mais ils se déplacent en suivant les mouvements du corps au niveau du bassin.

Pour se placer dans la même perspective que le partenaire, les axes de communication énergétique doivent s'aligner[151] afin de reproduire le double obèle dans différentes configurations, par exemple (vues en plongée) :

[151] **Note** : L'alignement des axes de communication énergétique fonctionne sur le plan horizontal. En d'autres termes, les *Kikaï-tanden* n'ont pas à se retrouver à la même hauteur du sol. Ainsi, la taille des partenaires ou leur position dans l'espace n'a aucune importance dans l'alignement des *Kikaï-tanden*.

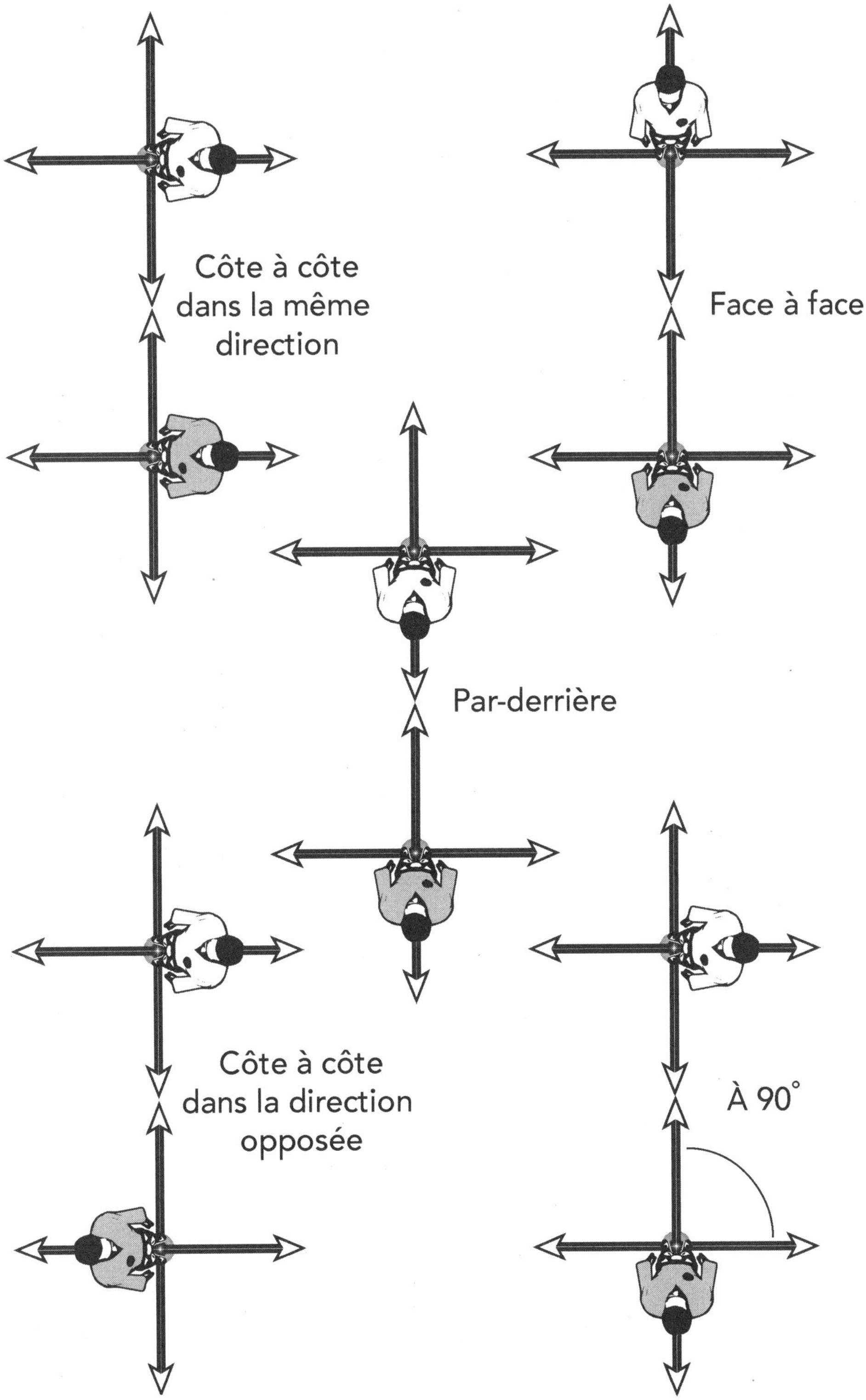
Côte à côte
dans la même
direction
Face à face
Par-derrière
Côte à côte
dans la direction
opposée
À 90°

IX.2 – L'ALIGNEMENT DES *KIKAÏ-TANDEN*

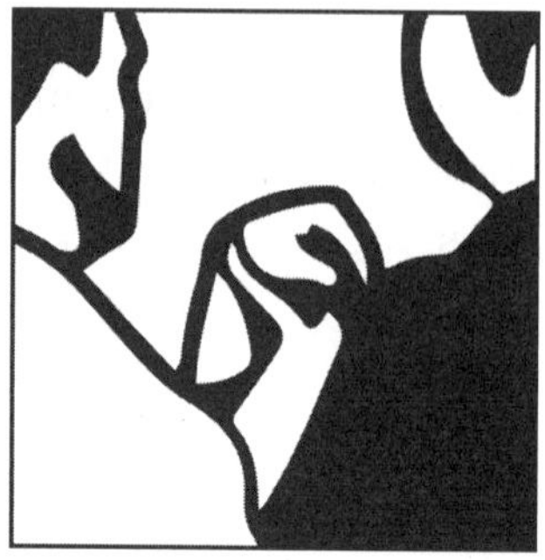

Une technique bien connue en Aïkido oblige *Uke* à chuter afin de se soustraire d'une clé qui procède par retournement de la main, vers l'arrière et vers l'extérieur (*Shïho-nage*). En exécution statique, *Nage* se retrouve à tenir la main de *Uke* tel qu'illustré.

Même s'il appert que *Uke* soit dans une position pour le moins précaire, il pourra étonnamment résister à *Nage* s'il maintient sa coordination corps – esprit.

Pour débuter l'exercice, les partenaires se positionnent côte à côte dans la direction opposée, tel qu'illustré. Également en état de coordination, *Nage* tient la main de *Uke* de sorte que la seule pression ressentie viendra du poids de son bras tombant vers le sol, libre de toute tension.

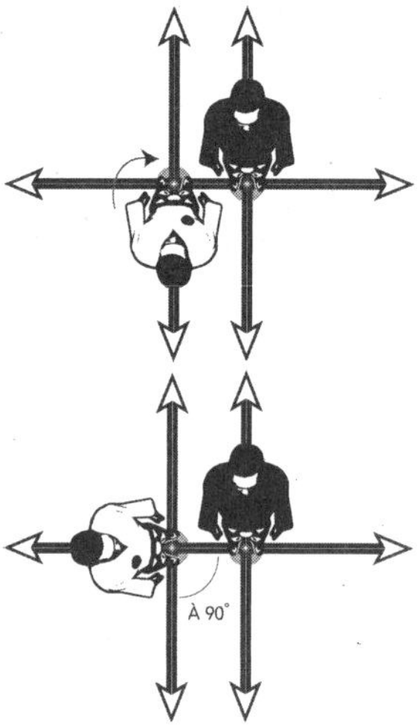

Nage produira la chute du partenaire sans effort, simplement en tournant ses hanches pour aligner le centre de *Uke* avec le sien, dans un angle de 90 degrés.

En alignant ainsi les axes de communication énergétique selon la représentation du double obèle, *Uke* s'affaissera irrésistiblement au sol, instantanément, sans subir de collision, c'est-à-dire de manière harmonieuse.

Lorsque *Nage* exprime bien son art, *Uke* sera projeté avec une légèreté extrême, sans ressentir de contrainte. À chaque fois qu'il sera projeté de cette manière, *Uke* va se demander : « *Mais enfin, pourquoi suis-je donc tombé ?* »

De bien grands gestes inutiles

Dans la pratique des arts martiaux, on observe souvent une gestuelle plus ou moins justifiée qui parfois peut nuire à l'expression de l'art. On doit donc y prêter attention. Par exemple, dans l'exercice précédent, si *Nage* place sa main restée libre devant son *Kikaï-tanden*, la technique risque fort de ne pas fonctionner, même en alignant les axes à 90 degrés.

En effet, le *Ki* diffusé par la main constitue un geste pouvant perturber la communication énergétique. De fait, en reprenant l'exercice et en se plaçant dans la bonne position, c'est-à-dire dans la position finale précédant immédiatement la projection, *Nage* enlèvera soudainement sa main demeurée devant le *Kikaï-tanden*, et *Uke* s'effondrera aussitôt au sol. Le canal de communication ainsi rétabli aura fait son office.

Ainsi, le simple fait de se placer au bon endroit en respectant le principe des axes de communication énergétique, la projection s'effectuera sans effort. Dans l'exemple suivant, *Nage*, dont le poignet a été saisi par *Uke*, va lui abandonner son bras (non-résistance). *Nage* pourra alors se déplacer aisément et adopter la même position finale que dans l'exercice précédent. Ce faisant, il n'aura qu'à diriger le *Ki* par le bout de ses doigts vers le bas pour projeter *Uke* au sol sans effort.

La « Voie du milieu » s'applique en tous points à cette compréhension technique des arts martiaux. En effet, si *Nage* se déplace trop loin, ou pas suffisamment, de l'alignement requis des axes de communication énergétique, *Uke* pourra facilement résister et le contrer du simple fait de maintenir, comme il se doit, une profonde coordination corps – esprit.

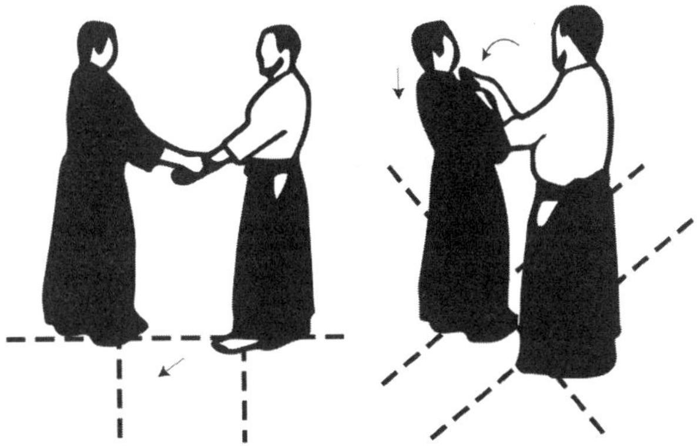

Il est cependant naturel d'arrêter à l'endroit où une communication s'établit entre les partenaires, c'est instinctif et très viscéral. Pour beaucoup de pratiquants, le mental et l'égo interviennent de diverses façons pour biaiser ce flot naturel de connaissances et de perceptions.

Ainsi, aller trop loin dans le déplacement se traduit par la peur de ne pas en faire suffisamment, la peur de l'échec, la peur de manquer, le désir de posséder l'expérience. C'est le défaut majeur des débutants, ils en font toujours beaucoup trop et surtout de manière « non naturelle ».

Dans le même ordre d'idées, opérer un déplacement insuffisant traduit l'incertitude, l'hésitation du pratiquant devant ses choix et ses convictions, et réprime donc l'expression de soi et du potentiel de *Ki*.

Par extrapolation, l'effet de ces attitudes et comportements se répercute dans la vie courante du pratiquant. La pratique sert donc à laisser tomber les entraves intrinsèques à la réalisation de soi, afin d'exprimer convenablement son potentiel de *Ki* dans le monde physique.

Pour ces raisons, la pratique de techniques en mode statique a pour objectif d'inculquer au subconscient la « Voie du milieu » dans la technique. Après l'avoir ainsi démontrée à soi-même, la juste pratique en mode statique pourra évoluer en mode dynamique.

Si l'apprentissage statique a réussi, l'adepte pourra d'instinct établir la communication avec le partenaire en mouvement au moment même où les *Kikaï-tanden* se croisent. Ce processus s'opèrera sans passer par le processus analytique, de manière naturelle, et sans pensée intrusive pouvant causer l'aliénation du pratiquant.

Expédier le partenaire au sol

Une autre façon d'expérimenter l'effet des axes de communication énergétique consiste à placer une main sur l'épaule du partenaire près du cou et en pointant vers le sol, tel qu'illustré.

Encore une fois, il s'agit simplement d'utiliser le poids du bras tombant vers le sol libre de toute tension physique comme seule pression sur l'épaule de *Uke*. Lorsque *Nage* tournera ses hanches pour aligner les axes à 90 degrés comme dans l'exercice précédent, *Uke* s'affaissera au sol sans subir de collision.

Déplacement circulaire (Tenkan)

Lorsqu'il est attaqué par *Uke*, *Nage* doit aligner les axes de communication énergétique pour passer à l'action. Ainsi, dans une attaque au poignet, *Nage* peut décider de se placer épaule à épaule avec *Uke* afin de prendre l'initiative et ainsi conduire une action sans effort pour appliquer une technique martiale quelconque.

Si *Nage* ne peut pas aligner les axes, *Uke* le prendra facilement au piège. Dans l'exercice suivant, *Nage* se positionne à côté de *Uke* tel que décrit à la section VI.2 : « Attaquer avec *Ki* » (p. 138).

Si les axes de communication énergétique ne sont pas alignés, *Nage* ne pourra pas entamer un déplacement circulaire (*Tenkan*) ni entrainer *Uke* dans son sillage.

Si *Nage* se retrouve soit en avant ou en arrière de *Uke* le tenant avec *Ki*, il ne pourra pas se déplacer. En effet, *Uke* le bloquera automatiquement, seulement en lui tenant le poignet avec *Ki*, sans autre arrière-pensée.

Pour réussir à déplacer *Uke* en l'entrainant dans une motion circulaire, *Nage* doit impérativement aligner les axes, puis entamer son déplacement avec la jambe extérieure, en marchant naturellement, soit en plaçant un pied en avant de l'autre (curieusement c'est une chose qui semble difficile à réaliser pour la plupart des débutants).

IX.3 – LE MOUVEMENT DES AXES DE COMMUNICATION ÉNERGÉTIQUE

Dans l'exercice suivant, *Nage* subit de la part de *Uke* une attaque latérale au cou (*Yokomen-uchi*). *Nage* doit parvenir à se déplacer circulairement avec *Uke* afin de lui saisir la main au moment où la force d'impact de l'*Atémi* arrive à sa fin. Il accueille la main de *Uke* tel un cadeau qu'il reçoit.

Durant tout ce temps, *Nage* aura maintenu l'alignement des axes face à face lors de son déplacement. Dans le cas contraire, il ne pourra pas poursuivre son action vers l'application d'une technique En effet, *Uke* sera en mesure de résister à toute manœuvre visant à le faire bouger puisqu'il demeure en état de coordination corps – esprit.

La description d'un exemple d'une technique appliquée sur cette attaque est présentée à la section 8.7 de l'annexe VI : « *Yokomen-uchi Shiho-nage* » (p. 363).

Si *Nage* ne peut pas entrainer *Uke* dans une position respectant la configuration du double obèle, il n'aura qu'à se déplacer lui-même physiquement. Il pourra y parvenir, car il aura respecté préalablement les autres principes d'Aïkido, notamment celui de non-résistance, en laissant tomber les bras libres de toute tension, ce qui lui offre toute la mobilité corporelle nécessaire pour se déplacer où bon lui semble à partir du centre.

Par exemple, dans l'exercice qui suit, *Uke* saisit d'une main le *Jo*[152] de *Nage*. Ce dernier arrivera à exercer un contrôle par torsion du poignet de *Uke* en le bloquant (*Nikyo*) avec le *Jo*. Suivant le principe des axes de communication énergétique, *Nage* réussira à déjouer facilement l'emprise de *Uke* simplement en se déplaçant pour arriver à reproduire l'une des configurations du double obèle. Dans ce cas-ci il se retrouvera face à face avec *Uke*.

---

[152] **Jo** : (Jap.) Bâton de marche d'une longueur d'environ 127 cm. *Tien-bong* en Vietnamien. *Gun* en Chinois.

En Aïkido le *Jo* et le *Boken* (sabre de bois) sont utilisés dans des *Katas* individuels (suite de mouvements de combat enchainés) afin d'expérimenter un état méditatif en mouvement, tout en apprenant à diffuser le *Ki* par l'entremise d'objets physiques.

Le *Jo* est également utilisé pour l'application de techniques martiales dans lesquelles *Uke* tente de porter des *Atémis* sur *Nage* avec le *Jo* (*Jo-dori*), et aussi lorsque *Uke* attaque à mains nues *Nage* qui se défend à l'aide du *Jo* (*Jo-nage*).

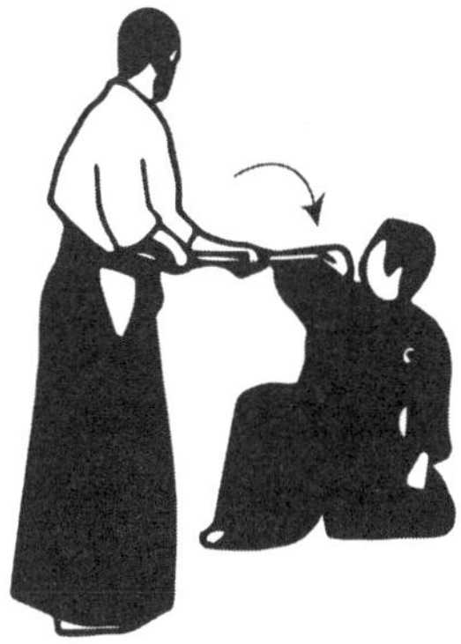

Les cinq techniques de contrôle étudiées en Aïkido sont appelées « principes » :

Ikkyo : (de « **Ichi** » [Jap.] : un) la première technique d'immobilisation du bras par torsion ;

Nikyo : (de « **Ni** » [Jap.] : deux) la deuxième technique de contrôle par torsion du poignet en le bloquant sur l'épaule, ou autour du poignet ou du *Jo* de *Nage* ;

Sankyo : (de « **San** » [Jap.] : trois) la troisième technique qui s'applique sur l'ensemble du bras par torsion du poignet et de l'avant-bras suivant un axe vertical ;

Yonkyo : (de « **Yon** » [Jap.] : quatre) le quatrième principe qui consiste à appliquer une pression sur les points sensibles du bord radial de l'avant-bras, près du poignet ;

Gokyo : (de « **Go** » [Jap.] : cinq) la cinquième technique qui exerce un contrôle au poignet par pression sur l'avant-bras.

IX.4 – LES AXES DANS LES ARTS MARTIAUX

Le principe des axes de communication énergétique s'applique à toutes les techniques martiales d'Aïkido et aussi dans le maniement des armes comme le *Jo* et le *Boken*. Le principe est aussi vrai pour tous les arts martiaux, aussi bien pour se défendre que pour attaquer.

Cependant, ledit principe est valable à condition d'être en mesure de respecter les précédents, c'est-à-dire : coordonner le corps et l'esprit en diffusant le *Ki* universel pour être au meilleur de soi-même ; percevoir le *Ki*, l'intention et le rythme du partenaire afin de prendre l'initiative, et ; ne laisser se produire aucune collision afin de créer l'harmonie selon le principe de non-résistance.

Le principe de se placer dans la même perspective que celle du partenaire consiste à se positionner de manière à ouvrir un canal de communication avec ce dernier. *Nage* sera alors en mesure de conduire l'action et ainsi diriger le *Ki* de l'attaquant.

Si le *Ki* de l'attaquant est dirigé au sol, on pourra le projeter facilement, sans effort. La règle veut que :

« Là où le Ki est dirigé, l'esprit est mû à cet endroit et le corps suivra ! ».

C'est ainsi que le partenaire sera éventuellement maitrisé. Notons que seul un esprit peut en mouvoir un autre. Dans la pratique des arts martiaux, pour y arriver de manière optimale, nous devons appliquer les processus décrits précédemment.

L'Aïkido est fascinant et contribue à tous points de vue au développement d'une personne, à condition qu'il soit pratiqué avec les connaissances sur le *Ki*.

En appliquant les principes de l'Aïkido, beaucoup d'attaques verbales ou physiques, et des conflits de toutes sortes, peuvent être ramenés à l'harmonie.

Les quatre principes qui ont été expliqués sont relativement faciles à appliquer. Par contre, dans la pratique, les adeptes ont plus de difficultés lors de l'application du cinquième et dernier principe : « **Laisser l'Univers réaliser l'évènement à travers soi**... *afin de produire le résultat avec confiance* ».

X – LAISSER L'UNIVERS RÉALISER L'ÉVÈNEMENT À TRAVERS SOI

… afin de produire le résultat avec confiance.

Le doute ou l'hésitation produit une perte de coordination, une rupture de diffusion de *Ki* empêchant le pratiquant de réussir un exercice ou une technique. Nous devons faire confiance à l'Universel et si notre dessein est juste, nous aurons son appui. Le pratiquant laisse donc son esprit agir comme le témoin de l'évènement. Ainsi, il devient l'instrument d'expression du Soi.

Lorsque nous exécutons le bras inflexible, nous avons confiance en la diffusion du *Ki* et nous réussissons l'exercice. Mais si l'exercice se complexifie, nous sommes en proie aux pièges du mental qui nous fixent des barrières irréelles.

Ainsi, le véritable combat n'est pas dans un gymnase ou avec des adversaires, mais bien à l'intérieur de nous-mêmes. C'est un combat de tous les instants et il est livré dans le cadre de notre vie. Plus nous maitrisons notre mental, et plus il nous sera aisé de relever les éventuels défis que l'Univers mettra sur notre chemin pour nous aider à croitre.

« *Alors, si la grâce lui est réservée, l'élève découvre en lui-même que l'œuvre intime qu'il doit réaliser est bien plus importante que les œuvres extérieures les plus prestigieuses, s'il lui arrive un jour de suivre sa vocation d'artiste véritable* ».[153]

Le cinquième principe n'est pas un acte de foi au sens large. En effet, la foi implique par définition de ne pas être en mesure de vérifier son objet, alors qu'en Aïkido les tests et la réussite d'exercices et de techniques martiales nous démontrent physiquement la justesse de nos actions et de nos attitudes.

Le cinquième principe signifie donc « avoir confiance ». L'Aïkido avec *Ki* nous démontre la véritable force d'un être humain et lorsqu'elle est utilisée, l'aspect physique de l'art martial s'avère très secondaire. Les prouesses apparentes qu'une personne coordonnée peut faire sont en réalité des choses tout à fait naturelles.

---

[153] Tiré de HERRIGEL, E., (Bungaku Hakushi [1884 – 1955], philosophe allemand), « **Le Zen dans l'art chevaleresque du tir à l'arc** », Éditions Dervy, Paris, France, 1998, p. 79, 131 p.

X.1 – PROJECTION PAR LE SOUFFLE VITAL

Parmi les nombreux exercices de développement par des pratiques liées au *Ki*, issues de l'Aïkido, *Kokyu-dosa*[154] permet d'appliquer de manière statique les cinq principes de l'Aïkido.

Uke et *Nage* s'assoient face à face dans la position *Seiza*. *Uke* tient les poignets de *Nage* en utilisant sciemment sa force physique. Demeurant relaxé, *Nage* n'aura aucune peine à renverser *Uke*. Il sera même en mesure de le projeter simplement en le repoussant avec légèreté.

À présent, les partenaires coordonnent le corps et l'esprit et *Uke* tient les poignets de *Nage* avec *Ki*, tout en gardant ses bras en pleine extension naturelle. *Nage* ne pourra pas mouvoir *Uke* comme auparavant. En guise de test pour vérifier si la prise de *Uke* est maintenue en état de coordination, *Nage* peut se lever et tenter de le repousser. Si *Uke* maintient stoïquement sa stabilité, l'exercice sera valable. Dans le cas contraire, c'est inutile de continuer plus loin.

Puisque l'Aïkido avec *Ki* fait la promotion du principe de non-dissension, la pratique doit le refléter. Les exercices ne ressemblent pas à des concours de force. Ainsi, lorsque *Uke* tient *Nage*, il doit s'harmoniser avec lui.

Uke doit en quelque sorte donner libre cours aux élans corporels de *Nage* en l'aidant à continuer dans la direction vers laquelle une force physique sera appliquée. Ce faisant, si *Nage* n'est pas coordonné, il aura l'impression de se projeter lui-même au sol en tentant de renverser *Uke*.

La meilleure manière de parvenir à renverser le partenaire, c'est d'appliquer les cinq principes d'Aïkido, l'un après l'autre.

Premièrement, *Nage* doit maintenir son état de concentration (premier principe : « Coordonner le corps et l'esprit en diffusant le *Ki* universel »).

---

[154] **Kokyu-dosa** : (Jap.) Débutant dans la position *Seiza*, il s'agit d'un exercice exécuté par le souffle vital (c'est-à-dire n'impliquant pas de pressions sur des articulations), et consistant à renverser, harmonieusement et avec grande fluidité, un partenaire qui nous tient de face par les poignets.

Si une rupture de coordination se produit en cours d'exercice, *Uke* se saisira de l'opportunité pour confondre *Nage* en le bloquant ou en le projetant dans la direction où sa propre force physique est dirigée.

Nage est conscient de l'effort et de l'énergie que déploie *Uke* pour le contrôler en le tenant avec *Ki* (deuxième principe : « Percevoir le *Ki*, l'intention et le rythme du partenaire »). Il est alors en mesure de prendre l'initiative.

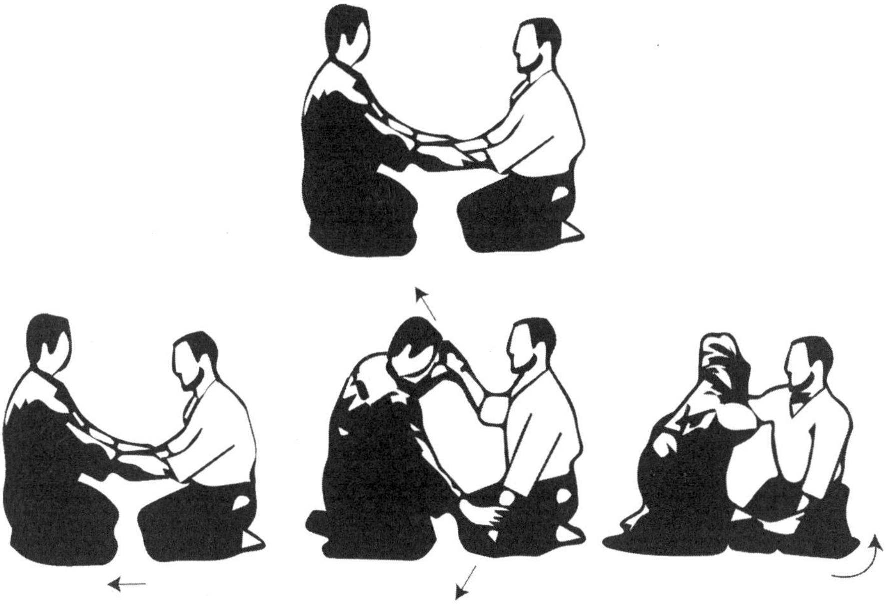

Nage laisse alors tomber ses bras sans offrir de résistance ni produire de tensions dans ses épaules, puis allonge ses doigts de manière à les orienter dans la même direction que les avant-bras du partenaire (troisième principe : « Ne laisser se produire aucune collision »). Ce faisant, *Nage* se connecte harmonieusement avec le *Ki* de *Uke* selon le principe de non-résistance.

Le moment est alors venu pour *Nage* de se rapprocher de *Uke* (quatrième principe : « Se placer dans la même perspective que le partenaire »). Dès le début de l'exercice, les axes de communication énergétique sont alignés puisque les partenaires se tiennent face à face.

Nage peut dès lors pencher son corps vers l'avant à partir de son centre. En effet, en ayant abandonné ses bras, il n'offre désormais aucune résistance à *Uke*. Suivant ce principe, il est maintenant en mesure d'avancer tout son corps afin de se rapprocher davantage de *Uke*. À ce stade, l'exercice est presque réalisé.

C'est généralement à ce moment-là que l'adepte hésite ou craint de ne pas réussir l'exercice (cinquième principe : « Laissez l'Univers réaliser l'évènement à travers soi »), rompant ainsi sa coordination corps – esprit. Si c'est le cas, c'est le retour à la case départ et tout l'exercice doit être repris depuis le début. Bien que toute cette procédure puisse paraitre complexe, l'exercice est réalisable simplement et naturellement avec un peu de pratique.

Si *Nage* a maintenu sa confiance, il ne lui reste plus qu'à allonger l'un de ses bras vers le haut par l'intérieur de la prise de *Uke* tout en pointant l'autre main directement vers le sol. Pour qu'il puisse bouger aisément ses mains et ses bras sans produire de collision qui permettrait à *Uke* de le bloquer, *Nage* doit amorcer tout mouvement des bras par le bout des doigts.

La projection est alors produite lorsque *Nage* tourne son corps de manière à aligner les axes de communication énergétique dans un angle de 90 degrés. Ce faisant, *Uke* sera projeté au sol sans effort et harmonieusement, sans le concours de la force physique des bras ou des épaules. Cet exercice s'effectue d'un côté puis de l'autre, et avec de la pratique, il est réalisé rapidement, avec beaucoup de fluidité.

Plus *Uke* diffuse le *Ki* universel, plus le défi est grand, car *Nage* se doit d'être de plus en plus calme et relaxé. Les partenaires peuvent, grâce à cet exercice, développer leurs capacités à maintenir une profonde coordination. L'exercice peut même s'effectuer alors que *Uke* est tenu par-derrière par deux autres partenaires, tel qu'illustré.

Le fait que les partenaires se tiennent physiquement ensemble a pour effet d'enlever le jeu d'un tel assemblage. Ainsi, en bougeant le premier *Uke*, celui qui tient *Nage*, tout l'assemblage des partenaires s'agrippant les uns aux autres tombera comme s'il ne s'agissait que d'une seule personne.

Cet exercice a pour objectif de faire comprendre au débutant qu'il doit franchir les barrières mentales qu'il se crée de toutes pièces. Il doit donc abandonner ces illusions pour progresser. Dans le présent exercice, le débutant se laisse distraire en interagissant avec plusieurs *Uke*.

X.2 – *RANDORI*

L'Aïkido est réputé pour ses « *Randori* » où plusieurs attaquants tentent d'attraper, de frapper ou de maitriser la personne exécutant l'exercice. Cette pratique a été fortement popularisée en Occident par Maitre Koichi Tohei.

Il n'est pas possible de porter simultanément des attaques avec précision, car il y aura toujours un décalage. C'est pourquoi *Nage* peut mettre en déroute plusieurs attaquants. Le véritable sens de cette pratique est lié au fait que notre esprit ne doit pas se dissiper en plusieurs tâches à accomplir en même temps. Nous ne devons faire qu'une chose à la fois dans une direction, puis une autre, et ainsi de suite. L'esprit doit diriger le *Ki* dans une seule direction à la fois.

Un effort conscient permet au pratiquant de se coordonner. C'est une règle de l'esprit. Lorsqu'il est en état de coordination corps – esprit, le *Ki* universel est diffusé dans toutes les directions. C'est une règle de *Ki*. Nous ne devons pas confondre ces règles. Par exemple, si une personne coordonnée est assise dans la position *Seiza* et qu'elle tente de diffuser sciemment le *Ki* dans toutes les directions ou simplement dans plus d'une direction, nous constaterons qu'elle perdra aussitôt sa coordination. Par contre, si elle se concentre sur une seule chose, elle demeurera coordonnée et le *Ki*, lui, sera diffusé dans toutes les directions.

Cette diffusion de *Ki* tous azimuts permet d'accroitre la perception de tout ce qui entoure la personne, donc de son intuition martiale. C'est pourquoi, lors du « *Randori* », la personne n'est aucunement démunie devant plusieurs attaquants (la section 17 de l'annexe VI présente un complément d'information et des conseils sur la pratique du *Randori* [p. 386]).

Les explications qui précèdent nous permettent de tirer de multiples conclusions ayant une incidence directe dans la vie de tous les jours. Par exemple, regarder la télévision en mangeant son repas a des répercussions néfastes. Dans le même ordre d'idée : manipuler un téléphone cellulaire en conduisant un véhicule automobile est tout simplement dangereux. Dans ces cas-ci on constatera qu'aucune des activités n'est réalisée pleinement et que la joie de vivre et le plaisir en sont grandement diminués. La coordination d'une personne ne peut pas se réaliser en effectuant plus d'une chose à la fois. C'est-à-dire qu'on ne peut pas porter son attention efficacement à plus d'une chose à la fois.

Bien sûr, le corps est assujetti à ses propres règles et fonctionne en effectuant de nombreuses fonctions (ex. : respiration, battements cardiaques, etc.). Le cerveau traite aussi d'innombrables informations en même temps, consciemment ou non, mais une personne ne peut pas porter son attention efficacement à plus d'une chose à la fois.

Ajoutons aussi qu'en tentant d'accomplir plus d'une tâche au même moment, l'énergie vitale, ou le *Ki*, est utilisée sans être renouvelée. À la longue, ces comportements et habitudes occasionnent un stress susceptible de causer de nombreux problèmes de santé physique et mentale.

Les arts martiaux sont des pratiques qui visent à améliorer une personne en l'aidant à se développer. Seuls les impacts dans la vie courante de l'adepte donnent un sens aux arts martiaux.

« Si le problème a une solution, il ne sert à rien de s'inquiéter.

Mais, s'il n'en a pas, alors s'inquiéter n'y change rien ! »

(Proverbe Tibétain)

X.3 – L'ÉTHIQUE MARTIALE

Nous récoltons toujours ce que nous semons. Ainsi, en cultivant la compétition avec les autres, nous risquons de faire face à des rapports humains conflictuels. Par contre, en pratiquant un art véritable, c'est-à-dire un art de paix, nous bénéficierons infailliblement de rapports harmonieux, même durant la tempête.

Ce qui est véritable peut être défini comme étant en harmonie avec l'Univers. Le subconscient imprégné de ces pratiques volontaires conditionne la réponse qui surgira face à un conflit potentiel ou réel.

Les étapes du processus d'élévation de la conscience dans la pratique des arts martiaux sont : 1 — **l'apprentissage** (par l'expérimentation) ; 2 — **le maintien des connaissances** (par la pratique), et ; 3 — **le développement de soi** (par l'application des connaissances dans la vie de tous les jours). Tous ces éléments doivent être présents pour s'assurer d'une progression dans la pratique des arts martiaux ou dans la pratique de toute activité créatrice.

Le but de l'Aïkido n'est pas d'apprendre des techniques, mais bien d'apprendre à coordonner son corps et son esprit dans des situations extrêmement difficiles, en l'occurrence dans des situations martiales.

Les pratiquants de l'Aïkido utilisant les connaissances du *Ki* développent au fil du temps des habiletés remarquables. À ce propos, Maitre Koichi Tohei indique que plus une personne maitrise l'Aïkido, plus il lui est interdit d'utiliser la puissance du *Ki* contre les autres.

L'éthique martiale de haut niveau permettra à l'Aïkidoïste d'éviter le conflit. C'est seulement en dernier recours, dans des situations extrêmes où la vie de personnes est réellement menacée que l'Aïkidoïste interviendra physiquement, car son but est de protéger et non de dominer.

« *Il n'existe pas de conflit dans l'Univers absolu. Cependant, le monde relatif est conflictuel. Si nous coordonnons notre corps et notre esprit, ne faisant qu'un avec l'Univers et mettant en pratique les principes universels, d'autres emboiteront le pas avec joie.*

Ne croyez pas que notre monde relatif est une jungle dans laquelle nous devons nous battre pour survivre. La véritable Voie du succès est la même que celle du principe de non-dissension, c'est-à-dire celle de la paix ».[155]

Comme bien d'autres styles d'arts martiaux, l'Aïkido pratiqué avec les connaissances du *Ki* est un art de création. Dans la pratique de l'art, nous n'utilisons pas la puissance du *Ki* pour nous livrer à des exhibitions futiles de destruction de briques ou à d'autres pratiques parfois ascétiques. Bien qu'impressionnantes en apparence, ces démonstrations ne montrent pas la vraie nature des arts martiaux.

Les profanes qui observent des démonstrations d'Aïkido ont parfois l'impression que la personne et le partenaire collaborent lors d'une projection. Ce n'est pourtant pas le cas, loin de là, lorsqu'il s'agit de la juste pratique.

Par analogie, citons l'exemple d'un skieur qui tombe en dévalant une montagne. Personne n'assumera que le skieur et la montagne collaborent ensemble pour produire une chute. Nous ne pouvons pas assumer non plus que l'attaquant collabore avec l'Aïkidoïste lors d'une projection, car dans les deux cas, les mêmes forces naturelles interagissent.

---

[155] Traduction libre d'un dicton de Maitre Koichi Tohei tiré de : « **Ki Sayings** », *Ki No Kenkyukai* (*The Ki Society*), *Privately Printed*, Tokyo, Japon, 1973, p. 10 (*THE PRINCIPLE OF NON-DISSENSION*), 44 p.

Ainsi, la force de gravitation est utilisée dans les mouvements d'Aïkido de la même façon que la montagne utilise cette force dans l'inclinaison de ses pentes.

Les adeptes de l'Aïkido pratiqué avec *Ki* se livrent rarement à des démonstrations publiques, car cette perception erronée ne rend pas justice à l'Art. Les instructeurs d'Aïkido invitent plutôt les intéressés à expérimenter cet Art par eux-mêmes en participant à un entrainement.

En résumé de la deuxième partie de cet ouvrage, le premier principe d'Aïkido : « Coordonner le corps et l'esprit en diffusant le *Ki* universel » permet d'être au meilleur de soi-même et d'accéder à un flux continu d'énergie.

Cela permet l'application du deuxième principe, c'est-à-dire d'éveiller sa perception sur trois plans :

le 1er — « Percevoir le *Ki* » du partenaire permettant de prendre l'initiative ;

le 2e — « Percevoir l'intention » permettant à *Nage* d'actualiser la connaissance de l'Art à travers l'application d'une technique martiale, et finalement ;

le 3e — « Percevoir le rythme » rendant *Nage* capable de s'adapter au mouvement et à la vitesse de l'attaque.

Pour créer l'harmonie selon le principe de non-résistance, *Nage* appliquera le troisième principe soit : « Ne laisser se produire aucune collision ».

Ce faisant, il pourra établir une réelle communication en appliquant le quatrième principe : « Se placer dans la même perspective que le partenaire ». Ainsi, *Nage* sera en mesure d'aligner les axes de communication énergétique dans l'une des configurations possibles du double obèle.

Finalement, le pratiquant pourra conclure la séquence martiale en appliquant le cinquième principe d'Aïkido, « Laisser l'Univers réaliser l'évènement à travers soi ». Ce processus permettra à *Nage* de diffuser fortement le *Ki* dans une direction, ce qui produira l'évènement. Dans le cas d'une technique martiale, il s'agira de la chute ou du contrôle du partenaire.

Dans d'autres contextes, le résultat de cette communication énergétique peut s'avérer tout autre, et même créer des interactions avec l'environnement. Ces sujets seront subséquemment abordés dans la troisième partie de l'ouvrage.

X.4 – TÉMOIGNAGES DES GRANDS MAITRES : L'ULTIME SECRET [156]

« La véritable cible que l'archer doit viser est son propre cœur, nous dit une maxime du Kyudo, la Voie du tir à l'arc. Kokoro signifie en japonais le cœur, mais aussi l'esprit, l'être. Comme le cœur physique est ancré dans le corps, le Kokoro est ce centre de l'homme qui fait palpiter son être profond, sous l'écorce des apparences.

Comme des guides de haute montagne, les maitres indiquent le chemin, les étapes pour parvenir à viser son propre cœur: Takuan,[157] célèbre maitre Zen, enseignait à son non moins illustre disciple Tajima no Kami,[158] professeur de sabre du Shogoun, que la Voie du cœur commence par la "non-dispersion de l'esprit", la véritable concentration [...] Le Ki prisonnier, on est à la merci de l'adversaire, car l'esprit l'est aussi et donc le corps. Pour le libérer, Takuan préconise de laisser le Ki remplir tout le corps, le laisser traverser la totalité de l'être. Alors, s'il est nécessaire d'utiliser les mains ou les jambes, aucun temps ni aucune énergie ne seront perdus. La réponse adaptée aux circonstances sera instantanée, immédiate comme l'étincelle. Si la fluidité du Ki est préservée en le gardant libre des délibérations mentales et des réactions émotionnelles, il agira là où il est nécessaire, avec la rapidité de l'éclair.

Les Japonais appellent Munen ou Muso, c'est-à-dire "non-mental", "non-égo", cette fluidité du Ki. Leur tradition compare cet état à la clarté de la lune qui, bien qu'unique, se reflète partout où il y a de l'eau, sans discrimination, instantanément.

Tout comme Maitre Takuan conseille de laisser le Ki remplir la totalité du corps, les taoïstes et les maitres de Tai Chi affirment que le corps humain est semblable à la Terre : il possède des rivières souterraines; "si ces rivières ne sont pas obstruées, l'écoulement de l'énergie se fait naturellement".

---

[156] Adaptation d'un texte tiré de P. Fauliot, & M. Random, « **Les contes des arts martiaux** », Éditions Albin Michel, France, 1995, pp. 165 – 168, 184 p.

[157] **Takuan Soho** (1573 — 1645) : Né à *Izushi* dans la province de *Tajima*, il est issu d'une famille de Samouraïs du clan *Miura*, mais commence ses études de prêtre dès l'âge de 10 ans en étudiant le bouddhisme *Jodo*. Il devient plus tard une figure majeure de l'école *Rinzai-shu* de bouddhisme Zen.

En 1608, à seulement 35 ans, il devient le père supérieur du temple *Daitoku-ji* de *Kyoto* au Japon. Selon la légende, il fut le maitre du célèbre Miyamoto Musashi. Il porta l'esprit du bouddhisme Zen dans de nombreux aspects de la culture japonaise, tels que l'art du combat et la calligraphie. Il est l'auteur de six volumes et son influence est toujours présente dans le bouddhisme Zen et les arts martiaux. Il est aussi l'inventeur du radis chinois (*Daikon*) mariné que l'on nomme *Takuan*. Source : Wikipédia — 2013.

[158] **Tajima no Kami** : Nom donné à *Yagyu* (*Sekishusai*) *Muneyoshi* (1527 — 1606). Expert Japonais de *Ken-jutsu* (combat au sabre). Initié à des enseignements secrets en 1571, Il fonda sa propre école de sabre, le *Yagyu Shinkage-ryu*. Avec l'intériorisation de l'art martial selon les préceptes du bouddhisme Zen, il introduisit l'application des concepts de *Munen* (non-pensée), de *Muso* (vacuité) et *Mutekatsu* (vaincre sans combattre).

Cette sagesse du corps semble oubliée par un trop grand nombre d'experts contemporains qui confondent "maitrise du corps" avec musculation, durcissement, résistance et conditionnement physique.

Les adeptes taoïstes ne cessent pourtant pas de mettre en garde : "Un pratiquant du Tao préserve son corps physique avec le même soin que pour une pierre précieuse, car sans le corps, le Tao ne peut être atteint".

La Voie des arts martiaux repose en effet complètement sur un travail avec le corps, une méditation corporelle. Le corps peut servir de réceptacle à une énergie qui œuvrera à l'intérieur et accomplira une mystérieuse alchimie.

"Si l'adepte harmonise le petit univers qu'est son corps, il sera alors en harmonie avec le cosmos", déclarent les taoïstes. "La Voie des arts martiaux est de faire du cœur de l'Univers son propre cœur; ce qui signifie être uni avec le centre de l'Univers". Telle est la stupéfiante affirmation de Maitre Ueshiba.[159]

La science ésotérique, commune à toutes les grandes traditions, enseigne que l'homme est un microcosme, c'est-à-dire un modèle réduit de l'Univers, du macrocosme. L'être humain contiendrait à l'état latent toutes les dimensions de l'Univers, il obéirait aux mêmes lois, aux mêmes rythmes.

L'Art de viser son propre cœur conduirait à s'harmoniser soi-même en vue de se "brancher" à la source du Ki originel. On dit que les grands maitres ont déchiré l'écran étouffant de l'égo pour laisser le souffle de l'Univers traverser leur être. La magie du Tao opère à travers eux. Par le Wu-wei, la non-résistance, ils maitrisent "l'Art sans artifice".

"Sur le passage d'un maitre, les chiens n'aboient pas", dit un proverbe oriental. Réconcilié avec lui-même et avec l'Univers, "il absorbe l'autre dans son propre cœur", nous confie Maitre Ueshiba. La présence d'un tel homme harmonise ce qui l'entoure.

"D'une extrémité de son arc, l'archer perce le ciel, de l'autre, la terre, et la corde qui les relie lance la flèche au cœur de la cible visible et invisible". L'archer, c'est l'homme véritable qui, selon le livre des rites chinois, joue un rôle dans la création, au même titre que le Ciel et la Terre : "Le Ciel engendre, la Terre nourrit et l'Homme accomplit".

L'homme qui pratique l'Art de viser son cœur réintègre sa vraie place : soit celle d'unifier l'esprit et le corps, le Ciel et la Terre.

[159] **Morihei Ueshiba** (1883 – 1969) : *O'Sensei,* le maitre des maitres, fondateur de l'Aïkido.

La Voie des arts martiaux telle qu'elle est enseignée par les rares maitres authentiques peut conduire à la clé permettant de relever le défi. De toute façon, répètent les maitres, quelle que soit la Voie choisie pour résoudre l'énigme posée par l'Univers, par notre propre existence, la grande aventure n'est possible que par une expérience vécue, au prix d'un apprentissage intensif.

Mais il faut savoir, ajoutent-ils, que l'ultime réalité ne peut être communiquée ni par des mots ni par des symboles. Un guide peut conseiller, encourager, mais le secret ne peut être transmis d'un homme à un autre ; il doit être conquis. »

Représentation du célèbre duelliste japonais
Miyamoto Musashi (1584 – 1645)

TROISIÈME PARTIE

L'UNIVERS DE L'ESPRIT ET LA PUISSANCE DU KI

XI – MÉDITATION, RESPIRATION ET ARTS MARTIAUX

La compréhension et la pratique de la méditation et de la respiration, dans le respect des principes universels de coordination corps – esprit, sont fondamentales pour les pratiquants des arts martiaux, voire incontournables. C'est l'essence même !

L'ésotérisme[160] de ces pratiques et le *Budo* (la Voie des arts martiaux) sont les deux côtés d'une seule pièce. Ne faire qu'un avec l'Univers n'est pas une allégorie, c'est une réalité physique, car nul ne peut se dissocier du tout universel.

Un pratiquant de l'Aïkido qui s'harmonise avec l'Univers jouit des capacités énergétiques dont il a besoin. Les emprises de l'égo[161] et du mental sont annihilées et l'action même de vivre est alors libre de toute contrainte. C'est la Voie de l'harmonie.

À ce stade de la pratique martiale, le partenaire est maitrisé de manière esthétique et eurythmique, sans effort. Le partenaire, assumant le rôle d'adversaire, ne fait plus face à un individu, mais bien à l'infini qui protège toute création, « *au Ciel et à la Terre* », comme le disait Maitre Ueshiba.

L'artiste est désormais le « témoin »[162] de l'évènement, le créateur de la scène. Il a transcendé la technique martiale et a révélé l'être véritable qui dormait en lui, le Soi.[163]

La coordination corps – esprit l'aura conduit dans ce processus évolutif dorénavant transposé dans sa vie courante. Sa conscience est universelle et, enfin, il réalise sa propre nature. Il est dorénavant engagé sur le chemin de l'éveil. Le conscient et l'inconscient ne font désormais qu'un avec les réalités universelles.

Méditation, respiration et arts martiaux ne sont que des moyens pour découvrir le chemin de la Voie universelle. Ces méthodes ne sont toutefois pas un but en soi.

---

[160] **Ésotérisme** : Voir la note de bas de page n° 17, p. 12.

[161] L'**égo** est un produit de la confusion entre le témoin (le Soi) et l'instrument d'interprétation du monde physique, soit le mental. Ce qui est entendu par « rendre l'esprit clair » ou « clarté d'esprit » signifie de réduire cette confusion, d'où le concept conséquent d'abandon de l'égo nécessaire à toute progression spirituelle.

[162] **Témoin** : Dans les *Yoga-sutra* (textes philosophiques indiens), le concept de témoin définit un principe conscient qui existe bien au-delà de l'activité du mental.

« *Chaque fois que vous êtes l'observateur de votre mental, vous dégagez votre conscience des formes du mental et celle-ci devient alors ce qu'on appelle... le témoin. Par conséquent, le témoin, conscience pure au-delà de toute forme, se renforce et les élaborations du mental faiblissent* » (Extrait de : Eckhart Tolle, Le pouvoir du moment présent, Éditions Ariane, 2000, p. 96, 240 p.).

[163] **Le Soi** : (Aussi, le Soi supérieur) désigne l'identité originelle et suprême de l'être, outrepassant la conscience du moi et de l'égo en se fusionnant au tout universel. La révélation du Soi par la pratique méditative libère le pratiquant de la souffrance engendrée par les conséquences de l'attachement et de l'égo. Le Soi trouve ses assises par-delà la pensée.

En effet, arriver à méditer n'est pas l'objectif de la méditation et exécuter de longues expirations n'est pas le but de respirer avec *Ki*. La technique n'est pas l'objet des arts martiaux. Ce sont des modes de transport, des canaux pour arriver au carrefour de la connaissance universelle accessible uniquement par l'élévation de la conscience propre.

Comme dans les arts martiaux, la technique juste se transcende d'elle-même avec la pratique et la persévérance. Consulter un livre de cuisine, si excellent soit-il, ne procure rien à manger. Sans expérimentation, l'intellectualisation d'un concept comme la coordination corps – esprit et les pratiques y étant rattachées sont sans valeur réelle.

Le présent ouvrage est très descriptif, suffisamment pour permettre l'étude et l'expérimentation physique et mentale de pratiques liées au *Ki* et à la coordination corps – esprit. C'est alors à chacun d'entre nous qu'il incombe d'étudier cette connaissance, de l'expérimenter et de la faire nôtre.

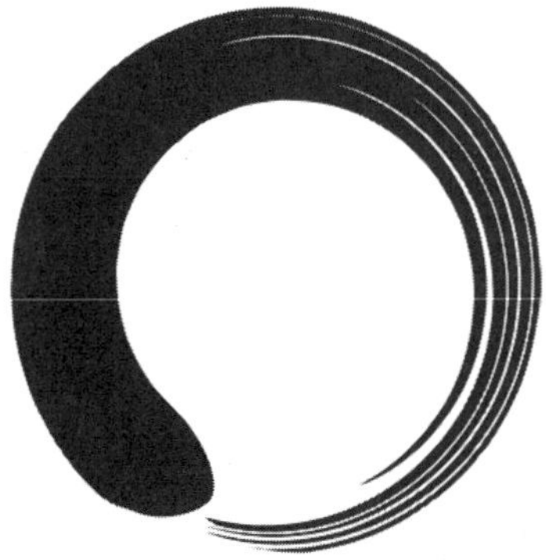

KU
(Vacuité)

XI.1 – MAITRISE DE LA POSTURE

La méditation et la respiration utilisant les connaissances sur le *Ki* peuvent être pratiquées dans de nombreuses positions. Cependant, ces activités sont la plupart du temps pratiquées dans l'une ou l'autre des positions *Seiza* ou *Agura*, ou simplement assis sur une chaise, sans s'adosser.

Cette dernière position a pour vertu de rendre possible la pratique discrète de la méditation en d'innombrables endroits et circonstances, par exemple, dans une salle d'attente, chez le dentiste, lors d'un vol d'avion, etc.

Aussi, lorsqu'un pratiquant maitrise la posture, il maitrise d'emblée la coordination corps – esprit, de manière consciente ou non.

La position *Seiza* consiste à s'assoir par terre, sur les genoux, gros orteils se croisant ou se touchant, avec les mains posées délicatement sur l'intérieur des cuisses, près des genoux. La position *Agura* consiste, quant à elle, à s'assoir par terre en tailleur, c'est-à-dire avec les jambes repliées et croisées en avant de soi.

Dans toutes les positions, les bras demeurent toujours en pleine extension naturelle, c'est-à-dire droits et relaxés, tout en conservant leur courbure naturelle. Ils sont inflexibles (voir section IV.1 : « Focaliser calmement l'attention au centre situé dans le bas-ventre » [p. 86]).

Pour qu'un exercice de méditation ou qu'un exercice de respiration soit efficace et authentique, il doit débuter et s'exécuter en état de coordination corps – esprit. Nous devons demeurer « centrés » à tout moment.

Dans cette section, seule la position *Seiza* fera l'objet d'une description. Cependant, les tests qui y sont décrits peuvent être appliqués à la position *Agura* ou lorsqu'assis sur une chaise, sans s'adosser.

Dans un premier temps, la personne se livrant à l'exercice s'assoit par terre dans la position *Seiza*. Le partenaire, dans la même position, se place perpendiculairement à cette dernière et procède aux quatre tests d'usage. Pour commencer, le partenaire, coude maintenu vers le bas, applique une très légère pression de la main vers l'arrière, au niveau du centre de la poitrine de la personne testée.

Ensuite, il applique une pression au bas du dos, vers l'avant, puis soulève un genou vers le haut. La personne testée qui n'est pas coordonnée sera facilement déséquilibrée lors de ces manœuvres.

Le dernier test consiste à saisir le poignet délicatement et à appliquer une pression dans le sens du bras. Dans ce cas, le bras inflexible d'une personne coordonnée produira une rigidité sans équivoque.

Pour coordonner le corps et l'esprit dans la position *Seiza*, la personne se livrant à l'exercice débute en se coordonnant d'abord debout (tel que décrit précédemment à la section IV.1 : « Focaliser calmement l'attention au centre situé dans le bas-ventre » [p. 86]), puis s'agenouille et s'assoit. Le bas de son dos demeure droit en tout temps. Avec légèreté elle pose ses mains sur ses cuisses, vers l'intérieur. Les bras demeurent en pleine extension naturelle.

Afin de maintenir sa coordination, la personne porte son attention sur l'application de l'un des quatre principes universels de coordination (tel qu'expliqué au chapitre IV : « Coordination corps – esprit » [p. 81]). Elle constatera que la majorité du poids de son corps semble portée un peu en avant d'elle, et non entièrement sur ses pieds et ses chevilles.

Une personne qui adopte une posture dans laquelle elle force, ou qu'elle a l'impression de forcer pour s'y maintenir, ne peut pas induire la coordination corps – esprit. Les postures naturelles ne requièrent pas d'effort et s'avèrent toujours confortables.

L'exercice étant bien réalisé, le partenaire aura l'impression de tester un mur de briques. C'est en maintenant cet état de coordination que nous pouvons envisager la méditation ou la respiration avec *Ki*. Pour un débutant, maintenir cet état est en soi un défi de taille. La plupart du temps, un individu en apprentissage n'arrivera à maintenir cette condition que durant quelques secondes d'affilée.

Par contre, avec la pratique des techniques expliquées plus avant, une personne améliorera sa capacité à se coordonner de plus en plus longtemps et profondément.

À la naissance, une personne normalement constituée possède la capacité d'unification corps – esprit. La plupart des gens sont impressionnés qu'un nouveau-né puisse démontrer une incroyable force de préhension quand il s'agrippe au doigt d'un adulte.

Pourtant, la force physique d'un nouveau-né est presque nulle. Il tient le doigt de l'adulte avec coordination, de manière très naturelle, avec *Ki*. Il sait déjà tenir le sabre de l'artiste martial. Il est en lui-même la Voie universelle et il vit l'instant présent entièrement.

Il est naturel d'être coordonné. Le corps et l'esprit ne devraient-ils pas fonctionner naturellement à l'unisson, comme une seule entité ? C'est la Voie universelle.

Or, l'être humain a tendance à perdre cette capacité naturelle de coordination corps – esprit, ou de conscience de l'instant présent, au fur et à mesure que sa vie s'écoule, surtout sans entrainement.

C'est pourquoi il est si facile d'enseigner des exercices de *Ki* aux enfants, bien plus qu'à des adultes. Ils apprennent incroyablement plus vite que leurs ainés qui, eux, sont affectés beaucoup plus profondément par leurs expériences passées et leurs modèles d'éducation et de culture.

Ces derniers auront à réapprendre à tenir le sabre même s'ils maitrisaient la coordination corps – esprit dès leur naissance.

Poussé par-devant

Afin de renforcer la compréhension d'être coordonné dans la position *Seiza*, voici un exercice pratique : le partenaire se tient debout devant la personne se prêtant au test, pose ses mains sur les épaules de cette dernière et pousse vers l'arrière, dans le but de la renverser.

Même en luttant physiquement, une personne non coordonnée sera facilement renversée ou déséquilibrée.

Puis, la personne testée, toujours dans la position *Seiza*, se coordonne. Pour ce faire, elle n'a pas besoin de se lever debout. Elle peut simplement monter sur ses genoux, écarter ses pieds, mouvoir ses épaules de haut en bas afin de relaxer, puis redescendre directement en maintenant le bas de son dos droit tout en replaçant ses pieds et ses bras dans les positions appropriées.

Le partenaire pourra aider la personne testée en plaçant sa main sur le bas du dos et en surveillant qu'il demeure droit durant la descente. Notons qu'en maintenant le bas du dos droit, une personne peut se retrouver coordonnée dans un grand nombre de positions.

Ainsi, la personne ayant repris la position *Seiza* relaxe ses épaules à nouveau en les mouvant de haut en bas à quelques reprises. Puis, elle place ses mains sur ses cuisses avec légèreté. Avant de poursuivre l'exercice, le partenaire vérifie la coordination de cette dernière en procédant aux tests d'usage déjà décrits.

La personne maintenant coordonnée se penche légèrement vers l'avant. Elle accueille l'énergie dirigée vers elle, elle l'accepte, en saisissant les avant-bras du partenaire par en dessous, avec une extrême légèreté, en utilisant principalement les auriculaires, et ce, avant que ce dernier ne la touche. On notera alors que les *Kikaï-tanden* se retrouvent alignés face à face.

En exécutant cette manœuvre, la puissance du partenaire est annihilée, car l'énergie qu'il transmet est dorénavant redirigée au centre (*Kikaï-tanden*) de la personne coordonnée puis dissoute dans le cosmos.

Les bras de la personne qui procède à l'exercice demeurent en extension naturelle. Notons cependant que tenir les bras du partenaire et se pencher légèrement vers l'avant ne servent qu'à mettre en confiance la personne qui se livre à l'exercice dans un contexte d'expérimentation.

En effet, quand cette dernière aura fait son apprentissage au prix d'une juste pratique, elle n'aura plus à le faire. Elle procèdera simplement en maintenant une profonde coordination corps – esprit.

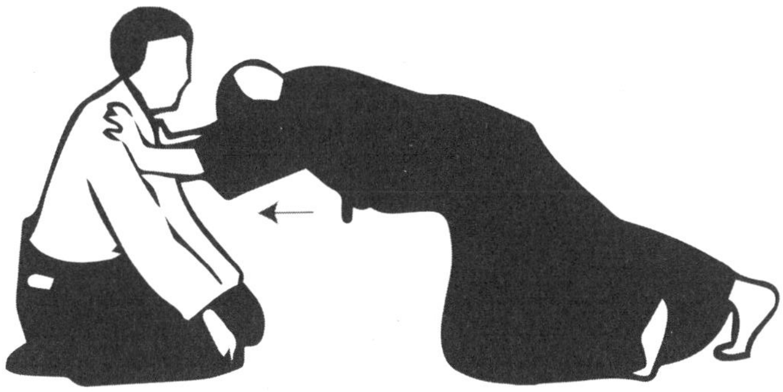

Afin de faciliter la réalisation de l'exercice, le partenaire devrait appliquer une force progressive, du moins lors des premières tentatives. Malgré tous les efforts du partenaire, ce dernier ne réussira pas à déséquilibrer la personne qui aura su maintenir sa coordination.

En demeurant complètement relaxée, la personne coordonnée peut, si elle le désire, se lever debout à la vitesse de son choix, avec grande légèreté, lever une jambe puis se dépêtrer calmement du partenaire pendant qu'il la pousse. Les *Kikaï-tanden* se retrouveront toujours alignés durant l'exercice.

Ajoutons que d'autres collaborateurs pourraient prêter main-forte au partenaire en poussant sur les épaules du partenaire qui le précède.

Cet exercice peut également s'effectuer lorsque la personne est assise sur une chaise, ou par terre dans la position *Agura*, avec jambes levées en avant ou même debout et penchée en arrière.

La coordination corps – esprit est synonyme de positivité. Une personne familiarisée avec ces divers exercices pourra, en cours de test, changer délibérément sa pensée positive en pensée négative. On constatera alors, chez la personne testée, une rupture instantanée de coordination. En effet, elle sera déséquilibrée sur-le-champ.

Ces démonstrations décrivent bien l'impact de la pensée sur le corps. Penser négativement produit des tensions, parfois très subtiles, et contrevient au deuxième principe de coordination corps – esprit, soit : « Relaxer complètement en relâchant les tensions du corps » (voir section IV.2 [p. 98]).

Détecteur de mensonges

Pendant la méditation ou la respiration avec *Ki*, nous diffusons le *Ki* universel et nous demeurons positifs. Pratiquer tendu, ou avec un esprit négatif, entrainerait à coup sûr des répercussions indésirables sur la santé physique et mentale de l'adepte.

En méditation, maintenir une attitude positive est essentiel sans quoi nous risquons de régresser au lieu de nous améliorer. Voici un exercice qui démontre le bien-fondé de cette règle :

La personne assise en position *Seiza* coordonne tout d'abord son corps et son esprit, puis le partenaire s'en assure en procédant aux tests d'usage. À voix haute, la personne prononcera un fait réel (ex. : « *Le ciel est souvent bleu !* ») ou des paroles à connotations positives (ex. : « *Nous avons confiance en l'Univers !* »).

Le partenaire procèdera à l'un des tests, par exemple en appliquant une pression au niveau du centre de la poitrine aussitôt que la personne commencera à parler, ceci afin d'en vérifier la coordination.

La personne testée demeurera stable. Puis, elle prononcera une parole à connotation négative ou un mensonge. Au moment précis où la personne commencera à prononcer la phrase à voix haute, le partenaire procèdera au test. Il constatera qu'elle aura brisé sa coordination. En effet, la personne testée aura instantanément perdu sa stabilité physique.

Quand quelqu'un ment, qu'il soit conscient ou non qu'il s'agisse bien d'un mensonge, ou qu'il est négatif même s'il croit fermement qu'il est positif, il se prive lui-même de son potentiel. L'harmonie universelle ainsi rompue conduit à la prise en charge par le mental. Cela produit des tensions et du stress susceptible de causer de nombreux maux physiques et mentaux.

Avec cet exercice, nous pouvons tester la pensée en utilisant la même procédure. Ainsi, lorsqu'un doute subsiste à propos de la positivité, de la pertinence ou de la véracité d'une idée, d'un concept ou d'un fait, il est facile d'effectuer un test physique pour en découvrir la vraie nature, soit son authenticité.

Par exemple, si vous testez une personne en train de prononcer les affirmations « *je veux !* » ou « *je peux !* », cette dernière maintiendra sa coordination. Par contre si vous testez une pensée populaire telle que « *quand on veut, on peut !* », vous constaterez qu'au moment où la personne l'exprime à voix haute, elle devient subitement instable, indiquant ainsi une rupture de la coordination corps – esprit.

Nombre d'idées préconçues peuvent être négatives alors que d'emblée nous les croyons positives. Une personne éveillée, qui pense profondément et qui teste physiquement les pensées douteuses, quoique généralement acceptées, ne se laissera pas prendre au piège. Ainsi, avec l'entrainement, nous apprenons à être de plus en plus authentiques, de plus en plus spirituels.

Précisons que le test physique d'une idée, d'un concept ou d'un fait produit le même résultat sur quiconque. Et ce résultat demeure toujours le même pour tous. Il n'y a pas de « *pour moi c'est positif et pour un autre c'est négatif* » ; seuls l'égo et la fermeture d'esprit peuvent prétendre à de telles aberrations.

Les pensées négatives brisent l'harmonie universelle et nous privent tous de ses merveilleux bénéfices. Les tares de notre société comme le désir de domination, l'intolérance et la cupidité sont cultivées et entretenues par les pensées dogmatiques, l'inconscience et l'égocentrisme.

Ces états d'être sont des antagonistes de l'authenticité de soi. Les dysfonctionnements collectifs résultant de la somme des déséquilibres mentaux d'individus occasionnent inutilement des comportements nuisibles ou destructeurs dans notre société. Ces comportements sont les antagonistes de l'harmonie universelle.

Les pensées que nous choisissons font de nous ce que nous sommes : soit des seigneurs de la création de l'Univers, soit des seigneurs de destruction de soi.

Sachant cela, quelle est la nature de votre pensée en ce moment ? Positive ? Votre pensée sera-t-elle encore positive dans un instant ? Et qu'en sera-t-il bientôt lorsque vous ferez face aux aléas de la vie ? Sachez bien que peu importe les évènements, ce sera toujours à vous de choisir la polarité de votre pensée.

Ainsi, il est facile de comprendre que nul ne peut résolument prétendre être entièrement positif, c'est-à-dire de façon permanente. Par contre, une personne peut démontrer une tendance dominante, ou une propension, à la positivité.

L'énergie universelle, qui se condense pour créer toutes les formes physiques, possède (heureusement pour nous) la qualité intrinsèque de maintenir une tendance à exister (voir section II.3 : « Tout n'est qu'apparence » [p. 54]).

Dans le même ordre d'idées, une personne peut maintenir une tendance dominante à la positivité, surtout si elle s'entraine en ce sens. Ce faisant, elle sera à même de reconnaitre les bienfaits de maintenir cette attitude positive en toute circonstance. Conséquemment elle développera de plus en plus cette habileté.

Une personne dont la pensée est à dominance positive adoptera des attitudes correspondantes, puis des comportements conséquents, ce qui tracera des tangentes de résultats positifs dans la vie courante.

Dans le cas contraire, une personne à dominance négative obtiendra des résultats négatifs dans sa vie. Dans ce dernier cas, il arrive souvent qu'une telle personne se bute à des résultats négatifs même lorsqu'elle essaie d'entreprendre quelque chose de positif.

Aussi, nombreux sont ceux qui prétendent ou croient être positifs alors qu'il n'en est rien. Il n'y a qu'un seul moyen de le vérifier et c'est en testant physiquement le maintien de la coordination corps – esprit.

*

XI.2 – LE SUBCONSCIENT ET LES *MUDRAS*

« *Le subconscient sert à emmagasiner la connaissance et les expériences passées. La conscience est modelée à partir de ce qui est contenu dans le subconscient. Sachant cela, nous devons nous abstenir d'insuffler de la négativité à notre subconscient. Diffusons toujours du Ki positif et vivons avec une bonne attitude* ».[164]

Tout comportement prend forme en passant d'abord par le processus de la pensée. De plus, nos réactions instantanées aux stimuli de l'environnement proviennent du bagage du subconscient accumulé au fond de chacun de nous, bagage notamment constitué d'informations découlant de la somme de nos pensées antérieures et de nos expériences passées.

Il est cependant possible de modifier consciemment le subconscient, d'en épurer le contenu et conséquemment d'en répandre la fraicheur autour de soi.

La *Mudra*[165] est une technique physique, un processus gestuel permettant dans certaines conditions l'assainissement du subconscient. Il est dit qu'il s'agit d'un geste des doigts et des mains qui, lorsqu'il est authentique, a le pouvoir de réaliser ce qu'il symbolise. Il sert à exprimer une attitude ou une image mentale.

Joindre ensemble les mains ouvertes, paume contre paume, dans un geste de prière, est sans aucun doute la *Mudra* la plus connue en Occident. En Orient, cette *Mudra* portant le nom de « *Namasté* »[166] et symbolisant la gratitude est, de surcroit, extrêmement puissante.

---

[164] Traduction libre d'un dicton de Maitre Koichi Tohei tiré de : « **Ki Sayings** », *Ki No Kenkyukai* (*The Ki Society*), *Privately Printed*, Tokyo, Japon, 1973, p. 9 (*THE SUBCONSCIOUS*), 44 p.

[165] **Mudra** : Mot d'origine sanscrit (n. fém. var.). Aussi *Mushti-mudra* ou sceau, un procédé gestuel, des doigts et des mains, issu des rituels et pratiques ésotériques du bouddhisme tantrique, notamment des écoles du *Vajrayana* Indien et du *Tian-tai* Chinois. Le mot *Mudra* signifie littéralement : « geste de la main qui dirige l'énergie vitale à travers le corps ». Au Japon ancien, ce sont les sectes bouddhiques *Shingon-shu* et *Tendai-shu* qui ont incorporé cette ritualisation à leur pratique.

Les *Mudras* sont souvent accompagnées d'un « *Mantra* », et l'ensemble permettrait à l'initié de se voir transmettre une partie du pouvoir cosmique. Dans ce but, le *Ninjitsu* utilise ces techniques pour concentrer l'énergie à la manière de gestes magiques donnant à l'adversaire une impression d'invulnérabilité du *Ninja* qu'il doit combattre. À des fins méditatives et de contrôle de soi, la caste des Samouraïs a intégré les *Mudras* à leurs pratiques martiales, dont celles qui allaient devenir l'Aïkido de Maitre Ueshiba.

[166] **Namasté** : Mot d'origine sanscrit signifiant « *je m'incline devant vous* ». L'expression est souvent traduite par « *Je salue le soleil en vous* » ou « *je salue le divin en vous* ». La *Mudra* dite « *Namasté* » est utilisée en Asie du Sud-Est pour adresser des salutations.

Avec les mains jointes au-dessus de la tête, par le canal de la spiritualité, on s'adresse à Dieu. Avec les mains devant le visage, à hauteur du troisième œil, celui de la connaissance, on rend hommage au guide spirituel ; avec les mains à hauteur de la poitrine, on salue du cœur nos semblables. La *Mudra Namasté* permet de se saluer mutuellement sans contact physique. Dans le bouddhisme on la nomme « *Anjali* ».

Par contre, la *Mudra Kai* [167] qui consiste à joindre les mains en entrelaçant les doigts (tel un pénitent) est une *Mudra* qui rompt instantanément la coordination corps – esprit.
Le test physique illustré ici-bas consiste à saisir la *Mudra* et à appliquer une force vers le bas. Lorsque la *Mudra* est authentique, elle permet de maintenir aisément la stabilité corporelle. Dans le cas contraire, la personne testée s'effondrera au sol.

Nous ne pouvons pas encore expliquer scientifiquement les phénomènes mesurables liés aux *Mudras*. Selon toute vraisemblance, il appert que ces gestes physiques affectent subtilement la posture. Lorsqu'elle est authentique, une *Mudra* produit un accroissement de la profondeur de la coordination, donc de la stabilité corporelle et mentale.

Dans la section suivante, la *Mudra Rin*,[168] que l'on pourrait aussi appeler la *Mudra* de la coordination corps – esprit ou de la concentration, sera expérimentée dans la position *Seiza*. En exécutant cette *Mudra*, une personne coordonne instantanément son corps et son esprit, et ce, avec une grande profondeur.

La méditation peut s'effectuer avec ou sans *Mudra*, mais nous devons porter une attention particulière à ce geste. En effet, lorsque nous méditons avec *Mudra*, une voie de communication s'ouvre aisément avec notre subconscient.

---

[167] **Kai** : (Jap.) Symbole du lien extérieur. La cinquième *Mudra* des neuf sceaux (le *Kuji-kiri*) incorporés dans le *Ninjutsu* et le *Bujutsu* pour invoquer différentes divinités et protecteurs bouddhiques. Cette *Mudra* est liée à l'intuition.

[168] **Rin** : (Jap.) Symbole de la foudre. La première *Mudra* des neuf sceaux (le *Kuji-kiri*) incorporés dans le *Ninjutsu* et le *Bujutsu* pour invoquer différentes divinités et protecteurs bouddhiques. Cette *Mudra* est liée à la force corps – esprit.

L'avantage d'une telle méditation, c'est que nous sommes alors en mesure de corriger et d'assainir le subconscient, à condition toutefois de demeurer positifs. Dans le cas contraire, un individu qui se laisse dominer par son mental et par la négativité régressera au lieu de s'améliorer. Nous devons être véritablement bien intentionnés et prudents avant de nous livrer à une telle pratique.

La *Mudra* doit être considérée comme un outil d'apprentissage de la coordination. Ainsi, nous ne devons pas dépendre de cette technique pour réaliser la coordination, ni du port du *Hakama*, ni d'autres artéfacts ou technologies.

Seulement par le développement sans artifice de la force de l'esprit doit-on finalement y parvenir, ceci afin de s'harmoniser réellement avec la nature.

Lorsque la correcte sensation de coordination profonde sera assimilée, la personne utilisera sa connaissance des *Mudras* pour s'en rappeler rapidement ou pour corriger sa posture.

Un autre outil ayant la même fonction que la *Mudra Rin*, c'est une petite pierre verte ou ambrée en agate du Japon, ou en jade.

Elle est tenue avec légèreté, dans la main gauche, en plaçant la main droite en dessous, le tout reposant devant soi, et vers le bas, au point naturel d'arrêt un peu à la manière de la *Mudra* bouddhique « *Dhyani* ».[169]

L'utilisation de la pierre de *Ki*, comme on l'appelle, produit sensiblement les mêmes effets que l'exécution de la *Mudra* de la coordination (*Rin*) et sert définitivement les mêmes buts.

---

[169] **Dhyani** : *Mudra* dite de la méditation Zen. En position assise en tailleur (*Agura*), la main droite se place dans la main gauche, le tout reposant vers le bas avec légèreté, paumes vers le haut et les pouces se touchant à peine. On dira de la *Mudra* : « *tenir une fourmi entre les pouces sans l'écraser et sans la laisser s'échapper* ».

Note : Lorsqu'on tient la pierre de Ki pour méditer, c'est avec la main gauche et c'est la main droite qui se retrouve en dessous sans joindre les pouces.

La *Mudra Dhyani* est aussi appelée « Zen », le « Symbole de la formule cachée ». La neuvième *Mudra* des neuf sceaux (le *Kuji-kiri*) incorporés dans le *Ninjutsu* et le *Bujutsu* pour invoquer différentes divinités et protecteurs bouddhiques. Cette *Mudra* est liée à l'ouverture à l'Univers et à l'invisibilité. Le *Ninja* fut un guerrier libre du moyen âge japonais spécialisé dans l'art de la furtivité et de l'assassinat.

Voici un exercice impliquant une *Mudra* et démontrant la puissance de la pensée sur le corps et l'esprit. Le partenaire procède au test suivant sur la personne coordonnée en position *Seiza* : il applique une légère pression de la main au niveau du centre de la poitrine de la personne en même temps qu'il lui soulève le genou de l'autre main. Il s'agit donc d'un double test.

Même coordonnée, la personne se livrant au test sera généralement renversée facilement en raison de l'effet de levier et de la forte distraction produite par une telle manœuvre.

La personne testée se coordonne de nouveau, mais exécute la *Mudra Rin*, représentation de la force corps – esprit, selon les étapes illustrées et décrites ci-après.

1- Le majeur, l'auriculaire et l'annulaire de la main droite se placent sous leurs vis-à-vis de la main gauche.

2- Les auriculaires agissent comme un loquet lorsque les paumes se referment. Les bouts des index se joignent.

3- Le pouce gauche se place par-dessus le pouce droit. Chacun des pouces doit toucher au majeur de sa main respective, sinon la *Mudra* ne fonctionnera pas. *Testez-le physiquement pour le constater !* [170]

La personne peut maintenir ses mains jointes de cette façon à hauteur de son visage ou reposer calmement et naturellement la *Mudra* vers le bas, au point naturel d'arrêt.

Le partenaire procède alors au double test de tout à l'heure, mais ne parvient pas à bouger la personne. Cette dernière replace ses mains sur ses cuisses et continue de visualiser la *Mudra* dans son esprit. Le partenaire teste de nouveau et constate que rien n'a changé alors qu'au début de l'exercice, il lui était facile de déséquilibrer la personne.

[170] **Note** : Lorsqu'une *Mudra* ne fonctionne pas, ça signifie que la coordination corps – esprit ne peut pas se réaliser et que la stabilité du corps ne sera donc pas préservée.

Exécutée mentalement ou physiquement, la *Mudra* produira les mêmes résultats physiques, à condition de maitriser tout d'abord la technique physiquement.

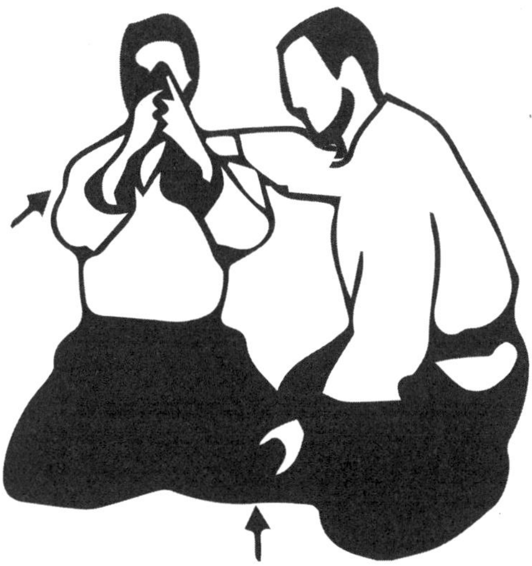

Nous observons aussi que l'impact de la coordination sur nos capacités physiques et mentales est proportionnel à la profondeur de la coordination. En effet, lorsque la personne exécute la *Mudra*, elle se coordonne automatiquement et plus profondément, et sa posture est subtilement mais nettement améliorée.

Exécutée en position *Seiza*, lorsque la *Mudra* repose vers le bas, au point naturel d'arrêt, les doigts pointent directement au centre (*Kikaï-tanden*) de la personne lequel se situe maintenant au sol. Il en est de même dans la position *Agura*, à la différence que le centre énergétique est alors localisé plus loin, en avant de la personne, à environ un demi mètre sous le sol.

Une personne qui tente de focaliser au centre en situant le *Kikaï-tanden* dans sa tête, au plexus solaire ou ailleurs, ne pourra pas réaliser la coordination corps – esprit.

Par contre, en diffusant fortement le *Ki* vers l'avant, ou en projetant le centre à l'infini au-dessous de soi, par visualisation, donc par la pensée, la personne qui s'exécute, sera alors en mesure de passer deux nouveaux tests.

L'un d'eux consiste à appliquer une pression latérale sur l'épaule. Le second consiste pour le partenaire à pousser sur les épaules de la personne par-derrière.

C'est cette profondeur de coordination alliée à un état d'esprit positif qui doit prédominer lors des exercices méditatifs et respiratoires.

La *Mudra* « *Rin* » possède une variation. Il s'agit de la *Mudra* dite du détachement, propre à notre *Dojo*. Elle procure un bien-être immédiat de profonde relaxation, et du même coup, une profonde coordination corps – esprit. Placer la *Mudra* à hauteur des yeux pour méditer est tout à fait indiqué.

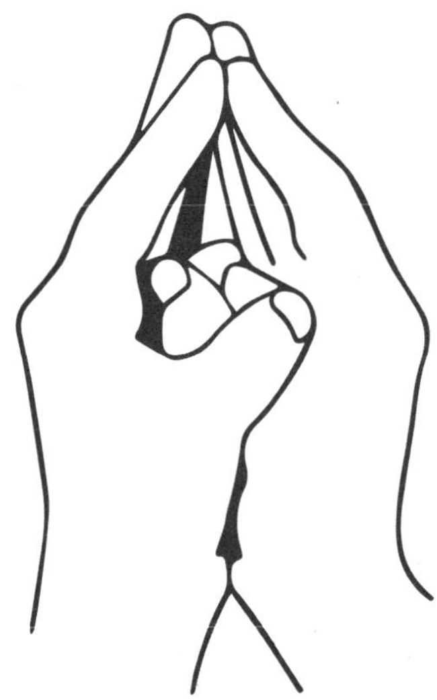

Pour la constituer facilement, on exécute la *Mudra* « *Rin* », puis on déplace les pouces afin de toucher aux auriculaires plutôt qu'aux majeurs. On joint alors les paumes ensemble, puis on allonge les trois doigts du milieu de la main pour que leurs bouts touchent à leurs vis-à-vis, tel qu'illustré.

Une technique populaire de méditation exécutée dans la position *Agura* fait appel à une *Mudra* qui consiste à joindre le majeur et le pouce, de chacune des mains, puis à les laisser reposer sur les cuisses, de chaque côté du corps. Dans notre société, cette *Mudra* exotique est mercantilisée de diverses façons et on l'associe à la zénitude et à la méditation.

J'ai eu l'occasion de tester la stabilité physique de nombreux pratiquants exécutant cette *Mudra* et ses variantes, dans leur méditation, et le résultat s'avère toujours le même : soit une absence de coordination corps – esprit. Ceci est causé par une gestuelle active dirigée dans plus d'une direction. Malheureusement, de telles pratiques erronées peuvent conduire à des conséquences catastrophiques sur la santé physique et mentale d'un individu.

En effet, les individus croyant s'améliorer en se livrant à de telles pratiques interrompent le flux de *Ki* ou d'énergie vitale au lieu de le renouveler. Dans une autre perspective, ils limitent leur conscience au lieu de l'élargir.

Les Mantras

Il existe également des techniques de méditation suggérant de réciter inlassablement un *Mantra*,[171] c'est-à-dire un mot, une phrase, un son, avec ou sans signification, cherchant à provoquer un état vibratoire qui produira l'union de l'être avec l'énergie cosmique. Par ce rituel, on cherche à atteindre l'objet de la méditation, soit une forme de vacuité,[172] c'est-à-dire l'état par lequel le mental ne sème aucune distorsion entre le Soi (l'être spirituel ou l'être véritable) et la conscience.

Il existe une infinité de *Mantras* et la seule façon d'en vérifier l'authenticité ou l'efficacité c'est de se livrer à des tests de coordination corps – esprit, c'est-à-dire à des tests de stabilité physique sur une personne en train de les réciter. Si vous vous livrez à un tel exercice, vous serez surpris de constater la faiblesse de telles pratiques.

Par exemple, un *Mantra* très célèbre, le « *Om* » (ou : « *Aum* » une syllabe représentant le son originel, primordial, à partir duquel l'Univers se serait structuré), ne permet pas d'emblée, pour un pratiquant, de maintenir la coordination corps – esprit.

Le dilemme associé aux *Mantras* c'est qu'ils peuvent insuffler au subconscient de l'information stérile et nuisible tout en maintenant un état de non-coordination, ce qui empêche l'élévation de la conscience.

Dans un autre ordre d'idées, des techniques martiales visant à contrôler physiquement une autre personne impliquent parfois de produire un mouvement d'énergie dans une autre direction ou de « rediriger », par la pensée, le flux de *Ki* de l'adversaire. Ces processus intangibles fonctionnent admirablement bien lorsque maitrisés. Ainsi, des principes à caractère spirituel, souvent crédibilisés par une mise en marché adéquate ou par le respect de traditions bien ancrées, peuvent arriver à manipuler de la même manière, la pensée d'autrui.

Depuis des temps immémoriaux, de nombreuses sectes, religions officielles et organisations fondamentalistes utilisent cette mécanique en exploitant allègrement l'illusion afin de piéger, sur le plan spirituel, un grand nombre d'individus. Les références spirituelles ainsi véhiculées sont souvent erronées ou incomplètes, et elles sont adaptées afin d'emprisonner l'esprit au lieu d'en initier la libération.

---

[171] **Mantra** : Mot indien (Jap. : *Shu-in*) Formule magique de rituel du bouddhisme tantrique (de « *Tantra* » : recueils d'écrits magiques composés à l'origine pour le culte du dieu indien *Shiva*) dont la récitation vise à diriger les forces cosmiques au profit du pratiquant.

Le son vibratoire agit sur les centres nerveux du récitant et est censé unifier ce dernier à l'Univers. Ce rituel est exécuté avec *Mudra* et parfois en contemplant des figures à caractère ésotérique appelées « *Mandala* ».

[172] **Vacuité** : Voir la note de bas de page n° 33, p. 21.

Ce contrôle de la pensée engendre indubitablement, auprès des victimes, des attitudes qui se transposeront en comportements allant de pair avec la doctrine des manipulateurs. La domination de la pensée des populations est l'un des nombreux processus de manipulation et de contrôle des masses. Si des *Mantras* peuvent s'avérer négatifs et nuisibles, les prières de toutes les confessions religieuses peuvent l'être tout autant.

Par exemple, la prière catholique du « Notre Père » permet de maintenir la coordination corps – esprit au début de sa récitation. Puis, le fidèle perdra sa stabilité physique, et donc sa coordination corps – esprit, lorsqu'il commencera à prononcer, verbalement ou mentalement, « *Donne-nous aujourd'hui notre pain [...]* ».

En effet, une expression de victimisation telle que la mendicité, comme dans le cas présent, fait perdre la coordination corps – esprit. On ordonnera même au fidèle de faire pénitence en répétant, un peu à la manière des *Mantras*, plusieurs fois de suite une prière, ceci pour soi-disant racheter ses fautes pécheresses.

La répétition d'une prière erronée alliée à une *Mudra*, telle que celle du pénitent, et autres gestes brisant la coordination corps – esprit, comme le signe de la croix, annihilera la volonté et tout sens critique du croyant, ceci au profit d'organisations religieuses. L'annihilation de la volonté de la victime permet effectivement de l'asservir.

Dans certains cas, le fidèle ira même jusqu'à tuer et à sacrifier sa vie, en se radicalisant sous des prétextes religieux absurdes et sans fondement. Emprunter le chemin de l'éveil permet de déjouer habilement ces processus de contrôle et conséquemment d'éviter de tomber dans ces tristes pièges.

À ce stade, les techniques, les connaissances avancées et le système de « Biofeedback » qui vous ont été présentés par le biais de divers exercices vous permettent de vérifier physiquement la pertinence de nombreuses pratiques tant physiques que spirituelles.

Il est maintenant à votre portée de tester physiquement non seulement les mouvements du corps, les postures et les gestes, mais aussi la pensée, la positivité et la véracité de concepts, d'assertions et de croyances !

Alors, peu importe ce que prétend le *Sensei* ou n'importe quel autre guide spirituel ou gourou de votre choix, peu importe le livre que vous lisez, qu'il soit à caractère scientifique, religieux ou philosophique, l'un des meilleurs moyens de vous rendre compte de la validité d'un enseignement ou d'une pratique consiste à procéder à des tests physiques de maintien de la coordination corps – esprit.

Seulement à l'issue positive de telles mises à l'épreuve devriez-vous faire de cette connaissance la vôtre. Prenez la responsabilité de votre développement et ne le confiez à personne d'autre qu'à vous-même. Vous seul pouvez trouver le chemin d'une vie intérieure positive, authentique, heureuse et libre.

REIGI
(Civilité — Respect)

XI.3 – TECHNIQUES MÉDITATIVES AVEC *KI*

La coordination corps – esprit amène la personne à un état altéré de la conscience[173] lui permettant d'entreprendre la méditation ou la respiration avec *Ki*. La méditation contribue au développement de la capacité à diffuser le *Ki* universel et aussi à cultiver la volonté.

Elle est liée à une approche spirituelle ou mentale, alors que la respiration avec *Ki* utilise une approche corporelle ou physique. Toutes deux poursuivent toutefois les mêmes buts.

La méditation se pratique souvent dans la position *Seiza* en utilisant un banc de méditation, ce qui rend la posture très confortable durant l'activité, surtout pour les Occidentaux. La méditation se pratique tout aussi bien en position *Agura* ou simplement assis sur une chaise sans s'adosser.

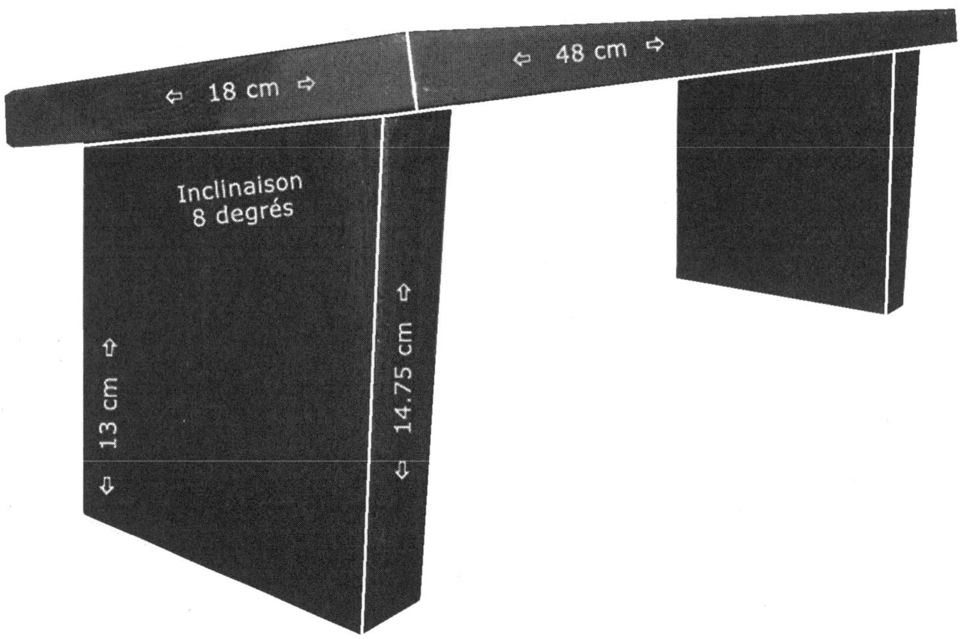

Exemple de banc pour faciliter la pratique
de la méditation dans la position *Seiza*.

[173] **État altéré de la conscience** : Aussi : état modifié de la conscience ou EMC. Il s'agit d'un état spirituel vigile qui diffère de l'état habituel de conscience d'une personne.

On parvient à cette altération d'état de conscience supérieur (éveil) notamment par le biais de pratiques spirituelles et corporelles, telles que la méditation, les exercices respiratoires et les pratiques martiales appropriées.

Nous pouvons méditer en utilisant une *Mudra* comme « *Rin* » ou « *Namasté* » (voir section précédente : XI.2 - « Le subconscient et les *Mudras* » [p. 217]).

La *Mudra Rin* peut être maintenue à hauteur des yeux ou reposant vers le bas au point naturel d'arrêt. Ou encore, on peut simplement placer confortablement les mains à l'intérieur des cuisses avec grande légèreté.

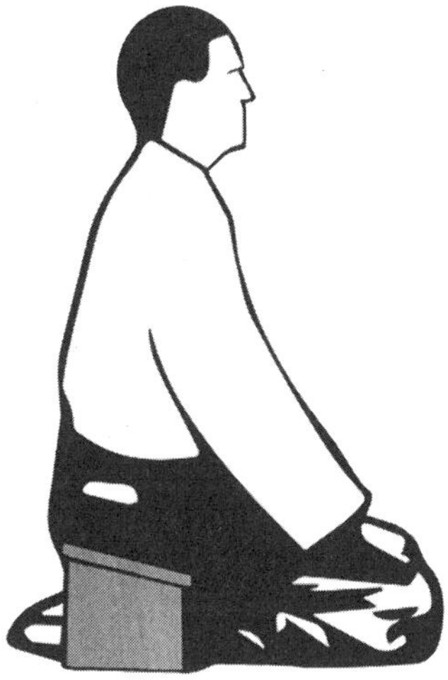

Les yeux peuvent être fermés ou demeurer semi-ouverts avec le regard posé à quelques mètres devant soi.

Nous devons demeurer profondément coordonnés durant toute la pratique. Idéalement, après l'exercice, nous continuerons de maintenir dans la vie courante cet état de profonde coordination et de sérénité.

Il est agréable de méditer au son d'une musique qui incite à la détente. Il a été démontré qu'une musique calme et relaxante aide à produire des ondes cérébrales[174] de type Thêta associées à un état mental de profonde concentration.

[174] **Ondes cérébrales :** Elles sont les activités électriques rythmées du cerveau qui sont classées selon leur nombre d'oscillations par seconde. Cette fréquence est exprimée en hertz (Hz).

Plus une personne est calme et plus le nombre d'oscillations par seconde est bas. Les quatre principales fréquences cérébrales sont classées comme suit :

Les **ondes Bêta** (oscillations de 15 à 45 Hz) : C'est l'état de veille normal. Ces ondes sont associées à la stimulation sensorielle, à l'excitation et à l'activité mentale.

À des niveaux élevés, elles sont associées à la peur, à l'anxiété et à la détresse ;

Les **ondes Alpha** (oscillations de 9 à 14 Hz) : Elles sont associées à la relaxation et à la méditation légères, à la visualisation, à la concentration active, à la créativité et à un état de conscience apaisé.

La coordination corps – esprit s'opère consciemment à ce niveau. C'est ce qu'on appelle « l'état Alpha » ;

Les **ondes Thêta** (oscillations de 4 à 8 Hz) : Elles sont associées à la relaxation et à la méditation profondes, aux rêves lucides, et aux états de transe et d'hypnose.

Elles sont le portail d'entrée des projections hors du corps (voyages astraux) et vers d'autres dimensions mystiques. La méditation avec *Ki* et une profonde coordination corps – esprit s'opèrent à ce niveau ;

Les **ondes Delta** (oscillations de 1 à 3 Hz) : Elles sont associées à la guérison, et même aux miracles, par le déclenchement d'une hormone de croissance.

Il s'agit la plupart du temps du sommeil profond (sans rêves). Certains pratiquants parviennent toutefois à demeurer conscients à ce niveau par le biais d'une profonde maîtrise de la méditation.

Méditation dite de concentration (Ni Bun No Ichi)

Durant la méditation, nous devons éviter de fixer notre attention. En effet, fixer l'attention entre en contradiction avec l'objectif même de la méditation qui vise l'élargissement de la conscience.

La méditation implique, dès le départ, un « mouvement » généré par la coordination en « focalisant » l'esprit au centre, tel qu'expliqué précédemment.

Par analogie, on pourrait comparer le centre à la sortie d'un boyau d'arrosage, et l'énergie à l'eau qui y circule. Fixer l'attention consisterait à regarder l'eau s'écouler passivement, alors que focaliser l'attention consisterait à placer une buse à l'extrémité du boyau afin d'augmenter progressivement la pression d'eau à la sortie. Il s'agit donc d'un état mental très actif.

Ainsi, en divisant par deux l'unité fondamentale « un », on obtient une moitié. De la même façon, en séparant cette moitié en deux et ainsi de suite à l'infini, on ne pourra jamais réduire à zéro[175] l'unité fondamentale « un ».

L'exercice mental de la méditation dite de concentration consiste à condenser mentalement le centre, soit le *Kikaï-tanden*, en le réduisant de moitié en moitié à l'infini... sans jamais arriver à zéro.

Il vient un moment en cours de méditation, où notre entendement de l'infiniment petit ne nous permet plus de visualiser la réduction condensée du centre. À cet instant, nous devons nous concentrer sur le maintien de la sensation de mouvement et d'extrême légèreté qui a été ainsi créé.

Une façon d'aider à initier la méditation en position *Seiza* avec la bonne sensation consiste à se balancer de gauche à droite à partir du centre, à la manière d'un métronome, et de réduire le mouvement de moitié à chaque oscillation. Un partenaire peut aider à créer cette impulsion en dirigeant le mouvement du pratiquant avec légèreté.

Lorsque le mouvement n'est plus apparent physiquement, le pratiquant le continue au centre, dans son esprit, et maintient cette sensation durant l'exercice. De plus, cela permettra au pratiquant en apprentissage de maintenir sa coordination plus longtemps.

---

[175] **Note** : Lorsqu'une personne pense « zéro » ou recherche le « vide », elle perd automatiquement sa coordination corps – esprit, car cela n'existe pas dans l'Univers (testez avec légèreté la stabilité physique d'un partenaire qui pense « zéro » pour le constater!).

Méditation dite d'expansion (Ki No Kadukaï Ho)

Les connaissances actuelles de l'Homme indiquent que l'Univers semble infini dans toutes les directions et cela, peu importe où l'on se trouve. Chacun de nous serait donc au centre de l'Univers. L'Univers se condensant deviendrait « la personne » et la personne se condensant deviendrait alors le « centre ».

Sur ce principe, la méditation dite d'expansion consiste à focaliser l'attention au centre et à l'élargir mentalement, de manière progressive, sous forme de sphères ou de cercles concentriques à l'infini.

Nous devons conserver calmement la sensation du mouvement lorsque notre entendement ne nous permet plus de visualiser l'expansion. Le *Ki* universel se diffuse infiniment, dans toutes les directions, grâce au maintien de la coordination.

La pratique de la méditation d'expansion est tout à fait de mise lors d'un voyage en avion. Ainsi, le pratiquant visualise son centre sphérique prenant de plus en plus d'expansion jusqu'au moment où l'avion lui-même se retrouve (métaphoriquement) à l'intérieur de son centre. Le pratiquant maintient alors la sensation du mouvement créé. Grâce à l'effet réel créé par la diffusion du *Ki*, ou de l'énergie, le pratiquant apporte amour et protection aux autres passagers et à lui-même, ce qui rend le voyage des plus agréables.

Une caractéristique dominante du mental de l'être humain c'est qu'il est toujours en mouvement. Toute tentative de stopper ce mouvement est non seulement vouée à l'échec, mais accentue ledit mouvement. Chez la plupart des personnes en apprentissage, de telles tentatives font en sorte que la coordination est rompue dans les quelques secondes suivant le début de la méditation.

Certes, il est futile d'essayer de calmer de l'eau agitée avec la main, car alors on produit encore plus de vagues. De même, nous devons laisser le mouvement des ondes cérébrales se réduire infiniment au centre jusqu'à ce qu'il devienne imperceptible.

La raison pour laquelle des idées parasites risquent de nous envahir au bout d'un certain moment vient du fait que l'être humain se désintéresse rapidement de ce qui outrepasse sa compréhension. Dans ce cas-ci, on parvient difficilement à se figurer les dimensions de l'expansion des sphères autour de soi ou de la réduction à l'infini du centre.

Lorsque des idées parasites surgissent de notre mental, nous ne devons pas tenter de lutter contre elles. Comme des nuages qui défilent dans le ciel, nous devons simplement laisser ces interférences s'évanouir tout en continuant l'exercice.

La vacuité résultant de ce non-effort c'est le chemin de la conscience pure. Ceux qui l'expérimenteront se rendront compte que ce sont probablement là les meilleurs moments de leur vie !

Alternance des méthodes de méditation

La méditation de concentration et la méditation d'expansion peuvent se compléter en alternance durant la pratique de l'exercice méditatif. Cette manière de pratiquer la méditation permet de prévenir les nombreuses distractions générées par notre mental.

Par exemple, lorsque la sensation de mouvement générée par la méditation dite d'expansion commence à s'atténuer, le pratiquant visualisera les sphères concentriques se condensant de plus en plus jusqu'à devenir le *Kikaï-tanden*.

Puis, le pratiquant condensera le centre et continuera son activité avec la méditation dite de concentration.

Lorsque la sensation de mouvement générée par la méditation de concentration deviendra ténue, le pratiquant renversera sa visualisation pour élagir le centre condensé jusqu'à entreprendre la méditation d'expansion, et ainsi de suite en alternance.

La fleur parfaite

Une autre façon de méditer consiste à visualiser une œuvre de la Création toute simple. Une fois coordonnée, calme et sereine, une personne visualise une graine en son centre. Peu à peu cette graine va germer, puis va croitre et s'épanouir pour devenir une fleur parfaite.

La personne observe alors la beauté de la fleur, la beauté de la création, sa propre beauté... Puis, une graine de cette fleur va tomber et recommencer le cycle d'épanouissement et ainsi de suite, à l'infini.

Ce type de méditation est des plus agréables et produit un mouvement, un rythme en harmonie avec l'Univers.

La vacuité provient non pas de l'absence de mouvement, mais bien d'un mouvement extrêmement rapide traduit par l'élévation de notre fréquence vibratoire. Toutes les cellules de notre corps sont alors stimulées et énergisées. Un équilibre intérieur et une grande paix s'installent, et le *Ki* universel se diffuse largement à travers soi.

C'est ainsi que l'esprit devient aussi calme que l'eau sans vague qui réfléchit toute chose se trouvant au-dessus. À ce moment-là, le pratiquant est alerte, plus vivant qu'il n'a jamais été, et sa conscience est véritablement élargie.

En Orient, on réfère au concept de *Fudoshin*[176] pour décrire cette condition d'équilibre et d'harmonie universelle.

« *Le véritable Fudoshin n'est pas un état d'esprit rigide et immobile, mais un équilibre qui vient du plus rapide des mouvements. Une toupie tournant sur elle-même à grande vitesse devient très stable.*

Fudoshin est la condition de stabilité physique et spirituelle qui résulte du mouvement continuel et tellement rapide qu'il en devient imperceptible.

Ce mouvement est produit en focalisant l'attention au centre situé dans le bas-ventre. Toute chose sera annihilée au centre lorsque nous expérimentons Fudoshin, et, peu importe les évènements, la stabilité sera préservée ».[177]

Par la coordination corps – esprit, le pratiquant génère en lui un état modifié de la conscience qui se traduit par une diminution de la fréquence oscillatoire des ondes cérébrales. Il peut alors accéder à un état méditatif, et cela, même en mouvement comme c'est le cas dans la pratique des *Katas* de *Jo* et de *Boken* et des techniques d'Aïkido.

Plus profonde est la méditation, plus la fréquence vibratoire[178] du pratiquant augmente et plus l'oscillation des ondes cérébrales diminue.

En diffusant largement le *Ki* par le biais de la méditation, un apport bénéfique de nouveau *Ki* universel revient vers la personne suivant le principe des vases communicants.

De plus, il est possible que le pratiquant expérimente une sudation intense éliminant ainsi de nombreuses toxines du corps parce que les respirations extérieure (au niveau pulmonaire) et intérieure (au niveau cellulaire) s'effectuent beaucoup plus efficacement. Des effets curatifs sont souvent observés.

---

[176] **Fudoshin** : (Jap.) Esprit imperturbable.

[177] Traduction libre d'un dicton de Maitre Koichi Tohei tiré de : « **Ki Sayings** », *Ki No Kenkyukai* (*The Ki Society*), *Privately Printed*, Tokyo, Japon, 1973, p. 14 (*FUDOSHIN*), 44 p.

[178] **Fréquence vibratoire** : Voir la note de bas de page n° 18, p. 12 et la section VI.3 : « *Boken* inflexible et vibrations », p. 141.

Il est particulièrement agréable de méditer en pleine nature, car nous y percevons l'environnement avec une grande précision. Avant d'amorcer une méditation dans un tel contexte, observez les détails de votre environnement.

Après l'exercice méditatif, vous constaterez que votre perception s'est élargie et vous observerez de nombreux détails révélés par tous vos sens, soit des éléments de l'environnement que vous ne perceviez pas avant d'entreprendre la méditation.

TENDANCES RELATIVES DE L'ÉTAT MÉDITATIF

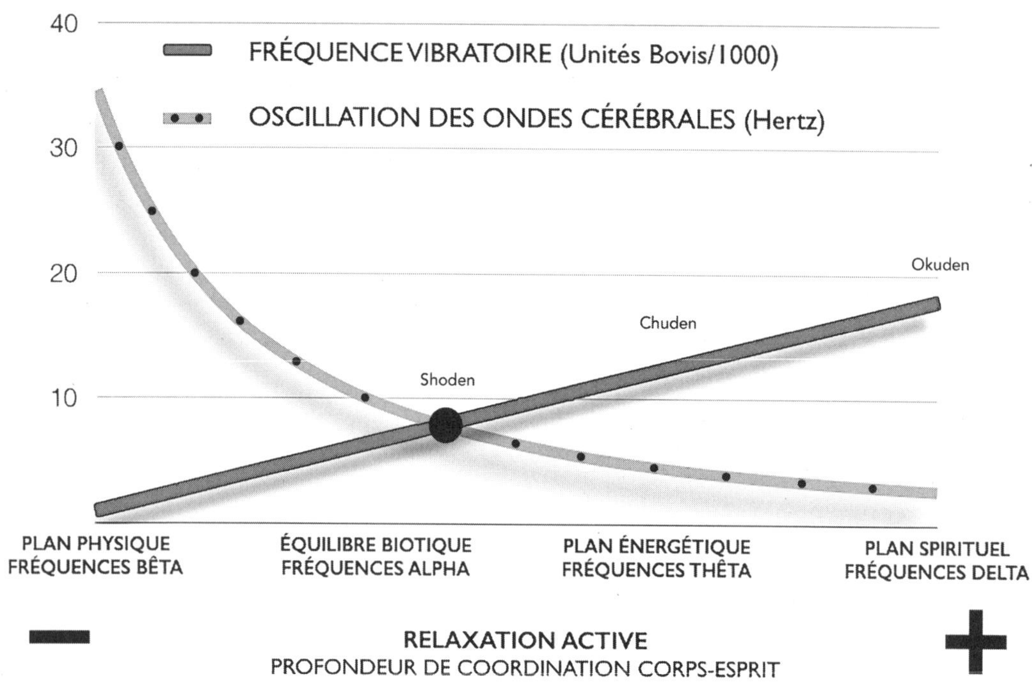

La méditation est donc un exercice qui nous rend plus alertes et conscients de tout ce qui nous entoure. La conscience est alors élargie. Nous pouvons même en arriver à anticiper les évènements. Par exemple, celui qui médite pourrait ressentir les intentions d'une personne qui approche avant même d'entendre le bruit de ses pas…

De telles habiletés de perception peuvent être transposées dans la vie courante lorsque le pratiquant ou l'artiste martial a maitrisé l'essence de la méditation.

L'égo et l'emprise du mental freinent la réalisation de soi. Tenter de réprimer l'égo ou le mental produit des tensions et rompt la coordination. Lorsqu'une personne doit accomplir une tâche qu'elle considère difficile, le mental est en voie de prendre le contrôle. Le mental n'est pas l'être véritable, il n'est qu'un instrument d'interprétation de notre monde relatif.

Nous sommes tous habitués à penser de manière relative en nous plaçant dans une perspective dualiste. Par exemple, on dira que ce rocher est lourd par rapport à léger. On dira qu'il fait chaud par rapport à froid. Les choses ne sont pourtant que ce qu'elles sont et c'est tout.

Lorsque notre mental interprète de manière relative tout ce qui nous entoure, il porte des jugements et crée des attentes. Au fil du temps, notre subconscient est imprégné d'une multitude d'idées préconçues et négatives qui, lorsqu'elles surgissent, brisent la coordination et freinent la joie de vivre.

Par la pratique, une personne apprend à utiliser positivement son mental sans se laisser dominer par lui. C'est à l'être humain conscient de maintenir son ascendance sur le mental afin de révéler sa vraie nature spirituelle.

Une personne qui s'apprête à soulever un objet qu'elle considère lourd est généralement déjà tendue et donc beaucoup moins efficace. En effet, pour soulever un tel objet, il est de loin préférable de maintenir la coordination corps – esprit et de procéder avec la plus grande légèreté.

Des évènements rapportés décrivent des exploits où des personnes ont soulevé des véhicules afin de dégager des victimes d'accidents routiers. Ces personnes ont procédé naturellement sans porter de jugement. Elles ne se sont pas arrêtées en considérant le poids du camion ou leur faible condition physique. Elles ont agi intuitivement et naturellement, sans emprise du mental.

Certains diront qu'une poussée subite d'adrénaline serait à l'origine de ce genre de prouesses. Ce processus n'est cependant qu'une des données parmi d'autres à tenir en compte. Une poussée d'adrénaline doit être gérée adéquatement pour être utile.

Lors d'une poussée d'adrénaline, nombre d'individus se mettent même à vaciller et à perdre leurs moyens. L'expression « la moutarde lui monte au nez ! » décrit cet état de perte de contrôle. Si vous subissez une montée d'adrénaline vous pouvez facilement la contrôler et utiliser ses effets positivement à condition de décider d'en jouir plutôt que de lutter contre elle.

Il existe une multitude d'exemples où des gens ont retrouvé leur être véritable dans des situations d'urgence. Parfois, c'est aussi le cas pour des athlètes et des artistes de grand talent dans la pratique de leur discipline respective, qui, souvent, ne savent pas comment appliquer à leur vie courante ce magnifique potentiel, ni comment l'enseigner aux autres.

L'égo est, par définition, l'état du « moi » comme sujet pensant. Combiné à l'emprise du mental, il est difficile d'élargir sa conscience.

L'égo est à l'opposé de la conscience universelle et nous devons l'abandonner pour croitre réellement. Nous devons considérer l'être véritable comme le « témoin » et non comme l'acteur, le spectateur ou le sujet agissant et pensant.

« La bonne nouvelle c'est que nous sommes Bouddha. La mauvaise, c'est que tous les êtres sont Bouddha. Le symptôme de la maladie humaine est de vouloir être unique. Chacun de nous cherche à être le seul unique.

Chacun de nous veut régler l'Univers afin qu'il tourne autour de lui, et seulement autour de lui. L'idée que nous sommes identiques à tous les êtres est quelque chose que nous sommes incapables d'accepter. Et la manière la plus simple d'affirmer notre unicité est d'attirer l'attention des autres [...].

C'est plutôt le sacrifice de son unicité, le renoncement constant à soi-même qui conduit à l'éveil. Et ce travail ne peut être fait que secrètement, silencieusement et sans fanfare. La seule manière de nous reconnaitre comme un unique inviolable est d'accepter les souffrances qui viennent du fait que nous ne sommes pas uniques, dans le sens que nous voudrions. En effet, sous tant d'aspects nous sommes tellement ordinaires ! »[179]

L'expérience individuelle, ou la perspective de la matière vécue par chacun d'entre nous, semble nous conférer un caractère unique. Cette individualité, quoiqu'illusoire, est préservée au travers des activités de *Ki* comme la méditation. Le « masque » qu'est la personnalité deviendra cependant beaucoup plus esthétique.

Il est difficile d'accepter l'abandon de l'égo, car dans notre société on observe l'adulation et la rétribution de ceux qui surpassent ou dominent les autres, et ce, dans tous les domaines. Dans les sports les exemples sont nombreux : le champion de golf, la médaillée d'or olympique, le joueur vedette de hockey, etc., se voient souvent conférer une supériorité chimérique en tant qu'humain. Cette attitude puérile est véritablement une tare importante de notre société, car elle empoisonne le mental d'un grand nombre d'individus.

Ces derniers, dans leurs interactions interpersonnelles, parleront même sottement de « saine compétition » pour se donner bonne conscience. L'illusion arbitraire du perdant et du gagnant est le reflet d'une incompréhension totale de ce que nous sommes en réalité.

---

[179] Citation du Maitre Zen Albert Low (1928 – 2016), tirée de : Smith, Jean. « **365 jours Zen** », Le Courrier du Livre, Paris, 2000, p. 355, 373 p. Maitre Low a été le directeur du Centre Zen de Montréal (Qc, Canada) de 1979 à 2016.

Le témoin

Est digne d'admiration l'individu qui, au cours de sa vie, a laissé derrière lui son égo. Une telle personne comprend la vie avec une grande clarté et tire les leçons positives de tous les évènements. Elle est le témoin, la véritable essence de l'humanité et de la création.

« *[...] Toute création convenable ne peut réussir que dans l'état purement désintéressé, état dans lequel le créateur est absent en tant que lui-même.*

Seul l'esprit est présent, en une sorte d'état de veille, qui ne colore pas précisément de la teinte du "moi", et davantage capable de pénétrer tous les espaces, toutes les profondeurs, avec des yeux qui entendent et des oreilles qui voient ».[180]

Dans une méditation, le témoin est l'expression de l'être véritable. Il prend une part active à l'évènement, il est l'expression de la conscience universelle, la lumière, la création. Lorsqu'une personne médite, elle observe sa conscience profonde ; c'est-à-dire que le témoin est en symbiose avec l'observateur et l'objet observé.

En action, comme dans la pratique des arts martiaux, le témoin est alors en symbiose avec l'acteur et l'action (ou l'évènement). C'est pourquoi la technique est transcendée. Nous devons simplement laisser l'évènement se produire. C'est l'Univers en nous qui s'accomplit.

Pour comprendre ce principe de réalisation de soi, le pratiquant peut visualiser qu'il se trouve à l'extérieur de son propre corps et qu'il observe la méditation ou l'action se réaliser.

Tous les exercices de *Ki* s'exécutent avec une facilité déroutante lorsque pratiqués dans cet état d'esprit. Même si ce processus ne dure que l'instant d'un éclair lors des premières tentatives, le résultat escompté d'un exercice se produira. Expérimentez-le, et vous réaliserez que l'Univers peut s'exprimer de plus en plus profondément à travers soi au fur et à mesure que l'on apprend à maitriser et à induire cet état.

Le double de soi

Cette maîtrise de l'être extérieur peut s'appliquer dans la vie de tous les jours dans tous les contextes. C'est un peu comme si le pratiquant créait mentalement un double invisible de lui-même à qui il laisserait le contrôle de son corps physique.

[180] Tiré de HERRIGEL, Eugen, (Bungaku Hakushi [1884 – 1955], philosophe allemand), « **Le Zen dans l'art du tir à l'arc** », Éditions Dervy, Paris, France, 1998, pp. 77 – 78, 131 p.

Ce double de soi-même est alors contrôlé entièrement par l'esprit, c'est-à-dire par le Soi. Suivant le principe que l'esprit domine la matière, l'*Okuden*[181] pourra même réussir des exercices sans déplacer physiquement son corps pour aligner les *Kikaï-tanden*. Ainsi, son double invisible se déplacera dans l'espace-temps, au bon endroit et au bon moment, pour aligner spirituellement les *Kikaï-tanden*, ce qui produira le résultat physique attendu.

Par exemple, on peut reprendre l'exercice « *Expédier le partenaire au sol* » décrit à la section IX.2 : « L'alignement des *Kikaï-tanden* » (p. 188). Lorsque le pratiquant aura physiquement maitrisé l'exercice, en procédant à l'alignement des *Kikaï-tanden* comme il se doit, il pourra visualiser un double de lui-même qui tourne ses hanches à 90 degrés à sa place, et la chute du partenaire se produira sans que les *Kikaï-tanden* se soient alignés physiquement.

Le double qui est créé par l'esprit du pratiquant s'avère une forme-pensée[182] temporaire qui concrétise la communication énergétique souhaitée. Encore une fois, ces résultats s'obtiendront dans le monde physique seulement lorsque le pratiquant aura acquis le niveau adéquat de compréhension et de maitrise de la coordination corps – esprit. Évidemment, si des maitres sont intuitivement capables de produire instantanément ces résultats, ils ne sont pas nécessairement capables d'enseigner à d'autres comment y parvenir. Les processus décrits dans cet ouvrage permettent non seulement de les apprendre, mais également de les enseigner.

Comme disait Maitre Koichi Tohei : « *Ce que vous apprenez aujourd'hui, vous pourrez l'enseigner demain !* ». Je dois bien admettre que c'est ce précepte qui a guidé mes pas et qui est à l'origine du présent ouvrage.

---

[181] **Okuden** : (Jap.) Désigne la personne possédant ce niveau, soit le 3e niveau de maitrise de l'art interne de la coordination corps – esprit, dont la fréquence vibratoire du pratiquant correspond à plus de 14,000 unités *Bovis*. Ce niveau est caractérisé par la prise de conscience de l'esprit « UN », par l'union de soi à l'Univers, le non-désir et l'abandon de l'égo.

Le 1er niveau de maitrise de l'art interne de la coordination corps – esprit, « ***Shoden*** », correspond au monde physique. La fréquence vibratoire du pratiquant se situe dans le plan physique entre de 6,500 à 10,000 unités *Bovis*. Ce niveau est caractérisé par la conscience de soi et de la nature, et par l'acquisition de connaissances, intuitives et scientifiques.

Le 2e niveau de maitrise de l'art interne de la coordination corps – esprit, « ***Chuden*** », correspond au plan énergétique. La fréquence vibratoire du pratiquant se situe dans le plan énergétique entre 10,000 à 14,000 unités *Bovis*. Ce niveau est caractérisé par la conscience du moment présent, par l'unification du corps et de l'esprit, et l'expression éthique et esthétique du potentiel de *Ki*.

[182] **Forme-pensée** : Concept ésotérique du XIXe siècle. Phénomène basé sur le fait qu'un être humain génère inconsciemment ou non des énergies d'ordre psychique. Une forme-pensée est le produit quantique issu d'une profonde volonté et qui peut se détacher entièrement de son créateur pour s'accomplir dans le monde physique.

La méditation est dynamique

« *Pour que l'action soit juste, il faut que la méditation la précède et coexiste avec elle. Alors seulement se dévoile la vraie liberté* ».[183]

Méditer, même en action, c'est : laisser l'universel en nous s'exprimer, il le désire ; laisser notre conscience s'élever, elle n'attend que cela ; laisser germer la graine afin qu'elle devienne la fleur parfaite qui dort en nous depuis toujours ; laisser la félicité se manifester, elle le demande. L'étincelle de l'esprit universel, l'« Esprit Un » que nous sommes, réalisera sa volonté et ses œuvres si nous ne l'en empêchons pas. Pour réaliser cela, nous devons être sans but ni esprit de profit. C'est le détachement. En définitive, méditer consiste à attendre que le calme de l'esprit se manifeste totalement.

Par la méditation, nous apprenons à suivre le mouvement universel et, de ce fait, à cultiver le maintien de la coordination dans nos activités journalières. Le centre (le *Kikaï-tanden*) est l'endroit où la négativité est annihilée, et la méditation nous enseigne à développer cette habileté.

Ainsi, en nous pratiquant à diriger calmement la négativité vers le centre et en la laissant se dissoudre dans le cosmos, la négativité de l'environnement et celle des autres ne nous contrôleront pas. C'est l'une des nombreuses raisons de pratiquer la méditation, c'est-à-dire de développer un esprit inébranlable en toute circonstance.

Plus la coordination corps – esprit est maintenue durant les activités journalières, moins le besoin de dormir longtemps se fera sentir parce que le corps est constamment renouvelé de *Ki* universel. Cependant, dans la vie courante, l'attitude négative résultant de l'emprise du mental rompt continuellement la coordination.

C'est pourquoi la pratique est si importante. Nous devons tendre vers l'absolu, c'est-à-dire réaliser la pensée universelle pour atteindre la connaissance véritable de soi qui est en réalité la connaissance même de l'Univers. Pour l'artiste martial, le développement de sa capacité à diffuser le *Ki* universel et le développement de l'intuition sont essentiels.

L'artiste martial qui se limite à un entrainement physique ou compétitif, sans compréhension de la coordination corps – esprit, se heurtera rapidement à des plateaux de performance et finira par régresser au fil du temps.

[183] Extrait du livre du Maitre Zen Taisen Deshimaru (1914 – 1982), « **Zen et arts martiaux** », Éditions Albin Michel, France, 1991, p. 66, 152 p.

Maitre de bouddhisme Zen japonais de l'école *Soto*, Taisen Deshimaru est le fondateur de nombreux *Dojos* et de groupes Zen en Europe. Son enseignement met à l'avant plan la notion de l'« ici et maintenant ».

L'harmonie universelle et la volonté sont la source de la plus grande force de l'être humain et elles peuvent être cultivées par la méditation. Une personne qui médite préviendra ainsi une multitude de maux causés par le stress.

Si, en cours d'exercice, le niveau de conscience s'élève à un état d'illumination, la personne estompera elle-même ce niveau de conscience aussitôt qu'elle tentera de s'approprier ou de retenir la connaissance qui lui est transmise par l'universel.

Ainsi, la pratique de la méditation doit toujours se réaliser avec un détachement soutenu. « Ne faire qu'un avec l'Univers » survient dans ces conditions.

Il existe une multitude de techniques méditatives et toutes sont valables à condition de les pratiquer avec coordination corps – esprit. La seule manière de s'en assurer, c'est de se prêter aux tests répétés d'un partenaire durant la pratique.

De cette façon, nous obtenons, durant la méditation, une rétroaction non équivoque. Si la méditation est bien exécutée, le partenaire observera un accroissement de la profondeur de la coordination.

« *Celui qui a atteint l'Éveil est comparable au reflet de la lune dans l'eau. La lune n'est pas mouillée, l'eau n'est pas brisée. Bien que sa puissance lumineuse soit immense, la lune tient dans une petite flaque d'eau. Cette illumination qui ne meurtrit pas est comme la lune qui ne transperce pas l'eau* ».[184]

GISHI
(Droiture)

[184] Citation du Maitre Zen Dôgen (1200-1253), fondateur de l'école *Soto* du bouddhisme Zen au Japon, tirée de : Smith, Jean. « **365 jours Zen** », Le Courrier du Livre, Paris, 2000, p. 137, 373 p.

Éliminer la négativité

Et Jitoku demanda à Rojii…

– Sensei, comment arrive-t-on à éliminer de notre esprit la négativité dont la fixation nous obscurcit la vie et qui persiste inlassablement dans notre tête tel un écho sans fin ?

Et Rojii répondit :

– Ça concerne le centre, et la procédure est très simple. À l'entrainement tu te rappelles surement m'avoir entendu te dire : "Focalise davantage, encore plus, encore et encore" ou "relaxe, relaxe encore plus", etc.

Ces insistances avaient pour but de te faire accroitre ta diffusion du Ki, ta volonté. Avec la persistance on arrive à créer notre vie. Ainsi, la négativité redirigée au centre est une question de persistance.

Tu la rediriges jusqu'à ce qu'elle soit définitivement annihilée, de sorte qu'elle ne t'atteigne plus. Ta volonté aura ainsi fait en sorte que tu auras créé ta vie sans l'influence de cette négativité.

Tu remarqueras, qu'avec le temps, de nombreux problèmes se règlent et la négativité finit tôt ou tard par disparaitre. Lorsqu'elle persiste, c'est parce qu'on ne la laisse pas partir.

En redirigeant cette négativité au centre, tu réduis rapidement ce laps de temps jusqu'à ce qu'il rejoigne le moment présent.

– Donc, ça signifie que je dois focaliser mon attention au centre encore et encore. C'est ce processus-là qui redirigera la négativité vers le centre ! Je ne dois donc pas penser à ce qui est négatif. Je dois seulement penser au centre. Est-ce bien cela Sensei ?

– Oui ! La focalisation au centre est le processus par lequel tu vas induire le résultat. Avec ta fixation, tu fais déjà face mentalement à l'objet négatif de ton mental. Tu n'as donc pas besoin d'y penser davantage. Il est là et bien réel. Si tu penses à l'objet négatif, tu le retiens et tu lui donnes même de l'ampleur. C'est comme si tu essayais de calmer des vagues avec tes mains, tu créerais davantage de vagues.

Au fil du temps tu vas développer ce qui est appelé dans le Budo "la divine indifférence". Tu seras d'une sensibilité et d'une perception extrêmes sans que tu n'en sois affecté sur le plan émotionnel.

XI.4 – TECHNIQUES RESPIRATOIRES AVEC *KI*

Parmi les besoins vitaux de l'être humain, la respiration est sans aucun doute le plus important. Une personne peut être privée d'eau ou de nourriture durant plusieurs jours. Par contre, privée d'air, elle ne survivra que quelques minutes.

« Notre respiration est le pont entre notre corps et notre esprit, l'élément qui réconcilie corps et esprit et rend possible l'unicité corps – esprit. La respiration s'aligne à la fois au corps et à l'esprit, et c'est le seul outil qui peut les rassembler, les illuminant tous deux et leur apportant la paix et le calme ».[185]

Lorsqu'une personne médite, sa respiration devient de plus en plus calme et profonde. Elle ressentira l'envahissement d'une chaleur et une sudation. C'est normal, car tout son corps respire durant l'activité.

La technique de respiration avec *Ki* produit un effet amplifié de ce phénomène en rejetant de nombreuses toxines hors du corps, par les poumons, mais aussi par les pores de la peau. Ces toxines sont en fait des sous-produits du processus de transformation de la nourriture en énergie. Pour être efficace, ce processus requiert un apport indispensable de dioxygène (O_2) transporté dans le sang par les artères au niveau cellulaire.

Il en résulte la production de substances, comme le dioxyde de carbone (CO_2), qui se doivent d'être évacuées par les veines du réseau sanguin. C'est pourquoi la respiration se doit d'être efficace, car elle est intimement liée à la santé donc, à la qualité de vie. Chez un adulte, quatre à cinq litres de sang parcourent environ 90 000 Kilomètres de veines et artères pour acheminer le dioxygène (O_2), une substance nutritive indispensable aux cellules qui composent le corps humain.

Lorsque tendue ou stressée, une personne restreint la circulation sanguine et s'expose à des dysfonctionnements causant un grand nombre de maladies. C'est pourquoi la maitrise de la posture et une attitude positive sont la source du bien-être et de la santé d'une personne.

En effet, le maintien de postures non naturelles, c'est-à-dire qui ne permettent pas de réaliser la coordination corps – esprit, et le stress causé par l'affaiblissement mental causent dans le corps des tensions qui se répercutent négativement sur la santé. Une personne centrée, relaxée et en santé respire profondément, calmement et à un rythme régulier, alors qu'une personne tendue, ou qui éprouve des problèmes de santé, a le souffle court et sa respiration est bruyante ou saccadée.

---

[185] Citation de Trich Nhat Hanh, un moine bouddhiste vietnamien militant pour la paix, né le 11 octobre 1926, et promoteur du bouddhisme en Europe, notamment avec le concept de « Pleine conscience », tirée de : Smith, Jean. « **365 jours Zen** », Le Courrier du Livre, Paris, 2000, p. 173, 373 p.

Par l'entrainement, nous pouvons améliorer notre condition physique et retrouver un meilleur équilibre mental. La respiration avec *Ki* est curative et nombre de cas ont été rapportés en ce sens. Elle relâche les tensions corporelles et mentales.

Peu importe l'affection, la respiration avec *Ki* améliorera grandement la condition physique ou mentale d'une personne affligée par la maladie, par une blessure ou se trouvant en convalescence. Elle peut aussi contribuer à soulager et même aider à guérir une personne atteinte d'une maladie grave. Elle est un moyen très efficace de promotion de la santé.

Le processus de respiration avec *Ki* renforce le système immunitaire, épure le subconscient, améliore la circulation sanguine, calme l'esprit tout en annihilant le stress mental, rend la personne radieuse et communicante, etc.

Cette formidable technique, qui est véritablement une source de vie, a été développée et offerte au monde par Maitre Koichi Tohei (1920 – 2011), le fondateur de l'Aïkido *Shin-shin Toitsu*.

Le *Ki* universel ou l'énergie vitale dont nous avons besoin circule abondamment lorsque nous sommes complètement relaxés. La respiration avec *Ki*, et la coordination corps – esprit qui lui est nécessaire, améliorent l'échange de *Ki* universel avec le corps et, conséquemment, améliore le métabolisme d'un individu.

Durant la phase éveillée de la journée, une personne interagit continuellement avec le monde physique par l'utilisation de ses cinq sens. Une partie de la force vitale est alors consommée et on se doit de la renouveler, notamment par un sommeil paisible qui s'obtient lorsque l'esprit est calme. C'est pourquoi le sommeil s'avère tellement revigorant.

En vieillissant, soit à partir de l'âge de 50 ans, une personne peut devenir moins énergique pour diverses raisons. Cela signifie qu'elle peut interagir moins avec le *Ki* que lorsqu'elle était plus jeune, ouvrant ainsi le chemin à la maladie et à l'affaiblissement de la volonté. Aussi, pour stimuler la force vitale et calmer l'esprit, la respiration avec *Ki* est une méthode sans pareille.

Notons que pratiquer la respiration dans le but de s'approprier, de contenir ou d'accumuler le *Ki* fait perdre la coordination et freine la circulation ou l'échange de *Ki* avec le corps, réduisant ainsi les capacités corporelles et mentales.

Nous ne pouvons pas économiser le *Ki* universel. Par contre, l'accès au *Ki* est illimité quand nous sommes en état de coordination corps – esprit. Dans la pratique, il est important de prendre conscience que l'énergie qui nous est prêtée est universelle.

Nous avons tendance à oublier que nous faisons partie d'un tout composé originellement de *Ki*.[186] Notre expression charnelle est liée et dépend entièrement de cette énergie.

En diffusant le *Ki* fortement, une nouvelle énergie la remplace. Cependant, en cultivant cette habileté de diffusion, l'humain accroit quantitativement l'échange énergétique avec le *Ki* cosmique (l'océan d'énergie). En interagissant avec le *Ki* universel et en le diffusant allègrement, cela permet d'activer de plus en plus l'énergie vitale, d'améliorer la santé et de cultiver la volonté.

Tout comme l'eau stagnante qui finit par se corrompre avec le temps, l'énergie vitale, c'est-à-dire le *Ki* propre à chaque humain, devient de moins en moins opérante lorsque non renouvelée. Quand l'énergie vitale est complètement dissipée, c'est la mort du corps physique.

Nos actions sont largement dictées par nos instincts naturels, nos émotions et notre raison. Parfois, ces niveaux de conscience se contredisent et génèrent des conflits avec soi-même. La respiration avec *Ki* permet d'expérimenter « *Reiseishin* ». Il s'agit d'un élargissement de la conscience ou d'une clarté d'esprit permettant de saisir le rythme universel de manière absolue plutôt que relative.

C'est dans cet état que la personne n'est gouvernée ni par ses instincts, ni par ses émotions, ni par sa raison, et que son être retourne à la source originelle de la création, l'esprit universel. La personne expérimente alors la véritable liberté. La dualité du monde relatif crée des conflits avec soi-même et avec les autres. C'est pourquoi notre esprit doit s'harmoniser avec celui de l'Univers, l'absolu d'où notre être et le monde physique ont tiré leur existence.

« *L'esprit de l'être humain ne fait qu'un avec l'esprit de l'Univers. Ce dernier s'appelle Reiseishin. La lune est clairement reflétée lorsque la surface de l'eau est calme.*

Dans le même ordre d'idée, lorsque notre corps et notre esprit sont coordonnés et calmes, Reiseishin se manifeste complètement. Quand cela se produit, les souffrances et les désirs négatifs s'envolent. C'est alors que nous sommes remplis de l'esprit universel qui n'est qu'amour et protection pour toute chose de la création ».[187]

---

[186] **Note** : Ce concept Zen réfère au mot japonais « *Mu* » (*Wu* en chinois) signifiant « sans forme ». On peut associer ce concept à la vacuité « *Ku* », le cinquième élément du bouddhisme japonais, en considérant que c'est de l'impermanence et des changements perpétuels que le monde physique tire ses origines.

[187] Traduction libre d'un dicton de Maitre Koichi Tohei tiré de : « **Ki Sayings** », *Ki No Kenkyukai* (*The Ki Society*), *Privately Printed*, Tokyo, Japon, 1973, p. 17 (*REISEISHIN*), 44 p.

La première chose que l'être humain fait à sa naissance c'est d'inspirer et la dernière qu'il fera à la fin de sa vie sera d'expirer. Ainsi, on pourrait dire qu'au cours de sa vie, l'être humain renait et meurt à chaque fois qu'il inspire et qu'il expire.

Avec la prise de conscience de ce cycle naturel, nous pouvons recommencer notre vie à chaque nouvelle respiration et recréer l'Univers en l'améliorant un peu plus chaque fois. Les exercices de respiration s'exécutent dans cet état d'esprit.

Respiration avec Ki (Ki No Kokyu Ho)

Pour débuter l'exercice de respiration avec *Ki*, la personne se coordonne dans la position de son choix, de la même façon qu'elle le ferait pour l'exercice de méditation. C'est cependant dans la position *Seiza*, avec ou sans un banc de méditation, que l'exercice est habituellement exécuté de manière optimale.

Un partenaire vérifie la coordination en testant la personne se livrant à l'exercice. Il peut procéder aux tests d'usage à tout moment. La personne est plus susceptible de rompre sa coordination au début de l'inspiration ou de l'expiration.

Une règle de *Ki* nous dit, que lorsqu'elle est coordonnée, une personne opère une diffusion du *Ki* universel dans toutes les directions. Pour diffuser le *Ki* de manière cohérente avec l'expiration, la personne visualise préalablement un mouvement de *Ki* vers l'avant à l'infini. Une façon de comprendre cette visualisation consiste à imaginer un vent puissant voyageant vers l'avant tout en traversant le corps au passage.

L'expiration physique peut dès lors débuter. Le pratiquant peut fermer les yeux calmement ou regarder vers l'avant. Il s'agit maintenant d'ouvrir la bouche naturellement et d'expulser l'air de son corps aussi longtemps et aussi lentement que possible, tout en produisant le son *haaa...*, à peine perceptible. L'expiration physique suit alors calmement le mouvement de *Ki* initié par la visualisation.

Lorsque l'expiration physique se termine, le pratiquant penche légèrement le torse vers l'avant en maintenant le bas du dos bien droit. À cette étape, ce mouvement facilite l'expulsion quasi complète de l'air des poumons. La personne maintiendra cette position durant l'inspiration.

Quand l'air des poumons sera complètement expulsé, on devra continuer à diffuser le *Ki* à l'infini vers l'avant, dans notre esprit, durant quelques secondes en comptant 1, 2, 3... Puis, le pratiquant fermera calmement la bouche.

Au moment de l'inspiration, la personne visualise un nouveau mouvement de *Ki*, de l'avant, vers son visage.

Elle ferme la bouche et commence à inspirer calmement et lentement par le bout du nez comme si elle remplissait d'air son corps entier, non pas seulement ses poumons. L'inspiration physique étant terminée, la personne se redressera légèrement pour revenir dans la position initiale, c'est-à-dire celle adoptée au début de l'exercice. Cette manœuvre permettra de remplir complètement les poumons d'air.

PROCESSUS D'EXPIRATION (durée: + de 25 secondes)

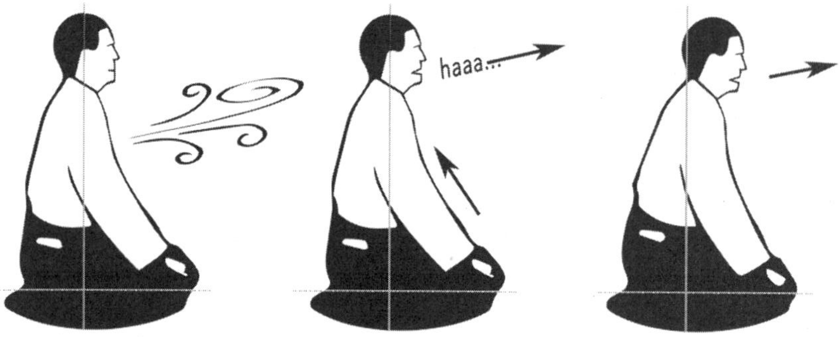

Visualisation d'un mouvement de Ki — Expiration physique au son de haaa... — Torse légèrement penché vers l'avant

PROCESSUS D'INSPIRATION (durée: + de 10 secondes)

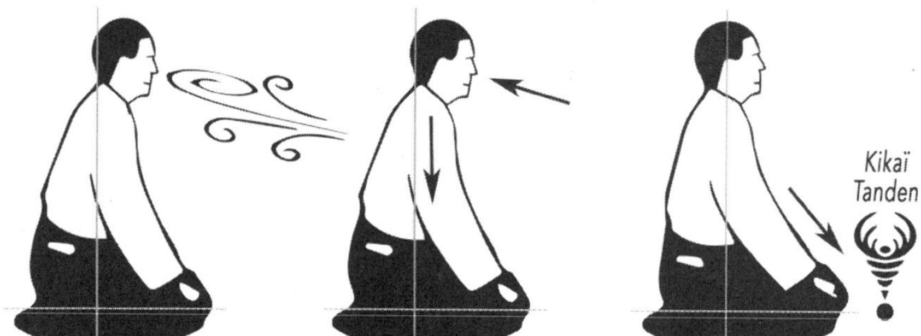

Visualisation d'un mouvement de Ki — Inspiration physique par le bout du nez — Retour à la position initiale

Lorsque les poumons sont remplis d'air, la personne focalise son attention au centre quelques secondes en comptant 1, 2, 3... Le *Kikaï-tanden* se situe maintenant en avant d'elle, sur le sol, puisqu'elle est en position *Seiza*. Puis, le cycle de l'exercice recommence. L'exercice de respiration s'effectue sans effort, les épaules et le torse ne se soulèvent pas et le corps doit demeurer libre de toute tension.

L'émission du son « *haaa...* » durant l'expiration indique si des ruptures de *Ki* se sont produites. En effet, un son changeant ou saccadé révèle soit un problème de santé, soit une perte de coordination. En produisant ce son, nous obtenons une rétroaction instantanée sur la qualité (ou profondeur) de notre coordination corps – esprit.

Étonnamment, un autre son que « *haaa...* » (comme *huuu...*) fait perdre la coordination corps – esprit dans le présent contexte. En Orient, il est suggéré que l'Univers eût été créé par le truchement du son « *ha* ».

Techniques respiratoires

« *Expirez, et faites voyager votre souffle infiniment aux confins de l'Univers. Inspirez, et faites que votre souffle atteigne votre centre situé dans le bas-ventre et qu'il continue infiniment à cet endroit. La respiration avec Ki est une importante méthode de coordination corps – esprit.*

La nuit quand tout est calme et tranquille, pratiquez la respiration avec Ki et vous sentirez que vous ne faites qu'un avec l'Univers. C'est un moment d'extase sans pareil qui active pleinement l'énergie vitale qui est naturellement vôtre ».[188]

L'adulte humain respire en moyenne 12 fois par minute et n'utilise que 500 à 700 des 3000 à 4000 centimètres cubes d'air que peuvent contenir ses poumons. Bien que quelques secondes soient nécessaires pour expulser ce volume d'air, les vaisseaux sanguins eux, continuent d'amener pour expulsion, au niveau des poumons, le CO_2 et autres toxines.

En effet, un cycle complet de circulation sanguine dure environ 22 secondes. C'est pourquoi le temps d'expiration souhaitable est d'environ 25 secondes, car il représente un peu plus que la période requise par le sang pour effectuer un circuit complet via les veines et artères.

Après un certain moment, durant l'exercice, une respiration complète durera près d'une minute. Des pratiquants assidus sont capables de réaliser des respirations complètes de plus d'une minute, et ce, pendant de longues périodes.

Dans la pratique, l'important c'est de nous améliorer selon nos capacités et nos habiletés. Encore une fois, l'impact positif dans la vie courante est le seul indicateur valable de notre progression.

Lorsque les mouvements de *Ki* d'expiration et d'inspiration auront été assimilés par une pratique soutenue, la personne n'aura plus qu'à exécuter l'exercice, simplement en relaxant et en maintenant la coordination corps – esprit. À ce stade, elle sera au seuil d'expérimenter « *Reiseishin* ».

---

[188] Traduction libre d'un dicton de Maitre Koichi Tohei tiré de : « **Ki Sayings** », *Ki No Kenkyukai* (*The Ki Society*), *Privately Printed*, Tokyo, Japon, 1973, p. 15 (*KI BREATHING METHODS*), 44 p.

Variations de la technique respiratoire

« Expirer traduit la compassion. C'est le temps respiratoire du don et du lâcher. Inspirer, c'est recevoir. C'est comme la naissance et la mort. Inspirer c'est renaitre. En d'autres termes, en moi j'ai la capacité d'absorber la vie ».[189]

L'exercice de respiration peut se pratiquer dans toutes les positions où il est possible de se centrer, soit au lit, au volant d'une automobile et même en marchant. Cependant, les temps d'inspiration et d'expiration seront substantiellement diminués.

En marchant, l'expiration durera le temps de quatre pas. Dans ces dernières occurrences, les mouvements de se pencher vers l'avant et de revenir dans la position initiale ne seront évidemment pas exécutés.

Cependant, l'exercice de respiration s'avèrera très valable, malgré l'incapacité de pouvoir le réaliser dans la position *Seiza* à l'aide d'un banc de méditation ou assis sur une chaise sans s'adosser.

Dans la position debout, il existe également une variation de la technique respiratoire. Elle consiste à inspirer profondément par le nez en montant sur la pointe des pieds, les bras pendant le long du corps.

Au moment de l'inspiration, qui dure minimalement quatre secondes, le pratiquant allonge les doigts en dirigeant les auriculaires vers l'extérieur. Puis, il redescend en expirant calmement durant encore au moins quatre secondes, tout en laissant les mains se replacer le long du corps.

Exécutée trois fois de suite, cette technique permet de reprendre son souffle aisément après un effort physique astreignant. On peut aussi l'exécuter plusieurs fois de suite simplement pour se relaxer.

Une personne alitée ou en convalescence peut pratiquer la respiration avec *Ki* afin de régénérer sa vitalité et ainsi se remettre sur pied beaucoup plus rapidement qu'espéré.

La relaxation profonde résultant de l'exercice permet aux bronchioles et aux vaisseaux sanguins de se dilater complètement. La respiration avec *Ki* rend l'échange de dioxygène (O_2) et de dioxyde de carbone (CO_2) très efficace.

---

[189] Citation de Jakusho Kwong, (né en 1935) Maitre Zen de l'école *Soto*, tirée de : Smith, Jean. « **365 jours Zen** », Le Courrier du Livre, Paris, 2000, p. 19, 373 p.

Toutes les cellules du corps sont alors adéquatement oxygénées et les toxines sont expulsées efficacement. Les respirations interne, externe et cellulaire[190] sont donc à leur meilleur et une grande vitalité est ressentie. De plus, l'esprit est assaini, positif et calme, offrant ainsi au pratiquant l'expression d'un grand potentiel de réalisation dans sa vie courante.

La respiration avec *Ki* est sans conteste le plus important des exercices de développement. Une pratique soutenue de plus de 15 minutes le soir, avant d'aller dormir, et une autre le matin s'avèrent une discipline facile à respecter pour produire des résultats très positifs. L'exercice peut se pratiquer seul ou en groupe.

Dans ce dernier cas, l'animateur utilisera des blocs de bois dur qu'il cognera ensemble pour signaler au groupe le moment de commencer l'expiration et le moment de passer à l'inspiration. L'animateur doit moduler les temps d'expiration et d'inspiration afin de s'adapter aux capacités des participants.

L'exercice de respiration avec *Ki* peut aussi être exécuté en utilisant un montage sonore. Il s'agira de choisir une musique méditative apaisante dans laquelle on aura inséré préalablement des sons, à intervalles progressifs jusqu'à la cadence désirée, signifiant le début des expirations et des inspirations physiques.

Dans les *Dojo*s d'Aïkido privilégiant l'approche du *Ki* dans leur pratique, la méditation, les *Mudras* et la respiration avec *Ki* sont souvent au menu des séances d'entrainement.

Ces pratiques sont nécessaires au développement des pratiquants. Elles facilitent l'apprentissage de l'art martial en augmentant la concentration et la profondeur de coordination corps – esprit. Elles développent un état d'esprit positif et aussi la puissance physique et mentale des adeptes.

---

[190] **Note** : Il existe trois types de respiration :

1- la **respiration externe** qui est accomplie par les alvéoles pulmonaires en transformant le sang veineux (qui comporte des substances comme le dioxyde de carbone et des toxines) en sang artériel oxygéné ;

2- la **respiration interne** qui produit les échanges gazeux entre le sang et les tissus corporels ;

3- la **respiration cellulaire** qui fournit l'énergie nécessaire à la cellule tissulaire pour fonctionner. Cette respiration s'opère au niveau des tissus corporels et inclut les processus métaboliques par lesquels la cellule se nourrit en dioxygène, ce qui lui permet aussi de se débarrasser du dioxyde de carbone et des toxines.

XII – ARTS MARTIAUX ET TECHNIQUES ÉSOTÉRIQUES

Dans la tradition orientale des arts martiaux, il existe une variété de pratiques à caractère ésotérique. Comment en serait-il autrement pour l'Aïkido dont les assises philosophiques ont notamment été inspirées par le Shintoïsme ?

Beaucoup d'Occidentaux voient de telles pratiques avec scepticisme, car leurs perceptions se rapportent à des associations d'idées relatives à la magie, à des actes de foi démesurés ou même à des rites païens.

Bien entendu, ces perceptions s'infirment ou se confirment seulement lorsque lesdites pratiques sont comprises et testées intrinsèquement, c'est-à-dire pour soi-même, par l'expérimentation.

Les justes pratiques ésotériques ont pour objectif, non pas de contrôler le monde physique et les autres, mais bien d'induire un contrôle de soi et d'expression de notre potentiel à la fois énergétique et spirituel devant ce qui est, et face aux évènements de la vie.

De cette manière, l'énergie diffusée permettra ultimement de générer des résultats positifs en toute circonstance. C'est aussi un pas certain vers l'équanimité, soit le bonheur espéré dans tous les instants de notre vie.

L'équanimité est une constance de l'esprit, une propension à la stabilité de tempérament, une disposition affective de détachement et de sérénité à l'égard de toute sensation ou évocation, agréable ou désagréable.

L'équanimité est le résultat d'une pratique spirituelle, c'est-à-dire de la poursuite d'un processus de développement individuel atteignable, dans le présent contexte, par une juste pratique martiale. Elle est le détachement caractérisé par la constance, par une acceptation de soi-même et de ses épiphénomènes antérieurs et présents.

C'est un lâcher-prise constant malgré les foucades de notre volonté et de notre réactivité personnelle. L'équanimité repose sur une base de confiance dans le bien-fondé des données de l'existence et de la vie, une confiance en l'Univers transmuée par une intuition cognitive grandissante de la nature réelle des choses.

Ces processus très variables qui prennent diverses formes finiront par élaborer un apaisement intime de l'esprit devant tout désir, peur, émotion, ou tout autre entrave illusoire du monde relatif, c'est-à-dire du monde physique, caractérisé par son impermanence.

L'équanimité n'est pas l'indifférence. Bien au contraire, elle est liée à une perception des plus sensible et aiguisée, sans toutefois le flegme de la domination de soi par les phénomènes. Elle est liée à la compréhension profonde, à l'ouverture et à la clarté d'esprit. Ainsi, nous savons intuitivement où, quand et comment agir.

Ce n'est pas vouloir changer ou contrôler les choses selon nos souhaits. C'est simplement accepter les choses comme elles sont.

« *Nous passons beaucoup de temps à résister, à lutter, à rejeter, à ne pas accepter les situations et les gens. Pourtant tout est impermanent. Nous ne désirons que ce qui est plaisant, agréable et bénéfique, mais cela génère beaucoup d'anxiété et de souffrance. Si nous permettons aux choses d'être ce qu'elles sont, si nous les acceptons, nous ressentons alors une grande paix.*

Avec l'équanimité, chaque instant est parfait, notre cœur s'ouvre à ce qui est plaisant, tout comme à ce qui est déplaisant. Nous sommes tolérants vis-à-vis ce qui est désagréable. Par la pratique, l'équanimité se développe et nous devenons capables de lâcher prise, d'accepter et de voir les choses telles qu'elles sont réellement. La sagesse et la compréhension émergent tout naturellement.

Nous ne pouvons pas faire surgir ces qualités, ces facteurs d'illumination par notre volonté. Ils ne se développent que grâce à la pratique, à une motivation et une intention sincères, au désir d'être présent, avec patience. Quand ces qualités sont pleinement développées, l'esprit devient lumineux et clair, plein de joie, de paix et de liberté. Nous pouvons enfin vivre harmonieusement et heureux ».[191]

Que dire de plus, n'est-ce pas là le rêve commun de tous les humains ?

MEIYO
(Honneur)

[191] Source : Wikipedia 2013

XII.1 – *KIAÏ* VIVANT

Parmi les diverses techniques de diffusion du *Ki* souvent utilisées dans les pratiques ésotériques orientales, le *Kiaï*,[192] associé généralement aux arts martiaux, est sans doute l'une des plus surprenantes. Généralement présenté sous la forme d'un cri déchirant, le *Kiaï* bien exécuté permet de stopper sur-le-champ une attaque physique.

De fait, il s'agit d'une puissante diffusion de *Ki* ayant pour résultat de rompre la coordination de l'adversaire. Lors de l'attaque, l'esprit ou l'attention de l'adversaire est alors dirigé dans une autre direction. Suivant le principe que l'esprit meut le corps, il en résulte la déviation, ou l'arrêt momentané, sinon définitif, de ce que l'adversaire était en train de faire, c'est-à-dire d'essayer d'atteindre d'un *Atémi, Nage*, sa cible.

L'utilisation du *Kiaï* n'est cependant pas limitée à des situations martiales ou conflictuelles, loin de là. Il peut aussi être utilisé pour soigner, pour aider une autre personne ou soi-même à se concentrer ou à se tirer d'un mauvais pas.

Pour réussir le *Kiaï*, nous devons demeurer coordonnés en gardant à l'esprit des intentions pures et la volonté d'aider, par amour et protection pour toute chose de la création, et non de détruire ou de dominer. Produire l'harmonie est le seul objectif de cette technique. Le *Kiaï* pour aider les autres est exactement le même que celui utilisé en situation de combat. C'est le « *Kiaï* vivant ».

D'un point de vue exotérique, le *Kiaï* a été rendu célèbre par les films d'arts martiaux où les acteurs tentent de projeter leur voix avec fureur, à la manière d'animaux féroces. C'est aussi le cas pour un grand nombre d'écoles d'arts martiaux. Sans coordination, une telle manœuvre aura un impact que sur des gens facilement influençables ou vraiment dérangés par une situation donnée.

Par contre, un tel cri n'aura aucun impact sur une personne en état de coordination corps – esprit. Il s'agira d'une dépense inutile d'énergie rendant vulnérable la personne qui l'émet au lieu de l'aider à rétablir l'harmonie.

---

[192] **Kiaï** : (Jap.) Aussi *Yagui*, mot japonais signifiant joindre avec l'énergie. De « *Ki* », l'énergie, et de « *Aï* », contraction du verbe *Awasu* signifiant : unir. Il s'agit d'une extériorisation d'énergie audible de la volonté et de l'attitude d'un pratiquant dans l'action. Le *Kiaï* est un cri du ventre fusant du *Kikaï-tanden* (le centre).

Le *Kiaï* est l'art de concentrer et de déployer le *Ki* avec une détermination inébranlable. Le *Kiaï* est la version interne de son miroir dynamique qu'est l'*Aïki*, la version externe de l'extériorisation du potentiel de *Ki*. Les deux formes d'expression se complètent et sont indissociables dans la pratique des arts martiaux. Lorsque silencieux, le *Kiaï* s'appelle *Kensei*.

Synonyme : *Chi-yi, Qi-i* ou *Fa-sheng* en chinois, *Het* en vietnamien, *Yatz* ou *Kihap* en coréen. En tant qu'offensive, les effets du *Kiaï* sont légendaires. Ainsi Miyamoto Musashi aurait tué un scorpion en poussant un cri inaudible, faisant chuter l'animal mort devant son adversaire, lequel, impressionné, prit la fuite. Certains ont avancé qu'un son correctement produit pouvait provoquer la mise en résonance d'un corps, jusqu'à sa rupture, d'où la légende du « cri qui tue ».

En effet, un cri véhément et soudain implique une inspiration immédiatement après, ce qui rend la personne impuissante durant une brève période. C'est pourquoi un adversaire est généralement vaincu en combat au moment où il inspire, car il est alors plus vulnérable.

Ainsi, il s'avère difficile de déceler une ouverture d'attaque si l'adversaire demeure calme, serein et centré.

Le *Kiaï* est associé à l'expiration. Lorsqu'une personne déplace un objet « lourd » en expirant l'air de ses poumons, elle jouit d'une aisance et d'une efficacité physique supérieures à celles ressenties en s'exécutant au moment de l'inspiration. Le *Kiaï* est une expression de la force intérieure d'un individu, de sa volonté.

L'émission du *Kiaï* permet donc d'accroitre radicalement la puissance d'une attaque, d'un effort physique ou d'une défense. De tels résultats s'obtiennent parce que le *Kiaï* accroit soudainement la profondeur de coordination corps – esprit de la personne qui l'émet.

Lorsque bien exécuté, le *Kiaï* vide les poumons de leur air, complètement et en un éclair ! Suivant un processus de vacuum, le vide produit par l'émission du *Kiaï* remplit les poumons d'air instantanément. Cela signifie qu'il n'y a pas de délai perceptible pour que le pratiquant puisse consciemment reprendre son souffle.

De fait, une personne peut expirer au son de *haaa...*, comme dans l'exercice de respiration avec *Ki*, immédiatement après l'émission du *Kiaï*. C'est d'ailleurs une expérience à réaliser par soi-même pour vérifier l'exécution correcte du *Kiaï*.

Pour exécuter le *Kiaï*, une personne doit d'abord se coordonner en focalisant l'attention au centre situé dans le bas-ventre. Ensuite, elle diffuse le *Ki* intensément vers l'avant, à l'infini, comme au début de l'exercice de respiration avec *Ki* (voir section XI.4 : « Techniques respiratoires avec *Ki* » [p. 240]).

Le son du *Kiaï* est évidemment produit par les cordes vocales, mais le souffle les activant provient du bas-ventre.

Le *Kiaï* est le véhicule physique qui se joint au mouvement de *Ki* le précédant. Dans l'émission du *Kiaï*, tout l'être est mis à contribution. C'est la coordination corps – esprit qui nous rend capables de produire un tel mouvement d'énergie.

D'une profonde sérénité, le souffle se transmute entièrement à partir du centre, c'est-à-dire du *Kikaï-tanden*. Le mouvement rapide et accéléré est créé par le son « i Y**é**Y » perçant. Puis s'enchaine progressivement le son « i i i... » pénétrant comme une flèche et diminuant infiniment jusqu'au plus grand calme.

Le *Kiaï* peut se visualiser comme suit :

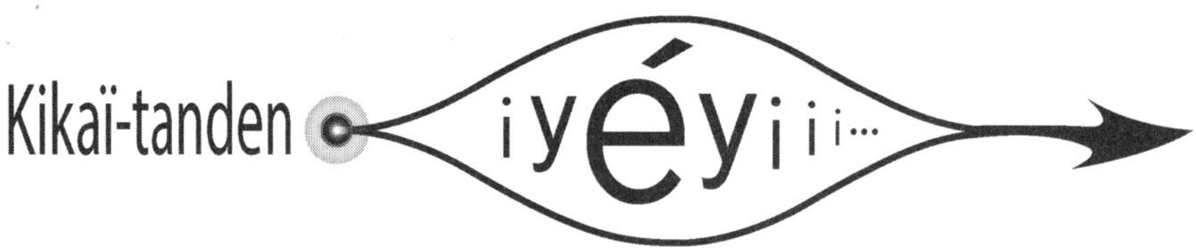

En émettant le *Kiaï* devant un mur, nous pouvons vérifier par nous-mêmes l'exécution correcte de l'exercice. Le *Kiaï*, pénétrant toute structure, nous donnera la sensation que le son est absorbé par le mur, plutôt que réverbéré. Lorsque le *Kiaï* est bien exécuté, aucune tension physique n'est ressentie au niveau de la gorge même s'il est exécuté à répétition. Le *Kiaï* assainit l'union du corps et de l'esprit en un clin d'œil.

Le *Kiaï* peut, par ailleurs, être exécuté silencieusement et produire le même effet. Lorsque silencieux, le *Kiaï* s'appelle *Kensei*. *Kiaï* est un mot japonais signifiant « joindre avec le *Ki* ». Il implique donc une forte diffusion de *Ki*, et c'est pourquoi il peut se réaliser silencieusement.

Ainsi, nous pouvons appliquer le « *Kiaï* vivant » en parlant calmement. C'est en diffusant fortement le *Ki* avant de le faire que nous pourrons obtenir l'attention désirée de la part de nos interlocuteurs. L'impact en sera indéniable.

« Le Kiaï est un merveilleux outil de diffusion du Ki. Il m'est arrivé de l'utiliser dans des situations difficiles, fortuites et conflictuelles. J'ai pu éviter ainsi des situations potentiellement dangereuses ou non souhaitables en annihilant l'énergie négative de gens aux comportements malveillants.

Les résultats de telles manœuvres se sont avérés extraordinairement efficaces en prenant parfois les tournures les plus inattendues, quoique toujours positives pour le bien de la société. J'ai aussi utilisé le Kiaï pour aider d'autres personnes et moi-même dans divers contextes de la vie, pour développer une attitude positive, pour éviter des accidents et aussi pour soigner autrui ».

La méditation, la respiration avec *Ki* et l'expérimentation du *Kiaï* vivant sont à la fois des activités plaisantes et fascinantes. En appliquant consciemment les techniques apprises au *Dojo* dans la vie courante, en plus de vivre positivement et heureux, on arrive à les utiliser tout naturellement quand ça compte vraiment. Avec la volonté qu'il cultive par les pratiques liées au *Ki*, un pratiquant pourra ainsi appliquer le « *Kiaï* vivant » dans sa vie courante.

XII.2 – BRIS DE LA NÉGATIVITÉ

Plus nous sommes actifs et occupés, plus les pratiques de *Ki* sont utiles pour régénérer l'énergie vitale et apporter la sérénité dont nous avons besoin. La découverte du centre et de la coordination corps – esprit nous montre le chemin de l'élévation de la conscience.

Le dépassement des sens, c'est-à-dire l'abandon des illusions physiologiques et psychologiques, nous permet de comprendre notre vraie nature dans l'« ici et maintenant ». Les techniques ésotériques décrites dans cet ouvrage et celles qui s'y apparentent peuvent sembler complexes et mystérieuses, mais elles fonctionnent.

Ces techniques sont applicables dans diverses circonstances en renforçant les capacités de coordination corps – esprit d'une personne. Elles produisent des mouvements énergétiques qui projettent leurs influences positives dans notre monde physique par l'entremise d'un médium, soit le pratiquant lui-même extériorisant son potentiel subtil et infini.

Une technique ésotérique dite de bris de la négativité, appelée *Ki-baraï*, utilise des *Kiaïs*, des *Mudras* et des affirmations (*Mantras*) pour notamment assainir l'état d'esprit, accroitre la volonté d'agir, ainsi que pour assainir positivement des lieux et des choses en élevant leur fréquence vibratoire.

Pour le pratiquant, le meilleur moment pour exécuter cette procédure c'est au réveil, le matin, ceci afin d'être au meilleur de soi-même durant la journée. Et, en exécutant la procédure le soir, cela apaise l'esprit et permet de mieux dormir.

Voici donc la procédure individuelle visant à assainir le subconscient, à cultiver la volonté et à induire une profonde coordination corps – esprit :

1. La personne coordonnée s'assoit en position *Seiza* et exécute, à deux reprises, un salut à la manière orientale (*Za Rei*),[193] afin de faciliter la focalisation au centre et la coordination corps – esprit. Ce salut implique l'exécution au sol de la mudra *Zai* ;

---

[193] **Za Rei** : (Jap.) Désigne le salut au sol. De la position *Seiza* on glisse la main gauche au sol, pouce ouvert. Puis, on fait de même avec la main droite de manière à former un triangle avec les pouces et les index des deux mains (*Mudra Zai*).

Le buste s'incline, le regard est alors posé devant soi au centre du triangle. Lorsqu'on se redresse, la main droite est retirée en premier. Bien que le salut soit exécuté en toute confiance, avec les yeux rivés vers le sol, l'ordre suivi des mouvements gauche – droite offre la possibilité de dégainer au mieux le sabre (placé sur la gauche), le cas échéant.

Dans le même ordre d'idée, pour prendre la position *Seiza* à partir de la position debout, le genou gauche touche le sol en premier, puis le droit. Pour se relever on débute par le genou droit, puis le gauche.

Dans la plupart des cas où il y a un doute concernant le côté par lequel on doit débuter une procédure (gauche ou droit), il est fortement suggéré de parier sur le côté gauche !

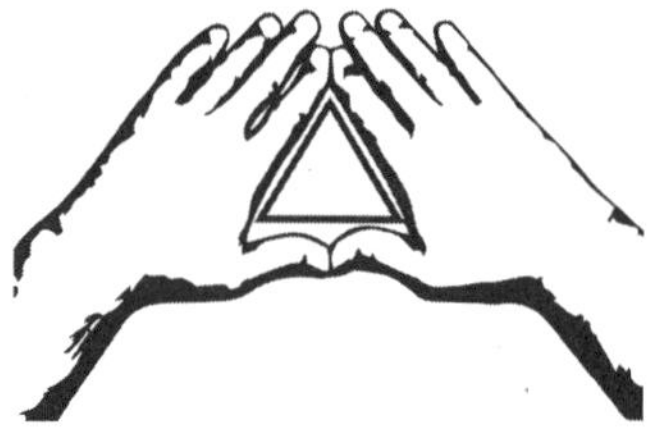

Mudra Zai

2. La personne exécute ensuite la *Mudra* « *Matangi* », symbolisant la sérénité intérieure, qu'on pourrait aussi appeler la *Mudra* de la focalisation, en entrelaçant les doigts, en pointant les majeurs vers l'avant, pouce droit par-dessus le pouce gauche, tel qu'illustré ci-dessous.

Mudra Matangi

Mudra Rin

Puis, elle enchaine avec l'exécution de la *Mudra* de la coordination, « *Rin* », telle que décrite précédemment à la section XI.2 : « Le subconscient et les *Mudras* » (p. 217), toujours en pointant les doigts vers l'avant ». Et enfin, elle exécute de nouveau la *Mudra* « *Matangi* », soit celle de la focalisation.

La personne émettra un *Kiaï* sonore, tel que décrit à la section XII.1 : « *Kiaï* vivant » (p. 250), à chaque fois qu'elle dirigera ses doigts vers l'avant. Elle exécutera donc trois *Mudras* de suite, accompagnées chacune d'un *Kiaï*. Avec un peu de pratique, il devient facile d'enchainer la gestuelle d'une *Mudra* à l'autre de manière fluide ;

3. En pointant l'index et le majeur de la main droite appuyés sur le pouce, la personne trace dans l'air les trois lignes représentées ci-dessous. Ce sont des lignes de *Ki*.

Les deux premières lignes ainsi tracées symbolisent la négativité (< : c'est le symbole mathématique signifiant « plus petit que »), puis la dernière ligne tracée vient couper ou briser cette représentation (I). Chacun de ces trois gestes s'accompagne d'un *Kiaï* le précédant à chaque fois.

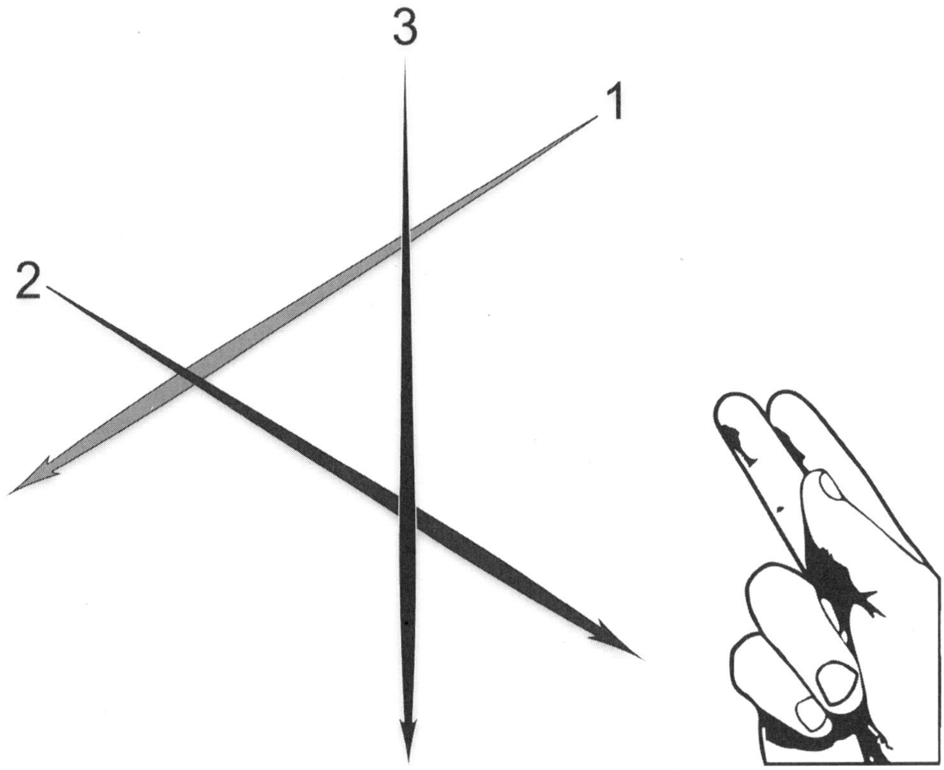

Note : Cette procédure ne doit pas être effectuée directement sur un humain ou un animal. En effet, il est admis que le flux d'énergie vitale de ces derniers serait momentanément coupé de la source de *Ki* universel.

On ne doit pas non plus le faire sur soi-même dans un miroir. Si on désire exécuter la procédure sur des lieux, des objets ou des êtres afin de leur offrir protection, on doit tracer les lignes de *Ki* au-dessus d'eux.

Cette technique doit être utilisée très positivement pour soi-même, pour aider les autres et pour contribuer à la création de l'Univers, mais jamais pour nuire ou détruire. Celui qui transgresse cette règle sera confronté à des effets très négatifs, dépassant parfois l'entendement. Nous récoltons ce que nous semons, et dans ce cas-ci, ce sera d'autant plus probant ;

4. La personne reprend alors la *Mudra* de la coordination (*Rin*) en pointant les index vers le haut, à la hauteur des yeux, en plaçant les avant-bras dans un angle de 90 degrés, une position utilisée pour la méditation. Elle prononce alors la phrase suivante à voix haute, le Mantra, trois fois de suite, la dernière récitation s'effectuant plus lentement :

   « ***SHINPO UCHU REI KANNO SOKU GENJO*** »[194]

   Cette affirmation est à la fois une commande de l'esprit et un constat de l'unité du Soi avec l'Univers, dans l'« ici et maintenant », et plus avant. En termes plus simples, « *Ayez confiance en l'Univers et il vous supportera !* »

   Ajoutons que pour un Occidental, le fait de devoir prononcer des mots exotiques d'une langue étrangère contribue certainement à accroitre son niveau d'attention ;

5. On repose ensuite la *Mudra* vers le bas au point naturel d'arrêt (une autre position adéquate de méditation), on ferme les yeux et on répète mentalement la phrase du *Mantra* trois fois ;

6. La personne ouvre les yeux, reprend la *Mudra* de la coordination (*Rin*) en pointant les index vers le haut, à la hauteur du visage (comme à l'étape 4), et prononce une fois, à voix haute et avec conviction, les affirmations suivantes :

   - ***Dorénavant, nous allons penser positivement !***
   - ***Dorénavant, nous allons parler positivement !***
   - ***Dorénavant, nous allons agir positivement !***
   - ***Dorénavant, nous allons considérer les autres positivement !***
   - ***Dorénavant, nous allons contribuer positivement à la Société !***

   Même en réalisant l'exercice toute seule, la personne utilisera le pronom personnel « nous » afin de réaliser la pensée universelle et l'unité de Soi avec l'Univers.

   Le pouvoir incommensurable résultant de cet état permet d'élever notre conscience et notre fréquence vibratoire, ouvrant ainsi un accès à la connaissance universelle.

---

[194] **Note** : Interprétation générale des éléments du *Mantra* : ***SHINPO*** : développement éthique, progrès ; ***UCHU*** : Univers ; ***REI*** : esprit ; ***KANNO*** : être sensible ; ***SOKU*** : unité (interdépendance universelle), respiration, souffle ; ***GENJO*** : maintenant (l'instant présent).

Une autre façon d'interpréter ce résultat c'est simplement d'être heureux de progresser vers un état d'éveil accru ;

7. Ensuite, la personne repose la *Mudra Rin* en avant d'elle au point naturel d'arrêt et prononce à voix haute :

   « *CHIDO SETSU !* »

   Il s'agit d'une affirmation indiquant la prise de conscience de l'harmonie universelle et du principe de non-résistance dans le sens de « détachement » ;

8. La personne assise en position *Seiza* exécute finalement un salut à l'orientale (*Za Rei*) pour terminer l'exercice.

Assainir et protéger un lieu

Tel que nous le verrons au chapitre XIII : « Santé, *Ki* et unification » (p. 269), la contexture de l'énergie possède la propriété de perdurer dans l'environnement. Ainsi, un endroit peut demeurer rempli d'énergie négative. Il est alors possible de procéder à la technique de bris de la négativité afin d'assainir ce lieu, c'est-à-dire de rendre positive l'atmosphère qui y règne par balayage de l'énergie négative. On procédera ainsi :

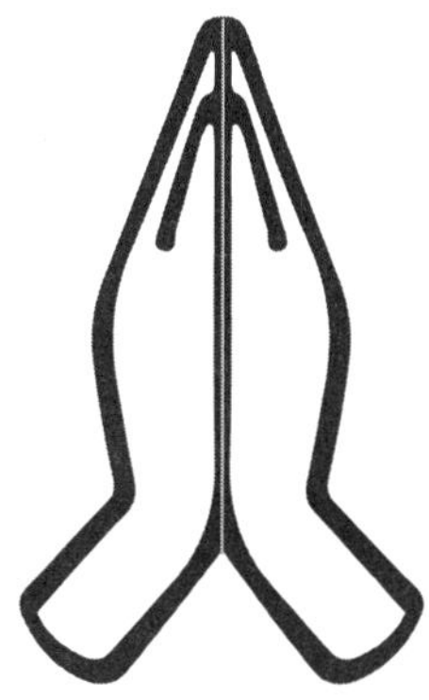

La personne se place debout au centre de l'endroit. S'il s'agit d'un *Dojo* ou d'un lieu comportant un autel, elle commencera la procédure en face du *Shomen* ou du *Kamiza* à la position 1 de la carte présentée à la page suivante. S'il s'agit d'un autre endroit, elle commencera à la position Nord ;

La personne joint alors ses mains vers le haut à hauteur du visage, exécutant ainsi la *Mudra* « *Namasté* » qui symbolise la gratitude. Puis, tout en maintenant la *Mudra*, elle effectue un salut à l'orientale (*Ritsu-rei*).[195]

Ensuite, la personne exécute les trois *Mudras* avec *Kiaï* telles que décrites à l'étape 2 de la procédure précédente. Puis, elle enchaine avec le traçage des trois lignes de *Ki*, accompagnées de *Kiaïs*, tel que décrit à l'étape 3. Elle termine avec un salut à l'orientale accompagné de la *Mudra* « *Namasté* ».

---

[195] **Ritsu-rei** : (Jap.) Salut en position debout consistant à incliner le buste vers l'avant dans un angle d'environ 30 degrés, le dos droit et le regard dirigé vers l'avant en suivant le mouvement du corps (signe de confiance).

Elle se déplace alors dans la position suivante, puis recommence la procédure, et ainsi de suite jusqu'à la 4e position de la carte ou à l'ouest selon le cas. Pour assainir ou protéger une résidence, on refait la procédure dans chaque pièce.

Dans l'exécution de ces pratiques avancées, la maitrise du *Kiaï* est nécessaire, car dans le cas contraire le pratiquant va rapidement se retrouver sans voix et le lieu demeurera inchangé.

Pour vérifier le résultat d'annihilation de la négativité, on peut mesurer, ou faire mesurer par un partenaire qui n'est pas au courant de l'expérience, la fréquence vibratoire du lieu avant et après l'exercice de bris de la négativité.[196]

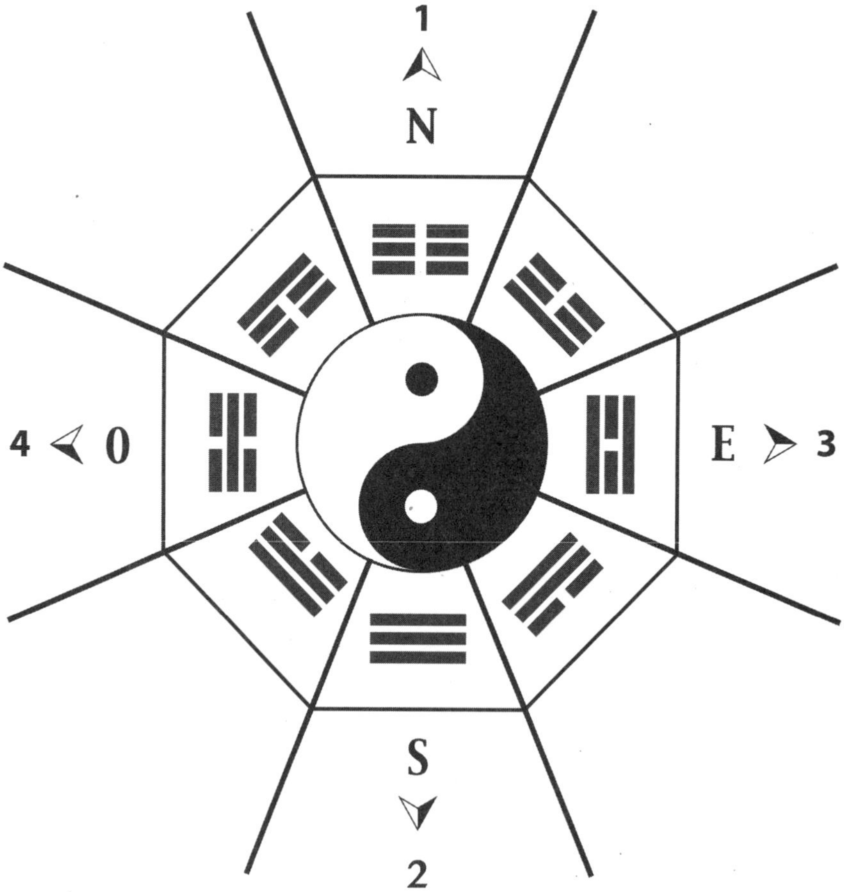

[196] Se référer à la section VI.3 : « *Boken* inflexible et vibrations », p. 141, pour connaitre la méthode de mesure de la fréquence vibratoire.

La technique de bris de la négativité pratiquée en groupe s'effectue comme suit : Les participants se placent sur une ligne, le *Sensei* étant au milieu. Ils font face au *Shomen*. Le *Sensei* initie le salut et procède aux étapes 1 à 8 de la procédure.

Les élèves répètent immédiatement après chaque geste, parole prononcée par le *Sensei*, *Kiaï* et affirmations positives. Ceci permet d'enseigner la technique et de la pratiquer.

Elle peut aussi s'enchainer avec une période de méditation et de respiration avec *Ki*, tel qu'expliqué aux sections XI.3 et XI.4 (techniques méditatives et respiratoires, pages 226 à 247).

Dans une classe d'Aïkido, les pratiquants relaxent de plus en plus et leurs attitudes deviennent de plus en plus positives. Pour ceux capables de percevoir l'aura[197] des autres, ils se délecteront de ces changements. En effet, après l'exercice, l'aura présentera une plus grande amplitude du halo d'énergie entourant les pratiquants.

Il en sera de même avec la fréquence vibratoire des adeptes, elle sera plus élevée. Après une pratique se terminant par la technique de bris de la négativité, la méditation et la respiration avec *Ki*, les pratiquants paraissent d'un calme et d'une stabilité physique et mentale inouïs. C'est un autre pas vers l'équanimité.

---

[197] **Aura** : Tout comme pour le *Ki*, la science n'a pas encore appréhendé l'aura. À l'heure actuelle le concept ésotérique d'aura désigne un contour ressemblant à un halo de lumière qui rayonne autour du corps ou de la tête d'un être vivant.

Ce rayonnement serait la manifestation d'un ou plusieurs champs d'énergie ou de la force vitale. L'aura réfère aussi au « Corps subtil » et au « Corps éthérique ».

Pour arriver à percevoir l'aura, on doit d'abord coordonner le corps et l'esprit. Puis, on doit regarder légèrement à côté et derrière le sujet, ce dernier maintenant une position stable devant un mur de couleur claire.

Bien que l'aura soit associée à des couleurs, la première couche qualifiée d'éthérique ressemble à un brouillard clair blanchâtre changeant de formes selon l'expression et l'état d'esprit du sujet observé.

XII.3 – ÉSOTÉRISME ET CONSIDÉRATIONS SUR L'ATTACHEMENT

Rêve lucide et connaissances

« Alors que j'enseignais régulièrement à quelques élèves, il m'est arrivé, par l'entremise de rêves lucides, d'apprendre des techniques d'Aïkido dont j'ignorais totalement l'existence jusque-là.

De prime abord, ces techniques semblaient farfelues et impossibles à réaliser d'un point de vue physique. Le lendemain de cette transmission insolite d'information, j'expérimentais avec mes élèves lesdites techniques qui fonctionnaient à merveille. Personne ne m'avait appris ce que l'Universel m'avait si curieusement transmis.

C'est dire que nous avons accès à la connaissance et pas seulement d'homme à homme. Tout est là, à l'intérieur de nous. Lorsqu'il accède à la connaissance universelle, même intuitivement, l'être humain peut alors se développer et créer. C'est le but du jeu de la vie, la raison d'exister ! »

De manière générale, le rêve lucide est un rêve dans lequel une personne est consciente d'être en train de rêver. Cet évènement se produit le plus souvent dans la phase du sommeil paradoxal, soit au moment où l'activité électrique du cerveau est très rapprochée de celle de l'éveil.

Cet état peut être induit par l'autosuggestion,[198] par exemple en observant ou en visualisant régulièrement, avant d'aller dormir, une porte d'arche avec une lumière de l'autre côté. C'est un symbole universel de passage évoquant la transcendance. Cette symbolique est présente dans toutes les sociétés.

La représentation d'un *Torii*[199] comme celui montré au début de la présente section, d'un tunnel avec une lumière de l'autre côté ou même d'une tonnelle de jardin, sont de bons outils d'autosuggestion dans le présent contexte. Cette autosuggestion permet le détachement nécessaire à l'obtention du résultat. C'est l'utilisation consciente d'un portail qui conduira vers cette conséquence qu'est le rêve lucide.

Prenons pareillement l'exemple de l'exercice du bras inflexible (voir section IV.1 : « Focaliser calmement l'attention au centre situé dans le bas-ventre » [p. 86]). Le pratiquant réussit l'exercice parce qu'il maintient un état de coordination corps – esprit. C'est ce portail qu'il utilise pour réussir. Mais si son intention est de réaliser un bras inflexible, il perdra aussitôt sa coordination corps – esprit et il échouera l'exercice en raison de son attachement avoué.

Pour le tester, on n'a qu'à tenter de réaliser l'exercice en se disant « *je fais le bras inflexible !* », et on ne réussira pas à maintenir la coordination et donc la stabilité corporelle devant le test d'un partenaire.

---

[198] **Autosuggestion** : Action par laquelle une personne influence volontairement son inconscient. Il s'agit d'une programmation mentale effectuée en utilisant des mots ou une visualisation. L'autosuggestion est un fait de la volonté. Plus grande est la volonté, plus grand en sera le résultat. L'autosuggestion crée un objet issu tout d'abord de l'imaginaire.

Curieusement, cet objet dominera par la suite la volonté du sujet. La prudence est donc de rigueur dans le choix d'une autosuggestion car les conséquences peuvent finir par échapper à la volonté. Une autosuggestion négative peut alors s'avérer désastreuse. Par contre, une autosuggestion adéquate permet même d'obtenir des résultats thérapeutiques. Plusieurs techniques ésotériques décrites dans cet ouvrage peuvent être considérées comme des techniques d'autosuggestion.

[199] **Torii** : (Jap.) Portique d'entrée de lieux sacrés comme les temples ou sanctuaires shintoïstes. Cette structure remontant au Xe siècle, composée de deux montants verticaux supportant deux linteaux, représente un passage entre le monde physique et le monde spirituel.

Les tenants de la symbolique doivent retraverser le *Torii* en repartant du lieu sacré afin de revenir dans le monde physique. S'il n'est pas prévu de pouvoir revenir par le même chemin en quittant, nombre d'entre eux s'abstiendront de le traverser de prime abord.

Un adepte fait-il un exercice tel le bras inflexible pour impressionner la galerie ou flatter son propre égo, ou le fait-il pour apprendre, pour enseigner ou se développer davantage ?

Sa réussite et la maitrise de l'Art qui en découle résident en grande partie dans l'intention d'origine de l'adepte. Cette règle s'applique aussi à de nombreux contextes de la vie. C'est à chacun d'entre nous d'en prendre conscience et de réviser nos intentions et nos attachements, afin de corriger les tangentes négatives que peut prendre notre vie.

« *L'Art véritable, s'écria le maitre, est sans but, sans intention. Plus obstinément vous persévérez à lâcher la flèche en vue d'atteindre surement un objectif, moins vous y réussirez, et plus le but s'éloignera de vous* ».[200]

Paradoxalement, on doit induire les résultats projetés en passant par des processus qui permettent un détachement de l'objectif visé. Vouloir faire un rêve lucide ne permet pas d'en faire un.

C'est le processus d'éveil et de lucidité qui induira le rêve lucide. Dans ce cas-ci, c'est la visualisation de la transcendance, c'est-à-dire de voir de l'autre côté de la porte d'arche et de la franchir au sens figuré qui permet cet éveil conduisant à la lucidité, et conséquemment de pouvoir réaliser le rêve lucide.

Et c'est en maintenant la plus grande lucidité durant la période active, c'est-à-dire en maintenant la coordination corps – esprit dans la vie courante, qu'on peut espérer des résultats dans cette démarche d'acquisition de connaissances.

Lorsque conscient de rêver, le rêveur peut, à l'intérieur même de son rêve, le stabiliser en commandant de vive voix : « *clarté maintenant !* », « *stabilité !* » ou « *lucidité !* ». Il peut aussi stabiliser son rêve (à l'intérieur même de son rêve) en regardant attentivement le dessus de ses mains jointes de manière à former un triangle avec ses index et ses pouces. Il s'agit en fait d'exécuter la *Mudra* « *Zai* »[201] symbolisant le contrôle des éléments de la nature.

---

[200] Tiré de HERRIGEL, E., (Bungaku Hakushi [1884 – 1955], philosophe allemand), « **Le Zen dans l'art du tir à l'arc** », Éditions Dervy, Paris, France, 1998, pp. 55 – 56, 131 p.

[201] **Zai** : (Jap.) Symbole du Soleil (de la lumière). La huitième *Mudra* des neuf sceaux (les *Kuji-kiri*) incorporés dans le *Ninjutsu* et le *Bujutsu* pour invoquer différentes divinités et protecteurs bouddhiques. Cette *Mudra* est liée au contrôle des éléments de la nature et de la perception s'y rattachant. C'est aussi la position des mains au point culminant du salut au sol (*Za Rei*) lorsque le pratiquant est dans la position *Seiza*.

Cette stabilité permet au rêveur de jouir d'une vividité phénoménale tout en ayant la capacité de créer, dans son propre rêve, les évènements de son choix. À l'état de veille on doit se pratiquer à faire les commandes et la *Mudra Zai*. Le conditionnement surgira de lui-même lorsqu'un rêve lucide se présentera.

L'expérimentation de cette lucidité est extrêmement exaltante, mais pour en garder un souvenir tout aussi vivide, le rêveur doit commander verbalement son réveil (ex. : « *réveil maintenant !* ») et se lever physiquement, sinon il risque de sombrer dans la continuité des phases de son sommeil. Ainsi, il perdra peu à peu le souvenir du rêve, donc de l'extraordinaire sensation de son expérience.

Si le rêveur ramène un souvenir de son rêve d'une grande lucidité, même si l'objet du rêve est aussi banal que l'observation d'un brin d'herbe, il vivra, dans les mois suivants, avec une grande énergie et une joie de vivre très intense puisqu'il aura transcendé sa conscience, donc son niveau de connaissances.

L'information disponible dans un rêve lucide s'avère réelle dans le monde physique. Une personne qui apprend quelque chose dans un tel rêve peut souvent le vérifier dans le monde physique par la suite. En effet, le microcosme humanoïde renferme toute la connaissance. C'est une autre façon de dire que chacun d'entre nous est divin.

Le contrôle donné au rêveur, dans un rêve lucide maitrisé, lui permet aussi de commander d'autres fonctions. Par exemple, il peut commander une « sortie hors du corps » communément appelée « projection astrale ». Il s'agit là d'un état où l'esprit s'extirpe du corps et navigue dans différents champs de conscience superposés à notre monde physique, le plus souvent dans l'espace environnant.

De son rêve lucide, le rêveur qui donne cette commande se retrouvera conscient d'être au lit, puis des picotements l'envahiront juste avant son ascension vers le monde astral.

L'éveil et le contrôle de la conscience proviennent de la maitrise de la coordination corps – esprit. Dans le cas présent, seule l'unicité du corps et de l'esprit permet l'accès à des sphères de réalité spirituelle et de conscience supérieure.

Radiesthésie

« À la fin des années 90, lors d'un voyage dans une petite ville sise aux abords du grand lac Supérieur (Canada), j'ai participé à un rassemblement de consorts couteliers. Une fête champêtre avait été organisée par mes compagnons d'art et je fis la connaissance de l'un des convives.

Lors de notre conversation, il m'expliqua qu'il était l'ingénieur en chef de la petite ville et qu'il devait repérer des canalisations et des fils électriques dans de vieux bâtiments et des terrains vagues dont l'inexistence de plans compliquait parfois les choses. Il disposait certes d'équipements électroniques modernes, mais il trouvait beaucoup plus fiable et rapide d'utiliser des tiges de métal en forme de "L" qui réagissaient à son passage au-dessus des infrastructures qu'il cherchait.

Piqué de curiosité, je lui demandai de me démontrer ce prodige, et surtout... de me l'enseigner ! Nous trouvâmes chez notre hôte des cintres de métal que nous avions coupés pour fabriquer deux tiges en forme de "L" dont la plus longue branche devait mesurer environ 32 cm de longueur.

La technique consistait à tenir, calmement et avec grande légèreté, les deux tiges pointant vers l'avant et à avancer paisiblement. D'emblée, lorsqu'on passe au-dessus d'une masse d'eau, d'une canalisation contenant un liquide ou des fils électriques, les tiges se croisent devant soi.

Ayant coordonné le corps et l'esprit, la technique fonctionna dès ma première tentative. Nous trouvâmes alors sur les lieux tous les emplacements des infrastructures souterraines, ce que notre hôte nous confirma après coup.

Enthousiasmé par cette expérience, j'étudiai la radiesthésie. C'est un art dont les vestiges les plus anciens remonteraient à plus de 8000 ans ».[202]

[202] Dans les caves de Tassili-n-Ajjer, situées au sud-est de la Libye, des pictographies montrent un sourcier à l'œuvre. Source : WEBSTER, Richard, « ***The art of dowsing*** », Castle Books, New Jersey (USA), 2001, p. xiii, 198 p.

Autrefois on désignait le radiesthésiste sous l'appellation de « sourcier » parce qu'il était réputé pour trouver l'emplacement précis et le plus adéquat d'un terrain pour y creuser un puits artésien.

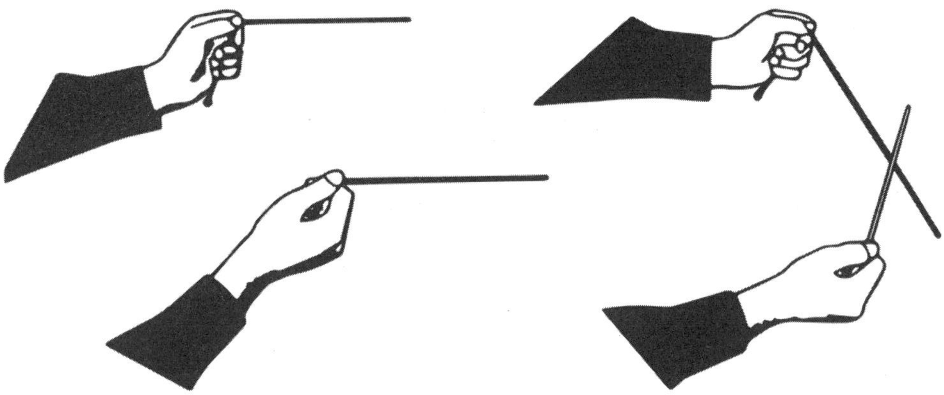

On utilisera, entre autres choses, une branche en « Y » qui, tenue de la bonne façon, réagira au passage de l'emplacement recherché. Et comme pour réaliser un bras inflexible, c'est beaucoup plus facile qu'il y parait.

Bien que beaucoup de théories tentent d'expliquer ce phénomène, je découvris pour ma part que les techniques utilisées ne faisaient qu'amplifier la connaissance non perceptible par nos sens, mais qui fait partie de chacun de nous puisque nous sommes « UN » avec l'Univers, qu'on le veuille ou non. Je fis plusieurs expériences.

Avec les tiges en forme de « L », on peut commander ce qu'on souhaite trouver. Si on cherche de l'or, les tiges ne réagiront pas lors de notre passage au-dessus d'une nappe d'eau.

Pour trouver le Nord, même si on n'a aucune idée de l'endroit où l'on se trouve, on le commandera verbalement en tenant une tige et elle s'alignera sur le même axe que l'aiguille d'une boussole.

Pour trouver un objet caché ou perdu, on commandera à la tige de pointer dans sa direction et elle le fera. On peut repérer par triangulation, simplement en le commandant, un emplacement recherché avec une tige sur une carte géographique.

Mais, j'ai aussi appris que les commandements fonctionnent seulement lorsque le radiesthésiste est détaché de l'objet. Car c'est justement ce détachement qui permet d'amplifier la connaissance et d'y accéder.

C'est aussi ce qui décourage bon nombre de personnes, parce qu'on doit entreprendre des processus de travail sur soi si on veut parvenir à ce niveau d'éveil.

Une méthode efficace d'induire le détachement requis consiste à appliquer la technique dite du « témoin », telle que décrite à la section XI.3 : « Techniques méditatives avec *Ki* » (p. 226). Ainsi, le radiesthésiste visualisera qu'il se trouve à l'extérieur de son corps et qu'il s'observe effectuer les lectures avec ses instruments.

Les techniques de radiesthésie, qui sont d'une simplicité désarmante, ont souvent été obscurcies par un mysticisme bien inutile où toutes sortes de précautions devaient être prises à l'égard des outils utilisés afin de les « purifier ».

Dans les faits, tout cela s'avère bien inutile puisqu'on peut utiliser des cintres, n'importe quelle branche d'arbre assez résistante, n'importe quel petit objet pour se fabriquer un pendule de fortune,[203] etc.

C'est assurément le respect de soi et de la nature qui produit les résultats. Ce n'est pas le respect des outils qui en feront leur efficacité, car ces derniers ne font qu'obéir à nos commandements.

La radiesthésie est accessible à tous, mais tout comme pour les rêves lucides et de nombreux exercices de *Ki*, elle nécessite la coordination corps – esprit et le détachement requis pour y parvenir.

La radiesthésie est utilisée depuis des millénaires pour trouver avec succès des sources d'eau potable, des personnes disparues, des métaux précieux, etc.

En Europe, elle est encore utilisée à des fins médicales. Comme pour le bras inflexible, ce sont des phénomènes réels que la science ne peut pas encore expliquer et dont les potentialités sont infinies.

Les outils utilisés en radiesthésie sont en fait des outils de communication avec soi-même. Le Soi, connecté à l'Univers, rend possible l'accès à la source d'information universelle. Les techniques, méthodes et pratiques spirituelles tentent de rétablir cette communication et de la rendre claire. C'est ça la vacuité !

Commander pour induire des résultats

Dans la vie courante, les commandements qu'une personne exprime sont souvent remis en cause quant aux résultats qu'ils produisent. Lorsque la personne est coordonnée, ses bras se retrouvent inflexibles, son corps ne peut plus être soulevé, etc.

---

[203] Voir les notes de bas de page n° 18 (p. 12) et n° 130 (p. 142).

Si cette personne se rend à l'hôpital en maintenant sa coordination, ce qui est recommandé expressément, le personnel médical pourrait éprouver des difficultés à la manipuler. Dans un tel cas, la personne commandera préalablement « l'autorisation » de laisser le personnel médical la manipuler.

Voici un exercice qui démontre que ce qu'on aura décidé sera ce que l'on recevra : Dans un endroit donné, avec plusieurs partenaires, la personne testée coordonne son corps et son esprit. D'abord elle procède avec son commandement, c'est-à-dire qu'elle « autorise » individuellement quelques personnes à la manipuler, puis, s'allonge sur le dos (voir la section IV.2 : « Relaxer complètement en relâchant les tensions du corps » [p. 98]), yeux fermés ou bandés.

À tour de rôle, chaque participant procèdera à un test de coordination sur la personne exécutant l'exercice. Malgré le fait que cette dernière maintient sa coordination corps – esprit, seules les personnes « autorisées » pourront, par exemple, plier son bras ou soulever son corps.

Lorsqu'on formule des commandements, ces derniers opèrent un effet direct sur l'émetteur. Alors, prenons garde à ce qu'on commande, car on risque fort de l'obtenir ! Notons que ce qu'on commande est différent de ce qu'on désire. L'objet d'un désir est, de par sa nature même, une forme d'absence, tandis qu'un commandement est une mise en route de l'énergie vers un résultat.

Pour se pratiquer à opérer ce genre de processus, on peut, au début, commander des choses banales. Par exemple, dans les agglomérations urbaines, il est parfois difficile de se trouver un stationnement près de l'endroit où on doit se rendre en automobile. Une procédure simple consiste à coordonner le corps et l'esprit, à visualiser approximativement l'emplacement souhaité bien avant de partir, et en commander mentalement la « réservation ».

La commande étant formulée, on n'y songera plus. Ce faisant, de nombreux processus seront enclenchés au niveau de l'énergie et de la perception de l'environnement. Le corps mû par l'esprit suivra alors le *Ki* orienté dans une direction précise, et au bon moment. Faites ce genre de commandements et vous serez surpris des résultats que vous aurez ordonnés consciemment.

Donc, dans votre vie de tous les jours, appliquez ce type de processus à toutes les sauces auxquelles vous pourrez penser, à condition que ce soit dans un dessein positif qui ne nuise jamais à autrui, car dans le cas contraire, c'est vous qui payerez la note. Si vous semez le mal, c'est ce que vous récolterez assurément, dans la vie présente ou la suivante.

Sécuriser un lieu

Pour protéger un lieu, par exemple une maison, coordonnez le corps et l'esprit, diffusez fortement le *Ki* mentalement comme si vous remplissiez complètement l'endroit d'énergie, jusqu'à ce qu'elle déborde à l'extérieur pour former un dôme recouvrant entièrement les lieux.

Pourquoi une telle manœuvre, d'autres procédures apparentées fonctionneraient-elles ? Eh bien, à la section II.4 : « L'humain possède la liberté de choisir » (p. 57), nous avons appris que la science tend à démontrer l'existence du *Ki* et que la conscience peut lui donner une direction précise.

De plus, rappelez-vous la section III.2 : « La perception motive les comportements » (p. 71), où il est indiqué que la perception est intuitive et permet à une personne de lire les variations énergétiques. C'est ainsi qu'une personne mal intentionnée percevra inconsciemment cette énergie bienfaitrice entourant la maison et s'en éloignera tout naturellement sans jamais savoir pourquoi.

Il en est de même pour les criminels qui excluent comme victimes potentielles les personnes ayant une démarche centrée, tel qu'expliqué à la section VI.1 : « Survie et coordination » (p. 136). Aussi, comme nous le verrons au chapitre XIII : « Santé, *Ki* et unification » (p. 269), les mouvements d'énergie créés par la pensée perdurent dans le temps et l'espace, ce qui permet de mettre en place des systèmes de protection énergétiques stables.

Pour commander un déplacement ou un voyage sans encombre à l'aller, coordonnez le corps et l'esprit et diffusez mentalement le *Ki* au-delà de votre destination, puis produisez mentalement un autre mouvement de *Ki* faisant le chemin inverse afin de vous assurer d'un retour sécuritaire.

Comme il est expliqué à la section IV.4 : « Diffuser le *Ki* universel en maintenant une attitude positive » (p. 109), et à la section VI.5 : « Diffusion du *Ki*, règles d'usage et *Hakama* » (p. 148), là où le *Ki* est diffusé, là sera dirigé l'esprit et le corps suivra indubitablement la dynamique créée. Si votre perception aiguisée vous fait ressentir des perturbations énergétiques et de la négativité, vous devrez trouver le moyen de les neutraliser avant de partir en voyage. En identifiant la cause de ces perturbations, vous serez en mesure de les éliminer facilement.

Comme on peut le constater, la mise en perspective de données relatives au *Ki* et à l'énergie, à la science et aux autres connaissances, permet d'entrevoir un grand nombre de possibilités applicables tant à notre monde physique que dans nos vies. À vous de les découvrir et de les utiliser à bon escient !

XIII – SANTÉ, *KI* ET UNIFICATION

« *Pensez santé, parlez santé, agissez santé, favorisez la santé, propagez la santé autour de vous, et... vous vivrez en santé !* » Faites le contraire et vous aurez l'effet contraire. C'est notre esprit qui contrôle notre corps et qui décide ce que nous en faisons, et aussi ce que nous faisons de notre vie.

Vers l'âge de 50 ans, une personne est généralement arrivée à pleine maturité. Mais si elle tombe malade, se désintéresse de la vie ou encore manque de vigueur, elle-même et la société seront assurément privées d'une grande richesse.

Chacun de nous possède le potentiel nécessaire pour arriver à se réaliser et à vivre pleinement. La coordination corps – esprit permet d'atteindre et d'utiliser la grande puissance enfouie au plus profond de nous-mêmes.

Le potentiel utilisé par l'être humain se compare généralement à la partie visible d'un iceberg. Par contre, le potentiel immense auquel il a accès sans toutefois l'utiliser s'apparente à la partie submergée, soit celle qui est à la fois énorme et presque invisible.

« Penser santé » et la contexture énergétique

Quand on utilise la visualisation pour réaliser un exercice de *Ki*, on active l'élément initial d'interaction du Soi avec le monde physique, c'est-à-dire la pensée.

Car toute création que ce soit, physique ou intellectuelle, toute action, passe d'abord par le processus de la pensée, lequel confère au *Ki* une direction définie et produit une contexture énergétique demeurant en place même longtemps après l'émission de la pensée.

L'exercice consistant à abaisser le bras d'un partenaire, maintenu de côté et à l'horizontale, utilise des visualisations qui produisent divers mouvements de *Ki* de bas en haut et de haut en bas (voir section IV.4 : « Diffuser le *Ki* en maintenant une attitude positive » [p. 109]). Lorsque ces mouvements ont été créés mentalement, on procède à l'abaissement du bras du partenaire sans produire de collision avec ce dernier.

Cependant, parce que les mouvements d'énergie créés par la pensée perdurent, la personne qui se livre à l'exercice peut exécuter ces mouvements de *Ki* sans abaisser immédiatement le bras du partenaire.

Ce faisant, elle peut aller se promener, répondre au téléphone ou faire autre chose, puis revenir et abaisser sans effort le bras du partenaire. Pour les fins de l'exercice, le partenaire doit cependant demeurer sur place et maintenir sa position.

Autrement dit, pour réussir, la personne se livrant à l'exercice n'aura pas à refaire, à son retour, les étapes d'exécution des mouvements de *Ki* vers le haut puis vers le bas. Elle procèdera donc directement et réussira parce que la contexture énergétique aura perduré. Qui plus est, si le partenaire se déplace de quelques pas de côté, la personne ne pourra plus abaisser son bras directement.

Par contre, si le partenaire ou un autre participant revient se placer au même endroit avec son bras levé de côté, la personne pourra l'abaisser. De plus, après avoir fait les mouvements de *Ki*, une autre personne pourrait abaisser le bras du partenaire sans effort et avec grande légèreté.

La pensée est une forme d'énergie pure puisqu'elle n'a pas de forme physique, et comme toute énergie, elle suit les règles de dispersion.

Par exemple, il arrive parfois que nous cherchions, sans succès, à nous rappeler quelque chose que nous avions pensé. Mais parce que la contexture énergétique demeure, nous n'avons qu'à nous replacer à l'endroit physique où l'idée a pris naissance et, la plupart du temps, nous nous en rappellerons très facilement.

Nous avons donc intérêt à penser positivement, car l'énergie mise en route peut persister très longtemps. Le premier pas vers la santé (ou vers toute autre condition souhaitable) consiste à penser positivement, c'est-à-dire à « penser santé ».

« Parler santé » par des affirmations positives

La parole vient exprimer ce qui émane de la pensée. Elle renforce le processus énergétique. Les mots choisis valident la pensée et doivent être justes et appropriés, parce qu'ils commandent à l'énergie, laquelle produira éventuellement ses effets dans le monde physique. Par ailleurs, on doit savoir que certains processus de commandement ne s'opèrent pas nécessairement comme on le voudrait.

Par exemple, dans nos affirmations, la négation comme les « *ne... pas* » ou « *ne... jamais* » ne s'enregistre pas dans le cerveau et le subconscient. C'est pourquoi on doit s'exprimer positivement. Par exemple, si on vous dit : « *Ne pensez pas à un bonhomme de neige !* ». Tout de suite et tout naturellement, vous aurez l'imagerie mentale dudit bonhomme.

Autre exemple, quelqu'un qui dit « *je ne serai pas malade !* » dit, dans les faits, « *je suis malade !* ». Il devrait plutôt dire « *je vis en santé !* », en se référant au moment présent, le seul moment qui existe et qui permet de diffuser le *Ki*, l'énergie, et de le projeter vers l'avenir.

Par ailleurs, une affirmation est un commandement qui de ce fait, doit être en mode actif. C'est ainsi qu'une affirmation telle que « *j'aimerais être en santé !* » demeurera toujours un bon vœu, mais ne produira, hélas, aucun résultat tangible.

De même, on ne pointera pas l'objet qui n'est pas désirable, car l'énergie sera dirigée à cet endroit. Par exemple, quand on interdit à un enfant de faire quelque chose, on lui montre d'emblée cet objet en le pointant.

Son attention et son énergie sont alors dirigées vers cet objet et son désir peut même lui causer de la souffrance de diverses façons. On doit plutôt lui indiquer le bon comportement ou une alternative valable afin que son énergie soit dirigée dans cette direction.

Ceci dit, rappelons que d'un point de vue énergétique, les paroles ne s'effacent pas et ont toujours leur existence propre. Se confondre en excuses auprès de quelqu'un après avoir exprimé de la négativité demeure un geste courtois qui ne corrige en rien ce qui a été dit. Dès lors, il vaut mieux prendre l'habitude de réfléchir avant de s'exprimer et d'agir.

Ainsi, on doit prêter attention aux paroles qu'on prononce, car elles auront une incidence certaine sur nos vies. Lorsqu'on exprime verbalement de la négativité, la coordination corps – esprit est rompue, ce qui engendre des tensions corporelles et mentales capables de freiner la réalisation de notre potentiel.

Dans les faits, si l'objectif est la santé, nous devons l'exprimer clairement dans nos affirmations. Le processus d'action ne sera pas de « combattre la maladie », mais bien de « créer de la santé ».

Cette perception de soi et de la vie permettra de forger des attitudes positives qui se transposeront en comportements conséquents. Ces derniers induiront les processus permettant d'entrer en résonance avec l'objectif initial soit, dans ce cas-ci, la promotion de la santé. Notons que les considérations qui précèdent s'appliquent tout aussi bien à d'autres ambitions telles la rencontre du bonheur, la maitrise artistique, la réalisation de soi, l'obtention du succès, etc.

« Agir santé » par le respect de l'ordre naturel des choses

Notre santé est à son meilleur lorsque le *Ki* universel circule librement dans notre corps. Ce *Ki* interne constitue l'énergie vitale de l'humain. Et, privée complètement d'énergie vitale, une personne meurt, car son métabolisme s'arrête.

Par contre, en procurant à notre corps un flot constant de *Ki*, nous le renouvelons et nous favorisons à la fois la santé physique et la santé mentale.

Mais nous savons aussi que pour de nombreuses raisons, comme le stress, les modes de vie et les habitudes nocives, les mauvaises conditions environnementales, la maladie, une blessure, ou autre raison, une personne peut être privée partiellement de *Ki* à certains endroits de son corps. En effet, les tensions engendrées par ces carences énergétiques produisent la contraction des vaisseaux sanguins et il s'ensuit des effets corporels indésirables comme la maladie, qui, à l'évidence, contribue à freiner la joie de vivre.

Certes, nombreux sont ceux qui croient que la coordination corps – esprit, appliquée dans des activités telles que la méditation, les exercices respiratoires et les exercices de *Ki*, constitue, à toutes fins utiles, une panacée. Je fais certainement partie de ce groupe, car je suis d'avis que la coordination corps – esprit est applicable à toutes les facettes de ce qu'un humain peut exprimer dans le jeu de la vie.

Les exercices de *Ki* permettent généralement de comprendre, par la pratique et l'expérimentation, l'ordre naturel des choses, c'est-à-dire : **1 — l'énergie** (le *Ki*) ; **2 — l'esprit** (*Sho*) ; **3 — le corps** (*Ten*), et ; **4 — le dénouement** (*Katsu*). Tenter d'inverser cet ordre produit inévitablement une rupture de coordination. « Agir santé » implique le respect de cet ordre naturel.

Afin de comprendre ce phénomène, nous pouvons nous livrer à l'expérimentation suivante : Pour commencer, une personne assise sur une chaise décroche le combiné d'un téléphone et répond. Le partenaire, juste à côté, teste la stabilité de la personne en appliquant sur son coude une légère pression vers le haut dès le moment où elle appuie le combiné sur son oreille.

Nous constaterons généralement une instabilité qui révèle un état de non-coordination. La personne refait alors l'exercice deux fois de suite et le partenaire la teste de nouveau à la fin du deuxième mouvement. Nous constaterons à coup sûr une différence non équivoque de stabilité. Aussi, si la personne exécute le mouvement dans son esprit avant de le réaliser physiquement, nous constaterons qu'elle sera coordonnée. Enfin, avec de l'entrainement, nous pouvons en arriver à nous coordonner dès la première fois. Tous les exercices de coordination décrits précédemment peuvent être exécutés dans cette optique.

Ainsi, il est parfois difficile d'exécuter un mouvement et de se retrouver coordonné du premier coup. Maitre Koichi Tohei a découvert qu'une personne détendue effectuant deux fois de suite le même mouvement sera la plupart du temps coordonnée lors du deuxième mouvement. Cela se produit parce qu'au deuxième mouvement, il semble que l'esprit ait eu le temps de rejoindre le corps pour s'harmoniser naturellement avec lui.

Or, nous ne faisons pas toujours le même mouvement deux fois de suite. C'est pourquoi nous devons maintenir la coordination dans nos activités courantes en appliquant les principes universels afin de maintenir l'harmonie corps – esprit et d'éviter de causer des tensions physiques ou mentales qui inhibent la fluidité de *Ki* dans notre organisme.

« *Favoriser la santé* » *par la relaxation active*

La relaxation active est véritablement une source de vie qui favorise la santé. Dans la pratique de l'Aïkido, l'ordre naturel des choses est respecté (*Ki, Sho, Ten, Katsu*).

Lorsqu'une technique est bien exécutée, le *Ki* du partenaire étant diffusé dans une direction, son esprit va conséquemment être dirigé dans la même direction, et finalement, le corps rejoindra l'endroit où a été dirigé l'esprit. Tout cela est très harmonieux et ne requiert aucune contrainte physique pour projeter *Uke*.

Quand des exercices d'Aïkido ou de mise en forme sont pratiqués, on utilise souvent un comptage (ex. : un, deux, trois...). Afin d'inculquer cet ordre naturel, les pratiquants en état de coordination corps – esprit entendent le compte, dirigent subséquemment leur attention dans le sens du mouvement à exécuter, puis le corps se met finalement en mouvement.

C'est d'ailleurs ce pourquoi l'escarmoucheur émérite émet le *Kiaï* avant d'abaisser son sabre et non après. Une erreur très répandue consiste à exécuter un exercice en même temps que le comptage.

Dans un tel cas, l'ordre naturel des choses n'est pas respecté et il s'ensuit une rupture de coordination. Une personne accoutumée à s'entrainer de la sorte éprouvera bien de la difficulté à se discipliner pour corriger cette habitude.

Pour se préparer à une activité physique, on procède souvent à des étirements variés des muscles en guise d'échauffement. Si ce préambule à l'activité n'est pas effectué en étant complètement relaxé, nous obtiendrons l'effet contraire à celui recherché. En effet, l'étirement d'un muscle déjà tendu provoque sa contraction et c'est bien à tort qu'on se convaincra qu'un exercice physique douloureux est bon pour soi.

Si une personne tend tous ses muscles pour ramasser un crayon sur le sol, elle constatera que ce petit objet peut sembler très lourd. Il est donc facile d'imaginer comment une personne se sentira lorsqu'elle tentera de soulever un objet réellement lourd. Forcer lorsque nos muscles sont préalablement contractés est épuisant et destructeur pour l'organisme.

Que ce soit dans nos activités courantes, dans les sports ou dans les activités physiques, c'est la même chose. Nous devons « agir santé » en maintenant la coordination, afin d'offrir la meilleure prestation de nous-mêmes (action physique ou corporelle), et en retirer le plus grand plaisir (activité mentale ou spirituelle).

Pour démontrer la différence d'efficacité entre la tension et la relaxation des muscles, il suffit de se livrer à l'expérimentation suivante : Dans un premier temps, la personne se tient debout, muscles contractés, puis allonge un bras en serrant le poing, à la hauteur du plexus solaire. Pour ce faire, il est bon de se tenir près d'un mur afin de constater visuellement la distance approximative parcourue par le bras.

Dans un deuxième temps, on répète la procédure en état de coordination, c'est-à-dire complètement relaxé. On constatera alors un gain de plusieurs centimètres sur la distance parcourue par le bras.

Pour faciliter la diffusion continuelle du *Ki* en mouvement, nous devons généralement regarder dans la même direction que l'alignement du bassin. Ainsi, lorsque le bassin bouge dans une direction, le regard devrait tendre à suivre cette même direction. En effet, le *Ki* est largement diffusé par les yeux. Exécuter un mouvement dans une direction alors que nous regardons ailleurs risque de résulter en un bris de coordination.

La coordination corps – esprit est intimement liée à la cohérence entre l'intention (soit la direction de l'esprit) et le mouvement (soit la direction du corps). Dans un sens plus général, on observe que certaines personnes pratiquent des sports physiques pour nourrir leur corps, puis ils se tournent vers des activités plus cérébrales, comme la lecture, pour nourrir leur esprit, et c'est très bien.

D'autres encore font les deux choses en même temps, ce qui est tout à fait à proscrire, car pour « favoriser la santé », toute activité doit être réalisée une à la fois en état de coordination corps – esprit. Ceci, afin de ne pas interrompre le flux d'énergie vitale ou de *Ki*, essentiel à notre survie, à notre développement et à notre bien-être.

La section XIII.1 : « Processus de thérapeutique personnelle » (p. 276), nous montre plus spécifiquement comment « ***propager la santé autour de soi*** », pour les autres et pour soi-même.

Et Jitoku demanda à Rojii...

– Sensei, je sais que pour vivre en santé une bonne alimentation est de mise. Alors serait-il mieux pour moi de devenir végétarien ?

Et Rojii répondit :

– Avant de t'astreindre à un nouveau mode de vie, tu dois y réfléchir. Que sais-tu à propos du végétarisme ?

– Hé bien, pas grand-chose, sauf que la viande a été popularisée en Occident parce qu'à l'époque de la conquête de l'Ouest américain, la surabondance céréalière devait trouver des débouchés commerciaux. Avant cette période, manger de la viande était occasionnel pour un humain.

– Tu as raison Jitoku ! On a transformé ces protéines végétales, qui auraient pu nourrir la planète entière à une certaine époque, en protéines animales destinées à des marchés limités, et beaucoup plus lucratifs pour une minorité.

En effet, il faut dix unités de protéines végétales pour produire une seule unité de protéine animale. Comme pour bien d'autres habitudes de vie, nous avons subi les effets d'une mercantilisation. En prenant conscience de ces faits, tu désires trouver une façon de te libérer de leur emprise en confrontant tes paradigmes, n'est-ce pas ?

– Oui Sensei ! D'autant plus que la fréquence vibratoire d'un cadavre d'animal est très basse comparativement à celles des végétaux frais ou d'autres aliments. Pour préserver ma vie, ne vaut-il pas mieux que j'absorbe des aliments vivants, que je mange du vivant ?

– Absolument ! Le végétalisme serait encore mieux, car c'est la nourriture qui affecte le moins négativement, m'a-t-on dit, le corps astral que l'on appelle aussi le corps de conscience. Mais, si tu dois manger de la viande, idéalement tu connaitrais l'animal par son nom. La qualité d'un produit de terroir sera toujours supérieure à celle d'une production de masse.

Si tu dois manger de la viande, assure-toi au moins qu'il ne s'agisse pas d'un porc maltraité, d'une vache enragée ou d'un poulet hypertrophié. Tu deviendras l'émotion de ce que tu mangeras. Alors, prends garde !

– Sensei, je suis dérouté et ne sais trop quoi penser ou faire.

– Jitoku, la Voie du milieu est sans doute la meilleure option. Manger ou non de la viande n'est pas ici l'enjeu. Nous vivons en société, dans divers contextes et nous sommes souvent liés à des modes de vie. Cependant, comme pour toute chose, la modération produit des résultats positifs. Tu n'es pas un moine ! Et même si tu l'étais ! Mange une variété d'aliments. Et quoi que ce soit que tu manges, fais-le en jouissant, à 100 % dans le moment présent, et exprime toute ta gratitude à l'Univers.

Ainsi, la nourriture alimentera ton corps aussi bien que ton esprit. Si tu ne peux pas remplir ces conditions essentielles, alors ne mange pas…

XIII.1 – PROCESSUS DE THÉRAPEUTIQUE PERSONNELLE

La science progresse rapidement et réalise de grandes découvertes dans le domaine médical et des soins de santé. Cependant, les patients sont souvent dépendants de médicaments aux effets secondaires indésirables.

Bien que la médicamentation ait souvent pour objectif inavoué de regagner l'énergie vitale dissipée d'une personne, nous oublions souvent que cette énergie est à la base même de la vie.

Le *Ki* (ou le *Chi*) est la substance de l'Univers et il doit circuler sans contrainte dans notre corps. Bien sûr, la santé est promue par une saine alimentation, une attitude et un style de vie positifs, de l'eau de bonne qualité et du bon air. Cependant, une carence de *Ki* ou d'énergie vitale va, tôt ou tard, causer des problèmes de santé.

Il arrive souvent que les médicaments ne s'attaquent qu'aux symptômes de la maladie, et qu'ils soient sans effet sur la source réelle du problème. Par exemple, si vous avez mal au dos, on vous donnera un remède pour apaiser la douleur en attendant d'aller mieux.

Si les compléments à la médecine traditionnelle comme la physiothérapie, la chiropractie, la diététique et autres ne fonctionnent pas, on aura ultimement recours à la chirurgie pour corriger le dysfonctionnement. Cependant, si la cause n'est pas identifiée et résolue, on risque une rechute, et cela, même après une chirurgie.

Les médecins traditionnels associent la majorité des maladies à des causes psychosomatiques et sont d'avis que dans la grande majorité des cas, l'être humain a tout ce qu'il lui faut pour se guérir. En effet, le corps humain est un chef-d'œuvre d'efficacité biologique.

La médecine conventionnelle, à elle seule, s'avère parfois insuffisante pour recouvrer le bien-être et la santé. On doit aussi compter sur les lois universelles qui régissent la nature. C'est sans doute l'une des raisons pour lesquelles de nombreuses médecines alternatives[204] sont devenues intuitivement de plus en plus populaires.

---

[204] **Médecine alternative** : Aussi appelée « médecine non conventionnelle », « médecine complémentaire », « médecine naturelle », « médecine douce », « médecine parallèle » ou encore « médecine holistique », par opposition à la « médecine conventionnelle », « médecine traditionnelle », « médecine occidentale » ou « médecine classique ».

Les médecines alternatives désignent un large éventail d'approches de traitement issues de traditions parfois séculaires ou apparues avant l'avènement de la science aux alentours du XIXe siècle.

Ces approches de préservation de la santé, dont celles récentes des pratiques énergétiques, sont en complément, et parfois en alternative à la médecine classique.

La médecine alternative exclut l'utilisation de produits pharmaceutiques. Ses traitements sont basés exclusivement sur l'emploi de moyens naturels (diététique, produits naturels, massage thérapeutique, stimulation énergétique, hygiène de vie, soleil, air pur, odeurs, couleurs, sons, etc.).

Ces approches doivent cependant demeurer complémentaires à toute intervention médicale, c'est-à-dire qu'elles ne doivent pas se substituer aux traitements reconnus de la médecine traditionnelle.

Dans de nombreux cas, une carence de *Ki* peut provenir d'un blocage énergétique causé par des états émotionnels consécutifs à un évènement marquant du passé. Un tel blocage empêche alors la circulation adéquate du *Ki* dans l'organisme.

Les vaisseaux sanguins, en se contractant, empêchent l'oxygénation cellulaire et causent la maladie et d'autres problèmes de santé. Ce blocage est souvent palpable, puisqu'il peut prendre la forme de tensions corporelles localisées.

La première étape permettant de faire face à des problématiques affectant la santé d'une personne consiste à déterminer si son état résulte de causes émotionnelles. Dans l'affirmative, il est souhaitable d'en repérer l'origine pour que le sujet en prenne conscience, sans quoi un traitement approprié pourrait n'offrir qu'un soulagement temporaire.

Dans un tel cas, l'affection risque de réapparaitre tôt ou tard, sous la même forme ou sous une autre. Dans la négative, c'est-à-dire s'il s'agit d'un problème purement physique, il sera traitable de manière conventionnelle ou non en vue d'obtenir un résultat de soulagement définitif. Afin de déterminer s'il s'agit d'une affection d'origine physique ou émotionnelle, on peut procéder à divers tests.

Généralement, on utilisera des techniques apparentées à la kinésiologie appliquée [205] pour cerner l'origine évènementielle d'un blocage émotionnel.

De plus, diverses manipulations peuvent s'avérer nécessaires durant ce processus. De telles manœuvres comportent d'ailleurs des similitudes avec les tests de *Ki* expliqués dans cet ouvrage. Ce processus peut s'avérer complexe et requiert parfois le concours de thérapeutes chevronnés.

Par contre, l'utilisation d'un instrument, comme un pendule, et l'application de tests de coordination corps – esprit permettent de se livrer à un exercice pouvant, dans certaines conditions, conduire à l'identification de la nature et de la cause évènementielle d'un blocage énergétique et de le localiser.

---

[205] **Kinésiologie appliquée** : Ensemble de méthodes développées à partir des travaux du Dr John Thie, chiropracteur américain. Le « *Touch for health* », ou « santé par le toucher », qu'il a élaboré est une technique très simple, synthèse des informations fournies par les tests musculaires, bien connus des chiropracteurs, et de la circulation de l'énergie dans les méridiens d'acupuncture, propre à la médecine chinoise.

Le *Touch for health* est enseigné dans plus de cent pays dans le monde, et en Europe depuis le début des années 1980. Source : Wikipédia 2014.

Notons que le processus présenté ici doit être considéré uniquement comme un exercice mental et de concentration pour les deux personnes impliquées. Plus grandes seront la coordination corps – esprit du partenaire et celle du sujet, et meilleurs en seront les résultats.

Voici comment procéder : Après être entré en résonance avec son pendule, [206] le partenaire, en état de coordination corps – esprit, le positionnera au-dessus du centre, au bas de l'un des deux cadrans présentés ci-après. Il posera alors des questions mentalement, ceci afin d'éviter que le sujet les entende et qu'il en soit influencé.

Par exemple : « *ce mal de dos est-il d'origine émotionnelle ?* » Le pendule va osciller sur « oui » ou sur « non ». Puis, on valide la réponse en posant la question inverse : « *ce mal de dos est-il d'origine physique ?* ».

Pour confirmer la réponse obtenue, le sujet se prêtant à l'exercice coordonne son corps et son esprit et se place en position *Seiza* ou debout.

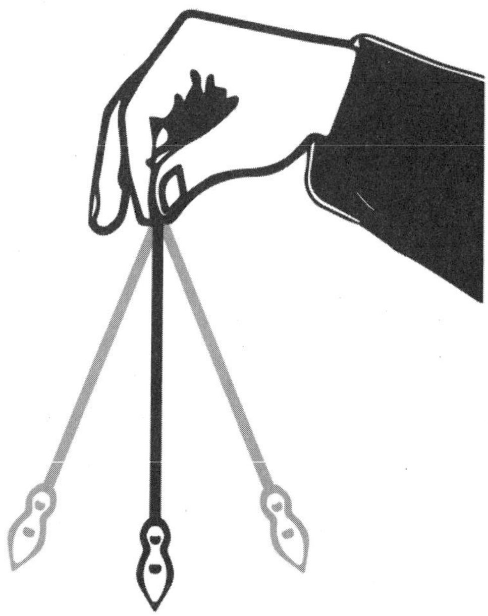

Le partenaire vérifie sa coordination en testant sa stabilité physique (voir les sections IV.1 : « Focaliser calmement l'attention au centre situé dans le bas-ventre » [p. 86], et XI.1 : « Maitrise de la posture » [p. 209]).

Le partenaire exécute alors des tests de stabilité du sujet pendant que ce dernier procède aux affirmations que lui aura dictées le partenaire. Par exemple : « *ce mal de dos est d'origine physique !* » Si c'est vrai, le sujet maintiendra sa coordination corps – esprit. Dans le cas contraire, il sera facilement déséquilibré.

Dans l'affirmative d'une cause physique, on passera directement aux procédures applicables pour soulager le sujet, médecine conventionnelle ou non.

Mais, si la cause est d'origine émotionnelle, on tentera d'en déduire l'origine en posant les questions appropriées et en utilisant un pendule avec le cadran. On cherchera, de cette manière, à retracer l'évènement causal dans l'espace et le temps.

---

[206] Voir la note de bas de page n° 130, p. 142.

Le sujet sera interrogé à certains intervalles afin d'aiguiller le travail du partenaire qui validera son enquête mentale au fur et à mesure. La dichotomie « oui – non » de réponses aux questions posées, un esprit logique de déduction et le maintien de la coordination corps – esprit permettent souvent de conduire une telle investigation avec succès.

Puis, on vérifiera la réponse obtenue en testant la coordination du sujet, lequel procèdera à son affirmation et en prendra ainsi conscience. Il arrive souvent que la cause émotionnelle soit enfouie profondément dans la mémoire du sujet, si bien qu'il n'est pas toujours facile pour lui de s'en souvenir.

On peut maintenant détecter le nœud émotionnel en tenant un pendule au-dessus du sujet couché et en ratissant son corps, sur le ventre, puis sur le dos. À l'approche du nœud recherché, le pendule oscillera différemment. On posera alors le doigt sur le point de tension repéré pour en valider la localisation. Habituellement, le point de tension sera très sensible.

SI on maintient une pression à cet endroit, le sujet ne sera plus en mesure de maintenir sa coordination corps – esprit. Avec le concours d'un collaborateur, on peut valider le blocage énergétique, par exemple, en testant le bras inflexible ou l'anneau de métal du sujet pour s'en rendre compte.

On peut aussi, d'une main, appliquer une légère pression vers le bas sur le bras du sujet maintenu à 90 degrés, tout en maintenant, de l'autre main, une pression sur le point de tension. Le bras s'abaissera facilement lors du test, tandis qu'autrement, le partenaire y rencontrera une forte résistance.

Les tensions à cet endroit devront être dissoutes selon la méthode décrite dans la section suivante (XIII.2 : « Techniques de pression avec *Ki* » [p. 282]) afin de les éliminer physiquement, ce qui permettra de prévenir une récidive de malaise suite à une procédure thérapeutique appropriée.

Cela aura également pour effet de rendre une intervention médicale subséquente plus efficace, qu'elle soit issue de la médecine traditionnelle ou d'une médecine douce.

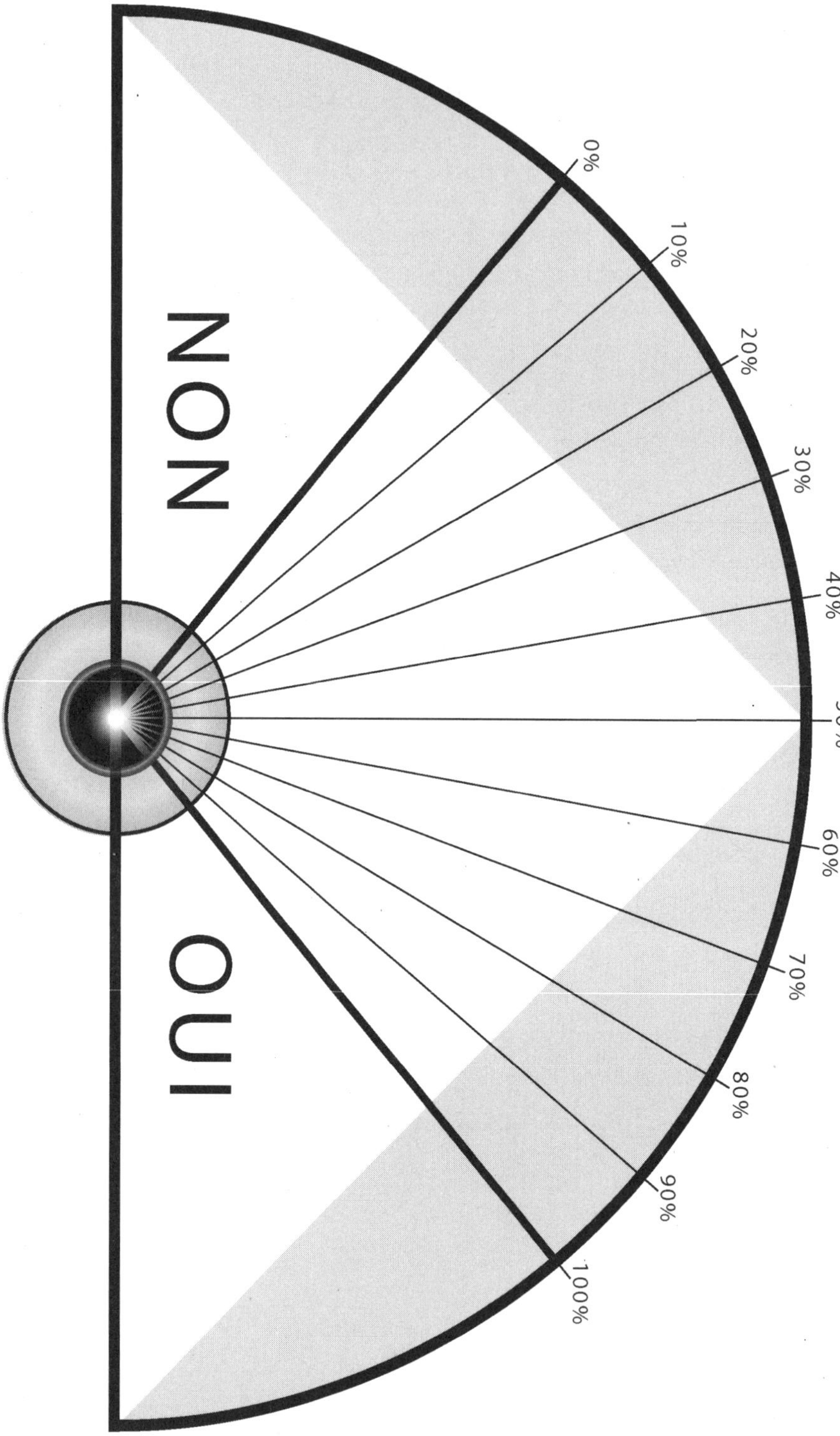
NON
OUI
0%
10%
20%
30%
40%
50%
60%
70%
80%
90%
100%

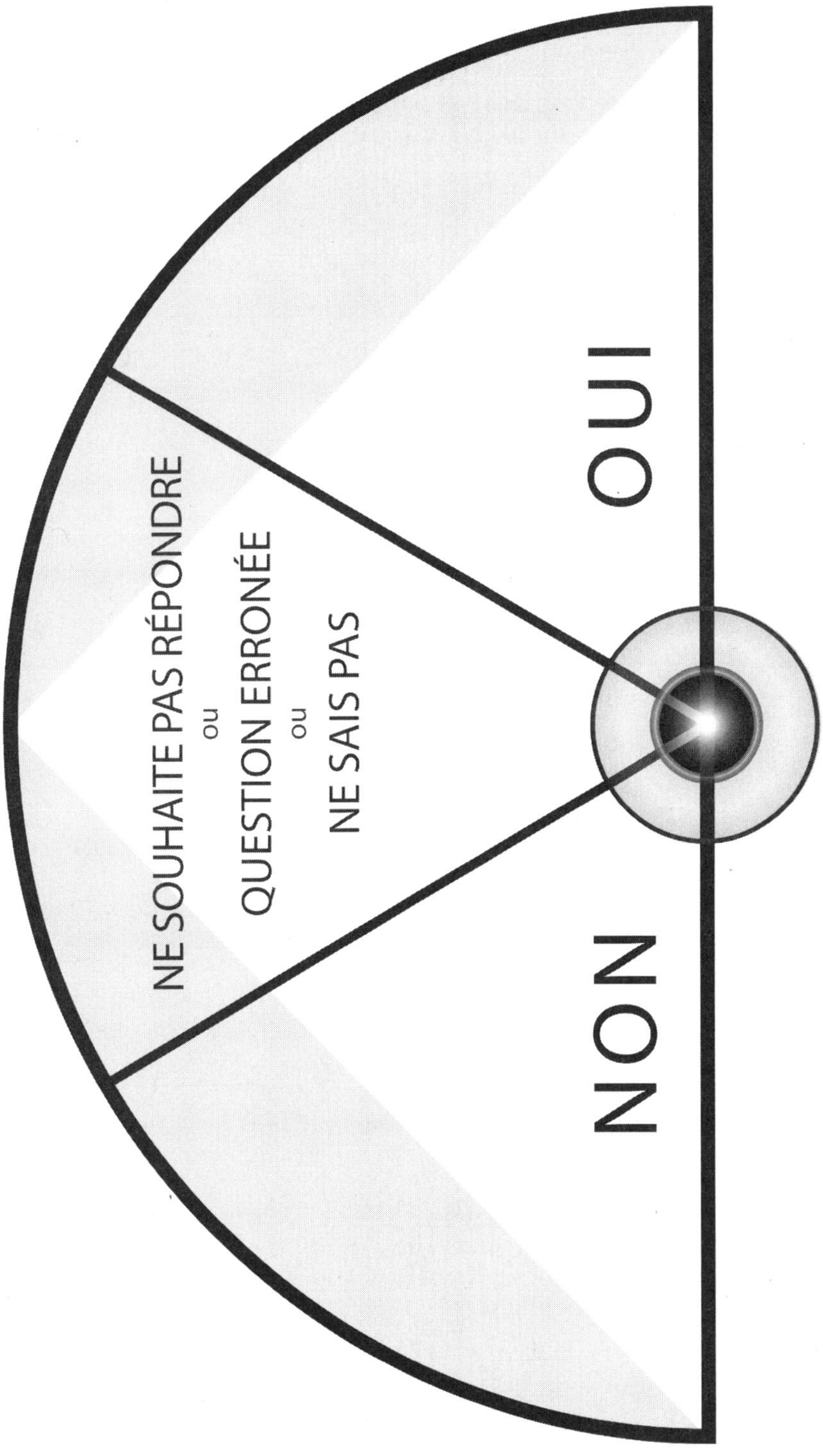
OUI
NE SOUHAITE PAS RÉPONDRE
ou
QUESTION ERRONÉE
ou
NE SAIS PAS
NON

XIII.2 – TECHNIQUES DE PRESSIONS AVEC *KI*

Jusqu'à présent, nous avons présenté des pratiques diverses permettant d'amener le *Ki* universel dans nos corps par la méditation, les exercices respiratoires, les exercices de *Ki* et les arts martiaux. Ce sont des pratiques efficaces pour développer, maintenir et régénérer constamment le flux de *Ki*.

Nous abordons maintenant des pratiques simples qui amènent le *Ki* universel chez une autre personne et l'aident à maintenir ou à recouvrer la santé. Ces mêmes pratiques permettent également de se traiter soi-même en diffusant le *Ki* aux endroits de notre corps qui le nécessitent. Les résultats des pressions de *Ki* qu'on peut alors observer s'avèrent parfois prodigieux.[207]

L'être humain possède tout ce dont il a besoin pour vivre en santé, et s'il arrive que son énergie vitale circule mal dans son corps, une autre personne, ou lui-même, peut y diffuser le *Ki* universel directement.

Le principe de base c'est de créer une fluidité énergétique grandissante en revitalisant les conduites obstruées par des tensions physiques, mentales ou émotionnelles.

Lorsqu'une pompe à eau manuelle se vide, une nouvelle quantité d'eau est nécessaire pour l'amorcer afin d'en repartir le débit et nous permettre de puiser à nouveau de l'eau fraîche.

Avec le *Ki*, c'est la même chose. Nous stimulons le *Ki* d'une personne en lui redonnant un nouveau souffle à l'endroit approprié. L'individu qui effectue des pressions de *Ki* n'est pas un guérisseur ; il ne fait qu'activer l'énergie vitale d'une autre personne pour l'aider à se guérir naturellement, d'elle-même.

---

[207] **Pressions de Ki** : Expression qui désigne un ensemble de techniques de revitalisation corporelles et énergétiques. *Kiatsu* est un mot japonais signifiant presser avec l'énergie, de « *Atsu* » : presser, et de « *Ki* » : l'énergie universelle.

« *Shiatsu* » est un terme générique japonais signifiant « pression des doigts » (*Keiraku* ou *Jing-luo* en chinois). Dans le contexte du présent ouvrage, le mot « *Shiatsu* » pourrait s'avérer un terme approprié puisque, rappelons-le, les propos de l'auteur ne reproduisent que l'interprétation des enseignements qu'il a reçus, et les résultats des expérimentations et des recherches qu'il a effectuées.

Note : Cette approche de médecine douce, dont certains des principes de base sont présentés dans ce chapitre, le *Kiatsu-Ho*, a été originellement développée et mise au point par Maitre Koichi Tohei. *Kiatsu-Ho* est également une marque de commerce déposée dont les droits sont détenus par « *Ki Society International* ».

Le *Kiatsu*, en constante évolution, est enseigné professionnellement au Japon et candidement dans le réseau des « *Ki Society* » à travers le monde. Dans ce dernier cas, on y réfère comme « *Personal Kiatsu* ».

Au Japon, il existe des cliniques de *Kiatsu* où les thérapeutes certifiés après des années d'étude aident les patients à se débarrasser définitivement de divers problèmes de santé et contribuent également à en prévenir d'autres.

En effet, le thérapeute instruit ses patients sur les principes universels de coordination corps – esprit et les pratiques individuelles s'y rattachant comme la méditation, les exercices respiratoires et les techniques de pressions de *Ki* que l'on peut effectuer par soi-même.

Dans cette optique, le sujet doit tout d'abord s'aider lui-même en coordonnant son corps et son esprit et en acceptant de recevoir les pressions de *Ki* du partenaire. Cette approche individuelle n'a d'autre objectif que de promouvoir la santé et ne rejette aucune autre forme de traitement reconnu.

La condition essentielle, pour le pratiquant désirant appliquer des pressions de *Ki*, c'est d'être capable de se coordonner. Pour insuffler le *Ki* dans le corps d'une autre personne, nous devons être en mesure de diffuser le *Ki* nous-mêmes. L'exercice du bras inflexible semble démontrer que le *Ki* peut, par visualisation, être dirigé dans une direction précise (voir section IV.4 : « Diffuser le *Ki* universel en maintenant une attitude positive » [p. 109]).

L'exercice de tenir le *Boken* démontre aussi qu'on peut transmettre à un objet une fréquence vibratoire identique à la nôtre (voir section VI.3 : « *Boken* inflexible et vibrations » [p. 141]). C'est ce que le pratiquant fera lorsqu'il appliquera des pressions de *Ki*, il transmettra l'énergie dans une région donnée du corps du sujet.

Dans le présent contexte, le flot concentré de *Ki* jaillit des extrémités et plus précisément du bout des doigts. Le pratiquant peut également, par visualisation, **réduire de moitié en moitié le flot de *Ki* jaillissant du bout des doigts** tel qu'expliqué dans l'exercice méditatif (voir section XI.3 : « Techniques méditatives avec *Ki* » [p. 226]). Ceci aura pour effet de concentrer le flux d'énergie.

Avant de commencer les pressions, la personne doit mentalement entourer de *Ki* tout le corps du sujet. La méthode consiste à visualiser une nouvelle énergie croissante émanant du *Kikaï-tanden* et qui englobe entièrement le sujet, ou encore, à penser positivement au bien-être général de ce dernier.

Pour faciliter cette approche, nous pouvons imposer nos mains, avec grande légèreté, sur les épaules du sujet qui recevra les pressions (par exemple : en se tenant debout derrière le sujet assis sur une chaise). Ce faisant, les fréquences vibratoires s'élèveront et l'accès à l'énergie vitale en sera grandement facilité.

Avec un peu de pratique, nous pourrons décoder intuitivement l'énergie du sujet et repérer rapidement les anomalies nécessitant des pressions de *Ki*.

Parfois, la personne qui applique des pressions peut avoir l'impression de diffuser le *Ki* universel alors qu'inconsciemment des tensions sont présentes dans ses bras ou ses épaules.

Si elle s'en aperçoit, elle doit cesser les pressions, se coordonner de nouveau, puis reprendre. **La personne qui applique des pressions devra éviter de produire des tensions dans son corps.**

Lors d'une séance d'aide, un partenaire pourra vérifier périodiquement la coordination de la personne qui effectue les pressions en testant sa stabilité corporelle. Par exemple, pendant qu'elle applique des pressions de *Ki* sur le sujet, le partenaire saisira son poignet et tentera de soulever la main vers le haut, dans le sens du bras. Si elle n'est pas en état de coordination corps – esprit, elle perdra sa stabilité physique lors des tests.

Aussi, **la personne appliquant les pressions doit se placer dans une position confortable et au-dessus du sujet**. La force dominante utilisée ici, c'est la force de gravitation qui attire tous les objets vers le centre de la Terre. Si la personne effectue des pressions sur un sujet couché au sol, elle peut s'assoir en position *Seiza*. Et pour un sujet assis sur une chaise, la personne appliquant les pressions de *Ki* se tiendra debout derrière lui. En fait, les positions varient selon les endroits à presser.

En demeurant coordonnée, une personne peut se presser elle-même si l'endroit visé lui est accessible et si elle est capable, tout en maintenant la coordination corps – esprit, de respecter les conditions énumérées dans la présente section.

Quand nous appliquons des pressions de *Ki*, nous devons pénétrer la chair souple en déposant le bout des doigts, à l'endroit approprié, avec la plus grande légèreté. Souvenons-nous qu'une pression en surface est inutile et qu'une pression trop forte détériorera les tissus et produira des tensions supplémentaires.

Généralement, une pression de *Ki* effectuée adéquatement produit chez le sujet une sensation ou une douleur agréable même à un endroit tendu, donc très sensible. Dans le cas contraire, le sujet ressentira une douleur vive et incommodante indiquant que les pressions ne sont pas effectuées adéquatement. **La région visée doit être pressée perpendiculairement, sans forcer.**

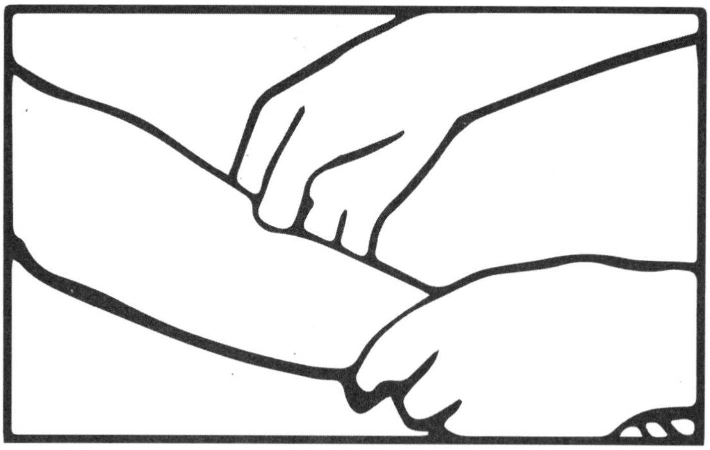

Les endroits à presser sont déterminés en fonction des malaises ou des tensions du corps repérables facilement au toucher. Toutes les régions du corps devraient normalement être souples au toucher.

Suivant généralement les nerfs, les tendons ou les ligaments, des canaux d'énergie englobent le corps sous forme de méridiens. Ces structures corporelles sont repérables physiquement en pétrissant légèrement la chair, du bout des doigts, dans un léger mouvement de va-et-vient.

Au toucher, cela ressemble à un très petit cordon sous la peau. Une charte de canaux d'énergie, comme celle présentée un peu plus loin, est utile pour repérer approximativement les endroits à presser, mais avant de commencer les pressions de *Ki*, le pratiquant doit procéder physiquement à leur repérage en effectuant ces légers tâtonnements du bout des doigts.

Ces pressions de *Ki* sont appliquées du bout des doigts, le long de ces méridiens. Ainsi, une personne coordonnée peut entreprendre de presser une région du corps sans se préoccuper de trouver des points précis comme on le fait en acuponcture.[208]

Ces points de pression se retrouvent à l'intersection des canaux d'énergie englobant le corps. Donc, en effectuant des pressions de *Ki* tout le long de l'une de ces lignes d'énergie, tous les points de pression rencontrés seront revitalisés.

Chaque pression devrait durer environ 20 secondes. Nous pouvons utiliser le bout des trois doigts du milieu joints ensemble ou les pouces. Lorsqu'une région aura été pressée adéquatement, elle deviendra souple au toucher.

Pour nous familiariser avec ce qui précède, voici un exercice pratique : à l'aide de la charte présentée un peu plus loin, le pratiquant, en procédant par tâtonnements, repère sur le sujet une des lignes de canaux d'énergie, au niveau d'un bras.

Puis, avec ses pouces placés perpendiculairement, le pratiquant presse simultanément le haut et le bas du bras du sujet, sur la ligne repérée. Le sujet s'abstient de regarder ce que fait le partenaire.

---

[208] **Acuponcture** : Spécialité de la médecine traditionnelle chinoise appuyée par un concept énergétique lié au taoïsme.

À l'image du macrocosme universel, le microcosme humain est subordonné aux mêmes règles qui devront inspirer son mode de vie et qui serviront de principes à l'élaboration de l'intervention médicale, laquelle consiste à implanter et à manipuler de fines aiguilles en divers points du corps. L'objectif vise le rétablissement de l'harmonie du *Yin* et du *Yang* en débloquant les entraves à la circulation corporelle du *Qi* (*Chi* ou *Ki*).

L'acuponcture, qui remonte à plus de 5000 ans, aurait été introduite en Europe au XVIIe siècle. C'est lors d'un voyage de deux années à Nagasaki au Japon, qu'un médecin hollandais de la Compagnie des Indes orientales, Willem Ten Rhyne, fit la rencontre de cette médecine douce.

Lorsque les pressions des deux pouces pénètrent adéquatement la chair souple du sujet, ce dernier ne ressentira qu'un seul point de pression.

Au contraire, si le pratiquant ne pénètre pas la chair moelleuse du sujet, ou s'il presse en forçant physiquement, le sujet ressentira deux pressions séparées, c'est-à-dire en deux endroits différents, indiquant ainsi que les pressions ne sont pas effectuées adéquatement.

Pour aider à promouvoir la santé d'une autre une personne, il existe tout un ensemble de techniques systématisées. Cette pratique, accessible à tous, s'attaque à de nombreux dysfonctionnements : d'ordre physique comme les migraines, les maux de genoux et les saignements de nez ; d'ordre émotionnel comme la mélancolie ou l'anxiété ; d'ordre énergétique comme la fatigue et le manque de motivation.

Parfois, on demandera au sujet d'exécuter des mouvements dans diverses directions pendant que des pressions de *Ki* lui sont appliquées.

Ces pressions de *Ki* constituent une technique bien différente des techniques de massage populaires. À ce propos, une fable japonaise raconte qu'un jour, un massage a fini par tuer un masseur. C'est qu'un massage effectué en pétrissant des muscles tendus peut produire, dès le lendemain, des tensions encore plus importantes. Or, pour réussir à détendre des muscles déjà tendus, le masseur redoublera d'intensité, et ainsi de suite. Finalement, le masseur de la fable meurt d'épuisement en essayant de détendre des muscles de la plus mauvaise façon !

Un individu recevant un massage conventionnel sera ravi et semblera se détendre agréablement sur le moment. Cependant, les effets bénéfiques d'un massage de pressions de *Ki* dureront généralement beaucoup plus longtemps.

Avant d'entreprendre une séance, le pratiquant expliquera au sujet que les pressions de *Ki* bien exécutées sont sans risque et ne détérioreront pas sa condition physique. Cette pratique est un exercice où la personne appliquant les pressions coordonne son corps et son esprit, et où le sujet a tout à gagner.

Dans de telles conditions, la personne qui applique des pressions n'est aucunement responsable du sujet ni de son éventuelle guérison. Le résultat est plutôt produit par l'énergie universelle et par la capacité intrinsèque du sujet à l'autoguérison. Somme toute, il s'agit d'un exercice de *Ki* pour le pratiquant qui applique les pressions.

Une personne familière avec ces pratiques ne cesse d'être surprise des résultats qu'elle obtient. Nous observons souvent le soulagement d'affections qui perdurent même depuis plusieurs années, et aussi la joie très intense du sujet. Cette grande satisfaction est d'ailleurs la plus belle récompense que peut en retirer le pratiquant.

Il arrive parfois qu'une personne appliquant des pressions de *Ki* crée par mégarde une carence énergétique dans son propre corps. Suite à une séance de pressions de *Ki*, il est donc souhaitable, du moins indispensable pour le débutant, de pratiquer la respiration ou la méditation avec *Ki*, pour une période équivalente à la durée des pressions effectuées.

L'efficacité des pressions de *Ki* est directement proportionnelle à la capacité d'un individu à diffuser le *Ki* universel. Des personnes ne prendront que quelques secondes, alors que d'autres devront presser durant plusieurs minutes pour obtenir les mêmes résultats. C'est par la pratique, que nous améliorons progressivement nos capacités.

L'énergie utilisée dans les pratiques martiales, c'est le *Ki*. Si nous en comprenons véritablement l'essence, nous ne pouvons que l'utiliser à bon escient. L'énergie servant à briser des briques d'un seul coup de poing est la même que celle visant à aider une autre personne à recouvrer la santé.

Il n'est point besoin d'atteindre un élargissement de conscience significativement élevé pour choisir la bonne application. Utiliser sa puissance intérieure et ses connaissances du *Ki* pour aider les autres est véritablement la Voie universelle, celle qui permet de croitre sans cesse. C'est ça le vrai *Budo* !

Il est salutaire pour quiconque de découvrir et d'apprendre le processus de pressions de *Ki*. Cette technologie est bénéfique aussi bien pour celui qui effectue les pressions que pour celui qui les reçoit. Ceci à condition, toutefois, de respecter les principes expliqués précédemment.

À titre d'exemple de pressions effectuées avec *Ki*, quelques procédures sommaires pour soulager divers maux sont présentées ci-après. Les lignes de canaux d'énergie dont il est question sont représentées sur la figure de la page suivante.

Localisation approximative de quelques lignes de canaux d'énergie et de points de pression

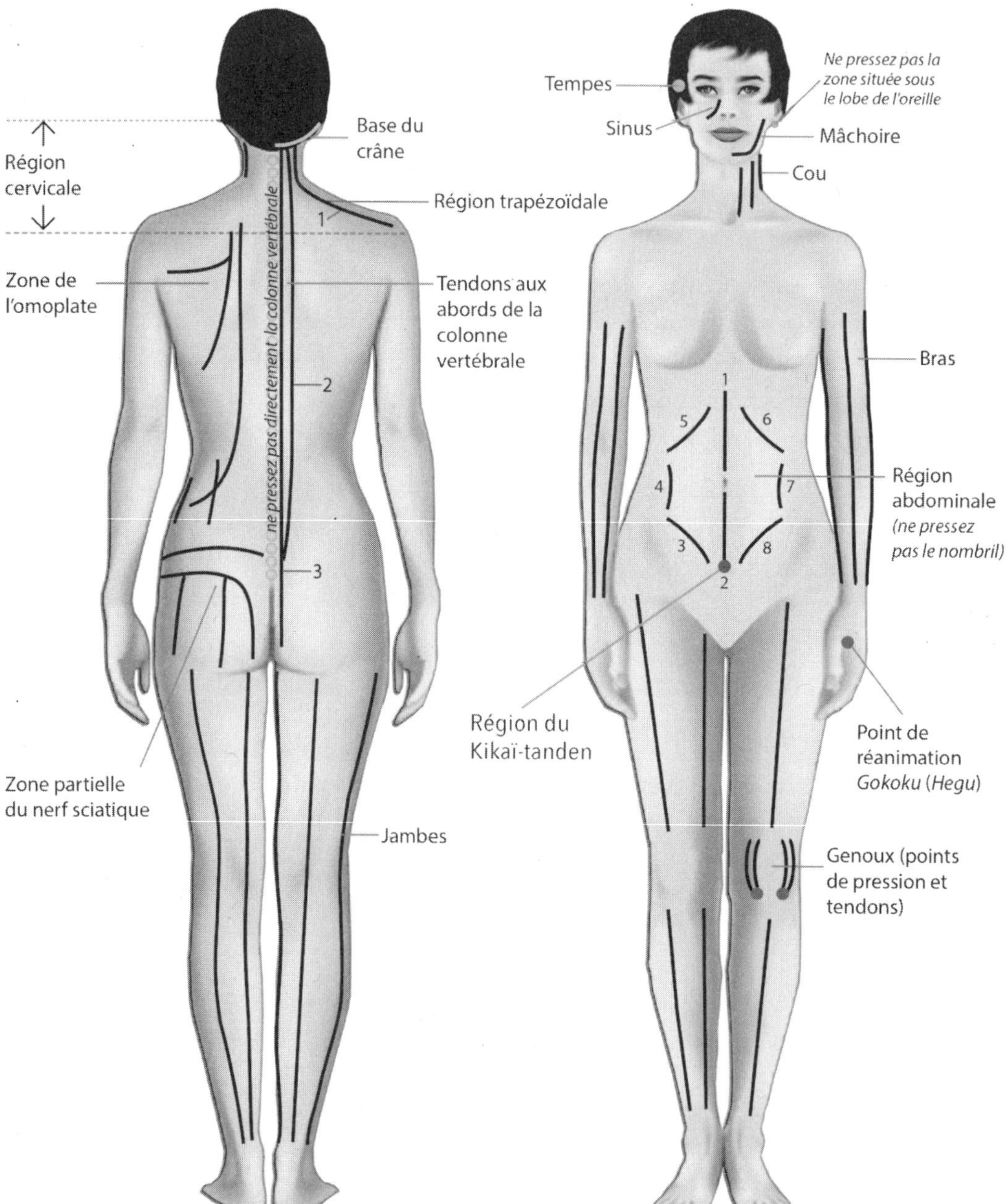

Quelques exemples de procédures thérapeutiques de Kiatsu

A - Région cervicale :

La région du cou et des épaules est un endroit du corps où on laisse souvent s'accumuler des tensions nerveuses de toutes sortes. Détendre cette région procure habituellement un grand bien-être. La procédure suivante peut aussi être réalisée chez un sujet souffrant de migraine.

Dans ce dernier cas, on répètera la procédure quatre fois à intervalle d'une journée. Toutefois, la personne traitée devra, par la suite, pratiquer la relaxation vivante telle que décrite dans cet ouvrage afin de prévenir une rechute.

1. La procédure consiste à presser les lignes situées dans la région cervicale du sujet. Ce dernier, ayant pris la position *Agura*, est pressé par le pratiquant qui s'assoit derrière lui, sur une chaise. Demandez au sujet de bouger la tête dans toutes les directions. Dans un cas de migraine, il éprouvera certainement des difficultés.

   En utilisant le pouce ou les trois doigts du milieu de la main, pressez la ligne 1, située dans la zone trapézoïdale, en débutant par le côté gauche. Commencez à la base du cou en pressant vers l'épaule, puis, de la base du cou vers le crâne. Au cours de cette procédure, on placera l'autre main au niveau de la tempe du sujet, avec grande légèreté, de manière à diriger sa tête, délicatement, vers le côté opposé à celui où sont appliquées les pressions.

   Quand les lignes 1 de chaque côté auront été pressées adéquatement, le sujet pourra, habituellement, faire reposer (ou presque) sa tête sur chaque côté de ses épaules.

   Note : Cette procédure peut être effectuée par soi-même pour inciter à la détente. Assis calmement sur une chaise, sans s'adosser, il s'agit d'appliquer les pressions avec les doigts en utilisant la main du côté opposé à la région pressée (pressez le côté gauche avec la main droite, et inversement).

   Durant la procédure, on laisse reposer la tête avec légèreté, vers le côté opposé à celui où sont appliquées les pressions. On doit prendre soin de maintenir le poids du bras vers le bas, mettant ainsi à profit la force gravitationnelle.

   Cette procédure individuelle se doit d'être cohérente avec le troisième principe de coordination corps – esprit, soit : « Laisser reposer avec légèreté toutes les parties du corps vers le bas » (voir section IV.3 [p. 106]). Pour nous y aider on maintient le coude vers le bas.

2. En utilisant les trois doigts du milieu de la main, pressez ensuite la ligne 2, soit celle présentée comme étant la plus éloignée des tendons aux abords de la colonne vertébrale. On ne pressera que la portion de la ligne 2 située dans la région cervicale. Pressez la ligne en débutant à hauteur des épaules vers la tête.

   Pressez le côté gauche, puis le côté droit. Pendant ces pressions on tient le menton du sujet avec légèreté en le dirigeant vers soi, du côté opposé à celui qui est pressé.

   Si ses tendons sont pressés adéquatement, le sujet sera en mesure de tourner sa tête de gauche à droite de sorte que son menton puisse s'aligner avec l'axe de ses épaules (ou presque).

3. Ensuite, pressez simultanément avec les pouces, la ligne des tendons située immédiatement aux abords de la colonne vertébrale, soit la ligne 3 de la charte.

   Commencez au même niveau qu'au début des pressions de la ligne 2, en progressant vers la base du crâne. Cette fois-ci, l'opération se déroule pendant que le sujet hoche tranquillement la tête d'avant en arrière en relevant et en abaissant le menton.

   À chaque fois que le sujet abaisse le menton, on déplace les pouces pour progresser ainsi jusqu'à la base du crâne. Lorsque les pressions sont appliquées dans la région du cou, le sujet produit lui-même une pression sur le canal d'énergie en s'appuyant sur les pouces inflexibles du partenaire au retour de sa tête vers l'arrière.

4. Si les trois étapes précédentes sont bien réussies, le sujet pourra bouger la tête librement dans toutes les directions. Ce faisant, pressez délicatement les mêmes lignes afin de repérer, le cas échéant, les endroits résiduels douloureux ou tendus. Si c'est le cas, on doit appliquer des pressions de *Ki* à ces endroits jusqu'à ce que les tissus deviennent souples au toucher.

5. Ensuite, tenez le front du sujet d'une main, en pressant la ligne située à la base du crâne avec le pouce, en direction du cerveau. Procédez de chaque côté. Pour terminer, pressez simultanément les points de la tête situés aux tempes, avec les trois doigts du milieu de chaque main.

   La plupart des maux de tête sont d'ailleurs annihilés facilement, souvent en pressant uniquement ces deux points de la tête. Cette dernière manœuvre peut également être effectuée délicatement par soi-même en l'absence d'un partenaire.

   Note : Nous ne devons pas presser la partie très sensible constituée de ramifications nerveuses située juste en bas du lobe de l'oreille du sujet.

B - Région dorsale :

Pour aider à éliminer la fatigue générale d'un sujet, sa mélancolie ou son manque de motivation, on appliquera le traitement précédent au niveau cervical et de la tête, puis on enchainera avec des pressions au dos exécutées de la manière suivante :

Le sujet se couche sur le ventre, au sol ou sur une table, et celui qui applique des pressions de *Ki* se place à côté de lui (afin d'être en mesure de presser perpendiculairement les tendons) en position *Seiza* ou debout, le cas échéant.

1. On commence à presser les lignes 3, soit les canaux d'énergie situés aux abords des tendons de la colonne vertébrale.

   Attention ! Nous ne devons pas presser directement la colonne vertébrale, ceci afin de prévenir le déplacement accidentel de vertèbres.

2. Utilisant les trois doigts du milieu des mains placées côte à côte, on débute dans le dos en partant de la base du cou pour progresser vers le coccyx.

   On presse le tendon légèrement, dans un angle de 45 degrés (par rapport au dos), afin de pénétrer la chair moelleuse. Puis, rapidement et avec souplesse, on déplace les mains pour positionner les doigts dans un angle de 90 degrés. Et on maintiendra cette position permettant ainsi l'exécution de chaque pression durant 20 à 25 secondes.

   Pour changer d'endroit, pendant l'application des pressions, on déplace une main à la fois, en la croisant par-dessus l'autre, en s'assurant de presser entièrement les tendons des lignes 3 jusqu'aux environs du bassin.

3. Puis, en pressant les lignes 2 simultanément avec les pouces, le sujet sera efficacement et instantanément soulagé de la fatigue. Si des tensions inhabituelles sont décelées pendant ces pressions, c'est qu'il est possible que des organes internes opèrent des dysfonctionnements.

   Par exemple, des tensions dans le dos peuvent être à l'origine de problèmes à des organes abdominaux et inversement. Lors des pressions, le sujet pourra le ressentir.

C - Région abdominale :

Pour des problèmes abdominaux, le sujet se couche sur le dos. Le partenaire utilisera les trois doigts du milieu des mains placées côte à côte pour appliquer les pressions de *Ki* sur les lignes 1 à 8 de l'abdomen. Durant ces pressions, le sujet doit inspirer et expirer profondément.

En utilisant la gravité, le partenaire laissera les doigts s'enfoncer avec grande légèreté et sans forcer, pendant l'expiration du sujet. Il continuera ainsi de laisser s'enfoncer les doigts jusqu'à ce qu'il perçoive une pulsation. Le partenaire maintiendra alors sa position et le partenaire passera à la pression suivante après avoir compté 100 pulsations au même endroit.

Note : En l'absence d'un partenaire, le sujet peut exécuter ces pressions de Ki sur lui-même. Attention ! On ne doit pas presser le nombril parce qu'il est constitué de ramifications nerveuses qui peuvent causer une sensation désagréable et de l'irritabilité.

D - Les genoux :

Voici l'exemple d'une procédure avec manipulations visant à soulager des maux de genoux : le sujet s'assoit au sol, dos à un mur, jambes allongées, et le partenaire se place devant lui, en position *Seiza*.

La jambe dont le genou est affecté est alors pliée à mi-chemin. Avec les pouces, il s'agira, pour le partenaire, de presser simultanément les points situés de chaque côté du genou tels qu'illustrés sur la charte.

Le sujet percevra alors un soulagement. Puis, il dépliera son genou pendant que le partenaire maintient la pression sur les deux points. Lorsque le genou sera bien déplié, le partenaire percevra de petits tendons à l'endroit où sont situés les deux points de pression.

C'est à ce moment-là que le sujet ressentira une douleur indiquant ainsi qu'on a localisé le bon endroit. Le partenaire maintiendra la pression de *Ki* sur les points localisés pendant que le sujet replie sa jambe et ramène sa cheville jusqu'à sa fesse, puis la déplie de nouveau.

On répètera l'exercice plusieurs fois de suite jusqu'à ce que la douleur soit annihilée. Si ça s'avère nécessaire, on pressera les lignes de canaux d'énergie situées de chaque côté du genou.

E - Saignement de nez :

Une technique peu orthodoxe d'arrêter un saignement de nez consiste à poser la main gauche sur le front du sujet puis à poser le tranchant de la main droite ouverte en croisant le centre de la nuque. On éloignera alors la main droite vers l'arrière, puis on frappera deux fois en émettant le *Kiaï* (voir section XII.1 : « *Kiaï* vivant » [p. 250]).

Attention ! Les coups doivent être extrêmement légers et le sujet ne doit pas subir de blessure ni ressentir de douleur.

Cette procédure produit un choc léger au cerveau, lequel est dérouté de ce qu'il était en train de faire, c'est-à-dire d'opérer un saignement. L'application de cette technique fait habituellement cesser les saignements de nez sur-le-champ (bien souvent dans l'hilarité).

F - Région sinusoïdale :

Pour la congestion nasale, une personne peut effectuer par elle-même des pressions de *Ki* sur les lignes d'énergie de ses sinus. Pour ce faire, elle s'assoit sur une chaise, puis place ses coudes sur une table devant elle, les mains pointant vers le haut.

En approchant la tête, elle appuie simultanément les pouces sur les lignes d'énergie de ses sinus en plaçant le bout des autres doigts de chaque côté de la tête, près des tempes. Pour effectuer les pressions, la personne laisse reposer sa tête sur ses pouces, utilisant ainsi la gravité, sans forcer.

G - Points de revitalisation :

En l'absence d'un partenaire, le pratiquant peut presser, avec *Ki*, divers points qui stimuleront sa vigueur et son bien-être.

Il y a bien sûr le *Kikaï-tanden* (qui correspond sur la charte au chiffre 2 de la région abdominale). Une focalisation au centre, tout en plaçant, avec grande légèreté, les trois doigts du milieu de la main pointant légèrement vers le haut, sur le *Kikaï-tanden*, induira indubitablement une coordination profonde qui favorisera la diffusion du *Ki*.

Cette diffusion initiera un échange instantané avec le *Ki* universel. Ce qui aura pour effet de revitaliser le corps grâce à l'apport d'une nouvelle énergie.

De plus, des pressions peuvent être exécutées sur les points des mains situés dans la zone charnue à la jonction des os de l'index et du pouce.

En japonais, on nomme *Gokoku* (*Hegu* en chinois), ce grand point de réanimation qui, lorsque stimulé suffisamment, annihile la fatigue, le manque de vigueur et de lucidité, la douleur et beaucoup d'autres affections mentales et physiques.

Pressez avec *Ki*, avec le pouce, les *Gokoku* des deux mains, en pince avec les trois doigts du milieu de la main (tel qu'illustré).

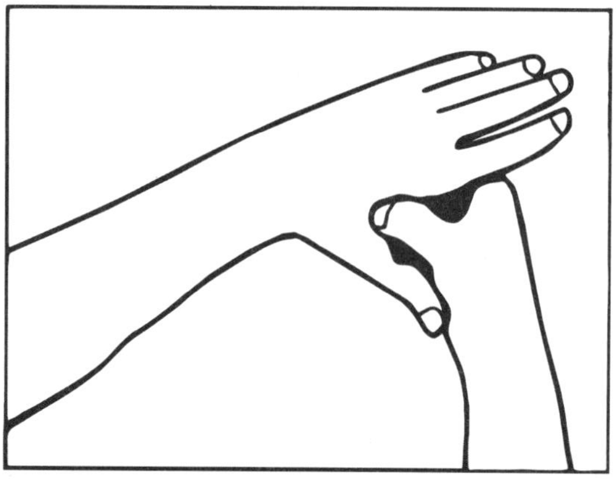

H - Traumatisme et duplication

Dans la pratique de l'Aïkido avec *Ki,* il arrive parfois que l'adepte déploie un flot de *Ki* dépassant les capacités du partenaire ou encore que ce dernier brise sa coordination lors d'une attaque. Le partenaire peut ainsi subir des blessures au moment de la projection, surtout s'il s'agit d'une technique où l'on applique un stress considérable sur une articulation. C'est à ce moment que la maitrise des pressions de *Ki* entre en jeu pour corriger la situation.

Avec un minimum de pratique, l'adepte peut reconnaitre un partenaire qui a subi un désagrément. Après la projection, celui qui intervient replacera le membre dans la position où la blessure s'est produite, puis appliquera une pression de *Ki*, à l'endroit ayant subi le stress, en maintenant cette même position.

Cette procédure de duplication d'évènement est très efficace pour rééquilibrer, à l'endroit approprié, le *Ki* momentanément dissipé du partenaire. Souvent, ça ne prend que quelques secondes pour annihiler la douleur et soulager le partenaire.

De la même façon, lorsqu'une personne subit un traumatisme physique comme une coupure ou une blessure, elle peut en accélérer la guérison d'une manière très efficace. Les médecins traditionnels s'accordent à dire que l'humain a tout ce qu'il faut en lui-même pour se guérir. Ils ont raison, mais ils ignorent bien souvent par quel processus l'être humain y parvient.

Lorsque la guérison est complexe ou tardive, ça signifie que le mental exerce une pression telle que les fonctions du corps ne peuvent pas faire leur travail adéquatement. Une personne avisée peut annihiler le traumatisme dans son propre mental en reproduisant l'évènement de manière physique, le plus tôt et le plus fidèlement possible (sans toutefois se blesser de nouveau).

Par exemple, une personne qui a subi une coupure peut reproduire cet évènement au même endroit, avec la même ambiance, la même musique et le même couteau qui a causé la blessure, etc.

La procédure fidèlement reproduite permettra même de ressentir à nouveau la douleur perçue lors de l'évènement. Ce processus, similaire à la technique des traumatismes traités en Aïkido, aura pour effet d'évacuer le traumatisme du mental pour laisser le corps faire son travail adéquatement tout en renouvelant très rapidement le *Ki* dissipé.

Qualités de soi face aux soins

Les techniques et approches de soin présentées précédemment valent la peine d'être comprises et pratiquées. Elles s'avèrent dans la plupart des cas des exercices d'apprentissage détachés des résultats, et cela doit demeurer tel quel.

Par le fait de l'action des neurones miroirs (voir section III.2 – « La perception motive les comportements » [p. 71]), l'humain s'avère d'emblée empathique par défaut. Cette caractéristique lui permet de comprendre et même de découvrir des aspects de sa vraie nature.

Cependant, lorsque confronté à un traitement réel, le pratiquant doit impérativement procéder à une ascension à un niveau supérieur, car il pourrait être victime de mimétisme de l'affection qu'il désire traiter. L'empathie n'est pas une qualité comme on le croit généralement. Lorsqu'elle opère dans le registre émotionnel, elle se transforme même en pitié, ce qui s'avère très négatif.

L'empathie consiste à se mettre intuitivement à la place d'une autre personne, allant jusqu'à ressentir la même chose qu'elle et de s'y identifier. Dans ce cas, l'affection de cette dernière peut se transposer chez le pratiquant, ce qui est très néfaste. Cela explique aussi le processus par lequel des personnes en vampirisent d'autres avec leurs attitudes et comportements négatifs. En effet, dans un tel contexte, elles utilisent la faiblesse de l'empathie qui est naturelle chez l'humain pour absorber l'énergie vitale de leurs victimes.

Pour éviter ces pièges, le pratiquant doit passer du niveau empathique à celui de compassion au sens divin, puis ultimement à celui d'équanimité. La carte spirituelle du guerrier (voir section II.1 – « Le Tao de l'énergie depuis la nuit des temps » [p. 44]) s'avère un outil de prise de conscience permettant de réaliser cette indispensable ascension. Ces qualités supérieures sont les fruits des pratiques méditatives et respiratoires.

XIII.3 – ÉLÉVATION DE LA CONSCIENCE

Jusqu'à présent, il aura été question d'éveil en considérant l'humain en relation avec son véhicule biologique et ses interactions sur le plan individuel. Ce chapitre traite de l'éveil de l'humain sur le plan sociétal.

L'élévation de la conscience est affaire de connaissances, de questionnements et d'actions. Ce n'est pas facétieux, contemplatif, ni même « Zen » au sens péjoratif du terme. Il s'agit de la prise de conscience de sa vraie nature et de l'acceptation de sa propre responsabilité d'être humain.

S'isoler du monde dans une caverne n'est pas une caractéristique de l'homme éveillé, si ce n'est que pour un bref repos réparateur avant de poursuivre son voyage.

C'est dans la vie courante que l'homme éveillé s'exprime et non dans une caverne. C'est dans le concret de la vie que s'exprime la conscience, sinon, à quoi servirait-il que l'esprit habite un corps physique ?

Comme il a été démontré précédemment, les obstacles sont nombreux pour parvenir à élever la conscience. D'un côté, il y a le corps physique avec ses cerveaux et les caractéristiques de la perception de notre monde (voir chapitre III : « Notre véhicule biologique » [p. 66]). De l'autre, c'est l'expérience vécue et celles antérieures à la vie présente, ainsi que les environnements d'influence et de contrôle de la pensée.

Rappelons encore une fois que tout comportement ou action est précédé par la pensée. En exerçant un contrôle sur la pensée des populations, on est dès lors en mesure de les contrôler.

Jusqu'à présent, il a été question, dans cet ouvrage, de stratégies d'éveil issues de diverses pratiques telles que les arts martiaux, la méditation, les exercices respiratoires, les exercices de développement du *Ki* et les pratiques ésotériques.

À l'opposé, il existe une stratégie conduisant également vers l'éveil et qui consiste à prendre conscience et à comprendre les mécanismes par lesquels on nous maintient dans l'ignorance.

Ce faisant, on est alors en mesure de confronter de nombreux paradigmes et de s'en libérer. Il est donc raisonnable de présenter ici les sujets sensibles traités dans le présent chapitre.

Il est fort probable que des pratiques conduisant à l'éveil ou à des prises de conscience ne soient jamais enseignées dans nos écoles parce que les processus qu'elles engendrent annihilent ces nombreux mécanismes de contrôle à l'œuvre dans notre société.

Contrôle de la pensée des masses

Il fut un temps où les populations étaient majoritairement constituées d'esclaves ou de serfs au service d'un quelconque maitre ou monarque. De nos jours, ces esclaves modernes sont appelés coquinement « contribuables ».

Même des expressions courantes y font encore référence. Par exemple, on appelle parfois « traitement » la rémunération des individus, soit la récompense donnée aux esclaves en échange de leur travail. L'autorité gouvernementale s'appelle encore « la Reine », dont les personnages obsolètes vivants sont encore adulés puérilement dans bien des endroits du monde.

De nos jours, pour se doter du privilège de posséder un toit pour y vivre paisiblement, l'homme moderne, comme c'était le cas pour l'homme moyenâgeux, doit payer des tributs avec l'argent obtenu de son labeur sur lequel il paye déjà des impôts. À cela s'ajoutent d'autres taxes sur les biens et services qu'il consomme.

Tous ces deniers, prélevés du public de multiples façons, sont remis à la couronne et sont trop souvent dépensés à tort et à travers, voire même gaspillés, parce que les élus ont pour mission première de se maintenir au pouvoir. Ils ne travaillent pas pour la justice et le bien-être de la société, mais pour eux-mêmes et pour une caste élitiste qui contribue à les maintenir à ce pouvoir.

À l'époque médiévale, la monarchie avait une mission similaire, soit celle de maintenir un rythme de vie très faste pour elle-même, sa descendance et sa parenté. C'est ce pourquoi on levait des armées sous de faux prétextes et qu'on proclamait des lois coercitives. Tout ceci avait pour but premier de contrôler les populations et d'agrandir le royaume, tout comme c'est le cas de bien des façons encore aujourd'hui.

De fait, le contrôle manifeste des monarchies est simplement devenu, avec le temps, le contrôle caché des démocraties. Il en est de même avec les religions, où ce contrôle utilise de puissants symboles pour affaiblir la volonté des populations.

La monnaie[209] s'avère également un exemple frappant de l'utilisation d'une puissante symbolique. Étonnamment, si on tente de méditer en tenant dans ses mains une pièce de monnaie, on perdra instantanément la coordination corps – esprit.[210]

Comme nous le verrons, le contrôle des masses exploite allègrement les faiblesses humaines. Aussi, on observe la mise en place de structures dites sauvages, c'est-à-dire des systèmes sociétaux autorisés et livrés à eux-mêmes. L'aliénation produite par l'adhésion sans questionnement à ces structures crée des paradigmes qui freinent le développement individuel et partant de là, celui de la société.

Échange énergétique des droits et obligations

Notre société en est une de droit où les humains sont soumis paradoxalement à une pléiade de lois d'exception. Il semble bien que ce droit ait préséance sur le bon sens et le bon jugement, ne laissant que peu de place au civisme et à la courtoisie, qui sont, somme toute, les bases de l'harmonie permettant de vivre en société.

---

[209] La monnaie du Canada, comme celle de beaucoup d'autres pays coloniaux, est encore à l'effigie de la Reine d'Angleterre, une représentation de la monarchie, soit un symbole vétuste du Moyen-Âge.

La monnaie américaine qui constitue une devise mondiale porte, quant à elle, un symbole égyptien ancien, soit une pyramide avec l'œil d'Horus,*** et la devise publique de la Fraternité Babylonienne (une branche de la franc-maçonnerie) « *Novus Ordo Seclorum* » signifiant « *le nouvel ordre des âges* », et *Annuit Coeptis* : pouvant s'interpréter comme « *Dieu est d'accord avec ce nous faisons* ».

Le symbole de la pyramide représente la structure classique de manipulation des masses où les populations sont maintenues dans l'ignorance alors qu'une minorité thésaurise et utilise les connaissances occultes à des fins de domination. Jusqu'à présent ça fonctionne très bien !

De tels symboles sont très importants dans la manipulation des masses car ils induisent des suggestions profondes qui vont altérer la pensée individuelle et donc la perception et les attitudes, ce qui aura pour effet d'induire des comportements fallacieux.

Ces symboles représentent l'autorité suprême et sont incrustés dans le subconscient des individus depuis leur naissance et pour toute leur vie par le biais de puissants médiums, dans l'exemple présent, les billets de banque.

**** Horus était un enfant Dieu égyptien (IVe millénaire av. J.-C.) présentant, comme de nombreux autres personnages mystiques et mythiques à travers les âges, un scénario de vie comportant de nombreuses similarités avec l'épopée de Jésus-Christ.*

[210] Pour méditer avec un objet, par exemple, avec une pierre ou un cristal, on le tient avec légèreté dans la main gauche en plaçant la main droite en dessous, le tout reposant devant soi et vers le bas au point naturel d'arrêt, un peu à la manière de la *Mudra* bouddhique « *Dhyani* » (voir section XI.2 : « Le subconscient et les *Mudras* » [p. 217]).

Certains objets permettent effectivement de s'harmoniser avec l'Univers et donc de maintenir une profonde coordination corps – esprit au bénéfice du pratiquant. Aussi, beaucoup de petits objets s'y prêtent. Trouvez-en un qui vous permet de passer les tests de coordination corps – esprit d'un partenaire, puis tentez de le faire avec une pièce de monnaie. Vous perdrez instantanément votre stabilité corporelle.

L'exercice de droits, n'étant tributaire d'aucune obligation en contrepartie, prive parfois la société de son humanité. Nous bénéficions d'une charte des droits et libertés, mais sans charte d'obligations individuelles. Il n'y a donc pas d'échange, il y a déséquilibre, ce qui est contre nature.

On prend sans devoir offrir quoi que ce soit en retour. Ainsi, une partie de notre population se voit inculquer la valorisation de leurs droits, sans toutefois la responsabiliser face aux valeurs humaines et aux comportements conséquents qu'elles supposent.

Sur le plan sociétal, l'individualisme narcissique peut alors dominer sur l'altruisme bienveillant. Cet état de fait contrevient aux règles naturelles d'échange énergétique liées aux principes d'entropie nécessaire à la croissance et au développement des humains (voir section II.2 : « Tout est en mouvement perpétuel » [p. 50]).

Prenons un exemple banal : une personne investira dans le système boursier parce que ce dernier est sanctifié par le gouvernement. Ces deux structures sauvages agissant ensemble produisent des comportements qui deviennent légitimes pour les citoyens.

Une personne a effectivement le droit d'investir dans le capital boursier même si l'entreprise qui en bénéficiera et ses partenaires socioéconomiques sont dangereux pour l'environnement, produisent des armes de destruction massive, se livrent à la guerre alimentaire ou même s'ils utilisent des enfants ou des esclaves dans leurs opérations commerciales, etc.

Toutes ces choses sont encore bien réelles dans notre monde. Comment en serait-il autrement puisque pour la majorité des corporations, seul le rendement des actionnaires est prioritaire afin de maintenir un attrait pour les investisseurs, l'argent étant encore perçu comme le seul but à atteindre au lieu d'être considéré comme un moyen parmi d'autres de réaliser une mission sociale.

La compensation obtenue par de tels gestes peut se traduire par un gain en argent pour l'investisseur, et c'est ce qui le ravira en occultant toutes autres considérations. Il en sera même rassuré puisqu'il en a le « droit ».

Un retour bien puéril basé sur la cupidité et l'inconscience. De plus, personne ne semble imputable de ses gestes, ni les investisseurs, ni les corporations, ni les hommes politiques qui installent pour leurs maitres richissimes le chaos dans notre monde en implantant ces schèmes aliénants.

Et pourquoi n'y a-t-il pas d'imputabilité dans notre société, vous demanderez-vous ?

Eh bien parce que c'est tout simplement écrit dans toutes les chartes des droits et libertés des pays civilisés. En effet, toutes ces lois suprêmes des nations, prévoient paradoxalement, sous le couvert de promouvoir la liberté, que tout un chacun a le droit de religion.

Or, la religion est une forme d'antithèse de la liberté, car elle constitue effectivement une doctrine vouée à l'emprisonnement de l'esprit des humains. Ça signifie clairement qu'en vertu de la charte des droits et libertés, tous ont le droit d'être « bêtes à manger du foin ». Puisque la religion est une prérogative antirationnelle inscrite dans la loi suprême des pays, aucune cour de justice ne va condamner une personne qui adoptera des comportements conséquents.

Seul l'éveil permettra de rendre les citoyens légitimement responsables. À ce stade, nous n'aurons plus besoin de lois pour encadrer une minorité qui cause tous les maux de notre société au détriment d'une majorité prête, inconsciemment, à s'engager sur le chemin de l'éveil et de l'harmonie.

Le système monétaire est une structure sauvage par laquelle la richesse illusoire qui y est produite engendre autre part la misère et la pauvreté parce que le capital est une ressource limitée, et de surcroit, basée sur un acte de foi, tout comme la religion.

Ce système monétaire ne tient aucun compte des ressources de notre planète ni de leur disponibilité, mais uniquement des processus économiques basés contradictoirement sur la surconsommation des masses et le gaspillage au détriment de l'environnement.

Dans un contexte pareil, il n'y a effectivement pas d'« économie », mais plutôt une « dissipation » des ressources. À défaut de s'éveiller, la majorité des humains va vivre dans ce mensonge éhonté.

Résultat planétaire de cette inconscience : En 2015, 1 % de l'humanité détenait 50 % de la richesse mondiale et 50 % de l'humanité détenait 1 % de ce patrimoine. À ce moment, plus de trois milliards de personnes assuraient leur subsistance avec moins de deux dollars par jour.

Fréquence vibratoire et attachement

Généralement, plus une personne est attachée aux biens matériels, plus sa fréquence vibratoire est basse, la privant ainsi de la conscience de sa vraie nature. Rappelons que l'argent et les biens matériels ne sont pas un problème en soi, c'est seulement la considération qu'on y attache qui peut l'être. Ainsi, un individu peut, sans problème, être à la fois riche et détaché.

Cet état de conscience se reflètera dans les comportements individuels adoptés par ce dernier dans sa vie de tous les jours. Ajoutons que ces structures dites « sauvages » plongent nombre d'individus en état de dissonance cognitive, c'est-à-dire un état où les valeurs, les croyances et les comportements sont incompatibles entre eux, et où, inconsciemment, l'individu se rassure en rationalisant ses comportements.

La dissonance cognitive fait intervenir un mécanisme de défense qui permet d'éliminer, ou du moins de diminuer, cette tension désagréable causée par la distorsion entre les connaissances et les comportements incompatibles. Et, comme nous le savons, si négation ou tension il y a, ni la coordination corps – esprit ni l'éveil ne peuvent se réaliser. Une personne éveillée est responsable et réfléchit avant d'agir. Elle s'investira dans ce qui a le plus de valeur, c'est-à-dire l'humanité.

Pour l'humain, cet éveil n'est pas une option, c'est son contrat avec la vie. Se refuser à l'admettre et de s'y appliquer sont une catastrophe planétaire qui mènera indubitablement à l'extinction de notre espèce. Voilà une bonne raison de promouvoir l'éveil et la coopération.

La philosophie peut se définir généralement comme suit : « *Ensemble des conceptions de ce que l'on se fait des problèmes de la vie, du monde, sur le rôle de l'homme dans l'Univers, et de façon générale sur tous les grands problèmes métaphysiques. Le principe philosophique est un exercice de la raison dans les domaines de la pensée et de l'action* ». Issus de centaines d'années avant Jésus-Christ, les travaux des philosophes grecs ont eu une grande influence sur la pensée actuelle du monde entier. De nombreux habitants de cette planète ont subi cette influence qui guide leurs pensées et leurs actions. L'emprise de la religion, de l'éducation, de la politique et de nombreux autres mécanismes de contrôle des masses de notre société ont également influencé notre façon d'agir.

Ces systèmes génèrent des masses d'énergie que l'on appelle « égrégores ». Ce sont des « formes-pensées »[211] qui ont leur existence propre et qui sont alimentées par l'énergie des tenants ou les adeptes d'une doctrine ou d'une pratique commune.

La religion crée d'énormes égrégores parce qu'elle regroupe de grandes quantités d'humains. Cette puissante énergie entraine dans son sillage ses victimes qui n'ont pas conscience de ce qui leur arrive, et ce, la plupart du temps dès leur naissance.

---

[211] **Forme-pensée** : Voir la note de bas de page n° 182, p.236.

Une forme-pensée constitue en soi un « égrégore individuel », c.-à-d. généré par la pensée d'une seule personne. Lorsqu'une forme-pensée est suffisamment puissante, elle peut entrer en résonance avec d'autres, perpétuant ainsi leur existence. C'est ainsi que sont formées les égrégores.

Dans le cas de la religion, l'égrégore se nourrit de la naïveté et de la crédulité de gens. Petit à petit l'égrégore de la religion grandit et s'impose aux humains d'autres confessionnalités. Seule la prise de conscience de ce phénomène peut conduire un individu à se retirer de ce piège monstrueux.

Résultats planétaires récents : le XXe siècle aura été le plus sanglant de l'histoire de l'humanité avec ses 250 guerres et génocides, pilotés par de faux-semblants, et ses 160 millions de victimes. Le XXIe siècle est aussi très bien engagé dans cette voie meurtrière. Peut-être serait-il temps de s'éveiller et de commencer à penser par nous-mêmes plutôt que de continuer à subir des influences...

Comme le disait Gilles Vigneault *« On ne saurait défaire l'histoire. Éviter de la refaire suffirait ! »*[212] Pour éviter de refaire l'histoire, nous devrions au moins nous abstenir de nous donner bonne conscience en niant ou en minimisant les erreurs du passé dont nous avons tous fait partie à un moment ou l'autre de notre vie et au cours de nos incarnations antérieures.

En 2016, des érudits estimaient qu'environ 5 % des humains de notre planète pouvaient être considérés « éveillés », et qu'environ 15 % avaient entrepris un processus vers une forme réelle d'éveil. Il est également dit que lorsqu'un égrégore atteint 10 % d'une population, il devient alors très puissant et constitue un important facteur de changement sociétal.

Le contrôle de la pensée par les médias

À notre époque, les médias d'information jouent également un grand rôle d'influence de la pensée. Ils sont à la solde de leurs propriétaires, soit l'establishment,[213] et ne servent que leurs intérêts, et certainement pas ceux de l'humanité.

Si on procède à l'analyse diligente d'un bulletin de nouvelles, de n'importe quelle chaine, et qu'on pousse l'analyse suffisamment loin, on constatera qu'un faible pourcentage d'informations peut s'avérer exact.

En éliminant les éléments d'information tout simplement erronés, les mises en scène, les spéculations, les interprétations et les informations qui ont pour but d'orienter la pensée des auditeurs au lieu de rapporter franchement les faits, il ne restera que la vérité, c'est-à-dire pratiquement rien.

---

[212] Tiré de : VIGNEAULT, Gilles, BOIS DE MARÉE, Nouvelles éditions de l'arc, Montréal, 1992, p. 23, 219 p.

[213] **Establishment** : Terme utilisé ici de manière péjorative et qui désigne une minorité sociale exerçant un fort contrôle sur l'ensemble de la société, en fonctionnant sur la base de pouvoirs établis.

Les bulletins de nouvelles sont souvent présentés sur une base horaire et les journalistes n'ont simplement pas de temps à consacrer à la validation de l'information. Alors, on diffuse souvent n'importe quoi pour satisfaire une audience et réclamer des cotes d'écoute. Aussi, les auditeurs sont constamment victimes de diffusion délibérée de désinformation à des fins de manipulations.

Le but premier des médias se résume donc à offrir un spectacle, des divertissements qui ne devraient jamais être pris sérieusement.

C'est d'ailleurs pourquoi les quelques grands maitres d'arts martiaux encore vivants ne se présentent que très rarement devant le téléobjectif d'un média, car ils perdraient toute crédibilité envers eux-mêmes. Et ils réduiraient ainsi leur art de vivre au rang de simple divertissement. C'est particulièrement vrai avec l'Aïkido pratiqué avec *Ki* dont les réelles prouesses défient souvent l'entendement et le sens commun.

Un autre aspect à considérer dans les prestations disponibles sur le web et ailleurs dans les médias, c'est que les techniques et démonstrations se référant au *Ki* ou à l'énergie semblent souvent ne fonctionner qu'avec les élèves offrant leurs prestations. Ce qui semble bien confirmer qu'il s'agit de poudre aux yeux portant préjudice aux faits réels du *Ki* et de ses pratiques.

Afin de prendre conscience et de comprendre les mécanismes par lesquels la majorité des individus d'une population demeurent ignorants, voici une liste de quelques processus de contrôle des masses soutenus principalement par les médias d'information :

La diversion : Processus qui consiste à détourner l'attention du public par un flux soutenu de divertissements, de distractions et d'informations sans valeur. Ou alors, on ne s'occupe que d'un seul évènement majeur afin d'adopter des lois ou de poser des gestes qui passeront inaperçus. De cette manière, le public se désintéresse inconsciemment de la connaissance, qui est pourtant une force libératrice, et surtout des enjeux sociétaux importants qui affecteront sa vie ;

La création à la fois des problèmes et des solutions : Ce processus consiste à créer ou à laisser se dégrader un problème qui suscitera une vive réaction du public. On propose ensuite des solutions pré-planifiées qui seront acceptées d'emblée par le public concerné, souvent en lui laissant même croire qu'il aura été à l'origine de la solution ;

Le culte de l'ignorance : Ce processus implique de maintenir les classes sociales à leur niveau par les systèmes éducationnel, culturel, économique et technologique. Le public cible sera de ce fait confiné dans une médiocrité complaisante qui se perpétuera au fil des générations. Le résultat se traduit par une impression d'inaccessibilité aux connaissances modernes, et une culpabilité intrinsèque des individus face à leur condition, les laissant ainsi dans leur docile torpeur ;

Le report vers le futur : Pour faire accepter une mesure sociétale inadmissible, on l'applique de manière progressive, sur une période temps. On laissera croire au public que ce mal est nécessaire et il s'y résignera peu à peu avec le temps. La médiocrité engendrée deviendra subséquemment un paradigme que l'individu devra éventuellement confondre pour s'en libérer ;

L'infantilisation : Communiquer avec le public, comme avec des enfants, induit souvent une suggestion de réponse au niveau de ces derniers, c'est-à-dire dénué de sens critique. Le markéting utilise cette stratégie dans beaucoup de manœuvres publicitaires notamment sous le couvert de l'humour dit absurde ;

L'émotion avant la raison : Pour implanter des engrammes dans l'inconscient du public, on diffusera de l'information accédant davantage au registre émotionnel qu'au rationnel, ce qui annihilera sa capacité d'analyse et son jugement. De cette manière, le public développera rapidement des attitudes, et conséquemment, adoptera des comportements attendus ; etc.

Les technologies d'éveil

On dit que la connaissance vient de l'union de soi à l'Univers. C'est vrai !

« *Lors d'une rencontre sociale, des gens qui questionnaient un maitre d'arts martiaux furent surpris d'apprendre que d'emblée il évitait tous les médias, sauf lorsqu'il avait vraiment le gout de rigoler. L'un de ses interlocuteurs lui demanda comment il parvenait à se maintenir tellement au courant et à la fine pointe de ce qui se passait dans le monde. Le maitre répondit que c'était en méditant* ».

La méditation est une technologie d'éveil qui, lorsque bien exécutée, produit un élargissement de la conscience qui se transpose dans la vie courante, percevant ainsi les variations d'énergie des choses du monde et de l'environnement, même avant que les évènements se produisent. Si une méditation permet de s'échapper de notre monde temporairement, sachez bien qu'il s'agit là d'une pratique erronée.

Élargir sa conscience équivaut à acquérir des connaissances.

Et puisqu'il est confronté à un nombre incalculable d'informations disponibles, l'humain éveillé, dont la perception est aiguisée, traitera l'information pertinente lui parvenant par une multitude de canaux et au bon moment.

Les pratiques de *Ki* ne poursuivent en réalité qu'un seul but : **initier la libération de l'esprit par l'acquisition intuitive de connaissances de soi et de l'Univers**. C'est la raison pour laquelle on choisit d'élargir sa conscience et de devenir lucide, c'est-à-dire : libérer son esprit et laisser l'expression de soi se réaliser.

Ça signifie de penser par soi-même, de saisir la réalité des choses et d'assumer pleinement ses responsabilités. C'est également le processus de partage de toutes les connaissances avec ses semblables.

Nous devons sortir des cadres établis, ne rien prendre pour acquis et questionner sans cesse les traditions, les croyances, les rituels et tout ce qui est assumé comme vrai ou normal dans notre société.

Parfois, il peut nous sembler ardu d'aller à contre-courant, mais ça nous permet tout de même de créer notre propre vie, et de surcroit de s'harmoniser avec les forces de la nature afin d'y arriver. Le fait d'être conscient et libre évite de se dénantir de sa pensée. Suivre le courant sans se poser de questions est la voie de la facilité, sans expression. C'est la voie de l'obscurantisme.

Ce qui permet l'éveil d'un individu, c'est sa prise de conscience. Aucune pratique doctrinale ni aucun guide ne peuvent réaliser cela pour vous. Vous seul le pouvez !

Imaginez, pour un instant, un monde où les individus savent que leur conscience est énergie pure et ne peut mourir, qu'ils sont « un » avec l'esprit universel, qu'ils constatent que les religions et autres références dogmatiques sans valeur réelle ne sont que des contes de fées pour enfants et que l'expérience charnelle est une parfaite illusion.

Mais que va-t-il donc se produire lorsque chacun de nous élèvera sa conscience et s'éveillera ? Eh bien, l'harmonie, la justice et la paix règneront en maitres sur la Terre et dans le cœur des humains. Les humains seront alors réellement libres.

La liberté par la prise de conscience

Le concept de liberté n'a jamais été aussi bien défini que par Khalil Gibran (1883-1931). Voici un extrait de son célèbre ouvrage « Le Prophète » : [214]

[214] Extrait de : GIBRAN, Khalil (poète et peintre libanais, [1883 – 1931]), « **Le prophète** », Éditions E.J.L., Collection Librio 185, Paris, 2005, pp. 41 – 42, 90 p.

« À la porte de la cité, et au coin du feu dans vos foyers, je vous ai vus vous prosterner et adorer votre propre liberté. Comme des esclaves qui, devant un tyran, s'humilient et, bien qu'ils les terrassent, le glorifient.

Dans le jardin du temple et dans l'ombre de la citadelle, j'ai vu les plus libres d'entre vous porter leur liberté comme un boulet à trainer. Et en moi mon cœur saigna. Vous ne pourrez être libres que si le désir même de quérir la liberté devient votre propre harnais, et si vous cessez d'en parler comme d'un but à atteindre et d'une fin en soi.

Vous ne serez réellement libre tant que vos jours ne seront pas chargés de soucis et que l'indigence et la souffrance ne pèseront pas vos nuits. Lorsque votre vie sera ceinte de ces contraintes, dès lors au-dessus d'elles vous vous élèverez, nu et délié. Et comment pourriez-vous vous élever au-dessus de vos jours et de vos nuits, si vous ne brisiez pas les chaines que vous avez vous-même, à l'aube de votre esprit, attachées autour de votre midi ?

En vérité, ce que vous appelez liberté est la plus solide de ces chaines, même si ses maillons qui brillent au soleil éblouissent vos yeux. Et qu'est-ce que la liberté, sinon des fragments de vous-même que vous cherchez à écarter ?

Si vous croyez que la clef de la liberté se trouve derrière une loi injuste qu'il suffit d'abolir, dites-vous que cette loi a été inscrite de votre propre main sur votre propre front. Vous ne pouvez l'effacer ni en brulant tous vos livres de lois, ni en lavant les fronts de vos juges, dussiez-vous y déverser la mer entière.

Et si vous pensez qu'en détrônant un despote vous retrouverez votre liberté, voyez d'abord si son trône érigé en vous-mêmes est bel et bien détruit. Car nul tyran ne pourra dominer des sujets libres et fiers que s'il existe déjà une tyrannie dans leur liberté et une honte dans leur fierté.

Si vous cherchez à chasser vos soucis ou à dissiper vos craintes pour libérer ainsi votre esprit, sachez que vous-mêmes les avez choisis avant que vous ne les ayez subis, et que le siège de votre frayeur est dans votre cœur et non point dans la main de celui qui vous fait peur.

En vérité, tout ce qui se meut en vous est dans une constante semi-étreinte : ce qui vous réjouit et ce qui vous terrifie ; ce que vous haïssez et ce que vous chérissez ; ce que vous désirez saisir et ce que vous cherchez à fuir.

Vos actes sont des jeux d'ombres et de lumières en couples enlacés. Toute ombre se dégrade, se fond et se meurt à l'arrivée d'une lumière, et toute lumière qui s'attarde derrière ses lisières devient alors une ombre pour une autre lumière. Ainsi, en est-il de votre liberté, dès lors qu'elle se déchaîne, devient elle-même les chaînes d'une plus grande liberté. »

L'éveil et la science

La maitrise de la coordination corps – esprit nous amène au seuil de la connaissance universelle. Cette illumination se nomme « *Satori* ».[215] Un pas de plus nous permet de saisir notre propre nature, notre être véritable. La conscience s'élargit et le chercheur de vérité devient un trouveur. Cette étape d'accès volontaire à la connaissance de soi exige cependant une très grande clarté d'esprit.

La respiration et la méditation, pratiquées dans le respect des principes universels, nous permettent d'atteindre par nous-mêmes la vacuité permettant de franchir ce seuil de la connaissance universelle à laquelle nous avons droit et à laquelle nous aspirons tous.

La science s'intéresse aux phénomènes observables et quantifiables, et récuse souvent tout ce qui semble dépasser le monde physique ou tangible. Par exemple, on rejette d'emblée des concepts vivants et simples comme l'intuition. Paradoxalement, l'expérience des scientifiques indique que leur inspiration vient plus souvent d'une démarche intuitive que d'une démarche logique ou scientifique.

La science est à l'affut de toute nouvelle découverte dans tous les domaines et, en ce sens, démontre en apparence une large ouverture d'esprit. Pourtant, les incidents isolés qui contredisent des éléments importants de la science sont relégués aux oubliettes sous forme d'erreurs marginales selon les modèles statistiques établis. On ne s'intéresse pas aux cas isolés. Il existe cependant d'innombrables exemples où ces cas fortuits permettraient d'avancer à grands pas dans de maints domaines.

Par exemple, on pourrait s'intéresser davantage aux nombreux cas de guérisons inexpliquées où les patients avaient pourtant été condamnés par la médecine, afin de découvrir des pistes menant à la reproduction systématique de ces évènements pour le plus grand bénéfice de la société. Il en est de même avec des démonstrations comme le bras inflexible. La science n'a pas encore réussi à expliquer comment ce genre de phénomène peut se produire. Pourtant, les résultats physiques de ce genre de démonstrations sont palpables, tangibles, indéniables et peuvent être reproduits à volonté.

Fait intéressant, des universités américaines ont tenté d'exploiter les notions de *Ki* et de coordination corps – esprit pour rendre leurs athlètes plus performants. Notons que si leur dessein a pour but de gagner davantage de compétitions sportives et donc de dominer d'autres humains par cupidité et gloire éphémère, ces tentatives seront caduques avant même de les commencer.

---

[215] **Satori** : Voir les notes de bas de page n°s 42 et 43, p. 27.

Nous obtenons des résultats supérieurs en utilisant des techniques telles que la visualisation seulement lorsque nous sommes détachés de l'objet.

Le pont entre la science et la spiritualité n'est, pour le moment, qu'en construction et la conception de la nature humaine a toujours suscité la controverse. Depuis le développement de la méthode scientifique, les sceptiques sont nombreux et souvent, ils sont propagateurs de désinformation.

Victimes de la double ignorance,[216] les sceptiques purs produisent des analyses présentées sous une enseigne pseudo-scientifique. Ce genre de scepticisme est puéril et vise simplement à contrôler la pensée d'autrui.

Des exercices contestés comme le corps qui ne peut être soulevé ou celui du bras inflexible sont très faciles à réaliser et à enseigner. Ça ne prend que quelques minutes. Qui plus est, n'importe qui en sera capable simplement en lisant cet ouvrage et en expérimentant les principes universels de coordination corps – esprit.

Le sceptique pur est le reflet de la réussite de l'emprisonnement mental généré par la science. Il y a également un revers à cette médaille. Et voici une anecdote qui l'illustre bien :

« Lors d'un voyage en avion j'avais fait l'expérience de tenter d'expliquer les principes universels de coordination corps – esprit à mon compagnon de voyage en décrivant certains exercices et leurs surprenants résultats (le bras inflexible, le corps qui ne peut être soulevé, le pont humain, etc.).

Ce fut un désastre, car rivés à nos sièges nous ne pouvions pas expérimenter physiquement les principes par le biais de divers exercices et des tests requis.

Bien que mon interlocuteur me connût pour mon calme et mon intelligence, et qu'il eut envers moi le plus grand respect, il ne put se résoudre à croire à mes prétentions. En l'absence d'expérimentations auxquelles mon compagnon aurait pu se livrer, j'ai créé malgré moi un sceptique ».

La rationalité n'est qu'une conception du mental. Elle n'a qu'une valeur contextuelle et s'y attacher, un tant soit peu, limite la conscience. Malgré cela, nous devons conserver un sens critique, penser profondément et ne rien tenir pour acquis lorsque nous sommes confrontés à quelque chose de nouveau, de nature spirituelle ou scientifique.

---

[216] Voir la note de bas de page n° 21, p.13.

Schéma de la séquence naturelle de l'expression du Soi, dans le monde physique, par la maitrise de la focalisation au centre (***Kikaï-tanden***)

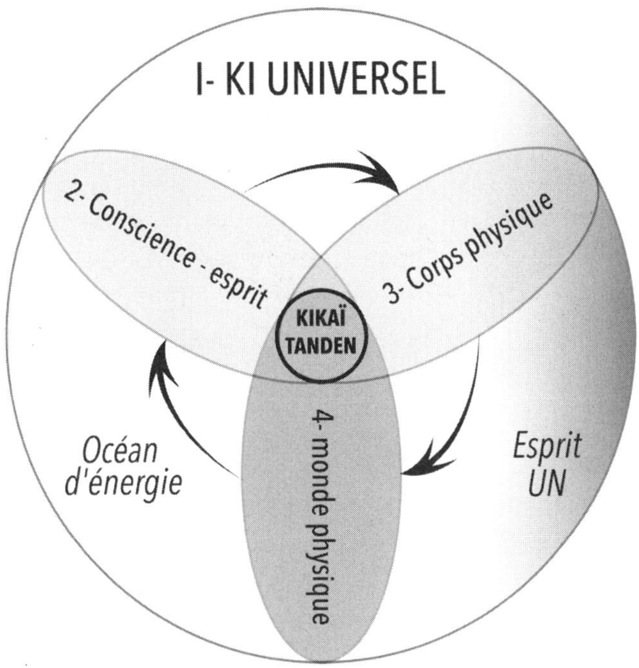

1 — Le ***Ki*** universel (l'énergie à la base de l'existence) ;

2 — La conscience projetant dans l'univers physique la volonté de l'esprit (***Sho***) ;

3 — L'action du corps (***Ten***), puis ;

4 — Le résultat ou l'événement dans le monde physique (***Katsu***).

Dans la pratique des arts martiaux, l'artiste réagit sur l'intention de l'attaquant, non pas sur ce qu'il voit physiquement.

Étant donné qu'en état de coordination corps – esprit une personne centrée perçoit les variations d'énergie, elle en profitera pour amorcer la contre-attaque à ce moment précis, devançant ainsi physiquement l'attaquant.

Avec la pratique, le résultat exprimé élève la conscience, renforce les processus sous-jacents, et le cycle reprend indéfiniment, générant ainsi un accès à la connaissance universelle.

Toutes les composantes de ce processus de développement dans le monde physique gravitent autour du *Kikaï-tanden* et s'opèrent par la concentration, mot signifiant littéralement : « avec le centre ».

CONCLUSION

Atteindre le sommet d'une montagne, entreprendre une nouvelle carrière, réaliser des œuvres artistiques, voyager au loin, méditer reclus ou relever tout autre défi que la vie propose sont, pour l'être humain, des aventures qui poursuivent un but à caractère spirituel. C'est la recherche de la transcendance de soi, de l'union de l'être à l'Univers.

L'humain sur le chemin de l'éveil découvre que la prise de conscience de sa vraie nature lui offre des possibilités infinies. Il désire donc se réaliser davantage et s'épanouir continuellement. C'est alors qu'il constate que seul le processus de développement est réellement important, car on ne peut pas atteindre ce qui est infini, l'Univers. On ne peut que s'unir à lui, ne faire qu'un avec lui, et en exprimer ainsi tout le pouvoir de création. C'est la joie de vivre !

« Un sage prit la parole et dit : Nous avons besoin non seulement d'un port à atteindre, d'une vocation à découvrir, mais aussi d'une source à trouver qui seule pourra désaltérer la soif inextinguible de notre âme [...].

Cette source, on l'a nommée de bien des manières dans le passé : l'union au divin, la liberté ultime, la réalisation de soi, l'éveil, le bonheur définitif. Peu importe son nom. Une seule chose compte : cheminer vers elle pour étancher à jamais notre soif la plus profonde, celle d'une totale harmonie intérieure et d'une profonde union avec le monde ».[217]

L'aventure de la découverte de soi est personnelle et nombreux sont les chemins qui y conduisent. Certains emprunteront le chemin de la philosophie ou de la doctrine. D'autres encore emprunteront des voies plus intuitives menant à l'harmonie et à la confiance en la vie elle-même (et c'est de toute évidence celles que je privilégie).

Sachant que toute pratique spirituelle valable semble être facilement corruptible par le mental des hommes, elle peut se révéler illusoire et caduque pour l'atteinte des buts qu'elle poursuit. Pour éviter de telles occurrences, la démarche proposée dans cet ouvrage initiatique permet de déjouer lucidement de nombreux pièges du mental, à condition qu'elle soit bien comprise et bien utilisée.

Les quatre principes universels permettent de coordonner le corps et l'esprit afin de réaliser l'union de soi avec l'Univers. Cet état d'harmonie universelle nous permet d'accéder à notre plein potentiel et à l'exprimer naturellement. L'application de ces principes constitue une discipline du corps et de l'esprit pouvant s'appliquer en tout lieu, à tout moment et en se livrant à n'importe quelle activité.

---

[217] Tiré de LENOIR, Frédéric, « **L'Âme du monde** », Nil éditions, Paris, France, 2012, pp. 67 – 68, 202 p.

Comme le disait Miyamoto Musashi 1584 – 1645) : « *Le vrai chemin de la* Voie *est applicable à tout instant et dans n'importe quelle situation* ».[218]

Le Grand Art

L'étude du *Ki* et l'application des principes universels permettent d'élever la conscience propre d'un humain. La force réelle de ce dernier et sa créativité résident dans son calme et sa clarté d'esprit, et ne sont pas limitées à ses capacités physiques et intellectuelles comme notre société tend à nous le laisser croire. Ainsi, la puissance d'un individu devrait s'accroitre à mesure qu'il vieillit. C'est le cas, par exemple, de maitres d'arts martiaux qui, malgré un âge très avancé, peuvent réaliser sans effort des prodiges physiques ou dominer plusieurs jeunes experts qui les attaquent en même temps.

C'est par l'entrainement que ces maitres ont pu atteindre des niveaux supérieurs de compréhension de soi, du *Ki* et de l'Univers. L'étude des principes universels de coordination corps – esprit nous montre le chemin de ces maitres. La coordination corps – esprit constitue une méthode d'apprentissage systématisée. Son expérimentation est une approche cognitive à la portée de tous, ici et maintenant.

« *Les personnes qui ne pensent qu'à elles-mêmes n'ont jamais compris et emprunté le chemin de l'Univers. Lorsque nous prenons conscience des principes et de la* Voie *universelle, nous prenons la responsabilité de diffuser cette connaissance au reste du monde. Ne croyez pas que vous ne pouvez pas aider votre prochain.*

Ce que vous apprenez aujourd'hui, vous pourrez l'enseigner à quelqu'un demain. Le monde est rempli de gens qui ont perdu la Voie *naturelle de l'Univers et qui souffrent mentalement. Faisons de notre mieux pour leur enseigner les justes principes universels* ».[219]

Les arts martiaux authentiques, tels que l'Aïkido pratiqué avec la maitrise du *Ki*, sont des modes d'expression harmonieux et d'une grande beauté. Ils sont exclusivement des méthodes dynamiques d'apprentissage de la coordination corps – esprit. Le développement de la coordination est le but de ces pratiques. Cependant, l'aspect martial, quoique des plus exaltant, n'est qu'accessoire dans l'étude du *Ki*.

---

[218] Citation de Miyamoto Musashi (1584 – 1645), tirée de : Robert Pater, « **Les arts martiaux et l'art du Management** », Albin Michel, Paris, 1990, p. 17, 273 p.

[219] Traduction libre d'un dicton de Maitre Koichi Tohei tiré de : « **Ki Sayings** », *Ki No Kenkyukai* (*The Ki Society*), *Privately Printed*, Tokyo, Japon, 1973, p. 21 (*SETSUDO* [*Teaching the Way of the Universe*]), 44 p.

En effet, il serait futile que la connaissance sous-jacente de l'Univers qui en découle trouve son application uniquement dans la pratique des arts martiaux.

La découverte de soi, l'expression de notre créativité, l'utilisation du potentiel qui est naturellement le nôtre, et la joie de vivre que procure la paix intérieure sont des applications indéniablement plus pertinentes.

« *Pour créer, le peintre a besoin de peinture, de pinceaux, de toiles. Le sculpteur a besoin de bois, de pierre, de métal et d'outils. Le poète a besoin de mots, d'un crayon et de papier [...] Le compositeur a besoin de sons et de notes [...]*

Mais pour celui qui est éveillé à la nature de l'Esprit, l'Univers entier est une toile, et, les mains, les pieds, les émotions et l'intellect, les matériaux. Quand nous sommes libérés des notions esclavagistes comme : "Ceci est ma tête, ceci est mon corps, ceci est mon esprit", chaque moment est une joie dévoilée, mûre et créative.

Au cœur de chacun de nous, il y a créativité et art de vivre. Si la mission de l'artiste est de "rendre l'invisible, visible", comme le disait Léonard de Vinci, le but du Zen est d'apporter dans l'état de conscience à la fois le substrat de l'inconscient et du conscient ».[220]

Nous récoltons ce que nous semons

Nous vivons à une époque marquée par les conflits et la violence. Beaucoup de gens ont perdu la Voie de l'Univers et succombent à l'intolérance et à la haine. Beaucoup ignorent que le divin les habite. La vraie nature de l'être humain est d'aimer et de protéger toute chose de la création.

Si des comportements de masse sont destructeurs, ils ne sont en fait que le reflet de l'inconscience dans l'ensemble des comportements individuels. Le sort de l'humanité est réellement entre les mains de chacun d'entre nous.

Seules notre attitude et notre action individuelle peuvent améliorer la société. Il est possible de renverser n'importe quelle tendance négative en adoptant soi-même des comportements positifs qui indiquent le chemin de la Voie universelle.

Face aux problèmes sociétaux, procéder à l'élévation de notre conscience s'avère une réponse accessible pour chacun de nous.

---

[220] Citation adaptée de Philip Kapleau (1912 – 2004), maitre de bouddhisme Zen de la tradition japonaise *Sanbo Kyodan* (un amalgame des écoles Zen *Soto* et *Rinzai*), tirée de : Smith, Jean. « **365 jours Zen** », Le Courrier du Livre, Paris, 2000, p. 211, 373 p.

« *[...] Je vais vous faire une petite expérience à laquelle vous croirez parce que vous aurez pu la voir [...]. Voici un petit verre d'eau que l'un de vous vient d'apporter de la source. Un minuscule cristal de glace se forme au centre de l'eau. Voyez comme il s'accroit par l'adhésion d'autres cristaux.*

Et maintenant toute l'eau du verre est gelée. Qu'est-il arrivé ? J'ai maintenu dans l'universel les molécules centrales de l'eau jusqu'à ce qu'elles se soient solidifiées. En d'autres mots, j'ai abaissé leurs vibrations jusqu'à en faire de la glace, et toutes les particules environnantes se sont solidifiées, jusqu'à ne former ensemble qu'un bloc de glace.

Le même principe s'applique à un verre à boire, à une baignoire, à une marre, à un lac, à la mer, à la masse d'eau de notre planète. Mais qu'arriverait-il ? Tout serait gelé, n'est-ce pas, mais pour quel but ? Pour aucun. En vertu de quelle autorité ? Pour la mise en œuvre d'une loi parfaite, mais en vue de quelle fin ? Aucune, car aucun bien ne pourrait en résulter.

Si j'avais persisté jusqu'au bout, que serait-il arrivé ? [...] Ce que j'exprime revient vers moi aussi surement que je l'exprime. Je n'exprime donc que le bien, et il me revient comme tel. Vous voyez donc que si j'avais persisté dans ma tentative de gel, le froid aurait réagi sur moi bien avant la fin, et j'aurais été gelé, récoltant ainsi la moisson de mon désir. Tandis que si j'exprime le bien, j'en récolte éternellement la moisson ».[221]

Faire le bien en secret : l'une des plus grandes vertus

« *Intoku* », est un concept japonais qui signifie littéralement : « faire le bien secrètement ». Poser un tel bon geste avec sincérité, sans anticiper ni espérer de retour ultérieur, c'est atteindre la sphère des plus grandes vertus.

L'Univers n'est cependant jamais ingrat et il retournera infailliblement les bienfaits et même davantage, parfois sous des formes des plus inattendues. Tout l'argent du monde ne peut acheter la santé et une vie meilleure résultant d'une accumulation d'*Intoku*.

« *Tel le nombre un qui ne peut jamais être fractionné jusqu'à zéro, tout ce qui est dit et fait n'est jamais complètement effacé. Un vieux dicton oriental nous dit : "Qui sème le bien récoltera le bien, qui cultive le mal moissonnera le mal." Tout ce que nous faisons nous revient d'emblée.*

[221] Extrait de : Baird T. Spalding, « **La vie des maitres** », Éditions J'ai Lu, Paris, France, 1988, pp. 24 – 25, 440 p.

Ainsi, nous devons faire le bien dans le secret sans penser à notre propre bonheur. Cela signifie d'agir pour le bien d'autrui sans attirer l'attention, sans éloge, ni dans l'espoir d'obtenir de récompense. C'est ce que signifie Intoku. Le meilleur moyen de réaliser Intoku est de suivre la Voie universelle en guidant les autres vers elle ».[222]

On l'aura compris, *Intoku* est le concept japonais de l'altruisme occidental, soit une caractéristique de pureté du genre humain se situant à l'opposé de l'égocentrisme.

Si l'altruisme se révèle un trait de haute spiritualité, on observe toutefois, dans nos sociétés, une absence généralisée de la pensée éthique, l'adoption d'attitudes de non-respect des autres et des choses, et des comportements déviants motivés par la cupidité et la soif de pouvoir.

À l'échelle planétaire, la raison nous force à comparer les humains tels des virus incontrôlés qui sont en voie d'abuser tellement de leur hôte, la Terre, qu'ils finiront par la tuer, et s'annihileront eux-mêmes par la même occasion, plutôt que de faire de l'existence une syntonie perpétuelle avec la nature.

Ceci s'avère le résultat cumulatif de l'inconscience de la majorité des individus. L'éveil n'est donc pas une option, c'est une nécessité pour assurer la survie même de l'espèce humaine.

L'Univers constitue un tout indissociable. Puisque tout est interconnecté, chaque intervention humaine produit un impact sur le tout. La réelle prise de conscience de ce fait développe la « pensée universelle ». Le comportement individuel implicite qui en découle se résume à « faire le bien » sans entrave dogmatique ni attachement.

« Celui qui veut suivre la Voie de l'Univers a l'esprit clair. Celui qui met les principes universels en pratique a un esprit qui recherche la vérité. Aussi intelligents que puissent sembler un chien ou un singe, ils ne peuvent développer un esprit universel.

Seuls les êtres humains ont le privilège et la capacité d'y arriver. Si vous avez un esprit qui recherche la vérité, vous êtes vraisemblablement heureux parce que cela démontre que vous êtes un être humain authentique ». [223]

---

[222] Traduction libre d'un dicton de Maitre Koichi Tohei tiré de : « **Ki Sayings** », *Ki No Kenkyukai* (*The Ki Society*), *Privately Printed*, Tokyo, Japon, 1973, p. 20 (*INTOKU* [*Good done in Secret*]), 44 p.

[223] Traduction libre d'un dicton de Maitre Koichi Tohei tiré de : « **Ki Sayings** », *Ki No Kenkyukai* (*The Ki Society*), *Privately Printed*, Tokyo, Japon, 1973, p. 18 (*THE MIND THAT SEEKS TRUTH*), 44 p.

Que croyons-nous posséder réellement ?

Mon *Sensei* m'a dit un jour : « *Nous pouvons perdre notre emploi ou notre maison parce que ce genre de choses est bien éphémère dans notre monde. Par contre, ce que l'on ne peut nous enlever, c'est notre Être véritable* ». Il est vrai que nous ne possédons réellement aucun bien autre que nous-mêmes.

Un enfant qui nait a-t-il déjà appartenu réellement à ses parents ? Non. Pas plus que tout ce nous croyons posséder. Réalisons enfin que ce sont des prêts de l'Universel et soyons-en reconnaissants en partageant les fruits de sa bénédiction avec nos semblables. Ainsi, le détachement est accessible à tous.

Et, « *Un sage prit la parole et dit : Cultivez le consentement et la sobriété. Peu de choses suffisent au bonheur de l'homme. Or nous sommes devenus esclaves de notre convoitise qui nous fait désirer toujours plus. L'exaspération du désir rend l'homme perpétuellement insatisfait.*

Apprenez à vous contenter de ce que vous avez déjà et débarrassez-vous de tout ce qui est superflu. Retrouvez le gout des choses simples et ne cherchez pas à posséder ce que les autres possèdent. Voilà une des grandes clés du bonheur ».[224]

L'illusion que nous pouvons posséder réellement quelque chose n'est qu'un bien triste piège. L'histoire de l'humanité ne cesse de nous montrer les innombrables grandes détresses provoquées par le désir des hommes. La pensée universelle est la clé de la paix dans le monde et l'espoir d'un avenir brillant pour l'humanité. Elle commence par le respect des autres, de tous les êtres vivants et de toutes choses.

« *Notre existence est le fruit du Ki universel. Soyons reconnaissants d'être nés non pas végétaux ou animaux, mais comme Seigneurs de la Création. Engageons-nous à remplir nos missions en aidant à guider le développement et la création de l'Univers* ».[225]

Le développement d'un être humain est sans fin. La grandeur d'une personne, c'est de s'accepter comme elle est en poursuivant son processus de développement et d'amélioration qui ne dépend au fond que de sa bonne volonté.

---

[224] Tiré de LENOIR, Frédéric, « **L'Âme du monde** », Nil éditions, Paris, France, 2012, pp. 135 – 136, 202 p.

[225] Traduction libre d'un dicton de Maitre Koichi Tohei tiré de : « **Ki Sayings** », *Ki No Kenkyukai* (*The Ki Society*), *Privately Printed*, Tokyo, Japon, 1973, p. 2 (*THE VALUE OF OUR EXISTENCE*), 44 p.

Seul un esprit calme et clair peut réaliser une telle chose. Chaque individu est un esprit, une entité habitant un corps physique, soit un véhicule biologique qui existe pour expérimenter l'univers illusoire dense, c'est-à-dire le monde physique. Les humains sont, à la source, un esprit unique : l'« Esprit Un ».

Il est donc naturel d'avoir ses propres opinions, car chacun de nous voit le monde selon sa propre perspective, celle qui vient du fait que chacun habite un corps physique différent des autres. Dans le monde physique, un individu est, dans sa forme, une expression du *Ki* universel.

Mais, il est parfois difficile de faire des choix et de prendre des décisions. Souvent, notre mental agité nous empêche de voir clairement et nous commettons des erreurs. Par contre, lorsque nous maintenons un esprit clair, sans l'entrave de notre mental confus, dans le calme comme dans la tempête, nous prendrons la bonne décision et nous poserons avec courage le geste approprié. L'équanimité est un mode de vie très actif.

Il n'existe pas de « zones grises » dans notre monde et nous connaissons tous la différence entre le bien et le mal. Seul notre mental agité peut nous empêcher de voir la vérité.

Choisir de faire le bien est véritablement la Voie universelle. Afin de vivre et de nous réaliser pleinement, nous échangeons avec le *Ki* universel tout au long de notre vie. Seulement, en réalisant la coordination corps – esprit, pourrons-nous conserver une attitude positive et vivre pleinement.

Persévérer toute la vie

« Un vieux dicton oriental nous dit : "Si nous concentrons notre volonté sur un rocher, notre volonté le traversera. Si notre volonté est concentrée et en harmonie avec l'Univers, elle peut se faire obéir du vent, de la pluie et de la foudre."

Mais d'où vient donc la volonté ? Ceux qui comprennent et peuvent répondre à cette question sont de ceux qui accomplissent des tâches importantes.

Lorsque nous coordonnons notre corps et notre esprit en réduisant infiniment le mouvement des ondes cérébrales jusqu'à ce qu'elles deviennent imperceptibles, nous sommes alors en mesure d'utiliser notre volonté dont la puissance peut transformer l'Univers ».[226]

---

[226] Traduction libre d'un dicton de Maitre Koichi Tohei tiré de : « **Ki Sayings** », *Ki No Kenkyukai* (*The Ki Society*), *Privately Printed*, Tokyo, Japon, 1973, p. 19 (*WILLPOWER*), 44 p.

Pour se développer et pour apprendre, chacun doit persévérer aussi longtemps qu'il vit. Nul ne peut obtenir de succès dans n'importe quel type d'entreprise sans effort, sans persister et sans savoir attendre. La nature est remplie d'exemples de persistance comme l'érosion où, au fil du temps, des gouttes d'eau suffisent parfois à transpercer un rocher.

Nous ne pouvons pas sciemment démissionner de la vie, et nous arrêter équivaut à régresser. La Voie universelle nous indique le rythme à suivre sans jamais cesser d'aller de l'avant, sans jamais rompre le rythme.

En réalisant consciemment et d'une manière systématisée la coordination corps – esprit, un humain peut arriver, sans coup férir, au seuil de la connaissance de sa vraie nature soit, l'esprit. Il peut alors suivre la Voie universelle, c'est-à-dire sa propre Voie naturelle de développement, celle de l'harmonie et de la paix avec soi-même et avec l'Univers.

Partant de là, franchir ou non ce seuil de connaissances est une décision qui lui appartient. Il peut dès lors exercer son libre arbitre puisqu'il n'est sous l'emprise d'aucune doctrine, pratique ou processus mental aliénant. C'est de la connaissance de la nature de son être véritable, de l'éveil, que nait la véritable liberté.

Mais, pourquoi donc est-il si précieux d'être libre ? Une cage dorée ne pourrait-elle pas nous suffire ? À quoi cela sert-il de retrouver le divin oublié en soi depuis si longtemps et de le laisser s'exprimer ? La réponse à ces questions équivaut-elle à découvrir le sens réel de la vie, ou bien, le processus pour arriver à y répondre serait-il en lui-même la vraie raison d'exister ?

Quoi qu'il en soit, jouir entièrement du moment présent et être heureux demeure la seule mission qui nous est confiée sur cette Terre. En coordonnant le corps et l'esprit, et en redécouvrant sans cesse cet état de conscience, voilà qui permet d'avancer paisiblement vers la lumière, dans le jeu excitant de la vie.

*

« Par la coordination corps – esprit, l'esprit se libère des entraves de l'égo et de l'attachement, et le Soi exprime, dans l'expérience charnelle, son ascendance sur le monde physique.

Cela permet alors à la conscience d'accéder à l'Univers spirituel où se trouve en toute équanimité notre vraie nature, celle du créateur grisé d'amour pour toute chose de la Création ».

*

ANNEXE I : EXERCICES YOGIQUES

Les quelques exercices qui suivent permettront de renforcer certaines parties du corps comme le dos et les abdominaux, et de développer la concentration et le sens de l'équilibre.

Ces exercices de promotion du bien-être de type yogique font l'objet de nombreuses variations. Évidemment, ils doivent être exécutés en état de coordination corps – esprit, avec grande légèreté, sans forcer. Aussi, il appartient à chacun d'entre nous d'assumer notre développement en adaptant les exercices selon notre condition physique et nos besoins.

I.1 – La passerelle : Sur les coudes, mains jointes en exécutant la *Mudra Namasté* ou *Zai*, dos droit et yeux fermés. Maintenir la position pour une période d'environ une minute à la fois.

I.2 – L'attaque du tigre (aussi : « *Sunbird* ») : Yeux fermés, un bras allongé et la jambe du côté opposé étendue. Effectuer trois cycles ou plus en maintenant la position de 10 à 15 secondes en alternance de chaque côté.

I.3 – La pirogue : Placer les mains sous les fesses pour éviter de forcer le dos. Maintenir sans forcer, durant quelques minutes, les jambes soulevées dans un angle d'environ de 30 degrés par rapport au sol.

I.4 – Le chien tête en bas : Jambes écartées, abdomen plié et mains posées sur le sol avec bras allongés. Effectuer trois cycles ou plus, de 10 à 15 secondes, en alternance avec la position du « cobra ».

I.5 – Le cobra (aussi : « serpent » ou « *Naja* ») : Jambes écartées et allongées, mains sur le sol et tête relevée, effectuer trois cycles ou plus, de 10 à 15 secondes, en alternance avec la posture du « chien tête en bas ».

I.6 – Le demi-héros allongé : Assis sur le sol, replier une jambe sur le côté et vers l'extérieur, en laissant l'autre allongée devant soi, et descendre le torse pour étirer les muscles du dessus des cuisses (les quadriceps). Maintenir la position de 10 à 15 secondes de chaque côté, en prenant grand soin de pas contraindre indument le genou.

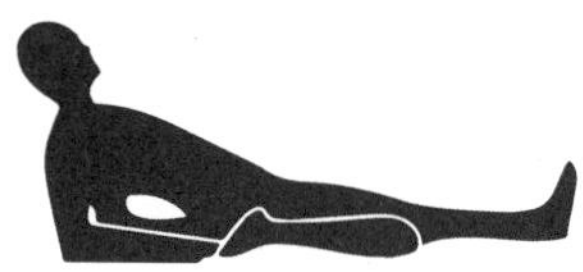

I.7 – L'arbre : Debout en exécutant la *Mudra Namasté* devant soi ou au-dessus de la tête, relever une jambe et poser le pied sur le côté du genou. Maintenir la position jusqu'à satiété.

I.8 – Le sabreur : Maintenir la position en diffusant le *Ki* à l'infini vers l'avant. On doit tenir le sabre ou le *Boken* selon les règles expliquées à la section VI.3 : « *Boken* inflexible et vibrations » (p. 141).

Pour débuter l'exercice, le sabreur tourne son torse de gauche à droite à partir du centre, à la manière d'un métronome qui serait placé à l'horizontal. À la première oscillation, le pratiquant arrête au point naturel d'arrêt. Puis, à chaque oscillation subséquente, il réduit le déplacement de moitié en moitié. Lorsque le mouvement n'est plus apparent physiquement, le pratiquant le continue dans son esprit en maintenant la sensation ainsi produite.

Il s'agit d'un exercice méditatif similaire à la méditation dite de concentration (*Ni Bun No Ichi*) décrite à la section XI.3 : « Techniques méditatives avec *Ki* » (p. 226). Il est approprié qu'un partenaire vérifie ponctuellement la coordination corps – esprit du pratiquant en testant sa stabilité durant l'exercice.

ANNEXE II : ÉTIREMENTS AU SOL (*Junan Kenko Taiso*)

Comptage suggéré : 1 — 2 — 3 — 4 — 5

II.1 – Flexions du torse vers l'avant, jambes allongées : Effectuer deux cycles de cinq flexions.

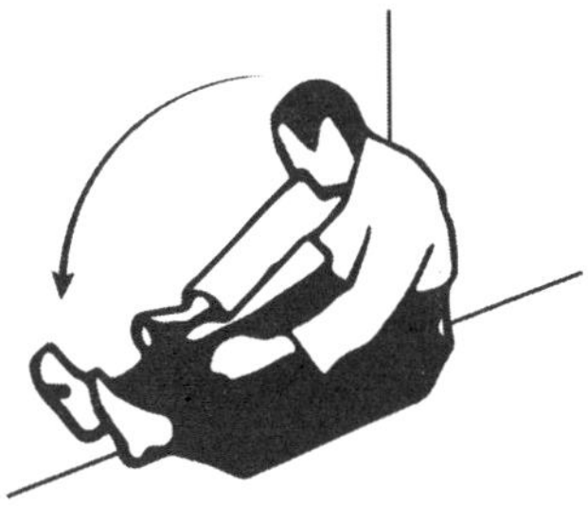

II.2 – Flexions du torse de côté, jambes écartées : Effectuer quatre cycles de cinq flexions en changeant de côté après chaque cycle. Déplacer la jambe un peu plus loin après la première série de flexions pour chaque côté.

II.3 – Flexions avant du torse, jambes écartées : effectuer deux cycles de cinq flexions.

II.4 – Flexions avant du torse, pieds joints ensemble et ramenés légèrement vers soi : Effectuer deux cycles de cinq flexions.

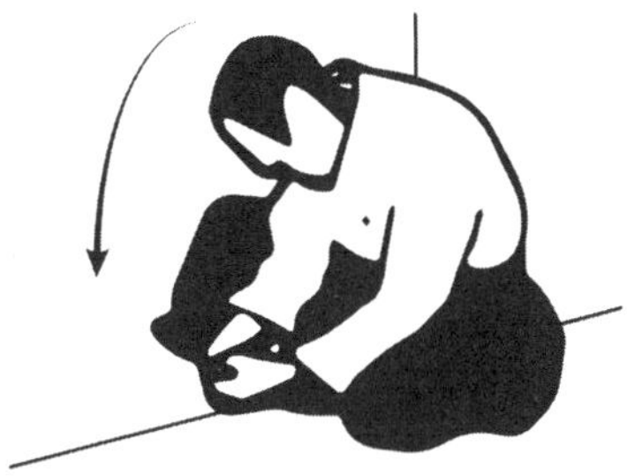

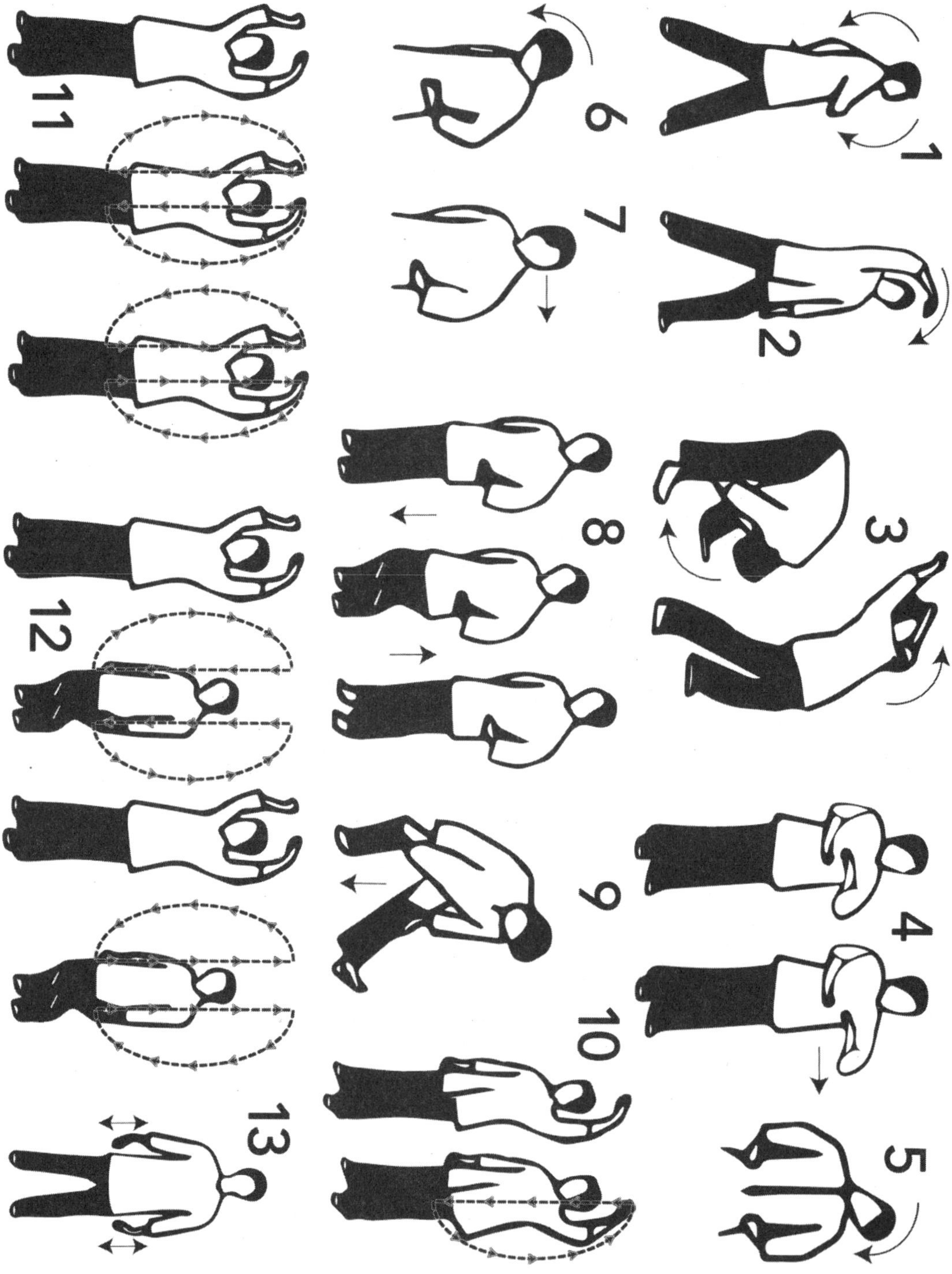
1
2
3
4
5
6
7
8
9
10
11
12
13

D'une durée d'environ 3.5 minutes, cette procédure permet d'activer l'énergie vitale en préparation à une activité physique ou mentale, ou simplement pour bien commencer une journée.

La fluidité est maintenue tout au long de l'exercice, lequel comporte beaucoup d'éléments permettant d'apprendre à exécuter des mouvements de manière naturelle et coordonnée.

Compter 1 — 2 — 3 — 4 — 5 — 6 — 7 — 8, deux fois, pour chaque séquence d'exercice décrite ici-bas, avant d'enchainer avec la suivante. Le cas échéant, on débute une séquence d'exercice par le côté gauche.

Les mouvements de la majorité des exercices sont effectués deux fois de suite avant de changer de côté pour faciliter la coordination (voir chapitre XIII : « Santé, *Ki* et unification » [p. 269]). Durant les exercices, le regard est maintenu dans la direction générale du centre, c'est-à-dire vers l'avant, dans l'axe du bassin.

III.1 – L'exercice s'exécute debout. Pour l'amorcer, on tourne le torse du côté gauche et on s'arrête au point naturel d'arrêt, puis on lève les bras vers le ciel avec les mains ouvertes.

On doit exprimer une grande sensation de diffusion d'énergie et maintenir cette attitude tout au long de l'exercice. On laisse alors tomber les bras de côté deux fois avant d'enchainer en répétant la procédure de l'autre côté.

III.2 – Balancer un bras au-dessus de la tête en exécutant, à partir du centre, un mouvement latéral léger. Ramener le bras à mi-chemin, au-dessus de la tête, pour effectuer le deuxième mouvement.

III.3 – Plier le torse à partir du centre et balancer les bras deux fois entre les jambes, en regardant vers le sol, puis enchainer en se penchant vers l'arrière et en balançant les bras deux fois, en regardant vers le haut.

III.4 – Tourner le torse vers la gauche jusqu'au point naturel d'arrêt et laisser continuer le bras plié sur le côté, jusqu'à son point naturel d'arrêt. Les mains demeurent dans le champ de vision en tout temps. Sur le compte suivant, ramener le bras à mi-chemin devant soi, puis revenir. Enchainer avec le côté opposé, et ainsi de suite.

III.5 – Hocher deux fois la tête de côté, revenir au centre et enchainer de l'autre côté. La tête ne doit pas être forcée en tentant de la maintenir droite par rapport à la colonne vertébrale. De fait, elle doit être déportée légèrement vers l'avant, respectant ainsi la courbure naturelle de l'ossature cervicale.

III.6 – Hocher la tête deux fois en avant, puis enchainer deux fois vers l'arrière. Le mouvement doit se faire avec légèreté à partir du menton, en l'abaissant et en le remontant.

III.7 – Tourner la tête deux fois du même côté, puis enchainer de la même façon de l'autre côté. Une personne complètement relaxée sera capable d'aligner sa tête parallèlement à l'axe de ses épaules.

III.8 – Placer les mains de chaque côté du corps avec légèreté, sans s'appuyer. Descendre deux fois en pliant les genoux, puis enchainer en montant deux fois sur la pointe des pieds.

III.9 – Le pratiquant écarte les jambes. Une d'elles est pliée et prend appui principalement sur la partie avant de la plante du pied, alors que l'autre est maintenue droite et prend appui sur le talon. Il abaisse le torse vers l'avant, au niveau du centre, deux fois de suite, avant de changer de côté.

Les épaules demeurent toujours dans le même axe, soit vers l'avant. Lors du changement de côté, seule la partie du corps située en bas de la ceinture se met en mouvement. L'exercice produit ainsi un étirement dans la région lombaire associée au nerf sciatique.

III.10 – Cet exercice martial et les deux suivants (*Ude-mawashi Waza*) comptent parmi les plus importants de la pratique de l'Aïkido. Selon le dire de *Sensei*, ils doivent être exécutés plus de 10 000 fois de la bonne façon afin d'être correctement maitrisés.

Il s'agit de laisser tomber le bras en pleine extension naturelle, tel qu'expliqué à la section IV.4 : « Diffuser le *Ki* universel en maintenant une attitude positive » (p. 109). Pour commencer la première série, le pratiquant lève le bras gauche en l'air avec la main ouverte. Après le compte, il laisse tomber le bras directement en avant de lui, vers le sol, en le maintenant libre de toute tension.

Si c'est le cas, le bras va subir les effets de l'accélération des corps en chute libre au rythme d'environ 9,8 m/s^2, ce qui signifie que la vitesse de chute du bras va atteindre son paroxysme en arrivant en bas.

Le momemtum ainsi créé est récupéré pour continuer son retour vers le haut tout en décrivant une course elliptique, tel qu'illustré. Il ne s'agit pas d'une rotation du bras, et ce dernier demeure en tout temps dans le champ de vision du pratiquant sinon la coordination corps – esprit en sera rompue.

Lorsque le bras remonte, sa vitesse décélère progressivement et naturellement. Lorsque le bras sera revenu au point de départ, sa vitesse sera alors égale à zéro. On exécute quatre mouvements complets d'un même côté, puis on enchaine de l'autre.

III.11 – Respectant les règles énoncées à l'exercice précédent, on exécute quatre mouvements, mais à deux bras en même temps. Puis, on enchaine avec quatre mouvements en suivant la même trajectoire, mais en sens contraire.

III.12 – On refait l'exercice précédent, mais on descend le centre en pliant légèrement les genoux avant de laisser tomber les bras.

III.13 – Finalement, il s'agit de secouer les poignets de bas en haut (*Tekubi Shindo Waza*) durant 10 à 15 secondes, tel qu'expliqué à la section IV.2 : « Relaxer complètement en relâchant les tensions du corps » (p. 98). Ceci aura notamment pour effet d'élever la fréquence vibratoire du pratiquant.

ANNEXE IV : EXERCICES DES POIGNETS (*Tekubi Waza*)

Ces exercices permettent d'accroitre la flexibilité des articulations dans plusieurs contextes d'applications des techniques. Premièrement, ils permettent de conditionner physiquement les articulations en les rendant aptes à subir des stress importants. Ce qui préviendra, à coup sûr, des blessures. De plus, ces exercices apprennent aux pratiquants le sens d'arrêter au « point naturel d'arrêt », c'est-à-dire sans le dépasser, afin de maintenir la coordination corps – esprit en action.

Finalement, chacun des quatre exercices reprend une technique bien précise (*Ikkyo, Nikyo, Sankyo* et *Kote-gaeshi*). La légèreté requise pour maintenir la coordination, diffuser le *Ki* et repérer le point naturel d'arrêt est la clé pour appliquer correctement ces techniques à autrui. C'est ainsi que plus l'exécution de ces exercices sera relaxée et précise, plus l'application d'une technique par le pratiquant sera facile et d'autant plus efficace du point de vue martial.

Comptage suggéré : 1 — 2 — 3 — 4, 1 — 2 — 3 — 4, 1 — 2 — 3 — 4, 5 — 6 — 7 — 8. De cette manière, les pratiquants en groupe savent que l'exercice va bientôt s'achever lorsqu'ils entendent la dernière séquence : 5 — 6 — 7 — 8. En commençant du côté gauche, effectuer quatre cycles de quatre flexions en changeant de côté après chaque cycle.

IV.1 – **Détendre les articulations du poignet par flexion vers le haut (*Ikkyo Waza*)** : Croiser les mains en bas avec paumes tournées vers soi, placer une main par-dessus le dos de l'autre puis remonter l'assemblage en effectuant une flexion sur le poignet jusqu'au point naturel d'arrêt.

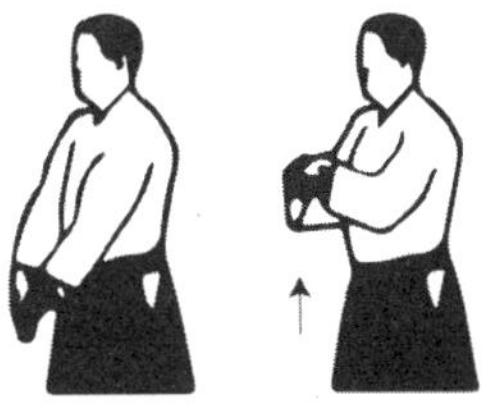

IV.2 – **Détendre les articulations du poignet par flexion vers l'arrière (*Nikyo Waza*)** : Allonger les bras vers l'avant, tourner les mains du même côté afin de saisir le dos de l'une d'elles. Ramener l'assemblage ainsi maintenu vers soi jusqu'au point naturel d'arrêt, ce qui aura pour effet de produire une flexion du poignet.

IV.3 – **Détendre les articulations du poignet par flexion vers l'avant (*Sankyo Waza*)** : Placer les mains à hauteur du visage, l'une par-dessus l'autre, paumes vers l'avant. Agripper le bout des doigts de la main avant. Maintenir la saisie en allongeant les bras devant soi jusqu'au point naturel d'arrêt.

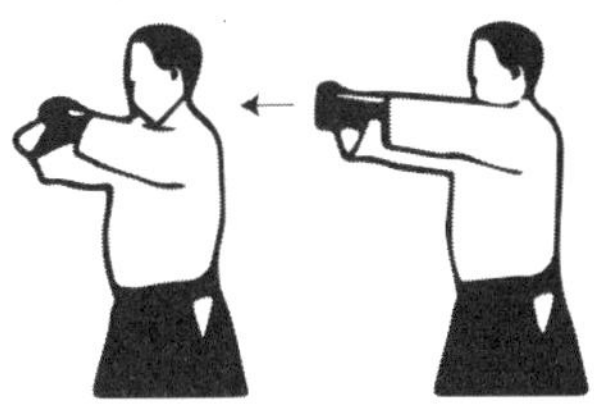

IV.4 – **Détendre les articulations du poignet par flexion vers le bas (*Kote-gaeshi Waza*)** : Croiser les mains à hauteur des yeux et saisir un poignet d'une main. Maintenir la prise en laissant tomber l'assemblage des mains vers le bas jusqu'au point naturel d'arrêt, ce qui aura pour effet de fléchir le poignet ainsi maintenu durant la descente.

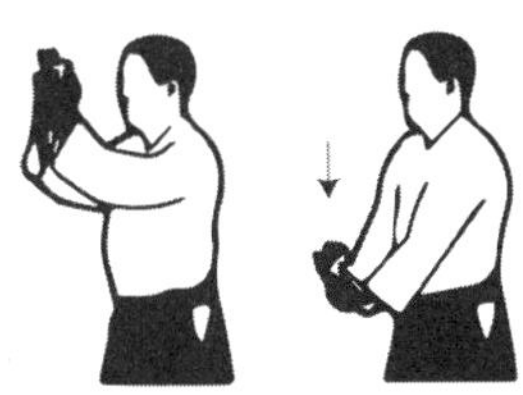

ANNEXE V : EXERCICES DYNAMIQUES (*Hitori Waza*)

Les exercices dynamiques suivants sont directement liés au développement des habiletés martiales du pratiquant. Ils sont également d'excellents exercices individuels de promotion de la bonne forme physique, et donc de la santé.

Comme pour les *Katas* individuels, ces exercices permettent de nous développer lorsque nous nous retrouvons seuls, c'est-à-dire en l'absence d'un partenaire d'entrainement. Si vous pratiquez ces exercices dans un parc, le profane pourrait parfois croire que vous vous livrez à une sorte de ballet, alors qu'en réalité vous serez en train de perfectionner votre coordination corps – esprit ainsi que vos compétences martiales.

Tous ces exercices impliquent des mouvements. Ils doivent être exécutés en état de coordination corps – esprit en respectant l'ordre naturel des choses, soit : 1 — **le *KI***; 2 — **l'ESPRIT** ; 3 — **le CORPS**, et finalement ; 4 — **l'ÉVÉNEMENT** (ou l'action). Pour nous y aider, on utilisera un comptage tel qu'expliqué au chapitre XIII : « Santé, *Ki* et unification » (p. 269). Selon le protocole de pratique en groupe, une série d'exercices débutera toujours par le côté gauche.

Les mouvements doivent être exécutés de manière très détendue et être initiés par le centre. Ils doivent impérativement s'arrêter au point naturel d'arrêt, sinon la coordination corps – esprit sera rompue. Lorsque *Nage* s'arrête calmement à la fin d'un mouvement, on ne devrait pas observer une sorte de rebond.

En effet, ce rebond indiquerait que l'exercice a été exécuté en forçant le corps au-delà du point naturel d'arrêt. Dans ce cas, on doit donc se corriger. À des fins d'apprentissage, un partenaire doit procéder périodiquement à des tests de stabilité afin de vérifier le maintien de la coordination corps – esprit du pratiquant lorsqu'il débute l'exercice et lorsqu'il s'immobilise après l'exécution de chaque mouvement.

V.1 – EXERCICES DE PRÉPARATION AU *RANDORI*

Les exercices suivants constituent des pratiques préparatoires de techniques très souvent utilisées lors de *Randori*, c'est-à-dire lors de ces exercices où *Nage* se défend d'attaques réelles portées par une ou plusieurs autres personnes en même temps. La technique consiste à diriger l'esprit du partenaire vers le haut par un mouvement de *Ki*, puis vers le bas, ce qui projettera éventuellement *Uke* au sol. Ces exercices reproduisent les mouvements décrits dans la technique 5.5 de l'Annexe VI : « *Ryokata-dori Kokyu-nage* » (p. 353).

V.1.A – Lever les mains à hauteur du visage vers l'avant dans une direction (*Ikkyo Waza*) :

Nage se place debout, la jambe gauche avancée d'un demi-pas, les bras le long du corps. Après le compte de « un », il déplace son centre vers l'avant, dirige le *Ki* vers le haut, puis lève les bras pour positionner les mains à hauteur du visage. Après le compte de « deux », il déplace son centre vers l'arrière, puis il laisse tomber ses bras, ce qui le ramènera dans la position initiale.

Comptage suggéré : 1 — 2, 3 — 4, 5 — 6, 7 — 8. Comme pour beaucoup d'autres exercices, on n'aura qu'à faire un pas en avant, le moment venu, pour passer au côté droit de manière élégante.

V.1.B – Lever les mains à hauteur du visage dans deux directions (***Zengo Waza***) :

Nage se place debout, la jambe gauche avancée d'un demi-pas, les bras le long du corps. Sur le compte de « un », il déplace son centre vers l'avant, dirige le *Ki* vers le haut, puis lève les bras pour positionner les mains à hauteur du visage.

Sur le compte de « deux », il pivote à 180 degrés à partir du centre, du côté de la jambe arrière, en laissant tomber ses bras. Il est alors fin prêt pour refaire la même chose dans la direction inverse sur les comptes « trois » et « quatre », ce qui le ramènera dans la position initiale.

Comptage suggéré : 1 — 2 — 3 — 4, 1 — 2 — 3 — 4, 1 — 2 — 3 — 4, 5 — 6 — 7 — 8.

Dans ces exercices, *Nage* prend garde de se déplacer sans mettre son poids sur ses talons, car il perdrait ainsi sa coordination. Il doit plutôt se mouvoir avec le concours de la partie avant de la plante du pied. De plus, il bouge ses jambes librement en prenant soin d'assumer, en tout temps, une posture stable et structurée.

V.1.C – Lever les mains à hauteur du visage avec déplacements dans huit directions (***Happo Waza***) :

Nage se place debout, la jambe gauche avancée d'un demi-pas les bras le long du corps. Sur le compte de « un », il se meut vers l'avant à partir du centre, dirige le *Ki* vers le haut, lève les bras pour positionner les mains à hauteur du visage, puis, sans rompre sa fluidité, se déplace dans la prochaine direction en laissant tomber ses bras.

Il sera alors fin prêt pour enchainer avec le mouvement sur le prochain compte. Les déplacements dans les huit directions sont illustrés ici-bas.

Compte : 1 — 2 — 3 — 4 — 5 — 6 — 7 — 8.

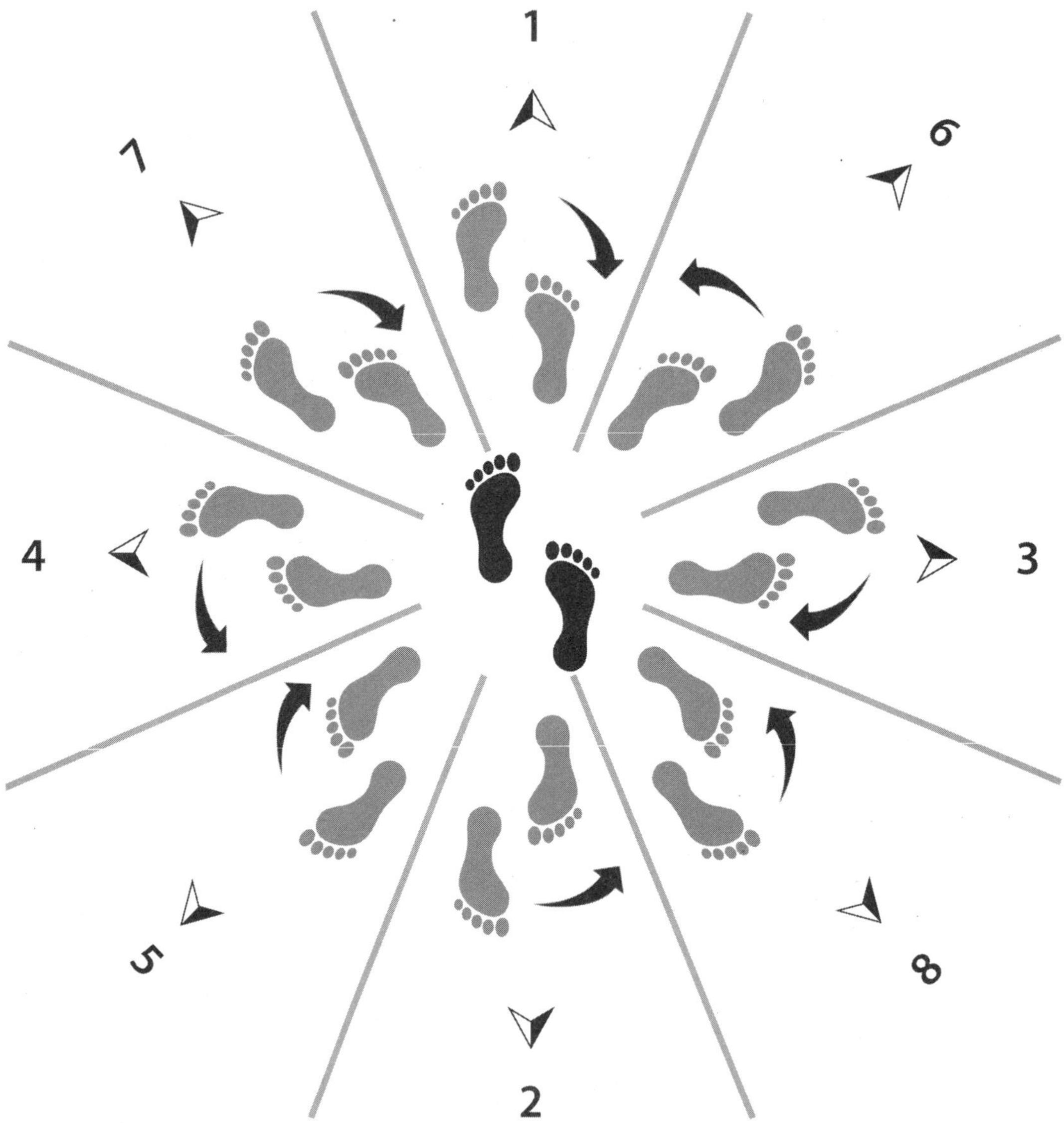

V.2 – MOUVEMENTS ET DÉPLACEMENTS AVEC COORDINATION

Divers déplacements sont requis dans de nombreuses techniques d'Aïkido. La qualité de la pratique, l'efficacité martiale et l'esthétique exprimée sont directement liées à la maitrise corporelle de ces mouvements. Ces mouvements pratiqués individuellement ne devraient pas être différents lorsqu'ils sont incorporés dans une technique d'Aïkido. De plus, leur pratique inculque au pratiquant de toujours bouger à partir du centre dans la vie de tous les jours.

V.2.A – Ramer avec le centre (***Funakogi Waza***) :

Le pratiquant se tient debout avec la jambe gauche avancée d'un demi-pas. Sur le compte de « un » il avance son centre, puis déploie ses bras tel un mouvement de ramage à contre-sens. Le bout des doigts pointe vers le sol. Sur le deuxième compte, le pratiquant recule tout d'abord son centre, puis il laisse tomber ses bras directement pour les replacer dans leur position initiale.

Comptage suggéré : 1 — 2, 3 — 4, 5 — 6, 7 — 8, puis changer de côté en plaçant l'autre jambe en avant. Pour plus d'information sur cet exercice, voir la section VIII.3 : « La non-résistance sur le plan spirituel » (p. 182).

V.2.B – Balancer les bras en joignant les mains, à hauteur des yeux (***Joho Tekubi Kosa Waza***) :

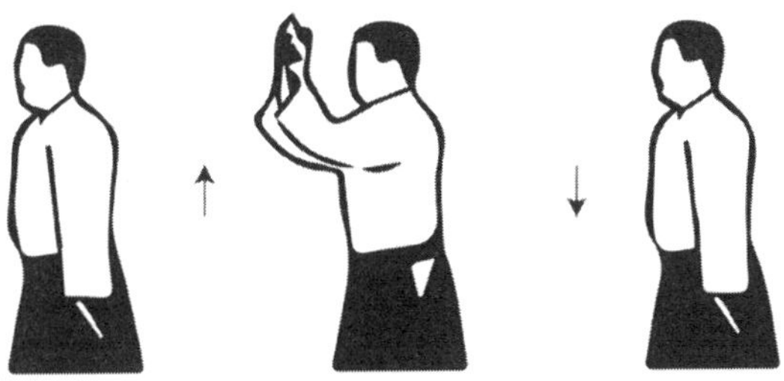

Dans la position debout, bras de chaque côté, au compte de « un », il s'agit de diffuser le *Ki* vers le haut et de balancer les bras en croisant les mains à hauteur du visage. Sur le compte de « deux », on laisse tomber les bras pour reprendre la position de départ.

Comptage suggéré : 1 — 2, 3 — 4, 5 — 6, 7 — 8. Cet exercice de détente permet aussi d'amorcer aisément des techniques de dégagement d'attaque par saisie au col ou par étranglement.

V.2.C – Balancer les bras de côté en les croisant devant soi (*Kaho Tekubi Kosa Waza*) :

Le pratiquant lève les bras de chaque côté. Sur le compte de « un », il laisse tomber les bras qui vont croiser le *Kikaï-tanden* pour s'arrêter calmement devant la poitrine. Sur le compte de « deux », le pratiquant relâche ses bras de côté, avec légèreté, pour revenir dans la position initiale. Comptage suggéré : 1 — 2, 3 — 4, 5 — 6, 7 — 8.

Cet exercice nous apprend bien sûr à nous détendre, mais aussi à incruster, dans le subconscient, une sensation de légèreté qui induira un déploiement spécifique de *Ki* lorsque nécessaire. Ainsi, dans l'exercice, la même légèreté de mouvement servira à joindre avec le *Ki* d'un attaquant (voir section VIII.2 : « La non-résistance sur le plan énergétique » [p. 180]).

Cette sensation de légèreté nous apprend également à appliquer efficacement la technique de contrôle « *Yonkyo* », le quatrième principe qui consiste à appliquer à *Uke* une pression sur les points sensibles du bord radial de l'avant-bras, près du poignet.

V.2.D – Lever les bras de côté, puis abaisser le centre (*Sayu Waza*) :

L'exercice débute dans la position debout, les bras pendant de chaque côté et les jambes légèrement écartées. Après le compte de « un », on balance les bras de côté. Au compte de « deux », on abaissera le centre en fléchissant légèrement le genou du côté où les bras ont été balancés. Puis on enchainera de l'autre côté.

Comptage suggéré : 1 — 2, 3 — 4, 5 — 6, 7 — 8. Le pratiquant doit regarder droit devant lui, c'est-à-dire dans la direction du bassin. Pour un complément pertinent d'information à propos de cet exercice, voir la section VII.2 : « Diffuser le *Ki* vers l'avant » (p. 167).

Dans un deuxième temps, on refait le même exercice, avec le même comptage, mais en le précédant d'un déplacement de côté, par croisement arrière de la jambe, avant de monter les bras sur le côté (*Sayu Choyaku Waza*).

V.2.E – Se déplacer d'avant en arrière en exécutant un petit saut (*Koshin Zenshin Waza*) :

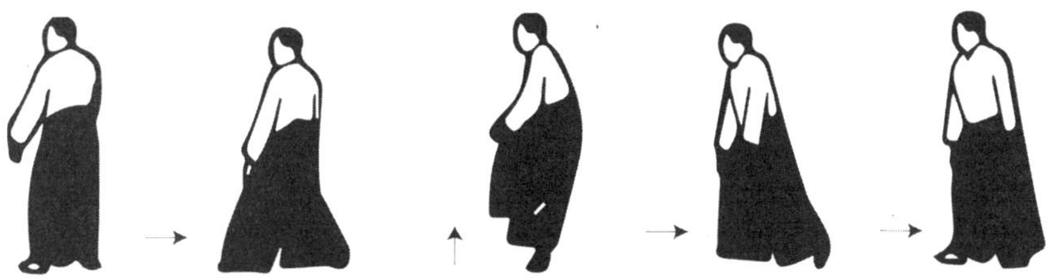

Le pratiquant se tient debout avec une jambe avancée d'un demi-pas. Sur le compte de « un », il amorce son déplacement en reculant la jambe arrière, suivi d'un petit saut sur cette même jambe, en reculant d'un pas, puis ramène la jambe avant (*Koshin*).

Sur le compte de « deux », il avance sa jambe avant, suivi d'un petit saut sur la même jambe, en avançant d'un pas, puis ramène la jambe arrière (*Zenshin*). Ce faisant, le pratiquant revient dans la position initiale. Le *Ki* est toujours diffusé vers l'avant même pendant le déplacement de recul.

Comptage suggéré : 1 — 2, 3 — 4, 5 — 6, 7 — 8, puis changer de côté. Cet exercice d'allure banale est utilisé dans beaucoup de techniques d'Aïkido. Il permet notamment à *Nage* de s'esquiver en un clin d'œil après avoir projeté un partenaire, et permet aussi à *Uke* d'attaquer plus rapidement, avec beaucoup de vitesse et de vigueur. Le déplacement est également utilisé dans les katas de *Jo* et *Boken*.

V.2.F – Tournoyer en avançant et en allongeant les bras (*Udefuri Choyaku Waza*) :

Debout, avec une jambe avancée, le pratiquant place ses bras sur le côté de son torse avec grande légèreté.

Sur le compte de « un », il tourne son centre en sautant vers l'avant pour terminer le déplacement dans la position symétrique à celle de départ. En effet, le pratiquant se retrouvera face à l'autre direction avec l'autre jambe avancée devant lui. Il sera donc prêt à poursuivre l'exercice en sens inverse. Comptage suggéré : 1 — 2, 3 — 4, 5 — 6, 7 — 8.

Aucune tension ne doit être présente dans les bras. C'est la force centripète produite par le déplacement qui occasionne le déploiement des bras quand ils sont complètement relaxés. Ce déplacement et ses variations s'appliquent dans plusieurs techniques d'Aïkido en révélant des mouvements à la fois puissants et très esthétiques.

V.3 – EXERCICES DE PRÉPARATION À LA PRISE DE CHUTES

La maitrise des chutes (*Ukemi*) est un moyen de survie en Aïkido. Être capable de subir des projections variées s'avère également utile dans toutes sortes de contextes en dehors du *Dojo*. Cela m'aura certainement sauvé la vie à quelques reprises au cours d'activités de loisir et lors de voyages à l'étranger.

Pour être en mesure de maitriser les chutes, on doit évidemment maintenir la coordination corps – esprit. On ne doit donc pas lutter contre l'évènement, mais plutôt l'accepter et accueillir la chute en respectant la direction de l'énergie qui nous est transmise.

Plus on s'harmonise avec la direction du *Ki* et moins l'impact de la chute est grand. De cette manière, le pratiquant développera, au fil du temps, sa capacité à lire le *Ki* dirigé vers lui et apprendra à s'adapter pour en tirer profit plutôt que de subir son courroux en s'y opposant.

Pour projeter *Uke*, *Nage* doit appliquer correctement les principes d'Aïkido expliqués dans cet ouvrage. Dans le cas contraire, *Uke* bloquera *Nage* facilement et automatiquement, sans l'arrière-pensée de le confondre, simplement en l'attaquant avec *Ki*.

Lorsque *Uke* prend une chute de la bonne façon, ça lui est aussi agréable qu'à *Nage* exécutant une technique de manière harmonieuse. Même dans l'application d'une technique réputée faire pression sur une articulation, *Uke*, bien que contraint, s'adaptera au flux de *Ki* et ne ressentira ni collision ni douleur.

V.3.A – En position *Agura*, rouler sur le dos puis revenir (*Kohotento Waza*) :

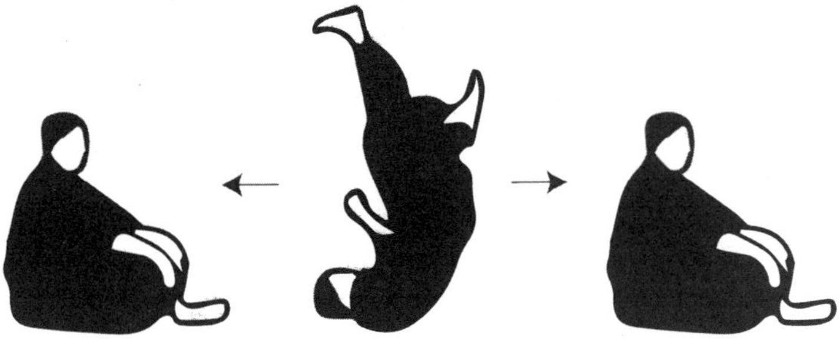

Suivant la règle de l'esprit qui indique que le *Ki* doit toujours être diffusé vers l'avant à partir du centre, et que le corps rejoindra ce mouvement de *Ki*, l'exercice s'exécute comme suit : Sur le compte de « un », le pratiquant dans la position *Agura* (voir section XI.1 : « Maitrise de la posture » [p. 209]) diffuse mentalement le *Ki* d'avant en arrière, puis bascule sur le dos et monte ses jambes dans un axe vertical par rapport au sol.

Dans cette position temporaire, le corps aura rejoint sa visualisation puisque le centre sera aligné dans la direction du mouvement de *Ki* (voir section VII.2 : « Diffuser le *Ki* vers l'avant » [p. 167]). Il s'agit d'un des rarissimes exercices où le *Ki* est diffusé vers l'arrière. C'est à ce moment que le deuxième compte est émis.

Le pratiquant diffuse alors le *Ki* vers l'avant et laisse tomber le poids de ses jambes pour revenir, sans effort, dans la position initiale, très calmement, c'est-à-dire sans rebond à l'arrivée. Comptage suggéré : 1 — 2, 3 — 4, 5 — 6, 7 – 8.

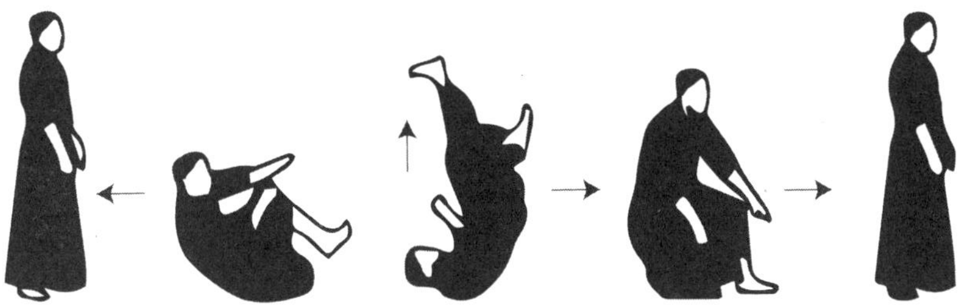

Dans un deuxième temps, on réalise l'exercice en se levant debout sur le deuxième compte. Pour ce faire, lorsqu'il laissera tomber le poids de ses jambes pour revenir en avant, le pratiquant n'aura qu'à ramener une jambe le plus loin possible en dessous de la cuisse opposée.

De plus, le pratiquant ne doit pas penser à se « relever », car s'il le fait, il dirigera le *Ki* vers le haut au lieu de le diffuser vers l'avant comme il se doit. Il pensera plutôt à « avancer » tout en demeurant relaxé et se retrouvera ainsi debout, sans effort. Sur le deuxième compte, le pratiquant refait exactement les mêmes mouvements, en sens inverse, en alternant d'une jambe à l'autre dans la descente au sol.

Comptage suggéré : 1 — 2, 3 — 4, 5 — 6, 7 — 8. Lorsque projeté sur le dos, *Uke* pourra tomber ainsi.

Dans le cas présent, un test de stabilité consiste à poser la main avec force sur la poitrine de la personne lorsqu'elle se retrouve sur le dos, c'est-à-dire allongée au sol et qu'elle tente de se relever. Même en procédant très tranquillement, le pratiquant pourra, sans effort, se relever pendant le test du partenaire qu'il entrainera sur son passage jusque dans la position debout.

La réussite de cet exercice est induite par le respect de la procédure décrite et non par le désir de passer le test du partenaire (voir section XII.3 : « Ésotérisme et considérations sur l'attachement » [p. 260]).

V.3.B – Roulade avant (***Zenpo-kaiten Waza***) :

Lorsqu'il sera projeté vers l'avant, *Uke* se protègera en accueillant la roulade. Le réflexe à développer consistera à effectuer un bras inflexible (voir section IV.1 : « Focaliser calmement l'attention au centre situé dans le bas-ventre » [p. 86]) que l'on allonge devant soi.

C'est d'ailleurs la seule chose réflexe qu'il pourra faire lorsqu'il subira une projection à très grande vitesse. *Uke* roulera de côté sur ce bras inflexible qui le protègera des durs impacts contre le sol. Un bras inflexible demeurera en pleine extension naturelle. Dans le cas contraire, il pliera et *Uke* subira une collision souvent douloureuse.

V.3.C – Roulade arrière (***Ushiro Ukemi Waza***) :

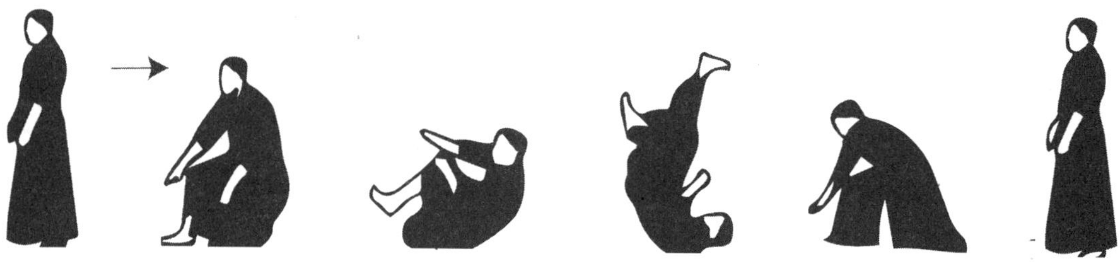

Il s'agit du même exercice que le précédent, mais en sens contraire. Ces deux exercices permettent notamment à *Uke* d'être projeté en toute sécurité, et de se relever immédiatement afin de poursuivre *Nage* sans délai avec une autre attaque.

V.4 – PRATIQUE DE TECHNIQUES SANS PARTENAIRE

Ce type d'exercice apparenté aux *Katas* développe énormément le sens de la visualisation. Les exercices suivants sont des mouvements utilisés dans des techniques de projection dites par le souffle vital, c'est-à-dire qui ne requièrent pas d'appliquer de pression sur une quelconque articulation.

Les « *Kokyu-nage* » représentent un ensemble de techniques que l'on appelle également « l'art de 20 ans », soit le temps hypothétique de pratique requis pour arriver à les maitriser.

Les « *Kokyu-nage* » sont des techniques de haut niveau dans la pratique de l'Aïkido, et elles reposent presque entièrement sur l'expression du potentiel de *Ki* d'un pratiquant. C'est donc un véhicule par excellence de développement de la coordination corps – esprit.

V.4.A – Levez les bras en avançant une jambe, puis en abaissant le torse (*Ushiro Tekubi-dori Zenshin Waza*) :

Cet exercice et le suivant reproduisent les mouvements de défense dans une technique nommée « Ushiro Tekubi-dori Kokyu-nage Zenpo-nage » (voir la technique 9.2 de l'Annexe VI [p. 365]) où un attaquant, imaginaire dans le cas présent, saisie les deux poignets de Uke par-derrière.

Le pratiquant débute en position debout, les bras pendant de chaque côté. Après le compte de « un », il avance la jambe gauche. Ensuite, il lève ses bras en pointant les doigts vers le haut, puis tourne ses poignets pour pointer les doigts vers le sol. Il maintiendra cet assemblage corporel pour procéder au mouvement suivant.

Sur le compte de « deux », il abaissera son torse au niveau du centre, puis reprendra la position de départ. L'exercice est exécuté en alternance des côtés gauche et droit. Comptage suggéré : 1 — 2, 3 — 4, 5 — 6, 7 — 8.

V.4.B – Levez les bras en reculant, puis en abaissant le torse (*Ushiro Tekubi-dori Koshin Waza*) :

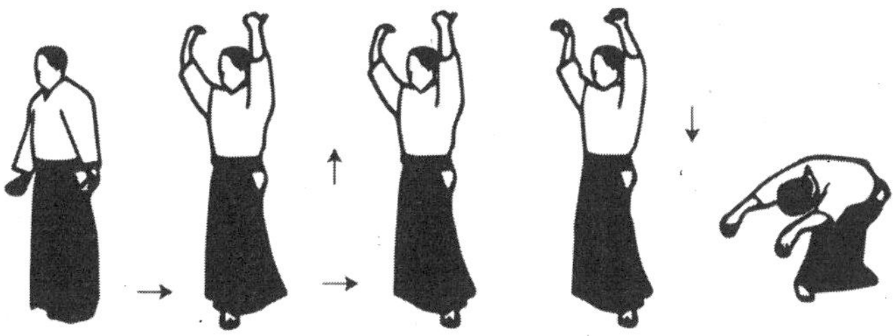

Le pratiquant débute en position debout, les bras pendant de chaque côté. Après le compte de « un », il déplace la jambe droite vers l'arrière, sur sa gauche, dans un angle de 45 degrés. Ensuite, tout en faisant un pas vers l'arrière, en partant de la jambe gauche, il lève ses bras en pointant les doigts vers le haut, puis tourne ses poignets pour pointer les doigts vers le sol. Il maintiendra cet assemblage corporel pour procéder au mouvement suivant.

Sur le compte de « deux », il abaissera son torse au niveau du centre, puis reviendra dans la position de départ. L'exercice est exécuté en alternance des côtés gauche et droit. Comptage suggéré : 1 — 2, 3 — 4, 5 — 6, 7 — 8.

V.4.C – Faire un demi-pas, lever les bras de côté, puis déplacer le centre vers l'avant (*Ushiro-dori Waza*) :

Cet exercice reproduit les mouvements de défense dans une technique nommée « Ushiro-dori Kokyu-nage » (voir la technique 9.6 de l'Annexe VI [p. 367]) où un attaquant, imaginaire dans le cas présent, saisie Uke à bras-le-corps par-derrière.

Le pratiquant débute en position debout, les bras pendant de chaque côté. Après le compte de « un », il avance la jambe gauche, en écartant ses bras de chaque côté, auriculaires dirigés vers l'extérieur. Sur le compte de « deux », il avance à partir du centre, en glissant ses pieds, ce qui fait tourner son torse naturellement dans un angle d'environ 30 degrés. Pour plus d'information sur cet exercice, voir la section VIII.1 : « La non-résistance sur le plan physique » (p. 177). Comptage suggéré : 1 — 2, 3 — 4, 5 — 6, 7 — 8.

V.4.D – Mouvements de « ***Shomen-uchi Kokyu-nage*** » :

Cet exercice reproduit les mouvements de défense dans une technique nommée « Shomen-uchi Kokyu-nage » (voir technique 7.2 de l'Annexe VI [p. 359]) où un attaquant, imaginaire dans le cas présent, porte, à la tête de Nage, une frappe directe de haut en bas du tranchant de la main.

Le premier mouvement consiste à diffuser le *Ki* vers le haut avec le bras du côté de la jambe avant, ce qui aurait pour effet de dévier une attaque réelle de *Uke*. Ensuite, *Nage* pivote pour se placer de côté à 90 degrés avec les bras levés bien haut. Le *Ki* est alors diffusé vers le bas en continuant de tourner à 180 degrés.

L'exercice se termine par un mouvement du bras vers le haut, suivi d'un autre vers le bas, comme dans l'exercice 10 de l'Annexe III : « *Ude-mawashi Waza* » (p. 322). *Nage* se retrouve dans le sens de la ligne d'attaque lorsqu'il termine l'exercice.

Comptage suggéré : 1 — 2, 3 — 4, 5 — 6, 7 — 8.

La projection réelle s'effectue par un contrôle de la tête de Uke dans le creux de l'épaule de Nage, accompagné de mouvements vers le bas, puis vers le haut et de nouveau vers le bas durant le déplacement circulaire (voir les techniques 7.2 : « *Shomen-uchi Kokyu-nage* » *[p. 359] et 12.4 :* « *Tanto-dori Shomen-uchi Kokyu-nage* » *[p. 372] de l'Annexe VI).*

V.4.E – Esquive et mouvements de « ***Shomen-uchi Kokyu-nage*** » :

Cet exercice reprend le précédent en y incorporant préalablement un déplacement dont l'application réelle se veut une esquive permettant de se rapprocher d'un adversaire attaquant au sabre afin que l'on puisse aisément appliquer la technique.

Sur le compte de « un », soit après l'esquive, *Nage* va se retrouver complètement derrière le *Uke* imaginaire (ou réel). L'esquive implique d'éviter une collision avec l'attaquant ou avec son sabre, et de lui tourner le dos lors du déplacement, tout en sortant de côté de la ligne d'attaque (voir technique 15.1 de l'Annexe VI : « *Tachi-dori Shomen-uchi Irimi Sudori Kokyu-nage* » [p. 381]).

Ce faisant, et contre toute attente, un attaquant réel perdra son emprise sur *Nage* qui aura ainsi pris l'initiative de la situation. Sur le compte de « deux », on enchaine avec l'exercice précédent (mouvements de la technique 7.2 de l'Annexe VI : « *Shomen-uchi Kokyu-nage* » [p. 359]).

Comptage suggéré : 1 — 2, 3 — 4, 5 — 6, 7 — 8.

ANNEXE VI : AIDE-MÉMOIRE DE TECHNIQUES D'AÏKIDO (*Kumi Waza*)

Les techniques martiales illustrées constituent un petit curriculum de base de techniques d'Aïkido,[227] appelées *Kumi Waza*, pouvant se pratiquer sans restriction physique importante jusqu'à un âge très avancé.

Ainsi, dans le rôle de *Nage*, on ne retrouve pas de techniques qui nécessitent par exemple de soulever un partenaire, d'utiliser la force d'un déhanchement ou toute autre manœuvre nécessitant l'utilisation indue de force musculaire.

Concernant les chutes, il est vrai qu'elles impliquent parfois pour *Uke* de subir des vols planés sur quelques mètres de distance, mais point n'est besoin de devenir cascadeur pour pratiquer l'Aïkido. Il suffit de sortir des traditions des arts martiaux. En effet, les pratiquants de tous âges peuvent encaisser de telles chutes en toute sécurité en étant projetés sur d'épais matelas moelleux comme ceux utilisés pour les mêmes raisons en athlétisme. Cela permet aussi de rassurer *Nage* qui peut alors exprimer de grands déploiements de *Ki* sans risquer de blesser *Uke* accidentèlement.

Pour conduire à une bonne compréhension de l'art martial, les techniques illustrées doivent être exécutées en respectant à la lettre les principes d'Aïkido expliqués dans la deuxième partie du livre (« L'univers unifié et les principes d'Aïkido » : chapitres V à X), c'est-à-dire en les exécutant en tenant compte des connaissances sur le *Ki*.

Il y a cependant deux points très importants auxquels on doit prêter une attention plus particulière, soit : maintenir la coordination corps – esprit (voir chapitre VI : « Coordonner le corps et l'esprit en diffusant le *Ki* universel » [p. 135]) et ; respecter l'alignement des *Kikaï-tanden* (voir section IX.1 : « Le principe du double obèle » [p. 186]).

Toutes les techniques doivent s'exécuter avec succès de manière statique avant d'être tentées de manière dynamique. Évidemment, aucun livre ne saurait remplacer un instructeur qualifié. En l'absence d'un tel instructeur, je vous invite tout de même à suivre mon exemple en laissant l'Univers vous guider et devenir votre maitre. Après tout, ce qui est à la portée d'un homme est à la portée d'un autre si ce dernier y investit correctement son esprit.

Rappelez-vous qu'une technique bien exécutée reflète l'harmonie et la maitrise de la coordination corps – esprit. L'exécution d'une technique doit être fluide, c'est-à-dire exempte de tension malgré les attaques foudroyantes et structurées de *Uke*. Pour ce faire, on doit aligner les *Kikaï-tanden* selon le principe du double obèle.

Les flèches des illustrations indiquent les mouvements d'énergie précédant les mouvements du corps. Notons que chacune des techniques présentées ici peut faire l'objet de nombreuses variations subtiles ou importantes. On peut également dans de nombreux cas, changer d'attaque pour appliquer une même technique, et inversement, appliquer diverses techniques pour une même attaque.

---

[227] **Note** : Un film documentaire de 1958 (« *Rendez-vous With Adventure* »), tourné à l'époque où *O'Sensei* Morihei Ueshiba et *Sensei* Koichi Tohei enseignaient l'Aïkido au *Dojo* Hombu de Tokyo, rapporte que l'art martial eut alors été constitué de 2664 techniques à part entière.

Les techniques de base ainsi présentées sont qualifiées de « grands cercles », car elles enseignent aux pratiquants la compréhension de l'Art en utilisant de grands mouvements, forçant ainsi un important déploiement de *Ki* (voir chapitre V : « *Ki* et Aïkido, le secret des arts martiaux », [p. 128]).

Avec la pratique, cette maitrise des grands cercles conduira l'adepte à la maitrise des « petits cercles », soit l'application des techniques de manière toujours plus subtile et compressée, et basée davantage sur l'extériorisation du potentiel de *Ki*, plutôt que sur les mouvements du corps. Cela démontre encore une fois l'étendue du domaine d'étude relié au *Ki* et à l'Aïkido.

Un complément d'information est présenté pour chaque technique sous l'appellation « indices de succès ». Le nom de chaque technique présentée utilise le langage japonais. Ce n'est pas indispensable, mais cela permet de nommer de manière succincte la technique. Aussi, il s'avère pratique d'utiliser un langage de base commun pour faciliter la communication lors d'échanges avec d'autres pratiquants.

En japonais, on nomme la technique en commençant par l'attaque, suivie par la méthode de défense qui sera appliquée, puis on termine, le cas échéant, avec la spécificité de la technique.

Finalement, toutes les techniques martiales présentées dans cet ouvrage peuvent également se pratiquer seul. Ceci, à condition que l'adepte les ait pratiquées préalablement et correctement avec un partenaire. Ainsi, les techniques martiales pratiquées avec un attaquant imaginaire s'exécutent avec précision à la manière d'un lent ballet rappelant l'exécution des *Katas* de *Tai Chi*. Cette approche peu orthodoxe de l'Aïkido, et de diffusion du *Ki*, permet de raffiner la maitrise de l'Art à un niveau extraordinairement élevé.

VI.1 – *KATATE-DORI*

Attaque par saisie d'un poignet du même côté (attaque symétrique).

Prise d'initiative en Tenkan : *Dans les techniques 1.1, 1.2 et 1.3, Nage débute en laissant tomber le bras sous attaque et en effectuant un déplacement circulaire tel qu'expliqué à la section IX.2 : « L'alignement des Kikaï-tanden » (p. 188). Durant ce déplacement, Nage maintient son dos droit et les paumes des mains vers le haut, comme s'il transportait des vêtements précieux.*

VI.1.1 – ***Katate-dori Ikkyo*** : Contrôle et immobilisation par flexion du poignet sur saisie d'un poignet du même côté. La technique d'immobilisation en *Ikkyo* s'appelle « premier principe ».

Indices de succès : Ayant créé une impulsion qui entraine *Uke* dans son sillage (en *Tenkan*), *Nage* arrête son déplacement en laissant tomber le bras sous attaque. Cette manœuvre aura pour effet de faire avancer *Uke* devant lui. En remontant son bras vers l'extérieur, *Nage* saisit la main de *Uke* ce qui contraindra ce dernier à lâcher prise. *Nage* doit alors passer complètement derrière le partenaire afin d'aligner les *Kikaï-tanden*, l'un derrière l'autre. Puis, en exécutant un déplacement circulaire, il dirigera le bout des doigts de *Uke* vers le bas, ce qui l'amènera au sol harmonieusement, sans effort.

Pour appliquer l'immobilisation, *Nage* s'agenouille le long du bras de *Uke* (position *Kiza*). Avec légèreté, il place une main au niveau du triceps de *Uke* en diffusant le *Ki* sous le sol.

Puis, de l'autre main, *Nage* enlève le jeu dans le poignet de *Uke* en l'étirant légèrement par la main, avec le concours de l'auriculaire. Tout en maintenant la main et le bras de *Uke* parallèles au sol, *Nage* pointe le bout des doigts du partenaire vers sa tête, ce qui aura pour effet de le contraindre par une vive douleur s'il tente de s'échapper de la prise.

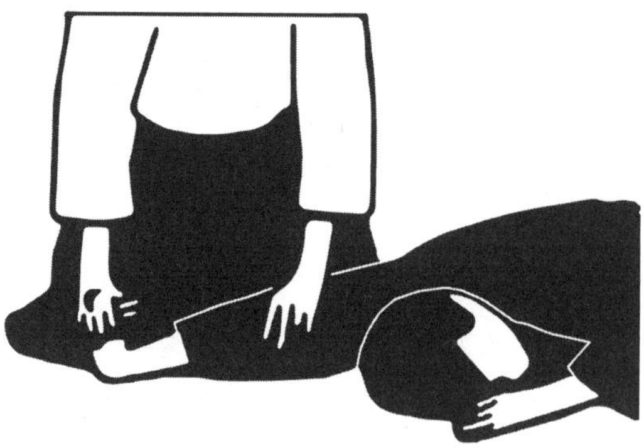

VI.1.2 – ***Katate-dori Kokyu-nage Kaiten-nage*** : Projection par le souffle vital en faisant décrire au bras de *Uke* un grand cercle dans le plan vertical, tout en lui maintenant la tête en position basse (ce qui le contraint à rouler), sur saisie d'un poignet du même côté.

Indices de succès : Lorsque *Nage* a créé l'impulsion qui entraine *Uke* dans son sillage (en *Tenkan*), il arrête son déplacement en laissant tomber le bras sous attaque.

Continuant son mouvement de bras vers le haut comme s'il s'essuyait le front avec le dos de la main, *Nage* génère une impulsion qui lui permet de diriger *Uke* alentour de lui, en le faisant passer par-derrière. Lorsque *Uke* passe de l'autre côté, *Nage* laisse tomber son bras en effectuant une rotation, faisant décrire à *Uke* un cercle dans le plan vertical, ce qui aura pour effet de le projeter.

Avant de projeter *Uke*, *Nage* peut aussi appliquer un contrôle en lui saisissant le poignet durant la rotation du bras et en posant, avec légèreté, une main sur sa tête avant de le projeter. Incidemment, cette manœuvre permet de se déplacer tout en contrôlant *Uke* afin de le projeter dans n'importe quelle direction, par exemple sur d'autres attaquants potentiels se tenant à proximité.

VI.1.3 – ***Katate-dori Kokyu-nage Kiri-kaeshi*** : Projection par le souffle vital laissant passer l'attaquant afin de produire un changement de direction par retournement, sur saisie d'un poignet du même côté.

Indices de succès : *Nage* prend l'initiative en dirigeant le *Ki* vers le bas tout en tournant son corps à 90 degrés. Décrivant, avec le bras, une trajectoire en forme de huit (∞), *Nage* commence par faire passer *Uke* complètement de l'autre côté. Puis, il se déplace légèrement en repliant son bras et en maintenant son coude vers le bas, afin de déstabiliser *Uke* qui se retrouvera alors en appui temporaire sur le poignet.

Pour rétablir son équilibre, *Uke* sera donc forcé de faire un pas en avant. Avant qu'il le fasse, *Nage* laissera soudainement tomber son bras, ce qui aura pour effet de faire tomber *Uke* au sol, sans effort, le contraignant ainsi à prendre la chute en roulade avant afin de se protéger.

Pendant la manœuvre de projection, *Nage* prendra grand soin de ne pas pencher son corps afin d'éviter, lors de sa chute, toute collision avec le talon de *Uke*.

VI.1.4 – ***Katate-dori Kokyu-nage Onshi-no-gyoi*** : Projection par le souffle vital utilisant un mouvement latéral des bras, sur saisie d'un poignet du même côté.

<u>Indices de succès</u> : Après avoir créé une impulsion qui entraine *Uke* dans son sillage (en *Tenkan*), *Nage* arrête son déplacement et baisse le centre en fléchissant les genoux, puis remonte en étendant ses bras vers le ciel.

Se déplaçant légèrement pour aligner perpendiculairement les *Kikaï-tanden*, *Nage* balance ses bras de côté comme dans l'exercice 2.D de l'Annexe V : « *Sayu Waza* » (p. 328), ce qui aura pour effet de projeter *Uke* sur le dos.

VI.1.5 – ***Katate-dori Kokyu-nage Tobikomi*** : Projection par le souffle vital, en déviant l'attaque, puis en exécutant un bond vers l'avant en tournoyant, sur saisie du poignet du même côté.

<u>Indices de succès</u> : Lorsque *Uke* est sur le point d'agripper le poignet de *Nage*, ce dernier pointe le bout de ses doigts vers le haut afin de dévier l'attaque.

Puis, *Nage* glisse l'autre main sous le poignet de *Uke*, ce qui lui permet de casser la prise et de créer une brèche lui permettant de se déplacer facilement derrière le partenaire.

Nage dirige *Uke* dans un mouvement vers le bas, tout en effectuant un déplacement circulaire. Il contrôle la tête de *Uke* en la maintenant dans le creux de son épaule.

Il exécute alors un mouvement du bras vers le haut, suivi d'un autre vers le bas, comme dans l'exercice 10 de l'Annexe III : « *Ude-mawashi Waza* » (p. 322), ce qui aura pour effet de faire chuter *Uke*.

VI.1.6 – ***Katate-dori Kokyu-nage Zenpo-nage*** : Projection par le souffle vital, vers l'avant, en produisant un mouvement vers le bas, puis vers le haut, et encore vers le bas, dans la direction de l'attaque, sur saisie d'un poignet du même côté.

<u>Indices de succès</u> : Tout au long de la technique, *Nage* se déplace avec *Uke* en s'adaptant avec fluidité à son rythme et à sa vitesse d'attaque. Et quand survient l'attaque, *Nage* prend l'initiative en dirigeant le *Ki* vers le bas avant que *Uke* l'agrippe.

Puis il exécute un mouvement du bras vers le haut en tournant dans la direction de l'attaque. *Uke* et *Nage* se trouvent alors côte à côte. Lorsque les *Kikaï-tanden* se trouvent alignés, *Nage* dirige le *Ki* vers le bas dans un mouvement similaire à celui de lancer une balle vers le sol, ce qui produira la chute de *Uke*.

Dans une variation de la technique, lorsque Nage effectue la motion de lancer une balle au sol, il peut également enrouler le poignet de Uke avec ses doigts (Tsuki-kaiten), avec grande légèreté sans le saisir, lorsque ce dernier l'agrippe.

VI.1.7 – ***Katate-dori Shiho-nage*** : Projection par retournement de la main vers l'arrière et vers l'extérieur obligeant *Uke* à chuter pour se soustraire à la clé, sur saisie d'un poignet du même côté. *Shiho-Nage* signifie : projection dans quatre directions, soit deux de chaque côté, en *Irimi* et *Tenkan*.

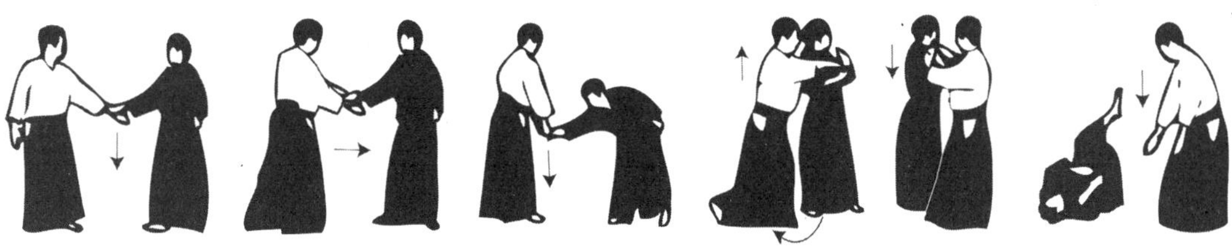

<u>Indices de succès</u> : *Nage* dirige le *Ki* vers le bas, puis saisit le poignet de *Uke* au moment où ce dernier l'agrippe. *Nage* pivote alors sur place et tourne le centre pour aligner les *Kikaï-tanden* à 90 degrés, tel que décrit à la section IX.2 : « L'alignement des *Kikaï-tanden* » (p. 188).

Nage terminera la technique en tournant, tout en tenant d'une main celle de *Uke*, et s'assurera de lâcher prise dès que ce dernier commencera à descendre, pour éviter de le blesser en le retenant.

VI.1.8 – ***Katate-dori Kote-gaeshi Tobikomi*** : Projection en déviant l'attaque puis en exécutant un bond vers l'avant en tournoyant, puis en appliquant une torsion du poignet vers l'extérieur, sur saisie du poignet du même côté.

Indices de succès : Lorsque *Uke* est sur le point de lui agripper le poignet, *Nage* dirige le *Ki* en pointant le bout de ses doigts vers le haut afin de dévier l'attaque. Puis, il glisse l'autre main sous le poignet, ce qui permet de casser la prise et de créer une brèche lui permettant de sauter derrière *Uke* sans rencontrer d'obstacle.

Nage va alors tournoyer en exécutant un déplacement similaire à celui de l'exercice 2.F de l'Annexe V : « *Udefuri Choyaku Waza* » (p. 329). Avec sa main qui, au départ, était sous attaque, *Nage* agrippera au passage le poignet de *Uke* en entrainant ce dernier dans un déplacement circulaire (en *Tenkan*). Puis, en s'arrêtant, *Uke* sera contraint de passer devant *Nage* en raison du momentum créé par ce déplacement.

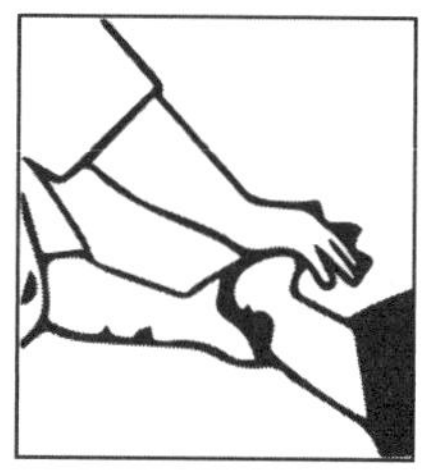

Nage placera alors sa main libre en avant de lui en allongeant son bras. La main de *Uke* rencontrera celle de *Nage* qui, lors du contact, aura déjà dirigé le *Ki* vers le sol afin de produire instantanément la projection.

VI.2 – *KATATE-KOSADORI*

Attaque par saisie d'un poignet du côté opposé (attaque croisée ou asymétrique).

VI.2.1 – ***Katate-kosadori Kokyu-nage Hachi-no-ji*** : Projection par le souffle vital utilisant un retournement dans une trajectoire en forme de huit (∞), sur attaque par saisie d'un poignet du côté opposé.

Indices de succès : Lors de l'attaque, *Nage* dirige *Uke* vers l'extérieur en levant son bras tout en se tournant légèrement de côté. Cela permettra à *Nage* de le diriger sur le côté. *Nage* saisit alors le poignet de *Uke* et produit un mouvement circulaire vers le bas, puis vers le haut.

Ce faisant, *Uke* subira un retournement et se retrouvera donc dans la direction opposée de son attaque. À cette étape, les *Kikaï-tanden* seront alignés côte à côte.

Alors, *Nage* projettera *Uke* en dirigeant le bout des doigts vers le bas, en avançant. Durant toutes ces manœuvres, il est impératif que le bras de *Nage* demeure en pleine extension naturelle et à l'intérieur de son champ de vision périphérique, tel que dépeint à la section VII.2 : « Diffuser le *Ki* vers l'avant » (p. 167).

VI.2.2 – ***Katate-kosadori Kokyu-nage Tobikomi*** : Projection par le souffle vital par contrôle de la tête, en exécutant un bond vers l'avant en tournoyant, sur une attaque par saisie d'un poignet du côté opposé.

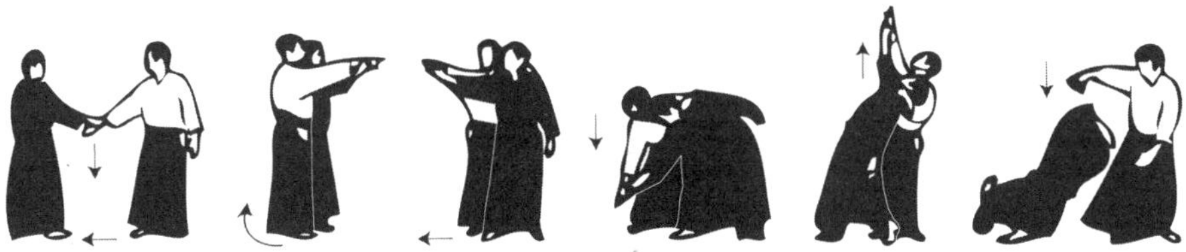

Indices de succès : Lorsque l'attaque survient, *Nage* marche ou bondit droit devant en abandonnant son bras à *Uke*. *Nage* se retrouvera alors derrière *Uke* et se retournera naturellement lorsque la prise de *Uke* se resserrera. Les *Kikaï-tanden* se retrouveront alignés l'un derrière l'autre.

À ce moment-là, *Nage* dirigera *Uke* en diffusant le *Ki* vers le bas, tout en contrôlant sa tête dans le creux de son épaule, dans un déplacement circulaire. *Nage* n'aura plus qu'à diriger le *Ki* vers le haut et, finalement, vers le bas pour produire la projection. Les mouvements du bras s'effectuent de manière similaire à ceux décrits dans l'exercice 10 de l'Annexe III : « *Udemawashi Waza* » (p. 322).

Une variation en petit cercle de cette technique consiste à laisser tomber le bras sous attaque en se tournant à 90 degrés, puis à contrôler directement la tête de Uke sur l'épaule. La projection s'ensuit simplement en exécutant un mouvement circulaire du bras attaqué vers le haut, puis vers le bas. Cette technique s'applique également sur une attaque au poignet à deux mains (Katate-dori Ryote-mochi).

VI.2.3 – ***Katate-kosadori Kokyu-nage Irimi*** : Projection par le souffle vital par allongement d'un bras dans la direction opposée à la ligne d'attaque, sur attaque par saisie d'un poignet du côté opposé.

Indices de succès : Cette technique m'a été enseignée dans un rêve lucide. Elle consiste à diriger le *Ki* du partenaire vers le bas en laissant tomber le bras lorsque *Uke* tente d'agripper le poignet. Ensuite, il suffit d'allonger le bras demeuré libre devant la poitrine de *Uke* en tournant le centre pour se positionner de côté dans le sens de la ligne l'attaque, puis en l'abaissant, tout en éloignant le bras tenu par *Uke*. La manœuvre amènera *Uke* de côté, puis au sol. Ce mouvement est apparenté à l'exercice 2.D de l'Annexe V : « Sayu Waza » (p. 328).

VI.2.4 – ***Katate-kosadori Kote-gaeshi Tobikomi*** : Projection en déviant l'attaque tout en exécutant un bond vers l'avant en tournoyant, puis en appliquant une torsion du poignet vers l'extérieur, sur saisie d'un poignet du côté opposé.

Indices de succès : Lorsque *Uke* est sur le point d'agripper le poignet de *Nage*, ce dernier dirige le *Ki* en pointant le bout de ses doigts vers le haut afin de dévier l'attaque. *Nage* va alors sauter derrière *Uke* en tournoyant comme dans l'exercice 2.F de l'Annexe V : « *Udefuri Choyaku Waza* » (p. 329). Au passage, il agrippera la main de *Uke*, ce qui l'entrainera dans un déplacement circulaire.

Nage tournera alors dans la direction inverse pour appliquer la technique articulaire en donnant d'abord une légère impulsion vers le bas, puis vers le haut, avant d'appliquer, vers l'extérieur, la torsion sur le poignet de *Uke*.

Plutôt que d'effectuer la technique en Kote-gaeshi par une torsion du poignet produite par une pression sur les doigts de Uke, Nage peut exécuter la technique en appliquant une pression directement sur l'avant-bras. De cette manière, une projection à grand déploiement est mieux contrôlée et aussi plus sécuritaire.

VI.3 – *KATATE-DORI RYOTE-MOCHI*

Attaque par saisie d'un poignet à deux mains.

Prise d'initiative en Tenkan : *Dans les techniques 3.1, 3.2 et 3.3, Nage prendra l'initiative en présentant soudainement au visage de Uke le dos de sa main lors de l'attaque. En raison du fonctionnement du cerveau, la position des mains de Uke sur le bras de Nage sera la même que si ce dernier l'avait laissé saisir son bras sans bouger (voir l'explication à la section VII.3 : « L'intention et le rythme » [p. 171]).*

Nage entamera alors un déplacement circulaire (en Tenkan) tout en plaçant sa main près de son œil, comme s'il voulait le cacher du soleil.

VI.3.1 – ***Katate-dori Ryote-mochi Kokyu-nage En-undo*** : Projection par le souffle vital effectuée par la rotation d'un bras, sur attaque par saisie d'un poignet à deux mains.

Indices de succès : Lorsque *Uke* sera entrainé dans le sillage de *Nage* (en *Tenkan*), ce dernier arrêtera son déplacement en exécutant une rotation de son bras, c'est-à-dire en le laissant tomber, puis en le ramenant vers le haut, puis encore vers le bas, ce qui produira, si le rythme a été préservé, une projection très fluide et harmonieuse (comme c'est d'ailleurs censé s'avérer le cas pour toutes les techniques d'Aïkido).

VI.3.2 – ***Katate-dori Ryote-mochi Kokyu-nage Hachi-no-ji*** : Projection par le souffle vital suivant une trajectoire horizontale en forme de huit (∞), sur attaque par saisie d'un poignet à deux mains.

Indices de succès : Lorsque *Uke* sera entrainé dans le sillage de *Nage* (en *Tenkan*), ce dernier arrêtera son déplacement en exécutant une rotation de son bras, soit en l'abaissant puis en le ramenant vers le haut. À cet instant, *Nage* sautera derrière *Uke* pour compléter la technique en dirigeant le *Ki* vers le bas, en tournant, tout en appliquant un contrôle de la tête en la plaçant dans le creux de son épaule. *Nage* n'aura plus qu'à diriger le *Ki* vers le haut, puis vers le bas, pour effectuer la projection.

VI.3.3 – ***Katate-dori Ryote-mochi Kote-gaeshi*** : Projection par torsion du poignet vers l'extérieur, sur attaque par saisie d'un poignet à deux mains.

Indices de succès : Lorsque *Uke* sera entrainé dans le sillage de *Nage* (en *Tenkan*), ce dernier arrêtera son déplacement en abaissant son bras, puis en le ramenant vers le haut. Quand il laissera tomber son bras, *Nage* saisira au passage la main de *Uke* qui se décrochera en montant, puis il appliquera une pression dirigée vers le sol, sur les doigts de *Uke*, en descendant, ce qui produira la projection.

VI.3.4 – ***Katate-dori Ryote-mochi Kokyu-nage Zenpo-nage*** : Projection par le souffle vital, vers l'avant, en produisant un mouvement vers le haut, puis vers le bas dans la direction de l'attaque par saisie d'un poignet à deux mains.

Indices de succès : *Nage* doit diriger le *Ki* vers le bas avant de subir l'attaque. Par la suite, il exécutera un mouvement vers le haut et un autre vers le bas pour réaliser la projection. Il devra s'adapter à la vitesse de l'attaque en se déplaçant harmonieusement avec *Uke*.

Lorsque *Nage* dirigera le *Ki* vers le haut, il tournera son centre perpendiculairement, tout en pliant son bras, coude impérativement maintenu vers le bas.

C'est alors que *Uke* se retrouvera devant *Nage*. Il sera déséquilibré temporairement et il sera contraint d'essayer de se soutenir sur le bras de *Nage*. C'est à ce moment-là que *Nage*, qui maintient son corps droit, laissera simplement tomber son bras vers le bas pour produire la projection.

VI.4 – *KATATE-RYOTE-DORI*

Attaque par saisie des deux poignets par-devant.

VI.4.1 – ***Katate-ryote-dori Kokyu-nage Hakucho*** : Projection par le souffle vital en effectuant un mouvement similaire à celui d'un cygne de lac qui étend ses ailes pour amerrir, sur saisie des deux poignets.

Indices de succès : Lorsque survient l'attaque, *Nage* dirige le *Ki* vers bas, puis vers le haut, en montant ses bras vers le ciel. Pour effectuer la projection, *Nage* s'affaisse au sol, en génuflexion, en avançant légèrement sur la gauche ou sur la droite.

De cette manière, *Nage* laissera passer éventuellement *Uke* d'un côté ou de l'autre. Il n'aura plus qu'à laisser tomber ses bras à l'intérieur de son champ de vision, ce qui contraindra *Uke* à tomber et à effectuer une roulade vers l'avant.

VI.4.2 – ***Katate-ryote-dori Kokyu-nage Zenpo-nage*** : Projection par le souffle vital vers l'avant en produisant un mouvement vers le haut, puis vers le bas dans la direction de l'attaque, sur saisie des deux poignets.

Indices de succès : Avant de subir l'attaque, *Nage* doit diriger le *Ki* vers le bas. Par la suite, tout en tournant à 180 degrés, il ramènera ses mains ensemble en exécutant un mouvement vers le haut puis un autre vers le bas pour produire la projection. Le mouvement vers le bas doit être effectué lorsque les *Kikaï-tanden* s'alignent côte à côte. *Nage* doit s'adapter à la vitesse de l'attaque en se déplaçant harmonieusement au même rythme que *Uke*.

Une variation de cette technique se décrit comme suit : Lorsque survient l'attaque, Nage tourne son centre perpendiculairement à Uke, tout en laissant tomber le bras extérieur et en pointant vers le sol. Uke s'en trouvera déséquilibré. Pendant ce temps, la main arrière de Nage effectuera un mouvement circulaire vers le haut, puis vers le bas, comme si Nage lançait une balle au sol au moment où s'alignent les Kikaï-tanden côte à côte, ce qui produira, indubitablement, une projection de très grande amplitude.

VI.4.3 – ***Katate-ryote-dori Tenchi-nage*** : Projection dite du ciel et de la terre, en levant une main vers le haut et en maintenant l'autre vers le bas, sur attaque par-devant par saisie des deux poignets.

Indices de succès : Sur l'attaque, *Nage* prend l'initiative en abaissant le centre et en laissant tomber le bras du côté de sa jambe avancée.

Il dirige le *Ki* avec sa main en pointant droit au sol. Puis, avec son autre main, il dirige le *Ki* vers le haut, en prenant soin qu'elle demeure à l'intérieur de la saisie de *Uke*.

a – Avec déplacement de *Nage* dans le même alignement que la ligne d'attaque de *Uke* (*Irimi*) : *Nage* aligne les *Kikaï-tanden* en avançant à côté de *Uke*, puis tourne son centre en dirigeant le *Ki* vers le bas toujours en pointant ses doigts vers le sol.

b – Avec déplacement circulaire dans une direction autre que l'angle d'attaque de *Uke* (*Tenkan*) : *Nage* aligne les *Kikaï-tanden* en reculant dans un déplacement circulaire. *Uke* subit ainsi une impulsion l'emportant dans le sillage de *Nage*.

Pour réaliser la projection, *Nage* peut procéder de deux manières : 1 — il inversera subitement la position des bras en continuant de se déplacer, ce qui aura pour effet de projeter *Uke* sans effort, ou ; 2 — il enchainera la technique telle qu'expliquée précédemment (IV.4.3.a) lorsqu'il aura, par son déplacement, créé une impulsion.

VI.5 – *KATA-DORI et RYOKATA-DORI*

Attaque par saisie du vêtement au niveau des épaules, d'une seule main (*Kata-dori*) ou des épaules à deux mains simultanément (*Ryokata-dori*).

Prise d'initiative de face en Irimi et Tenkan : *Dans les techniques 5.1, 5.2, 5.3 et 5.4, Nage débute en brossant avec sa main celle du côté opposé de Uke, en diffusant le Ki vers le bas.*

Nage s'exécute en s'adaptant à la vitesse de l'attaque en reculant avec un petit saut, comme dans la première partie de l'exercice 2.E de l'Annexe V : « Koshin Waza » (p. 329). Nage doit impérativement ramener ses jambes ensemble, sinon il sera à la merci de Uke.

a – Avec déplacement de Nage dans la même direction que la ligne d'attaque (Irimi) :

Après avoir brossé la main de Uke vers le bas, Nage la lui saisit et avance en ligne droite en procédant au retournement. Nage maintient son bras droit durant la manœuvre de retournement comme dans l'exercice 10 de l'Annexe III : Ude-mawashi Waza » (p. 322). Le partenaire se retrouvera penché à mi-chemin vers le sol.

b – Dans un déplacement circulaire (Tenkan) :

Nage entame le retournement en montant son bras tenant la main de Uke. Plutôt que de continuer en descendant directement comme en Irimi, Nage passe complètement derrière le partenaire afin d'aligner les Kikaï-tanden l'un derrière l'autre, puis il exécute un déplacement circulaire en dirigeant le bout des doigts de Uke vers le bas, ce qui amènera harmonieusement et sans effort ce dernier à mi-chemin vers le sol.

VI.5.1 – ***Kata-dori Ikkyo*** : Contrôle par flexion du poignet et immobilisation sur saisie du vêtement au niveau des épaules (à une ou deux mains). La technique d'immobilisation en *Ikkyo* s'appelle « premier principe ».

Indices de succès : Après avoir procédé au retournement, en *Irimi* ou en *Tenkan*, *Nage* continue d'avancer en exécutant un petit saut, comme dans l'exercice 2.E de l'Annexe V : « *Zenshin Waza* » (p. 329). Durant ce déplacement, *Nage* pointe vers le sol l'index de la main qui effectue la saisie, tout en sécurisant le bras de *Uke* au niveau du coude avec son autre main. Ce faisant *Uke* est amené au sol face contre terre.

Pour appliquer l'immobilisation, *Nage* s'agenouille le long du bras de *Uke* (position *Kiza*). Avec légèreté, il place une main au niveau du triceps de *Uke* en diffusant le *Ki* sous le sol. Puis, de l'autre main, *Nage* enlève le jeu dans le poignet de *Uke* en l'étirant légèrement par la main, avec le concours de l'auriculaire.

Tout en maintenant la main et le bras de *Uke* parallèles au sol, *Nage* pointe le bout des doigts du partenaire vers sa tête, ce qui aura pour effet de le contraindre par une vive douleur s'il tente de s'échapper de la prise.

VI.5.2 – ***Kata-dori Nikyo*** : Contrôle par torsion du poignet en le bloquant sur l'épaule et immobilisation sur saisie du vêtement au niveau des épaules (à une ou deux mains).

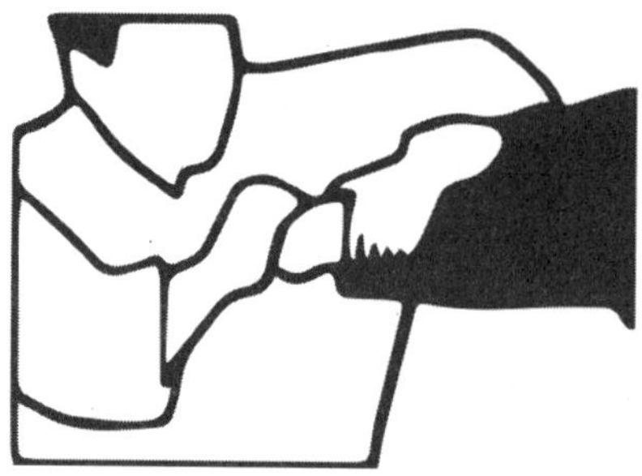

Indices de succès : Après avoir procédé au retournement en *Irimi* ou en *Tenkan*, *Uke* se retrouvera penché, à mi-chemin vers le sol. C'est à ce moment-là que *Nage* relâchera la pression.

Naturellement, *Uke* tentera de se redresser pour s'échapper ou pour continuer son attaque. Lorsqu'il le fera, *Nage* en profitera pour retourner le poignet et le bloquer dans le creux de son épaule (*Nikyo*). Le bras de *Uke* doit toujours se retrouver plié.

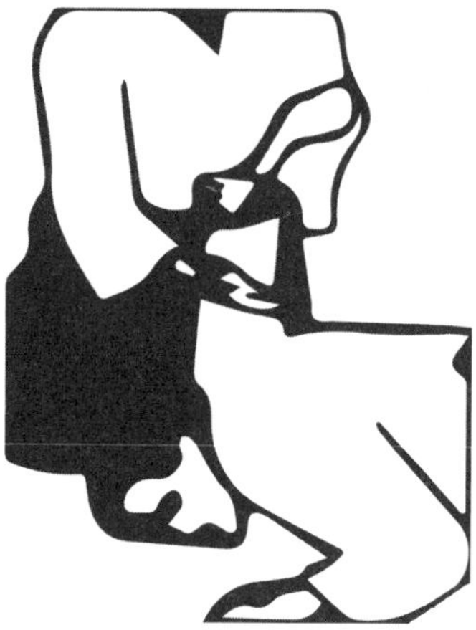

Lorsque *Uke* sera redressé, *Nage* dirigera le *Ki* vers le bas avec sa main libre, en la posant sur le poignet de *Uke*. Ce dernier se retrouvera accroupi au sol en s'efforçant de se soustraire à la clé.

Pour amener *Uke* face contre terre, *Nage* effectuera un déplacement circulaire afin de l'entrainer au sol sans effort.

Nage immobilisera *Uke* sol en le tenant par le bras, comme s'il s'agissait d'un bébé, ce qui permettra de retirer le jeu des articulations avec grande légèreté.

Il n'aura alors qu'à tourner son centre pour contraindre *Uke* davantage si ce dernier tente de fuir.

Variations multiples :

Il existe de nombreuses façons d'appliquer Nikyo. Ainsi, sur l'attaque précédente (Kata-dori Nikyo), Nage pourrait brosser la main de Uke, puis la placer directement dans le creux de son épaule pour appliquer la technique.

Sur une attaque par saisie d'un poignet du même côté (Katate-dori), Nage laissera tomber son bras lors de l'attaque de Uke, puis le ramènera vers le haut et vers l'extérieur. Cela permettra de casser la saisie de Uke. Au même moment, Nage saisira la main de Uke pour la placer dans le creux de son épaule afin de pouvoir compléter la technique.

Sur une attaque par saisie d'un poignet du côté opposé (Katate-kosadori) ou sur une attaque par saisie d'un poignet à deux mains (Katate-dori Ryote-mochi), on doit tout d'abord prendre l'initiative adéquatement.

Puis, on appliquera la technique en dirigeant le Ki vers le bas avec la main du poignet sous attaque. Préalablement, Nage aura bloqué le poignet de Uke avec sa main restée libre. Dans ces derniers cas, la technique ne requiert pas de placer le poignet de Uke dans le creux de l'épaule de Nage. En effet, la technique s'exécute directement avec les mains.

VI.5.3 – ***Kata-dori Sankyo*** : Contrôle par torsion du poignet et de l'avant-bras suivant un axe vertical et immobilisation sur saisie du vêtement au niveau des épaules (deux variations). La technique d'immobilisation en *Sankyo* s'appelle « troisième principe ».

Indices de succès :

a – Après avoir procédé au retournement en *Irimi*, *Uke* se retrouvera alors penché à mi-chemin vers le sol. À ce moment-là, *Nage* saisira le poignet de *Uke* avec sa main libre et se déplacera devant lui. Puis, *Nage* reculera et diffusera le *Ki* vers le sol, en contrôlant le bras de *Uke* durant la descente avec son autre main.

Nage immobilisera *Uke* au sol en le tenant par le bras, comme s'il s'agissait d'un bébé, ce qui permettra de retirer le jeu des articulations avec grande légèreté. *Nage* n'aura alors qu'à tourner son centre pour contraindre *Uke* davantage si ce dernier tente de fuir.

b – Après avoir procédé au retournement en *Tenkan*, *Uke* se retrouvera alors penché à mi-chemin vers le sol. À ce moment-là, *Nage* relâchera la pression.

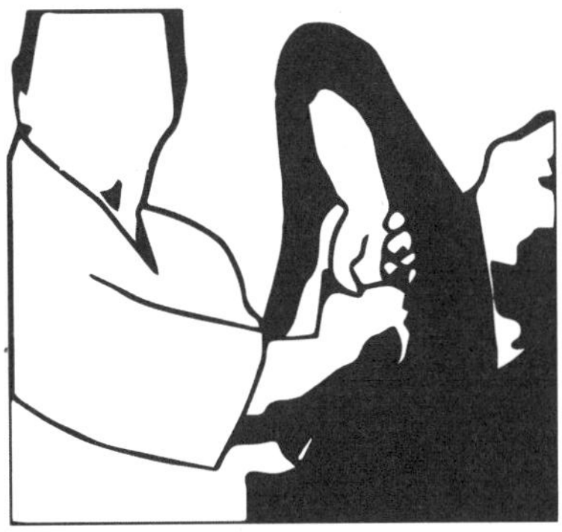

Naturellement, *Uke* tentera de se redresser pour s'échapper ou pour continuer son attaque. Lorsqu'il le fera, *Nage* en profitera pour placer le poignet de *Uke* en visse (*Sankyo*) en remontant. Dans la prise, l'auriculaire de *Nage* croisera celui de *Uke*.

Nage maintiendra le bras de *Uke* plié à 90 degrés. Tournant vers *Uke* à partir du centre, *Nage* produira une vive réaction lorsqu'il croisera les *Kikaï-tanden* perpendiculairement.

De fait, *Uke* se retrouvera en équilibre sur la pointe des pieds. À ce moment-là, *Nage* dirigera le *Ki* au sol en y pointant ses index. C'est ainsi qu'il pourra amener *Uke* au sol, face contre terre, sans effort en effectuant un déplacement circulaire. Dans ce cas-ci, pour l'immobiliser, *Nage* maintiendra la prise d'une main en plaçant sa jambe le long du bras de *Uke*. Et, afin de contraindre *Uke* qui tenterait de s'échapper, *Nage* lui appliquera une pression sur le bras en descendant son centre avec grande légèreté.

Dans les deux approches de déplacement (dans la même direction ou non de la ligne d'attaque), *Nage* pourrait aussi projeter *Uke* vers l'avant (tel qu'illustré). Lorsque *Uke* se retrouvera en équilibre sur la pointe des pieds, *Nage* dirigera le *Ki* au sol tout en avançant avec un petit saut, comme dans l'exercice 2.E de l'Annexe V : « *Zenshin Waza* » (p. 329).

VI.5.4 – ***Kata-dori Yonkyo*** : Contrôle par pression sur les points sensibles du bord radial de l'avant-bras, près du poignet, et immobilisation, sur saisie du vêtement au niveau des épaules. La technique d'immobilisation en *Yonkyo* s'appelle « quatrième principe ».

Indices de succès : Après avoir procédé au retournement en *Irimi* ou en *Tenkan*, *Uke* se retrouvera penché, à mi-chemin vers le sol. *Nage* opèrera alors un changement dans la position de ses mains. En effet, Il commencera par saisir l'avant-bras de *Uke* de sa main libre. Puis, avec son autre main, il saisira l'avant-bras près du poignet de *Uke*. Par cette manœuvre, *Nage* relâchera la pression sur le bras de *Uke*.

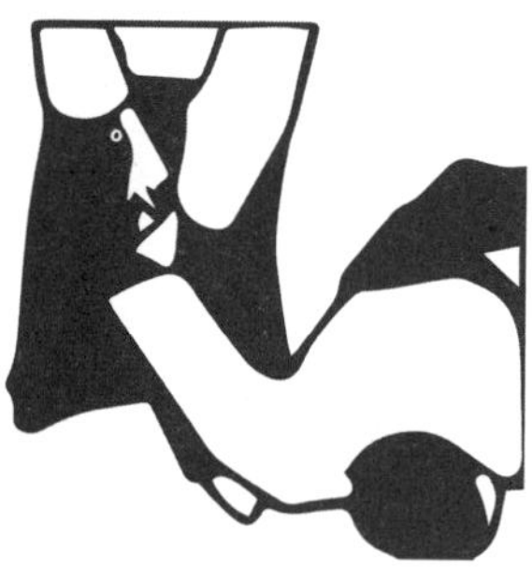

Naturellement, *Uke* tentera de se redresser pour s'échapper ou pour continuer son attaque. Quand il commencera à le faire, *Nage* dirigera l'avant-bras de *Uke* vers le haut et continuera à monter jusqu'à ce que *Uke* en soit déstabilisé.

Les mains de *Nage* se retrouveront alors placées en coup de ciseau autour de l'avant-bras de *Uke*, comme s'il tenait un sabre. À ce stade, *Nage* opèrera avec la même sensation de légèreté développée dans la pratique de l'exercice 2.C de l'Annexe V : « *Kaho Tekubi Kosa Waza* » (p. 328).

Il dirigera alors le *Ki* vers le bas, tout en effectuant un déplacement circulaire, ce qui entrainera *Uke* au sol sans effort. L'immobilisation consiste à maintenir la saisie, à appuyer le genou sur le bras de *Uke*, puis à abaisser le centre lorsque ce dernier tente de s'échapper, ce qui provoquera une vive douleur qui forcera *Uke* au repos.

VI.5.5 – ***Ryokata-dori Kokyu-nage*** : Projection par le souffle vital en levant et en abaissant le ou les bras, sur saisie du vêtement à deux mains simultanément, au niveau des épaules.

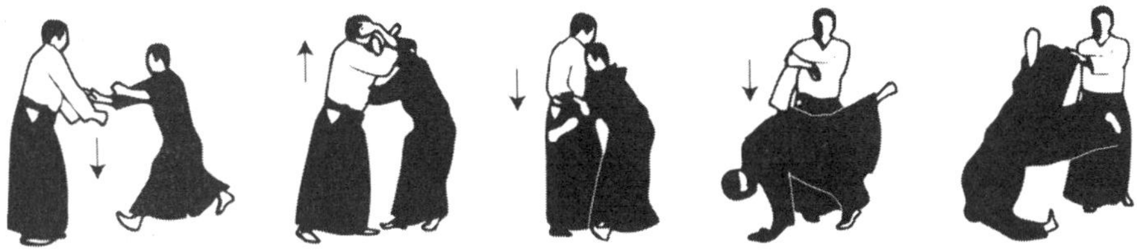

Indices de succès : Cette technique et ses nombreuses variantes dirigeant le *Ki* vers le haut, puis vers le bas, sont fréquemment utilisées lors des *Randori*. Les techniques suivantes sont exécutées à la manière de l'exercice 1 de l'Annexe V : « [...] préparation au *Randori* » (p. 324). En voici trois variations :

Dans la première variation, levez les bras comme dans l'exercice dynamique 1.A de l'Annexe V : « *Ikkyo Waza* » (p. 324), puis laissez-les tomber. L'un des bras de *Nage* doit tomber sur celui de *Uke*. Ce faisant au bon moment, *Uke* sera dirigé vers le sol et passera sur le côté pour terminer la projection en roulade avant.

Dans la deuxième variation, levez les bras et tournez avec *Uke* en laissant tomber les bras comme dans l'exercice dynamique 1.B de l'Annexe V : « *Zengo Waza* » (p. 325).

Dans la troisième variation, Nage reproduit la même technique et abaisse l'avant-bras ou la main de Uke, mais en se déplaçant de côté pour sortir de la ligne d'attaque. Uke sera alors projeté sur le dos.

Comme il se doit dans un Randori à plusieurs attaquants, cette dernière variation de technique permet à Nage de se déplacer de côté avec légèreté, et ainsi de s'esquiver facilement des attaques des autres Uke, tout en projetant l'attaquant de manière à faire obstacle aux autres.

VI.5.6 – ***Ryokata-dori Kokyu-nage Ojigi*** : Projection par le souffle vital effectuée en tournant à 180 degrés et en exécutant un salut à l'orientale, sur saisie du vêtement à deux mains simultanément, au niveau des épaules.

Indices de succès : Dès le début de l'attaque, *Nage* dirige le *Ki* de *Uke* vers le bas. Lorsque celui-ci tente d'agripper le vêtement, *Nage* dirige le *Ki* vers le haut en se redressant et en se tournant à 180 degrés. Puis, quand les *Kikaï-tanden* sont alignés côte à côte, *Nage* dirigera le *Ki* vers le bas en exécutant un salut à l'orientale à partir du centre, produisant ainsi la projection de *Uke* qui sera prise en roulade avant.

VI.6 – *MUNE-TSUKI*

Attaque par coup de poing du côté de la jambe avancée d'un demi-pas de *Nage*.

VI.6.1 – *Mune-tsuki Irimi Michibiki-kaeshi* : Projection par retour d'énergie dans la ligne d'attaque, par *Atémi* du revers de la main avant (*Shuto*) à la gorge de *Uke*, sur attaque de coup de poing au thorax.

Indices de succès : *Nage*, une jambe avancée d'un demi-pas, abaisse le centre légèrement et fait passer *Uke* devant lui, en dirigeant le *Ki* vers le bas avec sa main avant. Un nouveau mouvement de *Ki* est alors produit dans la direction contraire de l'attaque et est suivi par le revers de la main de *Nage*.

L'*Atémi* est porté à la gorge de *Uke*, alors que la paume est tournée vers le sol. Le bout des doigts est utilisé telle une lame. À l'entrainement, *Uke* passera d'instinct en dessous de *Nage*, à la manière d'un voleur de but au *baseball*, afin d'éviter de se fracasser la trachée sur un bras inflexible.

Une variation de cette technique consiste à porter l'Atémi avec la main arrière, avec la paume de la main tournée vers le ciel.

VI.6.2 – *Mune-tsuki Irimi Sudori* : Projection en effectuant un déplacement vers l'avant pour se placer par terre en boule, au moment où *Uke* amorce son attaque de coup de poing au thorax.

Indices de succès : *Nage* amorce son déplacement en diffusant fortement le *Ki* vers le haut, puis vers le bas, en avançant, lorsqu'il s'affaisse au sol pour se placer en boule à 90 degrés par rapport à *Uke*.

Cette manœuvre bloque les jambes de *Uke* en mouvement, ne lui offrant d'autre choix que de passer par-dessus afin d'éviter de potentielles et sérieuses blessures aux jambes et aux genoux.

Cette technique utilisée fréquemment en Randori peut également être effectuée pour contrer d'autres attaques, par exemple une frappe de côté à la tête (Yokomen-uchi) ou une attaque par saisie à deux mains du vêtement au niveau des épaules (Ryokata-dori), une attaque au Tanto, Jo ou Boken, etc.

Dans certains cas, Nage peut également s'arrêter à mi-chemin, c'est-à-dire sans s'affaisser complètement au sol, en sortant légèrement de côté. Il effectuera alors la technique un peu à la manière d'un croc-en-jambe.

Pour Nage, cette technique peut sembler simple à exécuter comparativement à la difficulté de prise de chute pour Uke.

VI.6.3 – ***Mune-tsuki Kaiten-nage*** : Projection vers l'avant en faisant décrire au bras de *Uke* un grand cercle dans le plan vertical tout en lui maintenant la tête en position basse, ce qui le contraint à rouler, sur un coup de poing au thorax.

Indices de succès : Avec sa main avant, *Nage* prend l'initiative en dirigeant le *Ki* vers le bas tout en reculant légèrement. Ce faisant, sa main tombera infailliblement sur les environs du poignet de *Uke*.

En continuant avec un mouvement circulaire tout en tournant sur le côté à 90 degrés, le bras de *Uke* décrira un grand cercle dans le plan vertical. Pendant cette manœuvre, la main de *Nage* s'enroulera autour du poignet de *Uke*.

Avec sa main restée libre, *Nage* contrôlera la tête de *Uke* vers le bas, et lorsque les *Kikaï-tanden* se retrouveront alignés perpendiculairement, il sera en mesure de le projeter.

Il n'aura qu'à continuer le mouvement circulaire du bras et à cet instant, *Uke* sera projeté en roulade avant, dans la direction de l'attaque.

VI.6.4 – ***Mune-tsuki Kiri-kaeshi*** : Projection produisant un changement de direction de la ligne d'attaque, sur attaque par un coup de poing au thorax (cette technique m'a été enseignée dans un rêve lucide).

Indices de succès : Quand l'attaque survient, *Nage* prend l'initiative en diffusant le *Ki* vers le bas et en tournant le centre à 180 degrés. Ce faisant, sa main tombera infailliblement sur le poignet de *Uke*. *Nage* l'entrainera dans son sillage en effectuant un déplacement circulaire (en *Tenkan*). Sous l'impulsion du mouvement, *Uke* continuera d'avancer légèrement quand, soudainement, *Nage* se retournera vers lui.

En repartant en sens inverse, *Uke* se retrouvera devant *Nage* qui en profitera pour diriger le *Ki* vers le bas en dirigeant le poignet de *Uke* vers l'extérieur.

De plus, avec son autre main, *Nage* dirigera le *Ki* vers le bas en brossant avec légèreté le cou de *Uke* comme s'il portait un *Atémi* (*Shuto*). La chute harmonieuse se produira en avançant lorsque les *Kikaï-tanden* se croiseront.

VI.6.5 – ***Mune-tsuki Kokyu-nage Uchiwa-nage*** : Projection par le souffle vital, par *Atémi* du revers de la main à la gorge, avec déploiement porté dans un mouvement en demi-cercle, sur attaque de coup de poing au thorax.

Indices de succès : *Nage* dirige le *Ki* de *Uke* vers le bas en ramenant sa main vers lui. Puis, en avançant légèrement tout en se tournant de côté, il déploie son bras à la manière d'un éventail afin de porter, du revers du poing, un *Atémi* au visage de *Uke* (*Mawashi Uraken Uchi*).

L'*Atémi* porté est retiré immédiatement à la manière d'un coup de fouet. Pour éviter la frappe, un *Uke* avisé glissera en dessous du bras de *Nage*.

Qui donc a dit que dans la pratique de l'Aïkido, il n'y avait pas de frappe ou d'*Atémi* porté, mises à part les attaques de *Uke* qui, à un niveau avancé de maitrise, se doivent d'être foudroyantes ?

VI.6.6 – *Mune-tsuki Kote-gaeshi Katame* : Contrôle par torsion du poignet vers l'extérieur, et immobilisation, sur coup de poing au thorax.

Indices de succès : Quand l'attaque survient, *Nage* prend l'initiative en diffusant le *Ki* vers le bas et en tournant le centre à 180 degrés. Ce faisant, sa main tombera infailliblement sur le poignet de *Uke*. *Nage* entrainera *Uke* dans son sillage dans un déplacement circulaire (en *Tenkan*). Puis, Il allongera l'autre main devant lui et arrêtera son déplacement.

Sous l'impulsion du mouvement, *Uke* continuera d'avancer. *Nage* guidera la main de *Uke* de sorte qu'elle entrera en contact avec sa main libre. Par le bout des doigts, le *Ki* sera dirigé au sol et causera la chute de *Uke*. *Nage* retiendra la main de *Uke* en avançant, ce qui aura pour effet de retourner *Uke* face contre terre.

Nage contrôlera *Uke* au sol en tenant son bras délicatement, comme s'il s'agissait d'un bébé, ce qui permettra de retirer le jeu des articulations avec grande légèreté. *Nage* n'aura alors qu'à tourner son centre pour contraindre *Uke* davantage quand ce dernier tentera de fuir.

VI.6.7 – *Mune-tsuki Kote-gaeshi Hantai-tenkan* : Projection en déviant l'attaque et en exécutant un bond vers l'avant en tournoyant, puis en appliquant une torsion du poignet vers l'extérieur, sur coup de poing au thorax.

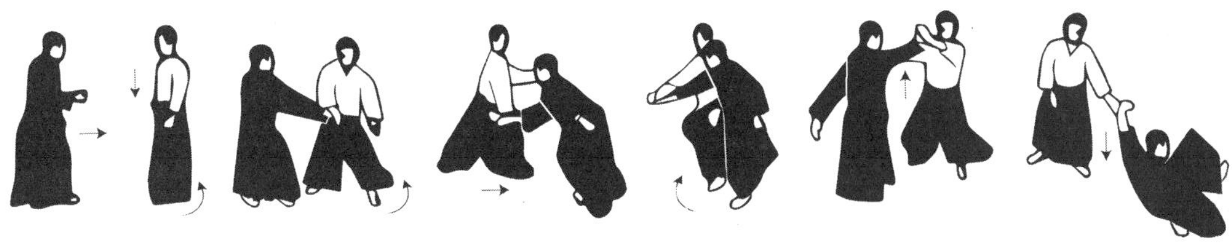

Indices de succès : *Nage* prend l'initiative en dirigeant le *Ki* vers le bas. Contrairement à la technique précédente (V.6.6), il saisit la main de *Uke* en sortant de côté, vers l'intérieur, puis exécute un déplacement circulaire pour le contourner. En effectuant un second déplacement circulaire en sens inverse, similaire à l'exercice 2.F de l'Annexe V : « *Udefuri Choyaku Waza* » (p. 329), *Nage* saisit au passage le poignet de *Uke* avec sa main restée libre.

Puis, en se déplaçant en arrière de *Uke*, *Nage* produit alors un mouvement vers le bas, puis vers le haut, avant de le projeter par une pression au poignet appliquée avec sa main libre.

Dans ce cas, *Uke* peut être projeté sur quelques mètres de distance. Il est important que *Nage* ne retienne pas *Uke* lorsqu'il commence son vol plané afin d'éviter de le blesser.

VI.6.8 – ***Mune-tsuki Zenpo-nage*** : Projection vers l'avant en produisant un mouvement vers le bas, le haut, puis encore vers le bas, dans la direction de l'attaque, sur coup de poing au thorax.

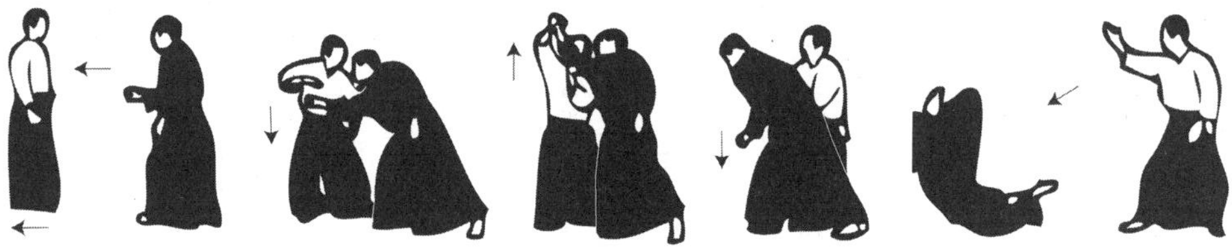

Indices de succès : *Nage* doit s'adapter à la vitesse de l'attaque en se déplaçant harmonieusement avec *Uke*. Pour prendre l'initiative, *Nage* dirige mentalement le *Ki* vers le bas. Puis, en dirigeant le *Ki* vers le haut, il saisit le bras du partenaire à deux mains, l'une au poignet par-dessus la main de *Uke* et l'autre aux environs du triceps.

Se tournant de côté au même moment, *Nage* dirige le bras de *Uke* vers le haut. En avançant au rythme de l'attaque, il projette *Uke* dans un dernier mouvement de *Ki* vers le bas lorsque les *Kikaï-tanden* se croisent. La technique s'effectue de la même façon lorsque *Uke* l'attaque avec un couteau (*Tanto*).

VI.7 – *SHOMEN-UCHI* :

Frappe directe du tranchant de la main à la tête, de haut en bas, du côté de la jambe arrière de *Nage*.

VI.7.1 – ***Shomen-uchi Ikkyo*** : Contrôle par flexion du poignet et immobilisation, sur frappe à la tête, de haut en bas, avec le tranchant de la main.

Indices de succès : *Uke* attaque du même côté que la jambe arrière de *Nage*. Aussitôt qu'il perçoit le *Ki* de l'attaque de *Uke* (voir section VII.3 : « L'intention et le rythme » [p. 171]), *Nage* dirige fortement le *Ki* vers le haut et monte son bras directement. De cette façon, il déviera l'attaque bien avant qu'elle prenne de l'amplitude.

a – Avec déplacement de *Nage* dans la même direction que la ligne d'attaque de *Uke* (*Irimi*) : Après avoir dévié l'attaque vers le haut, *Nage* prendra contact avec le bras de *Uke* au niveau du triceps et du poignet.

Cette manœuvre lui permettra de saisir subséquemment la main du partenaire. Le contrôle s'effectuera en avançant en ligne droite, à partir du centre, tout en effectuant un mouvement circulaire avec le bras qui tient la main de *Uke* au niveau de la paume.

b – Avec déplacement circulaire dans une autre direction que l'angle d'attaque de *Uke* (*Tenkan*) : Après avoir dévié l'attaque vers le haut, *Nage* se tournera et fera continuer l'attaque vers le bas en se penchant. Les *Kikaï-tanden* se retrouvent alors alignés parallèlement.

À ce moment, *Nage* qui aura saisi la main de *Uke*, entreprend un déplacement circulaire entrainant *Uke* au sol harmonieusement, en tournoyant, pour finalement effectuer le contrôle en *Ikkyo* tel que décrit précédemment.

VI.7.2 – ***Shomen-uchi Kokyu-nage*** : Projection par le souffle vital par contrôle de la tête, sur frappe à la tête, de haut en bas, avec le tranchant de la main.

Indices de succès : *Uke* attaque du même côté que la jambe arrière de *Nage*. La technique s'exécute comme dans l'exercice 4.D décrit à l'Annexe V : « *Shomen-uchi Kokyu-nage Waza* » (p. 334).

Le premier mouvement de *Nage* consiste à diffuser le *Ki* vers le haut avec le bras du côté de sa jambe avancée, ce qui a pour effet de dévier l'attaque de *Uke*.

Ensuite, *Nage* pivote pour se placer de côté afin d'aligner les *Kikaï-tanden* à 90 degrés. Le *Ki* est alors diffusé vers le bas en continuant de tourner (éventuellement jusqu'à 180 degrés), tout en contrôlant la tête de *Uke* dans le creux de l'épaule.

Puis, le *Ki* est dirigé vers le haut, et une fois encore vers le bas pour produire la projection. Lorsqu'il termine la technique, *Nage* se retrouve de côté, dans le sens de la ligne d'attaque.

VI.8 – *YOKOMEN-UCHI*

Attaque par frappe de côté à la tête, du côté de la jambe avancée de *Nage*.

***Pour asséner l'Atémi** (Shuto), Uke doit sortir de la ligne d'attaque avant d'arriver à une longueur de bras de Nage. Il attaque du même côté que la jambe avant de Nage afin d'aligner les Kikaï-tanden à 90 degrés, ce qui lui permettra d'offrir à Nage une attaque des plus foudroyantes.*

Hé oui ! le principe du double obèle, présenté à la section IX.1 (p. 186), s'applique aussi bien aux défenses qu'aux attaques. Ainsi, en attaquant du côté de la jambe arrière de Nage, Uke offrirait à ce dernier une attaque très faible, voire même, futile.

***Afin de prendre l'initiative dans les techniques 8.1, 8.3 et 8.7**, Nage se déplace légèrement, dans le sens de l'attaque de Uke, de sorte que les Kikaï-tanden s'alignent l'un en face de l'autre. Ce faisant, l'attaque de Uke devient veule et le rend momentanément sans défense.*

VI.8.1 – ***Yokomen-uchi Kokyu-nage Hachi-no-ji*** : Projection par le souffle vital suivant une trajectoire en forme de huit (∞), sur une frappe de côté à la tête.

<u>Indices de succès</u> : *Nage* accueille la main de *Uke* avec grande légèreté, tel un cadeau. Il effectue alors un déplacement en avançant et en laissant courir sa main le long du bras de *Uke* jusqu'à son biceps, en tournoyant, ce qui va le conduire derrière lui.

Le *Ki* est d'abord diffusé vers le bas, en continuant de tourner (éventuellement jusqu'à 180 degrés) tout en contrôlant la tête de *Uke* dans le creux de l'épaule, puis le *Ki* est diffusé vers le haut, et encore une fois vers le bas afin de produire la projection.

VI.8.2 – ***Yokomen-uchi Kokyu-nage Irimi*** : Projection par le souffle vital en avançant droit sur le bras de *Uke*, près de l'épaule, sur une frappe de côté à la tête.

<u>Indices de succès</u> : Lorsqu'il ressent le *Ki* du partenaire, c'est-à-dire bien avant que *Uke* se mette en mouvement, *Nage* amorce la technique.

Il diffuse donc le *Ki* vers le haut en avançant à partir du centre, afin de se rapprocher suffisamment de *Uke* pour placer directement le tranchant de sa main sur le biceps tout en descendant légèrement le centre.

Cette manœuvre aura pour effet de produire la chute de *Uke*, car sa propre attaque s'enroulera alors autour du bras de *Nage*. L'attaque de *Uke* est donc retournée illico contre lui. Plus forte et puissante sera l'attaque de *Uke* et plus expéditive en sera sa chute.

VI.8.3 – ***Yokomen-uchi Kokyu-nage Ude-kime-nage*** : Projection par le souffle vital par extension du bras (biceps de *Nage* sous le triceps de *Uke*), et déplacement du corps vers l'avant, sur une frappe de côté à la tête.

Indices de succès : Afin de prendre l'initiative, *Nage* se déplace légèrement dans le sens de l'attaque de *Uke* de sorte que les *Kikaï-tanden* s'alignent l'un en face de l'autre. Ce faisant, l'attaque de *Uke* devient veule, le rendant momentanément sans défense.

Nage accueille la main de *Uke* avec grande légèreté, tel un cadeau. Il saisit le poignet de *Uke* en continuant d'avancer dans l'angle d'attaque tout en plaçant son autre bras sous le triceps de *Uke*, près du coude. *Nage* avance en dirigeant le *Ki* vers le haut dans un déplacement tel que décrit dans l'exercice 2.E : « *Zenshin Waza* » de l'Annexe V (p. 329). Lorsque les *Kikaï-tanden* se retrouvent alignés parallèlement, *Nage* dirige le *Ki* vers le bas avec la main tenant le poignet de *Uke*, tout en laissant tomber son autre bras, ce qui a pour effet de le projeter dans une roulade avant.

Variations : Cette technique, « Ude-kime-nage », peut être exécutée notamment sur une attaque par saisie d'un poignet du côté opposé (Katate-kosadori), sur une attaque par saisie d'un poignet à deux mains (Katate-dori Ryote-mochi) ou une attaque par saisies des poignets par-derrière (Ushiro Tekubi-dori), etc.

VI.8.4 – ***Yokomen-uchi Kokyu-nage Zenpo-nage*** : Projection par le souffle vital, vers l'avant, en produisant un mouvement vers le haut, puis vers le bas dans la direction de l'attaque, sur une frappe de côté à la tête.

Indices de succès : Lorsque survient l'attaque de *Uke*, *Nage* bondit sur place pour interchanger avec précision la position de ses pieds. Au même moment, il diffuse le *Ki* vers le haut en montant ses bras vers le ciel.

Ces manœuvres vont permettre de réaliser un alignement des *Kikaï-tanden* à 90 degrés. En continuant de tourner, *Nage* dirige le *Ki* vers le bas avec sa main située à l'extérieur tout en brossant la tête de *Uke* avec grande légèreté, comme s'il lui assénait progressivement un *Atémi* à la tête (Shuto) avec la paume de la main, ce qui a pour effet de projeter *Uke* dans une roulade avant.

VI.8.5 – ***Yokomen-uchi Kokyu-nage Sudori-nage*** : Projection par le souffle vital par pivotement et déplacement du corps vers l'avant, sur une frappe de côté à la tête.

Indices de succès : *Nage* diffuse le *Ki* vers le haut en montant son bras, ce qui a pour effet d'accueillir l'attaque en la bloquant avec sa main, avec la plus grande légèreté.

Au même moment, il assène un *Atémi* de l'autre main, vers le haut, dans la région du larynx. Il s'agit d'un coup de poing dont l'index est mis en protubérance : *Keiko-ken* (coup porté appelé « œil de phénix »). Le coup porté avec grande légèreté va stopper la course de *Uke* et le faire reculer. Résultant des manœuvres de *Nage*, l'attaque de *Uke* devient veule, le rendant momentanément sans défense.

Nage saisit alors le poignet de *Uke* et pivote par l'intérieur. Lorsque les *Kikaï-tanden* seront alignés côte à côte, *Nage* dirigera le *Ki* vers le sol en abaissant le bras, tout en avançant dans le sens de la ligne d'attaque, ce qui projettera *Uke* dans une roulade avant.

VI.8.6 – ***Yokomen-uchi Kote-gaeshi*** : Projection par torsion du poignet vers l'extérieur, sur une frappe de côté à la tête.

Indices de succès : Afin de prendre l'initiative, *Nage* se déplace légèrement, dans le sens de l'attaque de *Uke*, de sorte que les *Kikaï-tanden* s'alignent l'un en face de l'autre. Ce faisant, l'attaque de *Uke* devient veule, le rendant ainsi momentanément sans défense.

En effectuant un mouvement circulaire des bras, *Nage* accueille la main de *Uke* en plaçant les siennes par-dessus, afin de la contrôler et de l'amener vers le haut.

En continuant de décrire un cercle, *Nage* saisit d'une main le poignet de *Uke* en montant et applique, avec son autre main en redescendant, une torsion du poignet, vers l'extérieur.

Puis, durant la descente, *Nage* exécute un petit pas de côté dans le sens contraire de l'attaque, ce qui aura pour effet de contraindre *Uke* à prendre la voie des airs avant de retomber au sol.

VI.8.7 – ***Yokomen-uchi Shiho-nage*** : Projection par retournement de la main vers l'arrière et vers l'extérieur obligeant *Uke* à chuter pour se soustraire à la clé, sur une frappe de côté à la tête.

Indices de succès : Afin de prendre l'initiative, *Nage* se déplace légèrement dans le sens de l'attaque de *Uke* de sorte que les *Kikaï-tanden* s'alignent l'un en face de l'autre.

Ce faisant, l'attaque de *Uke* devient veule, le rendant momentanément sans défense. *Nage* accueille la main de *Uke* avec grande légèreté, tel un cadeau.

Nage saisit le poignet de *Uke* et se déplace dans l'une ou l'autre des deux directions, en avançant soit en continuant dans la direction de la ligne d'attaque (en *Tenkan*) ou dans le sens inverse (en *Irimi*). Il pivote alors sur place, ce qui a pour effet de retourner la main de *Uke* vers l'arrière.

Nage continue de tourner, et la chute de *Uke* se produira lorsque les *Kikaï-tanden* se croiseront à un angle de 90 degrés. Une analyse détaillée concernant cette technique est disponible à la section IX.2 : « L'alignement des *Kikaï-tanden* » (p. 188).

VI.9 – *USHIRO-DORI*

Attaque par saisies par-derrière.

***En mode dynamique**, les partenaires débutent face à face. Uke se déplace rapidement pour saisir un poignet ou le bras de Nage, selon le cas, puis contourne ce dernier puis compléter l'attaque par-derrière.*

***En mode statique**, on applique l'attaque directement par-derrière.*

***En mode Randori**, Nage provoquera souvent ce genre d'attaque en tournant légèrement le dos à un Uke se lançant sur lui. Et puisque Nage sait comment appliquer ces techniques en mode statique, alors, se faire attraper ne risque pas de le confondre.*

***Pour prendre l'initiative** lorsque la technique est exécutée de manière dynamique dans le cas où Uke agrippe un poignet (Tekubi-dori), Nage dirige le Ki vers le haut, puis vers le bas en laissant tomber le premier bras sous attaque. Ensuite, il enchainera avec les données techniques présentées ci-après.*

VI.9.1 – ***Ushiro Tekubi-dori Kubishime Sankyo-nage*** : Contrôle par torsion du poignet et de l'avant-bras suivant un axe vertical, et projection, sur prise de strangulation et saisie d'un poignet par-derrière.

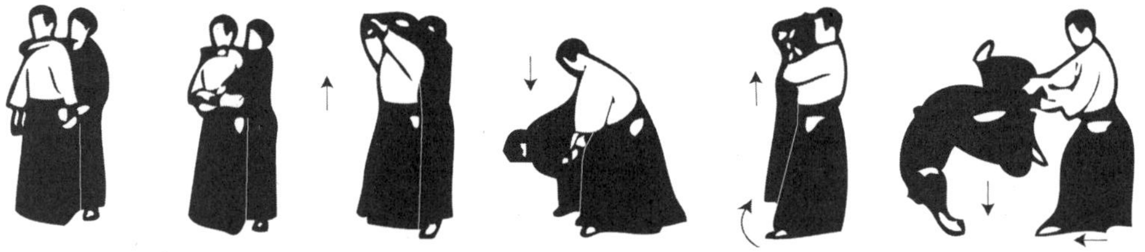

<u>Indices de succès</u> : Après avoir pris l'initiative, *Nage* lève les deux bras vers le haut à partir du bout des doigts lorsque *Uke* arrive derrière lui. *Nage* peut alors saisir le poignet de *Uke* au-dessus de sa tête et appliquer le contrôle de l'avant-bras suivant un axe vertical (*Sankyo*), en descendant les mains devant lui. Cette manœuvre empêchera *Uke* de compléter sa tentative de strangulation.

Tenant la prise avec grande légèreté, comme dans la pratique de l'exercice 3 de l'Annexe IV : « *Sankyo Waza* » (p. 323), *Nage* tourne son centre vers *Uke* de manière à le faire reculer légèrement.

Puis, il dirige le *Ki* vers le haut en pointant en direction de *Uke* les doigts de sa main libre, maintenant appuyée sur celle du partenaire, ce qui aura pour effet de faire monter ce dernier sur la pointe des pieds. À ce moment-là, *Nage* avance à partir du centre, dans un déplacement similaire à l'exercice 2.E : « *Zenshin Waza* » (p. 329), de l'Annexe V. Au terme de ce déplacement qui entrainera *Uke* dans son sillage, *Nage* n'aura plus qu'à diriger le *Ki* directement au sol, du bout de ses doigts, produisant ainsi la chute. *Uke* encaissera la projection en exécutant une roulade avant.

« Sankyo-nage » est également applicable lorsque Uke attaque par saisie des deux mains par-derrière (Ushiro Tekubi-dori). Dans ce cas, la saisie de la main de Uke par Nage, pour appliquer la clé (Sankyo), s'effectuera après avoir ramené les bras de Uke devant soi en reculant légèrement.

VI.9.2 – ***Ushiro Tekubi-dori Kokyu-nage Zenpo-nage*** : Projection vers l'avant en produisant un mouvement vers le haut, puis vers le bas (dans la direction de l'attaque), sur attaque par saisie des deux poignets par-derrière.

Indices de succès : Après avoir pris l'initiative, *Nage* lève les deux bras, paumes tournées vers le haut, à partir du bout des doigts, lorsque *Uke* arrive derrière lui.

Il dirige alors le *Ki* vers le bas, en pointant ses doigts vers le sol, tout en avançant la jambe du côté anticipé de la projection. *Nage* exécute exactement les mouvements décrits dans l'exercice 4.A : « *Ushiro Tekubi-dori Zenshin Waza* » (p. 333).

VI.9.3 – ***Ushiro Tekubi-dori Kote-gaeshi*** : Projection par torsion du poignet vers l'extérieur, sur attaque par saisie des deux poignets par-derrière.

Indices de succès : Après avoir pris l'initiative, *Nage* lève les deux bras, à partir du bout des doigts, paumes tournées vers le haut, lorsque *Uke* arrive derrière lui. *Nage* exécute les mouvements décrits dans l'exercice 4.B : « *Ushiro Tekubi-dori Koshin Waza* » (p. 333), de l'Annexe V, c'est-à-dire qu'il recule en abaissant les bras et en se déplaçant légèrement de côté.

Cependant, il ne descend pas entièrement au sol, car *Uke* serait indubitablement projeté comme dans la technique précédente. Il arrête son mouvement vers le sol, à mi-chemin. Ce faisant, les partenaires se retrouveront presque face à face.

Nage sera alors à même de saisir la main de *Uke* et de l'entraîner dans un mouvement circulaire, vers le haut, afin d'appliquer une torsion du poignet vers l'extérieur en redescendant, ce qui produira la chute de *Uke*.

VI.9.4 – *Ushiro Tekubi-dori Ikkyo* : Contrôle par flexion du poignet et immobilisation, sur attaque par saisie des deux poignets par-derrière.

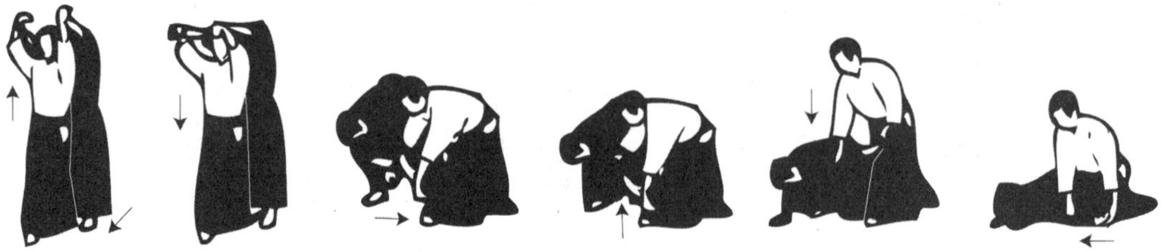

Indices de succès : Après avoir pris l'initiative, *Nage* lève les deux bras, à partir du bout des doigts, paumes tournées vers le haut, lorsque *Uke* arrive derrière lui. *Nage* exécute les mouvements décrits dans l'exercice 4.B : « *Ushiro Tekubi-dori Koshin Waza* » (p. 333), de l'Annexe V, c'est-à-dire qu'il recule en abaissant les bras.

Ce faisant, *Nage* pourra appliquer une pression sur le bras de *Uke* au niveau du triceps, près du coude, pour l'amener au sol, face contre terre, dans un déplacement rectiligne (*Irimi*), ou dans un déplacement circulaire (*Tenkan*).

Durant la descente, *Nage* se saisira du poignet de *Uke* afin d'appliquer la flexion de contrôle au sol, appelée *Ikkyo*, et ce, avec la légèreté développée dans la pratique de l'exercice 1 de l'Annexe IV : « *Ikkyo Waza* » (p. 323).

Pour un complément d'information concernant l'application de la clé d'immobilisation, voir la technique 5.1 : « Kata-dori Ikkyo » de l'annexe VI (p. 349).

VI.9.5 – *Ushiro Tekubi-dori Kokyu-nage Ura-gaeshi* : Projection par le souffle vital, par retournement, en tournant le dos, sur attaque par saisie des deux poignets par-derrière.

Indices de succès : Après avoir pris l'initiative, *Nage* dirige le *Ki* vers le haut en levant le bras attaqué lorsque *Uke* commence à passer derrière lui. *Nage* ne bouge pas son autre bras, lequel est maintenu le long de son corps.

Gardant les bras en pleine extension naturelle, il se tourne dans le sens contraire de l'attaque, ce qui provoque un retournement de *Uke* qui tente d'agripper l'autre main de *Nage*, toujours placée en bas, le long du corps. À la fin du retournement, *Nage* étend ses bras de chaque côté en se déplaçant légèrement pour produire la projection, avec esthétisme.

VI.9.6 – ***Ushiro-dori Kokyu-nage*** : Projection par le souffle vital en avançant, sur prise par-derrière à bras-le-corps.

Indices de succès : Pour prendre l'initiative, on procède de la manière décrite à la section VIII.1 : « La non-résistance sur le plan physique » (p. 177). Ainsi, *Nage* tournera ses mains ouvertes en pointant les auriculaires vers l'extérieur, afin d'enlever le jeu, même très subtil, de la prise de *Uke*.

Pour appliquer cette technique, on utilisera exactement les mêmes mouvements que ceux décrits dans l'exercice 4.C : *Ushiro-dori Waza* » de l'Annexe V (p. 334). Le *Ki* est dirigé vers sol, par le bout des doigts, dans un déplacement vers l'avant à partir du centre, ce qui contraint *Uke* à lâcher la prise et à chuter en roulade avant.

VI.10 – *GERI-DORI*

Attaques par coups de pied.

VI.10.1 – ***Mae-geri Irimi Michibiki-kaeshi*** : Projection par retour d'énergie dans la ligne d'attaque, par *Atémi* du revers de la main avant (*Shuto*) à la gorge de *Uke*, sur coup de pied frontal.

Indices de succès : Tournant le centre à 90 degrés, *Nage* fait passer l'attaque de *Uke* en dirigeant le *Ki* vers le bas avec les doigts de la main. Un nouveau mouvement de *Ki* est alors produit en direction inverse de la trajectoire d'attaque, avec la même main, et il s'ensuit l'*Atémi* porté du revers de la main (*Shuto*) à la gorge de *Uke*.

L'*Atémi* est porté à la gorge de *Uke*, alors que la paume est tournée vers le sol. Le bout des doigts est utilisé telle une lame. À l'entrainement, *Uke* passera d'instinct en dessous de *Nage*, à la manière d'un voleur de but au *baseball*, afin d'éviter de se fracasser la trachée sur un assemblage de bras inflexible.

Une variation de cette technique consiste à porter l'Atémi avec la main arrière, avec la paume de la main tournée vers le ciel.

VI.10.2 – ***Mawashi-geri Kokyu-nage Ashi-dori*** : Projection par le souffle vital, effectuée par saisie et retournement de la jambe de *Uke*, sur coup de pied circulaire fouetté dans un mouvement partant de l'extérieur vers l'intérieur.

Indices de succès : Au déclenchement de l'attaque, *Nage* prend l'initiative en se déplaçant légèrement du côté intérieur, c'est-à-dire dans le sens de l'attaque.

Cette manœuvre a pour effet d'annihiler la force du coup de pied en le rendant veule. Simultanément, *Nage* accueille la jambe en l'enroulant avec son bras, provoquant ainsi le retournement de *Uke*. *Nage* avancera alors pour provoquer la chute de *Uke* en roulade avant.

VI.11 – *ZAGI-HANDACHI*

Attaques de *Uke* debout lorsque *Nage* se tient dans la position *Seiza.*

Lorsque l'attaque est pressentie*, Nage se redresse et replie ses orteils pour s'appuyer sur la partie avant de la plante du pied (position Kiza).*

VI.11.1 – ***Zagi-handachi Mune-tsuki Kote-gaeshi*** : Contrôle par torsion du poignet vers l'extérieur, et immobilisation, sur coup de poing au thorax.

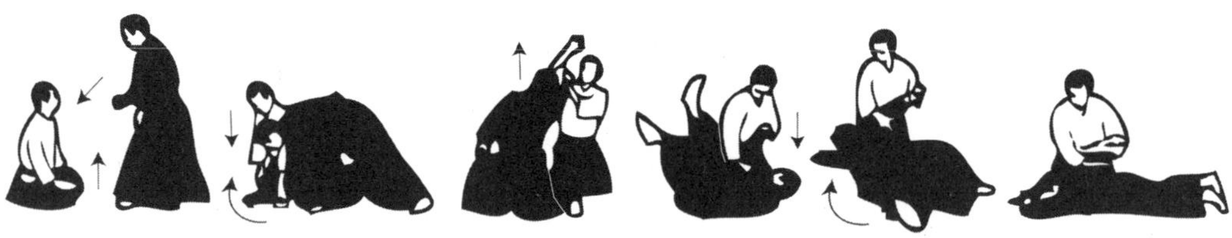

Indices de succès : *Nage* prend l'initiative en dirigeant le *Ki* de *Uke* vers le bas, tout en tournant le centre à 180 degrés. Ce faisant, sa main tombera infailliblement sur celle de *Uke*.

Nage retourne alors le poignet de *Uke* en sens inverse de l'attaque afin d'appliquer une torsion du poignet vers l'extérieur. Par le bout des doigts, le *Ki* est alors dirigé au sol, et entraine la chute de *Uke*.

Avec sa main libre placée au niveau du coude de *Uke*, *Nage* retient le partenaire tout en se redressant légèrement et en guidant son bras, ce qui a pour effet de le retourner face contre terre.

Nage contrôle *Uke* au sol en tenant son bras comme s'il s'agissait d'un bébé, ce qui permettra de retirer le jeu des articulations avec grande légèreté. *Nage* n'aura alors qu'à tourner son centre pour contraindre *Uke* dans ses tentatives de s'échapper.

VI.11.2 – ***Zagi-handachi Shomen-uchi Kokyu-nage*** : Projection par le souffle vital sur frappe directe du tranchant de la main (*Shuto*) à la tête, de haut en bas.

Indices de succès : Le premier mouvement de *Nage* consiste à diffuser le *Ki* vers le haut avec le bras du côté opposé à l'attaque de *Uke*, ce qui a pour effet de dévier ladite attaque. Puis, *Nage* pivote pour se placer de côté, soit à 90 degrés par rapport à *Uke*.

Le *Ki* est alors diffusé vers le bas, tout en contrôlant la tête de *Uke* qui sera dirigée dans le creux de l'épaule, puis vers le haut, et encore vers le bas, ce qui produira la projection.

VI.11.3 – ***Zagi-handachi Yokomen-uchi Zenpo-nage*** : Projection vers l'avant en produisant un mouvement de *Ki* vers le haut, puis vers le bas, dans la direction de l'attaque, sur une frappe de côté à la tête.

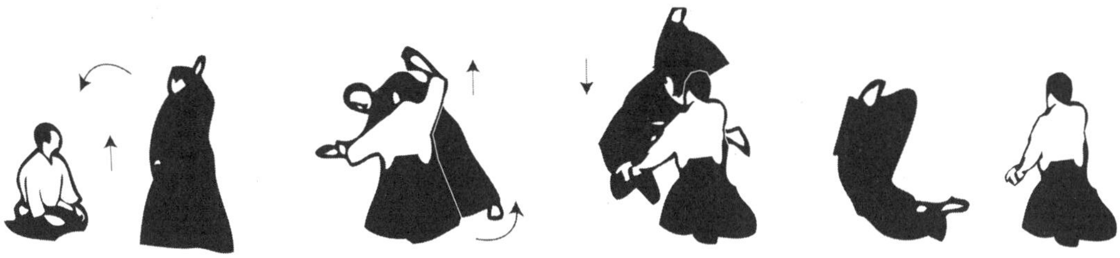

Indices de succès : *Uke* sort de la ligne d'attaque pour asséner un *Atémi* du tranchant de la main (*Shuto*) au côté de la tête ou au cou de *Nage* (voir le préambule de la section 8 de la présente annexe [p. 360], pour plus d'information).

Sur l'attaque de *Uke*, *Nage* diffuse le *Ki* vers le haut en montant ses bras vers le ciel. Ces manœuvres vont permettre de réaliser un alignement des *Kikaï-tanden*.

En continuant de tourner, *Nage* dirige le *Ki* vers le bas avec sa main située à l'extérieur, tout en brossant la tête de *Uke* de son autre main, avec grande légèreté, comme si, progressivement, il lui assénait un *Atémi* de la paume (*Shuto*).

Nage opère ces manœuvres en tournant jusqu'à 180 degrés. Ce faisant, il fera alors de nouveau face à *Uke* et fin prêt à continuer avec d'autres techniques.

VI.12 – *TANTO-DORI*

Attaques au couteau (*Tanto*).

VI.12.1 – *Tanto-dori Mune-tsuki Ikkyo* : Contrôle par flexion du poignet, sur attaque de coup de couteau (*Tanto*) porté directement au thorax.

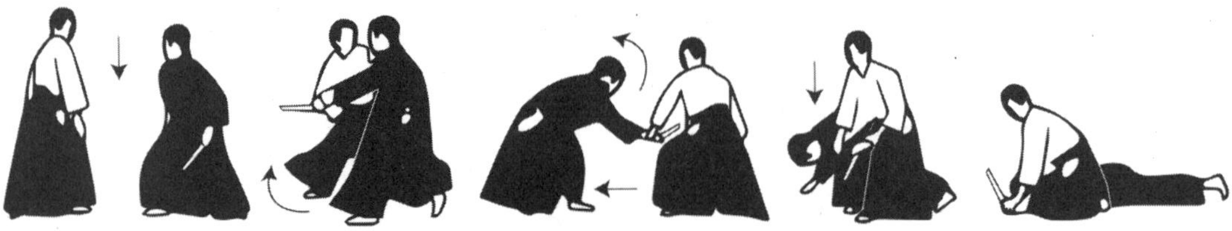

Indices de succès : *Nage* prend l'initiative en dirigeant le *Ki* vers le bas, en reculant avec un petit saut, comme dans l'exercice 2.E : « *Koshin Waza* » de l'Annexe V (p. 329).

Ce faisant, sa main tombera infailliblement sur celle de *Uke*. *Nage* saisira la main de *Uke* en sortant de côté, vers l'intérieur, et en se déplaçant derrière lui. *Nage* effectuera alors un mouvement circulaire du bras, de bas en haut et de haut en bas, à la manière des mouvements de l'exercice 10 de l'Annexe III : « *Ude-mawashi Waza* » (p. 322).

Pointant ses doigts vers le bas, *Nage* entrainera *Uke* au sol dans un déplacement avant, en ligne droite, ou dans un déplacement circulaire. Une fois *Uke* arrivé au sol, face contre terre, *Nage* appliquera la technique d'immobilisation en *Ikkyo* afin de contraindre *Uke* à lâcher le *Tanto*. Pour un complément d'information concernant l'application de la clé, voir la technique 5.1 : « *Kata-dori Ikkyo* » de l'annexe VI (p. 349).

Nage s'emparera du *Tanto* et effectuera une clé de bras afin de placer la paume de la main de *Uke* sur le haut de son dos. Pour l'aider à reprendre aisément *Ma-aï* (distance adéquate séparant *Nage* et *Uke* durant le moment précédant une attaque), *Nage* maintiendra la pression sur la main de *Uke* tout en se relevant avant de s'éclipser.

VI.12.2 – *Tanto-dori Mune-tsuki Kote-gaeshi* : Projection par torsion du poignet, vers l'extérieur, sur coup de couteau (*Tanto*) porté directement au thorax.

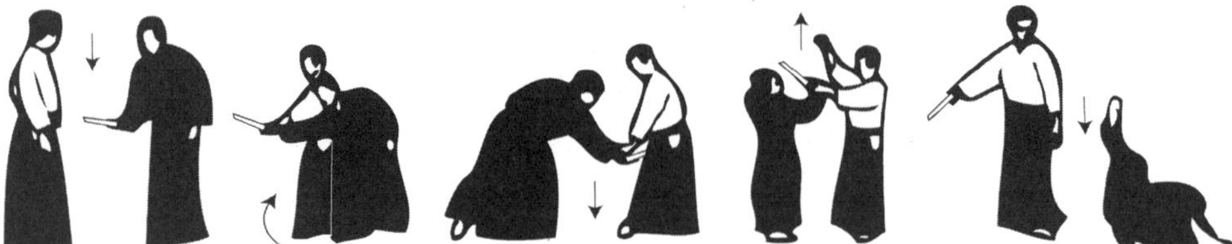

Indices de succès : *Nage* prendra l'initiative en dirigeant le *Ki* de *Uke* vers le bas en tournant le centre à 180 degrés. Ce faisant, sa main tombera infailliblement sur le poignet de *Uke*. *Nage* se déplacera derrière *Uke* en l'entrainant brièvement dans son sillage dans un déplacement circulaire (en *Tenkan*).

Puis, il laissera tomber le bras qui guide la main de *Uke*. Cette manœuvre fera en sorte que ce dernier va se retourner vers *Nage* qui dirigera alors le *Ki* vers le haut pour appliquer une torsion du poignet vers l'extérieur, en descendant. La main libre de *Nage* pointera vers le sol en enroulant les doigts de la main de *Uke* qui tient le *Tanto*, le contraignant à lâcher prise. C'est alors que *Nage* en profitera pour projeter *Uke* tout en s'emparant facilement du *Tanto*.

Cette technique s'exécute de la même manière pour une attaque d'estoc portée avec un sabre (Boken) ou avec un bâton de marche (Jo). Dans ces cas-là, puisque Uke tiendra ces armes à deux mains pour porter l'attaque, Nage n'aura qu'à saisir la main avant de la prise de Uke pour appliquer la technique.

VI.12.3 – ***Tanto-dori Sakate-mochi Yokomen-uchi Irimi Gokyo*** : L'attaque consiste en une frappe de côté à la tête, la lame du *Tanto* pointant du côté de l'auriculaire de *Uke*. Il s'ensuit une projection par agrippement de la main de *Uke* et une immobilisation en exerçant un contrôle au coude et au poignet par une pression sur l'avant-bras. La technique d'immobilisation en *Gokyo* s'appelle « cinquième principe ».

Indices de succès : Dès que *Uke* amorce son attaque, *Nage* entre directement dans la ligne d'attaque en dirigeant le *Ki* d'une main, vers le haut, pour prendre contact avec l'avant-bras de *Uke*. Au même moment, de l'autre main, il assène à *Uke* un *Atémi* vers le haut, dans la région du plexus solaire. Il s'agit d'un coup de poing avec phalanges tournées vers le haut (*Ura-tsuki*) dont celle du majeur est mise en protubérance (coup porté appelé « tête du dragon »).

En raison des manœuvres de *Nage*, *Uke* vacillera vers l'arrière, ce qui rendra son attaque veule. Avec la main ayant porté l'*Atémi*, *Nage* saisira le poignet de *Uke* par le dessus, puis pivotera par l'extérieur en laissant tomber son bras.

Il continuera de tourner en dirigeant le *Ki* vers le bas et en sécurisant la technique avec son autre main désormais placée près du coude. Cette manœuvre entrainera harmonieusement *Uke* au sol, face contre terre. *Nage* s'agenouillera par terre, le long du bras de *Uke* immobilisé de côté (à 90 degrés).

Puis, avec légèreté, il placera une main au niveau coude de *Uke* tout en diffusant le *Ki* sous le sol. Toujours en agissant avec la plus grande légèreté, *Nage* pourra alors soulever le coude et le plier en ramenant la main de *Uke*.

Quand une légère pression sera appuyée sur son coude, *Uke* sera contraint de lâcher sa prise du *Tanto*. *Nage* pourra ainsi s'en emparer, puis se relever sans crainte en maintenant toujours la pression sur le coude de *Uke*.

VI.12.4 – ***Tanto-dori Shomen-uchi Kokyu-nage*** : Projection par le souffle vital par contrôle de la tête, sur frappe directe à la tête, de haut en bas avec un couteau (*Tanto*).

Indices de succès : *Uke* attaque du même côté que la jambe arrière de *Nage*. La technique s'exécute comme dans l'exercice 4.D décrit à l'Annexe V : « *Shomen-uchi Kokyu-nage Waza* » (p. 334). Le premier mouvement consiste à diffuser le *Ki* vers le haut avec le bras du côté de la jambe avant de *Nage*, ce qui aura pour effet de dévier l'attaque de *Uke*.

Ensuite, *Nage* pivotera pour se placer de côté afin d'aligner les *Kikaï-tanden* à 90 degrés. Le *Ki* sera alors diffusé vers le bas en continuant de tourner (éventuellement jusqu'à 180 degrés), tout en contrôlant la tête de *Uke* dans le creux de l'épaule. Puis, le *Ki* est dirigé vers le haut, et une fois encore vers le bas pour produire la projection. Quand *Nage* laissera tomber son bras, sa main s'abattra naturellement sur le poignet de *Uke*.

Nage tient alors le poignet de *Uke* de sorte que le tranchant du *Tanto* pointe vers l'extérieur. Autrement dit, s'il s'agissait d'un vrai couteau, *Nage* ne se blesserait pas. Pour retourner *Uke* face contre terre, *Nage* se déplacera en contournant *Uke* en marchant alentour de lui. *Uke* se retrouvera alors sur le ventre et c'est à ce moment-là que *Nage* s'emparera du *Tanto*.

VI.12.5 – ***Tanto-dori Ushiro-tsuki Kote-gaeshi*** : Projection en pivotant à partir du centre, puis par torsion du poignet vers l'extérieur, sur coup porté au dos avec un *Tanto*.

Indices de succès : *Uke* tient *Nage* en joue en pointant un *Tanto* dans son dos, prêt à le lui enfoncer au moindre mouvement. Se tenant les mains en l'air, *Nage* initiera la technique en pivotant à 180 degrés à partir du centre. Cette manœuvre le fera sortir de la ligne d'attaque tout en déclenchant l'attaque de *Uke* vers l'avant. En continuant de pivoter, *Nage* laissera tomber son bras, ce qui lui permettra de saisir la main de *Uke* et de l'entrainer dans son sillage avec un déplacement circulaire (en *Tenkan*).

Nage guidera alors la main de *Uke* de sorte qu'elle entrera en contact avec sa main libre placée devant lui. Le *Ki* sera alors dirigé au sol par le bout des doigts, ce qui causera la chute de *Uke*. Au même moment, *Nage* en profitera pour confisquer le *Tanto* à *Uke*.

Cette technique se pratique aussi lorsque *Nage* est tenu en joue par *Uke* avec une arme à feu ou un sabre (*Boken*). Elle se pratique également lorsque tenu en joue de face. Dans ce dernier cas, même si *Uke* n'a qu'à presser la gâchette d'un pistolet au moindre mouvement de *Nage*, ce dernier sera plus rapide que lui simplement en tournant son torse à partir du centre avant de saisir la main qui tient l'arme.

Par contre, si *Nage* essaie de saisir l'arme directement, *Uke* aura le temps de presser la détente à chaque fois.

J'ai eu l'occasion de tester cette technique à maintes reprises, notamment durant ma formation de gendarme canadien. D'un point de vue martial, le temps requis par le corps pour en arriver à faire quelque chose après en avoir reçu l'ordre du cerveau s'avère très lent. C'est pourquoi il est préférable de faire confiance à l'intuition, car cette dernière est opérante instantanément (pour un complément d'information, voir chapitre VII : « Percevoir le Ki, l'intention et le rythme du partenaire » [p. 162]).

VI.12.6 – ***Tanto-dori Yokomen-uchi Shiho-nage*** : Projection par retournement de la main vers l'arrière et vers l'extérieur, obligeant *Uke* à chuter pour se soustraire à la clé, sur une frappe de côté à la tête.

Indices de succès : *Uke* attaque du côté de la jambe avant de *Nage*. Il sort de la ligne d'attaque quand il se déplace pour asséner un coup au côté de la tête ou au cou de *Nage* avec le tranchant du *Tanto*.

Pour prendre l'initiative, *Nage* se déplace dans le sens de l'attaque de *Uke* de sorte que les *Kikaï-tanden* s'alignent l'un en face de l'autre. Ce faisant, l'attaque de *Uke* devient veule, et le rend momentanément sans défense.

Nage accueille la main de *Uke* avec grande légèreté, tel un cadeau. Il saisit le poignet de *Uke* et se déplace dans l'une ou l'autre des deux directions, soit dans la même direction que la ligne d'attaque (en *Tenkan*), ou dans le sens contraire à la direction de la ligne d'attaque (en *Irimi*).

Il pivote alors sur place, ce qui a pour effet de retourner vers l'arrière la main de *Uke* tenant le *Tanto*. *Nage* continue de tourner et la chute de *Uke* se produira, sans effort, lorsque les *Kikaï-tanden* se croiseront à un angle de 90 degrés.

Une analyse détaillée concernant cette technique est disponible à la section IX.2 : « L'alignement des *Kikaï-tanden* » (p. 188).

Lorsque *Uke* commencera à tomber, *Nage* sera en mesure de s'emparer du *Tanto*. La technique s'effectue également lorsque *Uke* attaque avec un *Boken* ou un *Jo*. Dans ce cas-ci, le *Boken* ou le *Jo* subit un contrôle particulier vers le haut avant de pivoter pour éviter tout contact de *Nage* avec l'arme.

VI.13 – *JO-DORI*

Défenses sur attaques avec un bâton de marche.

VI.13.1 – ***Jo-dori Mune-tsuki Kokyu-nage Kiri-kaeshi*** : Projection par le souffle vital impliquant pour *Uke* un changement de direction de 180 degrés de sa ligne d'attaque par retournement, sur coup droit porté au thorax.

Indices de succès : *Uke* attaque en avançant pour porter un coup d'estoc au thorax de *Nage*. Ce dernier prend l'initiative en dirigeant le *Ki* de *Uke* vers le bas avec son bras, en tournant le centre à 180 degrés. Ce faisant, sa main tombera infailliblement sur le *Jo* de *Uke*.

Nage se déplace alors derrière *Uke* en l'entrainant brièvement dans son sillage dans un déplacement circulaire, tout en laissant tomber le bras guidant le *Jo*. Cette manœuvre fera en sorte que *Uke* va se retrouver face à *Nage*. À cet instant, *Nage* retournera le *Jo* et le saisira à deux mains.

En continuant son mouvement circulaire du *Jo*, il dirigera le *Ki* au sol en avançant dans la direction opposée à la ligne d'attaque. *Uke* sera alors projeté en roulade avant.

VI.13.2 – ***Jo-dori Mune-tsuki Kokyu-nage Tsuki-kaeshi*** : Projection par le souffle vital, par retournement de *Uke* dans le sens contraire à sa ligne d'attaque, sur coup droit porté au thorax.

Indices de succès : *Uke* attaque en avançant pour porter un coup d'estoc au thorax de *Nage*. Ce dernier prend l'initiative en tournant son centre à 90 degrés tout en dirigeant le *Ki* vers le sol, ce qui lui permettra d'accueillir le *Jo* de *Uke* et de le saisir à deux mains.

Les bras de *Nage* suivent l'impulsion du *Jo* créée par l'attaque.

Ce faisant, *Nage* entraine *Uke* en face de lui. Il dirige alors le *Ki* vers le ciel, en avançant, ce qui fera pivoter *Uke* sur lui-même. Lorsque les *Kikaï-tanden* se retrouvent alignés parallèlement, *Nage* pointe le *Jo* au sol pour produire la projection.

VI.13.3 – ***Jo-dori Mune-tsuki Kokyu-nage Zenpo-nage*** : Projection par le souffle vital en produisant un mouvement vers le haut, puis vers le bas dans la direction de l'attaque, sur coup d'estoc porté au thorax.

Indices de succès : *Uke* attaque en avançant pour porter un coup d'estoc au thorax de *Nage*. Ce dernier prend l'initiative en tournant son centre à 90 degrés tout en dirigeant le *Ki* vers le sol, ce qui lui permet d'accueillir le *Jo* de *Uke* et de le saisir à deux mains.

Nage devra cependant s'adapter à la vitesse de l'attaque en se déplaçant harmonieusement avec *Uke* dans le sens de la ligne d'attaque.

En continuant de tourner, *Nage* dirige le *Ki* vers le haut. Ce faisant, les *Kikaï-tanden* se retrouveront alignés côte à côte. En avançant au rythme de l'attaque, *Nage* projette *Uke* dans un dernier mouvement de *Ki* vers le bas.

VI.13.4 – ***Jo-dori Shomen-uchi Kote-gaeshi*** : Projection par torsion du poignet vers l'extérieur, sur frappe directe à la tête de *Nage*, de haut en bas, avec un *Jo*.

Indices de succès : *Nage* prend l'initiative en dirigeant le *Ki* de *Uke* vers le bas en tournant le centre à 180 degrés tout en abaissant un bras. Infailliblement, sa main tombera sur le poignet de *Uke*.

Nage se déplace derrière *Uke* en l'entrainant brièvement dans son sillage dans un déplacement circulaire tout en laissant tomber le bras qui guide la main avant de *Uke*. Cette manœuvre fera en sorte que *Uke* se retournera vers *Nage*. Ce dernier dirigera alors le *Ki* vers le haut et appliquera une torsion du poignet vers l'extérieur, en descendant. La main libre de *Nage* pointera vers le sol en enroulant les doigts de *Uke* qui tiennent le *Jo*, contraignant ainsi ce dernier à lâcher prise. *Nage* en profitera alors pour s'emparer facilement du *Jo* tout en projetant *Uke*.

Cette technique s'exécute de la même manière pour une attaque portée avec un sabre (Boken ou Katana). Et, puisqu'il n'y a que des droitiers dans le maniement du sabre japonais, la technique ne se pratique que d'un seul côté, soit le gauche (voir la note de bas de page n° 228 [p. 383] pour un complément d'information).

VI.13.5 – ***Jo-dori Yoko-barai Kokyu-nage*** : Projection par le souffle vital sur coup porté latéralement à l'abdomen.

Indices de succès : *Uke* attaque sans arrêt, de gauche à droite et de droite à gauche, en tentant de frapper *Nage* de côté à l'abdomen. Lors des attaques, *Nage* recule légèrement pour se placer hors de portée du *Jo*. Il amorcera la technique en se déplaçant vers l'avant dès que la pointe de l'arme passera devant lui.

La technique s'exécute comme dans l'exercice 4.D décrit à l'Annexe V : « *Shomen-uchi Kokyu-nage Waza* » (p. 334). Le premier mouvement consiste à diffuser le *Ki* vers le haut, en avançant droit devant. Le *Ki* est alors diffusé vers le bas en tournant, tout en contrôlant la tête de *Uke* dans le creux de l'épaule. Puis, le *Ki* est dirigé vers le haut, et une fois encore vers le bas afin de produire la projection.

Quand *Nage* laissera tomber son bras, sa main s'abattra naturellement sur le poignet de *Uke*. Il saisira alors le poignet. Pour retourner *Uke* face contre terre, *Nage* se déplacera en contournant *Uke* en marchant de côté. *Uke* se retrouvera alors sur le ventre et c'est à ce moment-là que *Nage* s'emparera du *Jo*. La technique s'effectue aussi dans le cas d'une attaque au sabre (*Boken*).

VI.13.6 – ***Jo-dori Yokomen-uchi Kokyu-nage Zenpo-nage*** : Projection par le souffle vital, vers l'avant (dans le sens de l'attaque), sur une frappe de *Jo* portée de côté à la tête.

Indices de succès : *Uke* attaque du côté de la jambe avant de *Nage*. *Uke* sort de la ligne d'attaque lorsqu'il se déplace pour asséner un *Atémi* avec le *Jo* au côté de la tête ou au cou de *Nage*.

Nage doit s'adapter à la vitesse de l'attaque en se déplaçant harmonieusement avec *Uke*. Sur l'attaque, *Nage* recule d'un pas et en même temps, diffuse le *Ki* vers le haut en montant ses bras vers le ciel. Ces manœuvres permettront de réaliser un alignement des *Kikaï-tanden* à 90 degrés.

En continuant de tourner, *Nage* dirige le *Ki* vers le bas, avec sa main située à l'extérieur, et saisit le *Jo*. Simultanément, avec son autre main, *Nage* dirige *Uke* en le frappant avec légèreté aux environs du haut de son bras. *Uke* est alors contraint de chuter en roulade avant et de lâcher le *Jo*, ce qui permet à *Nage* de le récupérer.

VI.14 – *JO-NAGE*

Défenses avec le concours d'un bâton de marche.

VI.14.1 – ***Jo-nage Kokyu-nage*** : Projection par le souffle vital, sur saisie à deux mains du *Jo* par *Uke*.

<u>Indices de succès</u> : *Nage* prend l'initiative en laissant tomber légèrement la pointe du *Jo* que *Uke* tente de saisir. Au même moment, *Nage* tournera de côté, ce qui amènera *Uke* devant lui. Les *Kikaï-tanden* se retrouvent alors alignés à 90 degrés.

Nage n'aura donc plus qu'à diriger le *Ki* vers le haut dans un mouvement circulaire au-dessus de la tête de *Uke*, puis vers le bas, ce qui aura pour effet de le projeter au sol.

VI.14.2 – ***Jo-nage Kokyu-nage Ashi-sukui*** : Projection par le souffle vital par balayage de l'arrière de la jambe, sur saisie du *Jo* à deux mains, par *Uke*.

<u>Indices de succès</u> : *Nage* prend l'initiative en laissant tomber devant lui la pointe du *Jo* que *Uke* tente de saisir.

Nage retire alors soudainement le *Jo* de la portée de saisie de *Uke* en exécutant un grand mouvement circulaire qui aboutit à une frappe de la jambe de *Uke* au niveau de son mollet. *Uke* est alors balayé au sol.

VI.14.3 – ***Jo-nage Kokyu-nage Kiri-kaeshi*** : Projection par le souffle vital laissant passer l'attaquant afin de produire un changement de direction par retournement, sur saisie du *Jo* à deux mains, par *Uke*.

<u>Indices de succès</u> : *Nage* prend l'initiative en dirigeant le *Ki* vers le bas, tout en tournant son corps à 90 degrés et accueille l'attaque de *Uke*.

Décrivant, avec le *Jo*, une trajectoire en forme de huit (∞), *Nage* fait passer *Uke* complètement de l'autre côté pendant cette manœuvre.

Pour projeter *Uke*, *Nage* se déplacera vers l'avant en dirigeant le *Ki* vers le haut, puis vers le bas. Pour se protéger, *Uke* sera ainsi contraint de prendre la chute en roulade avant.

VI.14.4 – ***Jo-nage Kokyu-nage Zenpo-nage*** : Projection par le souffle vital vers l'avant en produisant un mouvement vers le haut, puis vers le bas, dans la direction de l'attaque, sur saisie du *Jo* à deux mains par *Uke*.

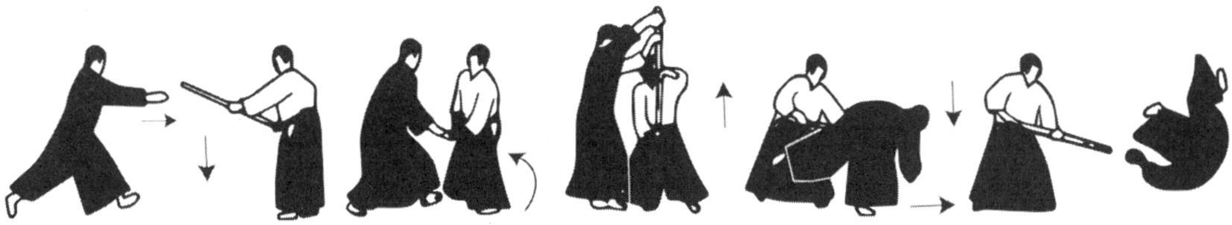

Indices de succès : *Nage* doit s'adapter à la vitesse de l'attaque en se déplaçant avec *Uke*. Pour prendre l'initiative, il dirige mentalement le *Ki* vers le bas, puis abaisse le *Jo* lorsque *Uke* le saisit. Puis, en dirigeant le *Ki* vers le haut et en tournant à 90 degrés, les *Kikaï-tanden* vont se retrouver alignés. *Nage* abaissera alors le *Jo*, ce qui produira la chute du partenaire en roulade avant.

Nage peut aussi tenir le Jo avec une prise inversée des mains (Sakate-mochi), soit une saisie du Jo où les auriculaires sont orientés vers l'avant.

VI.14.5 – ***Jo-nage Kote-gaeshi*** : Projection par torsion du poignet vers l'extérieur, sur saisie à deux mains du *Jo* par *Uke*.

Indices de succès : *Nage* prend l'initiative en dirigeant le *Ki* vers le bas tout en abaissant le *Jo*. *Nage* remonte alors le *Jo* vers le haut en le retournant vers l'extérieur, puis vers le bas afin de produire une torsion sur le poignet de *Uke*.

Les *Kikaï-tanden* doivent se retrouver alignés face à face ou à 90 degrés pour réaliser la technique harmonieusement et sans effort. Pour réaliser la projection, *Nage* n'aura qu'à avancer le centre vers l'avant au moment où il abaisse le *Jo*.

VI.14.6 – ***Jo-nage Nikyo*** : Contrôle par torsion du poignet en le bloquant autour du *Jo* de *Nage*, sur saisie du *Jo* à deux mains, par *Uke*.

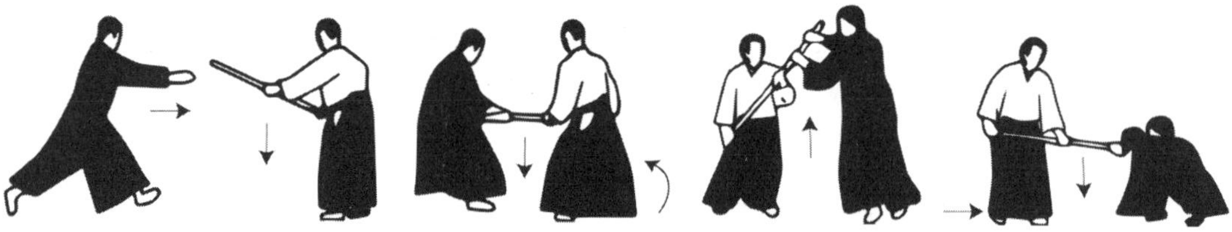

Indices de succès : *Nage* prend l'initiative en laissant tomber légèrement la pointe du *Jo* que *Uke* tente de saisir.

Au même moment, *Nage* tournera de côté, ce qui amènera *Uke* devant lui. Les *Kikaï-tanden* se retrouveront alors alignés à 90 degrés. C'est à ce moment-là que *Nage* retourne le *Jo* sur lui-même afin de bloquer le poignet de *Uke* et de diriger le *Ki* vers le bas. Pour compléter la projection, *Nage* avancera en diffusant le *Ki* droit au sol.

Pour une explication détaillée de cette technique voir la section IX.3 : « Le mouvement des axes de communication énergétique » (p. 192).

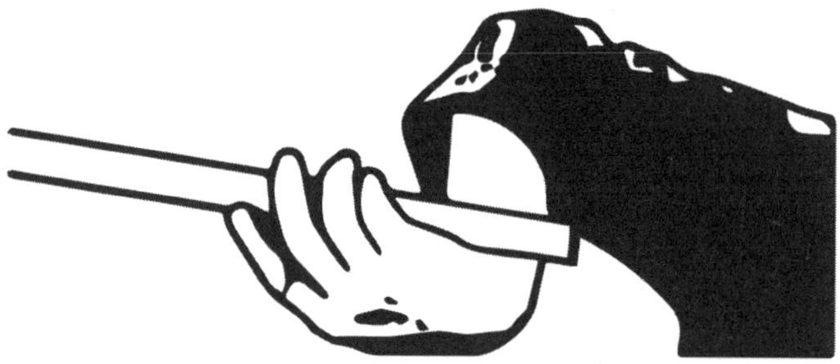

14.7 – ***Jo-nage Shiho-nage*** : Projection par retournement de la main, vers l'arrière et vers l'extérieur, obligeant *Uke* à chuter pour se soustraire à la clé, sur saisie du *Jo* à deux mains par *Uke*.

Indices de succès : Au moment où *Uke* saisit le *Jo*, *Nage* pivote sur place et tourne le centre pour aligner les *Kikaï-tanden* à 90 degrés, tel que décrit à la section IX.2 : « L'alignement des *Kikaï-tanden* » (p. 188). Par cette manœuvre, *Uke* tentera de se soustraire à la clé, ce qui provoquera la chute de ce dernier.

VI.15 – *TACHI-DORI*

Attaques au sabre (*Boken*).

VI.15.1 – ***Tachi-dori Shomen-uchi Irimi Sudori Kokyu-nage*** : Projection par le souffle vital par contrôle de la tête après esquive de dos, sur frappe directe à la tête, de haut en bas.

Indices de succès : *Nage* se tient debout avec une jambe avancée d'un demi-pas. Lorsque *Uke* attaque, *Nage* procède à une esquive qui le fera passer dos à *Uke*. Il reproduit fidèlement l'exercice 4.E décrit à l'Annexe V (p. 335).

Cette manœuvre va décontenancer *Uke* et permettre à *Nage* de s'en rapprocher. Lorsque ce dernier se retrouve complètement derrière *Uke*, il lève aussitôt les deux bras vers le ciel en diffusant le *Ki* vers le haut. Ainsi, lorsque *Uke* se retournera en poursuivant *Nage* pour l'attaquer de nouveau, il se livrera de lui-même aux mains de *Nage*.

Ce dernier exécute alors l'exercice 4.D décrit à l'Annexe V : « *Shomen-uchi Kokyu-nage Waza* » (p. 334). Le *Ki* est diffusé vers le bas en tournant, éventuellement jusqu'à 180 degrés, tout en contrôlant la tête de *Uke* dans le creux de l'épaule.

Puis, le *Ki* est dirigé vers le haut, et une fois encore vers le bas pour produire la projection. Quand *Nage* laissera tomber son bras, sa main s'abattra naturellement sur les poignets de *Uke*. *Nage* tiendra alors le *Boken* de sorte que le tranchant pointera vers l'extérieur. Autrement dit, s'il s'agissait d'un sabre réel, *Nage* ne se couperait pas.

Pour retourner *Uke* face contre terre, *Nage* se déplacera en contournant *Uke* tout en marchant de côté. *Uke* se retrouvera alors sur le ventre et c'est à ce moment-là que *Nage* s'emparera du *Boken*. Cette technique peut se faire de la même façon avec une attaque au *Jo*.

VI.15.2 – ***Tachi-dori Shomen-uchi Irimi-dori*** : Projection par mouvement de haut en bas en avançant dans le sens de l'attaque et en agrippant le sabre de *Uke* avec la main droite, sur frappe directe à la tête, de haut en bas.

Indices de succès : *Nage* prend l'initiative en dirigeant le *Ki* de *Uke* vers le bas en tournant son centre à 180 degrés. Avec un peu de pratique, sa main tombera infailliblement sur la poignée du *Boken*. Ainsi, les *Kikaï-tanden* se retrouveront alignés côte à côte.

Puis, *Nage* dirige le *Ki* vers le haut en se déplaçant vers l'avant, dans le sens de la ligne d'attaque, puis vers bas. Pour se protéger d'une collision avec le sol, *Uke* sera alors contraint de lâcher sa prise du *Boken* et de prendre une chute en roulade avant. Cette technique se réalise également avec une attaque au *Jo*.

VI.15.3 – ***Tachi-dori Yokomen-uchi Irimi Kokyu-nage*** : Projection par mouvement vers le haut en frappant légèrement l'avant-bras et la main de *Uke*, au moment où celui-ci amorce son attaque de frappe de côté à la tête.

Indices de succès : *Uke* attaque du côté de la jambe avant de *Nage*. Il sort de la ligne d'attaque lorsqu'il se déplace pour asséner un *Atémi* avec le *Boken* au côté de la tête ou au cou de *Nage*. Pour plus d'information concernant l'attaque, voir le préambule de la section 8 de la présente annexe (p. 360).

Quand *Nage* ressent le *Ki* du partenaire, c'est-à-dire bien avant que *Uke* se mette en mouvement, il amorce la technique. Il diffuse alors le *Ki* vers le haut, en avançant à partir du centre, afin d'établir un léger contact avec *Uke* en plaçant ses mains sur les poignets de ce dernier.

Après le contact, *Nage* abaisse son centre. *Uke* tombera parce qu'il sera déséquilibré dès le début de l'attaque. En effet, l'attaque de *Uke* rencontrera les bras inflexibles de *Nage*. Ainsi, plus forte et puissante sera l'attaque de *Uke* et plus expéditive sera sa chute. Cette technique peut se faire de la même façon avec une attaque au *Jo*.

VI.16 – Conseils pour l'exécution des Katas

Exercices individuels effectués dans un état d'esprit méditatif.

VI.16.1 – Katas de *Jo* (Maniement du bâton de marche)

Indices de succès : Les exercices sont fluides, c'est-à-dire qu'il n'y a pas de point d'arrêt dans les mouvements qui s'enchainent. Même si on a l'impression que le *Jo* s'arrête au point culminant des *Atémis* portés, l'action du poignet doit maintenir la continuité du mouvement en faisant tourner le *Jo* sur lui-même. Pour y arriver, on doit tenir le *Jo* avec grande légèreté en le contrôlant avec la main arrière. Donc, le *Jo* est toujours tenu avec au moins une main et il bouge continuellement.

L'exercice débute et se termine au même endroit. Les *Katas* de *Jo* s'exécutent deux fois de suite. La deuxième séquence s'exécute plus rapidement que la première. Les *Katas* de *Jo* peuvent aussi être pratiqués en y incorporant des déplacements très courts et aussi de longs déplacements comme dans l'exercice 2.E de l'Annexe V : « *Koshin Zenshin Waza* » (p. 329).

Aussi, la pratique de *Katas* s'effectue dans diverses conditions comme en terrain sablonneux, dans les vagues de la mer, dans un boisé encombré par la végétation, dans un ascenseur, au grand vent, pieds nus en terrain rocailleux, etc. Cela permet au pratiquant de maitriser l'Art en développant ses capacités d'adaptation dans divers contextes. Les *Katas* de *Boken* se pratiquent également avec le *Jo*, mais non l'inverse.

Les mouvements des techniques de *Jo* où *Nage* se défend des attaques de *Uke*, deviennent des *Katas* lorsque pratiqués seuls (voir section 14 de l'Annexe VI : « *Jo-nage* » [p. 377]). Lorsque les mouvements de *Jo* sont improvisés au gré du moment, alors ils constituent un *Randori*. Le maniement du *Jo* s'avère un excellent outil de développement de la coordination corps – esprit, d'autant plus qu'il peut se pratiquer en toute occasion si le *Jo* est substitué par un bâton de marche que l'on peut emmener avec soi presque n'importe où.

VI.16.2 – 1er Kata de ***Boken*** (Maniement du sabre dans huit directions)

Indices de succès : Le *Boken* se tient à deux mains, avec la main gauche placée à l'arrière, près du pommeau, et la main droite placée près de la garde.[228]

---

[228] Théoriquement, il n'y a que des droitiers dans le maniement du sabre japonais (le *Katana*). Le sabre est tenu devant soi avec un angle léger, d'environ 20 degrés, dirigeant le tranchant vers la gauche de l'escrimeur. Cette prise est très naturelle et très relaxée, et elle permet une grande mobilité lorsque maitrisée. L'aiguisage d'un *Katana* selon les règles de l'art est ajusté de sorte que le fil du tranchant tombe droit au sol lorsque l'escrimeur tient le *Katana* correctement en maintenant cet angle.

Autrement dit, pour exécuter une coupe franche, on doit abattre le *Katana* de haut en bas, en maintenant la prise de départ. Si un gaucher tenait le sabre avec l'angle requis pour une prise naturelle, c'est-à-dire en sens contraire d'un droitier, le fil du tranchant tomberait alors de côté, ce qui rendrait la coupe moins efficace en raison d'un manque de cohésion entre la prise du sabre et l'orientation du tranchant. À moins d'un aiguisage inversé du sabre, les gauchers sont contraints de pratiquer comme les droitiers.

O'Sensei Morihei Ueshiba, prêt à pourfendre avec le *Boken*

La main arrière contrôle la direction du *Boken* en utilisant l'auriculaire. L'exercice est fluide, c'est-à-dire qu'il n'y a pas d'arrêt. Le *Ki*, puis la pensée, précèdent tous les mouvements.

Le sabre est tenu avec grande légèreté (voir section VI.3 : « *Boken* inflexible et vibrations » [p. 141]).

Lorsque tenu avec un angle léger vers la gauche, le *Boken* est soulevé vers le haut, au-dessus de la tête, en maintenant la position des mains et des bras.

Ce faisant, le *Boken* ne sera pas droit au-dessus de la tête, mais sera tenu avec un angle vers la droite de l'escrimeur.

Dans les mouvements n°s 1 – 3 – 5 et 7, le sabre est abattu devant soi en abaissant tout d'abord le centre, puis en laissant tomber les bras. C'est le poids du sabre qui tombe qui fait la coupe et non la force des bras. En abaissant le centre, même subtilement, on amplifie l'accélération produite par l'effet de la gravité au rythme de 9,8 m/s^2.

Cette manœuvre permet d'obtenir une plus grande vitesse qu'en utilisant la force des bras. Testez-le pour le constater ! Le sabre tombe parallèlement au sol, il ne doit pas être ramené vers soi car le *Ki* serait ainsi dirigé vers l'intérieur au lieu d'être toujours le diffusé vers l'avant pour protéger l'escrimeur (voir section VII.2 : « Diffuser le *Ki* vers l'avant » [p. 167]).

Les coups d'estoc des mouvements n°s 2 – 4 – 6 et 8 sont portés en avançant. On ne doit pas revenir en arrière ou observer de rebond avant de les porter. Ces coups sont enchainés en mouvant le corps vers l'avant tout en glissant sur la partie avant de la plante du pied.

Ce faisant, on doit tourner les mains pour porter des coups d'estoc rectilignes, afin de ne pas corrompre la prise initiale du *Boken*. Incidemment, lorsqu'on avance en glissant avec la jambe gauche en avant, la paume de la main gauche se retrouvera vers le haut, et inversement.

Dans tous les mouvements du *Kata*, le sabre ne doit jamais se retrouver derrière soi, car pour maintenir la coordination corps – esprit, le *Ki* doit toujours être diffusé vers l'avant.

Même dans les mouvements enchainés n°s 9 – 10 et 11 – 12, le *Boken*, qui est abattu franchement par-devant en maintenant la prise adéquate du sabre, ne se retrouve pas derrière l'escrimeur.

Les mouvements du no 13 impliquent tout d'abord une décapitation imaginaire d'une seule main, en avançant, sans forcer. Cette première étape va générer une impulsion que le corps va suivre pour exécuter un tour et trois quarts et revenir dans la position de départ du *Kata*.

Durant cette manœuvre, les bras demeurent relaxés. De cette manière, la force centripète va faire en sorte d'éloigner les bras du corps, comme dans l'exercice 2.F de l'Annexe V : « *Udefuri Choyaku Waza* » (p. 329). De plus, les bras demeurent toujours dans le champ de vision du pratiquant (voir section VII.2 : « Diffuser le *Ki* vers l'avant » [p. 167]).

L'exercice débute et se termine au même endroit. Les *Katas* de *Boken* s'exécutent deux fois de suite. La deuxième exécution s'effectue plus rapidement que la première. Le 1er *Kata* de *Boken* renferme les principales difficultés à surmonter dans la pratique du sabre. Le perfectionnement de ces pratiques est sans borne.

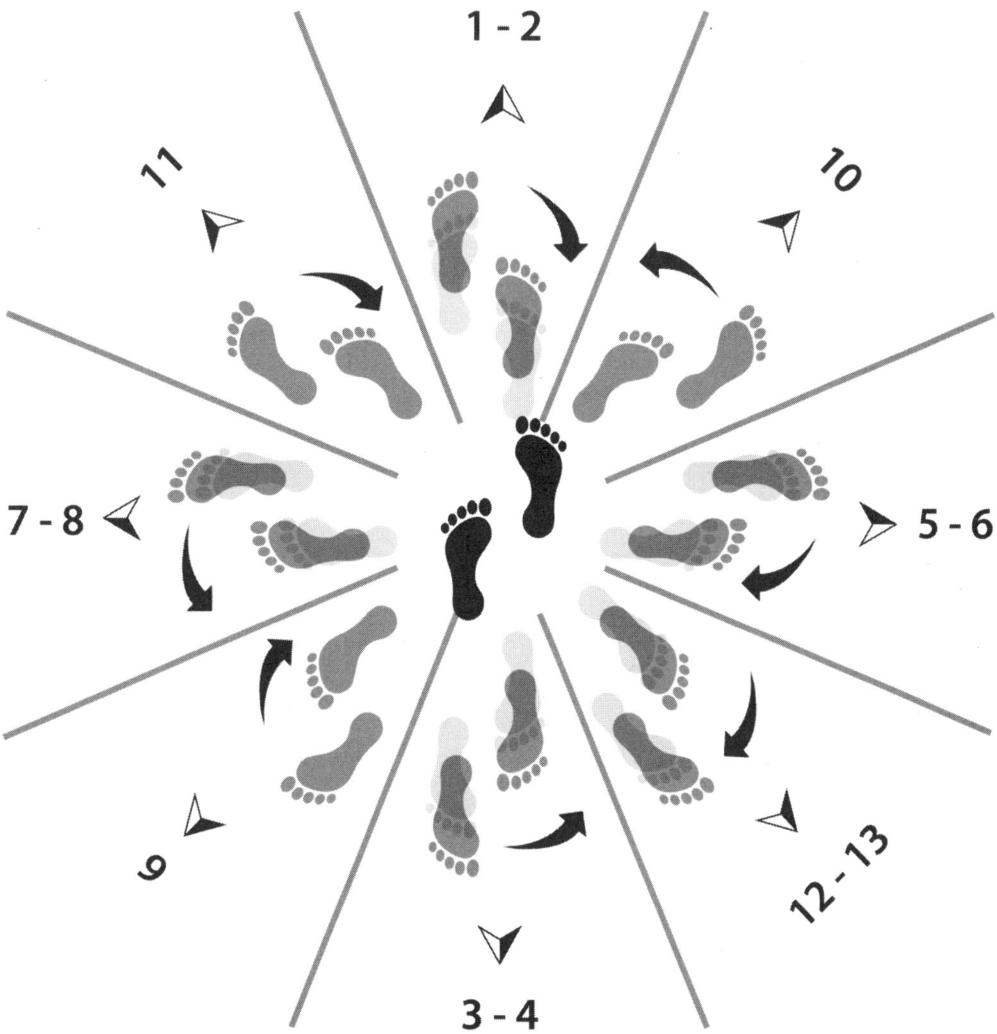

VI.17 – La pratique du *Randori*

Attaques portées sur *Nage* par une ou plusieurs autres personnes (*Uke*) en même temps.

Lorsque le pratiquant maitrise la coordination corps – esprit et de nombreuses techniques martiales, il peut se livrer à l'exercice du *Randori*. *Nage* exprimera alors ses connaissances martiales apprises au prix de sa pratique.

Dans ce contexte, il devra composer avec des attaques variées et réelles d'un ou plusieurs partenaires à la fois, avec ou sans armes. Pour *Nage*, cette pratique lui enseignera la survie. Cependant, il s'agit d'une pratique libre, dite souple, qui doit s'exécuter dans un esprit de progression mutuelle et de respect.

Nage doit demeurer calme et maintenir la coordination corps – esprit en tout temps, car dans le cas contraire, il sera rapidement subjugué par ses attaquants. Il diffuse toujours le *Ki* vers l'avant en se mouvant avec grande légèreté.

Il évitera de reculer en se déplaçant plutôt latéralement, ce qui brise les cercles d'attaque. Il doit se concentrer à ne faire qu'une technique à la fois, à 100 %, dans une direction, puis enchainer avec la suivante de la même façon, et ainsi de suite. Pour un complément pertinent d'information, voir la section X.2 : « *Randori* » (p. 199) et la section 1 de l'annexe V « Exercices de préparation au *Randori* » (pp. 324 – 326).

Chacun des attaquants (*Uke*) doit maintenir la coordination corps – esprit en tout temps, car dans le cas contraire il pourrait subir de graves blessures. Pour ce faire, il doit attaquer avec sincérité et ne doit jamais anticiper les techniques de *Nage*.

De plus, il doit attaquer à une vitesse lui permettant de chuter en toute sécurité, car des attaques à l'aveugle seraient très dangereuses devant un déploiement important de *Ki* de la part de *Nage*.

L'attaquant doit demeurer alerte et se retirer immédiatement après une projection afin d'éviter qu'un autre *Uke* ne chute sur lui. Également, il se protègera en accueillant la projection avec grande légèreté. L'exercice est souvent plus difficile pour les attaquants (*Uke*), qu'il l'est pour *Nage*.

PETIT GLOSSAIRE D'AÏKIDO

Agura ou « *Agura Wo Kake* » : (Jap.) Position assise par terre, jambes repliées et croisées devant soi (en tailleur). Position souvent appelée « *Zazen* », soit la maîtrise de la posture de la pratique du Zen pour entreprendre l'exercice d'une méditation sans objet. On dira « faire *Zazen* ».

Aï : (Jap.) Amour, harmonie, union.

Aïkido : (Jap.) Voie de l'union avec le *Ki* ou Voie de l'harmonie universelle. Art martial fondé au Japon par *O'Senseï* Morihei Ueshiba vers 1931.

Aïkidoïste : Pratiquant de l'Aïkido mettant l'accent sur le développement spirituel.

Aïkidoka : (Jap.) De *Aikishugyosha*, pratiquant de l'Aïkido.

Aïkijutsu : (Jap.) Ensemble de techniques de combat rapproché du moyen âge nippon dont le fondateur de l'Aïkido, Morihei Ueshiba, s'est grandement inspiré.

Ashi-dori : Technique effectuée par saisie (*Dori*) de la jambe (*Ashi*) de *Uke*.

Ashi-sukui : Balayage de l'arrière de la jambe.

Atémi : Coup (*Ate*) porté sur le corps (*Mi*) visant généralement des points vitaux.

Bodhidharma : (Sanscrit) Moine bouddhiste de l'Inde (460-534), patriarche du Zen, qui a contribué grandement au développement des arts martiaux d'Extrême-Orient lors de son séjour au temple chinois Shaolin (Syn. : Daruma en japonais).

Bodhisattva : (Sanscrit) Incarnation du Bouddha. Divinité qui renonce pour un temps au Nirvana, la libération du cycle des naissances et renaissances, afin de soulager la souffrance humaine dans le monde. Être d'illumination qui désire voir se réaliser l'illumination en chaque être, sensible et insensible.

Boken (aussi *Bokken* ou *Bokuto*) : (Jap.) Sabre de bois simulant la masse et la portée d'un *Katana*.

Bouddha : (Sanscrit) Éveillé, illuminé. Celui qui s'éveille à la connaissance parfaite de la vérité. Il désigne également Gautama Shâkyamuni, le Bouddha historique.

Budo : « Voie martiale » dont l'objectif est de contribuer au développement spirituel de ceux qui la pratiquent par l'entrainement au combat, avec ou sans armes. Les idéogrammes du mot *Budo* sont synonymes de paix et de spiritualité.

Bushido : (Jap.) Voie du guerrier. Code d'éthique du guerrier japonais (Samouraï).

Cha-no-yu : (Jap.) Aussi *Sado* ou *Chado*. Littéralement « eau chaude pour le thé » qui désigne la « Voie du thé », érigée en Art classique. D'inspiration du bouddhisme Zen, la cérémonie japonaise du thé est un rituel traditionnel dans lequel le thé vert en poudre, ou *Matcha*, est préparé et servi à un petit groupe d'invités dans un contexte de grand calme, afin de savourer la plénitude du moment présent, soit le seul moment pouvant contenir le bonheur.

Chi Gong (aussi, *Qi Gong* ou *Chi Kung*) : (Chin.) Exercices énergétiques, entrainement de l'énergie interne ou vitale (Syn. Japonais : *Kiko*).

Chuden : (Jap.) Désigne la personne possédant ce niveau, soit le 2e niveau de maitrise de l'art interne de la coordination corps – esprit, dont la fréquence vibratoire du pratiquant se situe dans le plan énergétique entre 10,000 à 14,000 unités *Bovis*. Ce niveau est caractérisé par la conscience du moment présent, par l'unification du corps et de l'esprit, et l'expression éthique et esthétique du potentiel de *Ki*.

Dan : (Jap.) Degrés, niveaux de ceintures noires. Ce sont les grades supérieurs de progression technique et mentale dans la pratique des arts martiaux.

Deshi : (Jap.) Désigne le disciple (l'élève) dans la pratique des arts martiaux. *Uchi Deshi* désigne un disciple vivant à temps complet chez son maitre, et *Soto Deshi* désigne un disciple vivant à l'extérieur.

Do : (Jap.) Voie spirituelle de développement qui différencie l'art martial du sport et du côté technique.

Do-uchi : (Jap.) Coup latéral porté à l'abdomen avec le *Jo* ou le *Boken*.

Dojo : (Jap.) « Lieu de l'éveil ». Lieu dédié où sont pratiqués les arts martiaux, ou ensemble des personnes d'une association de pratiquants d'arts martiaux.

Dori (*Tori*) : (Jap.) Prendre, saisir.

Embujo : (Jap.) Lieu de démonstration situé au centre du *Dojo*.

En-undo : (Jap.) Technique effectuée par rotation du bras.

Fudoshin (ou, *Fudo No Seishin*) : (Jap.) État d'un esprit imperturbable face aux stimuli extérieurs.

Genkan : (Jap.) Entrée principale d'un *Dojo*. Littéralement « porte de la connaissance profonde ». Il s'agit d'un vestibule à l'entrée des bâtiments où l'on retire ses chaussures.

Genshin : (Jap.) Intuition martiale, sensibilité mentale extrême permettant de percevoir l'intention de l'adversaire.

Gi : (Jap.) Abréviation de *Keikogi*. Vêtement japonais utilisé par de nombreux pratiquants d'arts martiaux.

Gokyo : (Jap.) De « *Go* » : cinq. La cinquième technique, ou cinquième principe, qui consiste à exercer un contrôle au coude puis au poignet par pression sur l'avant-bras.

Hachi-no-ji : (Jap.) Application d'une technique suivant une trajectoire en forme de huit.

Hajime (aussi : *Jime*) : (Jap.) Commandement pour indiquer de commencer un exercice. Débutez !

Hakama : (Jap.) Pantalon large (survêtement) provenant de la tradition des Samouraïs et qui se porte par-dessus un *Gi*.

Hakucho (*Hakutsuru*) : (Jap.) En référence à une projection produite par un mouvement similaire à celui d'un cygne de lac qui étend ses ailes pour amerrir.

Hanmi-handachi : (Jap.) Techniques exécutées par *Nage* en position *Seiza* lorsqu'il est attaqué par *Uke* en position debout. Aussi : *Zagi-handachi*.

Hantai-tenkan : (Jap.) Technique par laquelle *Nage* fait un pas vers l'arrière, puis revient vers l'avant en tournoyant.

Happo-giri : (Jap.) Coupe au sabre dans les huit directions.

Hitori Waza : (Jap.) Exercice individuel d'Aïkido visant le développement de la coordination corps – esprit.

Ikkyo : (Jap.) De « *Ichi* » : un. La première technique, ou premier principe d'immobilisation du bras par torsion. Le bras de *Uke* est dévié, puis allongé sur l'extérieur de son corps, pour ensuite être amené au sol.

Irimi (aussi *Omote*) : (Jap.) Déplacement de *Nage* sur la même ligne d'attaque que *Uke*.

Irimi-dori : (Jap.) Projection par mouvement de haut en bas en avançant dans le sens de l'attaque, et en agrippant le *Jo* ou le *Boken* de *Uke*.

Jo : (Jap.) Bâton en bois, ou bâton de marche, d'une longueur d'environ 127 cm.

Jo-dori : (Jap.) Exercices dans lesquels *Nage* applique des techniques de défense à *Uke* qui l'attaque avec un bâton (*Jo*).

Jo-nage : (Jap.) Exercices où *Nage* applique des techniques de défense à *Uke* en utilisant un bâton (*Jo*).

Joseki : (Jap.) Côté (mur) supérieur d'un *Dojo* situé à droite de l'entrée.

Judo : (Jap.) Voie de la souplesse. Art martial fondé par Kano Jigoro, en 1882, à Tokyo alors qu'il n'était âgé que de 22 ans. Le Judo est devenu, en 1972, un sport de compétition olympique au même titre que le marathon et le tennis de table (*pingpong*).

Jutsu : (Jap.) Techniques mettant l'accent sur les aspects martiaux et de combat, en opposition à *Do* qui privilégie la Voie de développement personnel et spirituel.

Kaeshi (Gaeshi) : (Jap.) Contre-attaque.

Kaï : (Jap.) Association.

Kaiten-nage : (Jap.) Projection vers l'avant en faisant décrire au bras de *Uke* un grand cercle dans le plan vertical tout en lui maintenant la tête en position basse, ce qui le contraint à chuter en roulade avant.

Kamiza (*Shinden* ou *Kamidana*) : (Jap.) Petit autel que l'on retrouve au mur (*Shomen*) situé à l'opposé de l'entrée d'un *Dojo*. Le siège (*Ka*) de l'esprit (*Mitama*), le siège des *Kamis*, soit les divinités ou esprits dans la religion shintoïste.

Karatedo (Karaté) : (Jap.) Voie dite de la « main vide » originaire de Chine et d'Okinawa. Art martial introduit à Okinawa au Japon par Gichin Funakoshi vers 1920. « Vide » doit être entendu dans le sens de vacuité obtenue par la gestuelle du corps.

Kata : (Jap.) Une séquence de techniques structurées dont le déroulement reproduit un schéma de combat contre un ou plusieurs adversaires, réels ou imaginaires.

Kata-dori : (Jap.) Saisie du vêtement au niveau des épaules, d'une seule main.

Katame : (Jap.) Technique d'immobilisation.

Katana (*Daito* ou *O'dachi*) : (Jap.) Sabre japonais des Samouraïs à lame de plus de 65 cm et légèrement incurvée.

Katate-dori : (Jap.) Attaque par saisie d'un poignet du même côté.

Katate-kosadori : (Jap.) Attaque par saisie d'un poignet du côté opposé. Aussi, *Ai-hanmi-katate-dori.*

Katate-ryote-dori : (Jap.) Saisie simultanée des poignets à deux mains, par-devant.

Kazu : (Jap.) La numérotation (les nombres) en japonais.

Zéro (0) : « Rei » ou « Zero » 〇	**Six** (6) : « Roku » 六
Un (1) : « Ichi » 一	**Sept** (7) : « Sichi » ou « Nana » 七
Deux (2) : « Ni » 二	**Huit** (8) : « Hachi » 八
Trois (3) : « San » 三	**Neuf** (9) : « Ku » ou « Kyu » 九
Quatre (4) : « Shi » ou « Yon » 四	**Dix** (10) : « Ju » 十
Cinq (5) : « Go » 五	**Cent** (100) : « Hyaku » 百

Mille (1 000) : « Sen » 千	**Dix mille** (10 000) : « Man » 万
Quelques exemples de nombres :	12 : « Juni »
84 : « Hachiju Yon »	137 : « Hyaku Sanju Nana »
1976 : « Sen Kyuhyaku Nanaju Roku »	150 000 : « Jugo Man » (quinze dix-mille)

Keiko-ken : (Jap.) Coup de poing dont l'index est mis en protubérance. Aussi appelé « œil de phénix ».

Keikogi : (Jap.) Vêtement d'entrainement des arts martiaux composé d'une ceinture (*Obi*), d'une veste (*Uwagi*) et d'un pantalon (*Zubon*) amples, souvent fait de coton. Son abréviation « *Gi* » est souvent utilisée pour le désigner.

Kendo : (Jap.) « Voie du sabre ». Escrime japonaise.

Kensei : (Jap.) Homme sage. *Kiaï* silencieux.

Ki : (Jap.) Substance de l'Univers, énergie vitale, volonté radiante, énergie créatrice à la base de tout (Syn. : *Chi* ou *Qi* en Chinois ; *Khi* en Vietnamien ; *Prana* en Sanskrit ; *Ruach* en Hébreux ; *Psyche* ou *Pneuma* en Grec, etc.).

Ki No Kadukaï Ho : (Jap.) Termes japonais désignant la méditation dite d'expansion, telle qu'enseignée par *Sensei* Koichi Tohei.

Ki No Kokyu Ho (*Kokyu Ho*) : (Jap.) Exercice respiratoire à effets thérapeutiques exécuté avec coordination corps – esprit, tel qu'enseigné par *Sensei* Koichi Tohei.

Kiaï : (Jap.) « Rencontre de l'esprit ». Cri émis à partir du bas-ventre et précédé d'un mouvement de *Ki* pour s'aider au combat, pour aider les autres de diverses façons et lors de pratiques ésotériques.

Kiatsu : (Jap.) Médecine douce japonaise perfectionnée par *Sensei* Koichi Tohei. Le *Kiatsu* vise de manière générale à canaliser le *Ki* universel pour soigner.

Kikaï-tanden (aussi : *Seika-tanden*) : (Jap.) Centre énergétique assurant l'échange de *Ki* universel avec le corps. Il est situé sur l'abdomen à environ deux pouces en dessous du nombril. Syn. (Chin) : *Tan-tien.*

Kime : (Jap.) Focalisation permettant une puissante diffusion de *Ki* vers un but précis.

Kiri-kaeshi : (Jap.) Projection impliquant pour *Uke* un changement de direction de 180 degrés de sa ligne d'attaque.

Kiza : (Jap.) Posture d'assise au sol dans laquelle la personne est assise sur ses talons, les orteils repliés sous les fesses, c'est-à-dire sur la partie avant de la plante du pied.

Koan : (Jap.) Énoncé de vérités paradoxales que l'intellect ne peut saisir, forçant ainsi la pensée au silence, menant à l'illumination, soit au « *Satori* ».

Kokoro : (Jap.) Cœur, âme, esprit, conscience. Là où réside l'essence de l'homme.

Kokyu : (Jap.) Souffle vital émanant du *Kikaï-tanden.* Manifestation de l'énergie interne en mouvement. Respiration abdominale.

Kokyu-dosa : (Jap.) Exercice d'extension du *Ki* par le souffle vital. Les partenaires se placent face à face dans la position *Seiza.* Pour *Nage* l'exercice consiste à renverser, harmonieusement et avec grande fluidité, *Uke* qui lui tient les poignets.

Kokyu-nage : (Jap.) Projection par le souffle vital, ou par l'énergie, n'impliquant pas de pression ou de contrainte sur les articulations. La chute est guidée par l'extériorisation du potentiel de *Ki*. Parfois, la technique en *Kokyu-nage* n'implique aucun contact physique. *Kokyu-nage* est aussi appelé l'Art de 20 ans, soit le nombre d'années de pratique censé être requis pour maitriser l'Art. Cela signifie aussi que c'est en soi la technique ultime de l'Aïkido, celle au-delà des considérations mécaniques et physiques.

Koshin : (Jap.) Déplacement en reculant.

Kote-gaeshi : (Jap.) Projection par torsion (*Gaeshi*) du poignet (*Kote*) vers l'extérieur.

Ku : (Jap.) Vacuité. État de non-entrave du mental d'une personne, obtenu par l'élévation de la conscience. La vacuité est souvent confondue avec le « vide » occidental, concept négatif parce qu'en relation avec le concept paradoxal d'inexistence.

Kumi Waza : (Jap.) Techniques martiales pour projeter ou contrôler un attaquant dans la pratique de l'Aïkido.

Kung Fu : (Chin.) Art martial chinois (Syn. *Wushu* ou *Gong-fu*). « Adepte ou homme qui a atteint la perfection », dans n'importe quel domaine.

Kyu : (Jap.) Les grades précédant celui de *Shodan* (ceinture noire 1er dan).

Kyudo : (Jap.) Voie du tir à l'arc japonais selon les grands principes du Zen et de la religion « Shinto » de l'ancien Japon.

Ma-aï : (Jap.) Distance adéquate séparant *Nage* et *Uke* durant le moment précédant une attaque. Le *Ma-aï* implique le maintien de l'attention et de la coordination corps – esprit des pratiquants, et aussi la recherche constante d'harmonie.

Makikomi : (Jap.) Projection par enroulement de *Uke* par l'extérieur.

Mawashi-geri : (Jap.) Coup de pied circulaire fouetté dans un mouvement partant de l'extérieur vers l'intérieur.

Mae-giri (ou : *Mae-kiri*) : (Jap.) Coup de pied frontal.

Mudra (*Mushti Mudra*) : (Sanscrit) Arrangement des doigts et des mains, une gestuelle qui a le pouvoir de réaliser ce qu'elle symbolise, lorsqu'elle est authentique. Ce sont des techniques d'appoint pour la méditation et le contrôle de soi issues du Bouddhisme. Elles sont utilisées lors de pratiques ésotériques et ont le pouvoir d'orienter les forces cosmiques.

Mune-tsuki (*Mune-zuki*) : (Jap.) Coup de poing au thorax. Aussi *Chudan-tsuki*.

Mushin (*Muso*) : (Jap.) « L'esprit libre », « l'esprit pur », « l'esprit originel », désigne une pensée sans attache, libre de l'égo et de ses affirmations.

Mutekatsu : (Jap.) Concept Zen voulant que l'ultime fait de la maitrise des arts martiaux soit de vaincre sans combattre.

Nage (aussi : *Shite* ou *Tori*) : (Jap.) Personne appliquant une technique de défense.

Ni Bun No Ichi : (Jap.) Désigne la méditation dite de concentration, telle qu'enseignée et pratiquée par maitre Koichi Tohei.

Nikyo : (Jap.) De « *Ni* » : deux. La deuxième technique de contrôle, ou deuxième principe, par torsion du poignet en le bloquant sur l'épaule, ou autour du poignet ou du *Jo* de *Nage*.

O'Senseï : (Jap.) Grand professeur, grand maitre. Aussi *Dai Shihan*.

Ojigi : (Jap.) Saluer à la manière orientale (en penchant le torse vers l'avant lorsque debout).

Okuden : (Jap.) Désigne la personne possédant ce niveau, soit le 3e niveau de maitrise de l'art interne de la coordination corps – esprit, dont la fréquence vibratoire du pratiquant se situe dans le plan spirituel qui correspond à plus de 14,000 unités *Bovis*. Ce niveau est caractérisé par la prise de conscience de l'esprit « UN », par l'union de soi à l'Univers, le non-désir et l'abandon de l'égo.

Omote : (Jap.) Mouvement correspondant à une action en *Irimi*, c.-à-d. dans la direction de l'angle d'attaque de *Uke*.

Onegai-shimasu : (Jap.) « Puis-je ? » ou « Enseignez-nous, s'il vous plait ! ». Formule de politesse et de respect adressée au *Sensei* ou invitant une autre personne à procéder à un entrainement avec soi.

Randori : (Jap.) Attaques réelles portées sur *Nage* par une ou plusieurs autres personnes (*Uke*) en même temps. Pratique libre, souple, de techniques avec un ou plusieurs partenaires dans un esprit de progression mutuelle et de respect.

Rei : (Jap.) Salut.

Reiseishin : (Jap.) « Esprit un » ou esprit universel.

Reishiki : (Jap.) Étiquette, cérémonial, gestes protocolaires, règles d'usage et attitudes en vigueur dans un *Dojo*.

Ryokata-dori : (Jap.) Saisie simultanée des deux épaules.

Ryote-dori : (Jap.) Saisie simultanée des deux poignets.

Ryote-mochi : (Jap.) Saisie à deux mains d'un poignet.

Sakate-mochi : (Jap.) Prise du *Tanto* ou du *Jo* par *Uke* lorsque l'arme est pointée du côté de l'auriculaire.

Samouraï : (Jap.) Caste de guerriers de l'époque féodale japonaise.

Sankyo : (Jap.) De « *San* » : trois. La troisième technique, ou troisième principe, qui s'applique sur l'ensemble du bras par torsion du poignet et de l'avant-bras suivant un axe vertical (le bras étant plié à 90 degrés, coude vers le haut).

Satori (aussi : *Kensho* dans la philosophie Zen) : (Jap.) « Cœur et soi ». Éveil ou illumination. Voir sa propre nature et faire l'expérience de l'unicité réalisée avec toutes choses. Être libéré de l'illusion d'un soi séparé.

Sakki (aussi : *Sen-no-sakki*) : (Jap.) Faculté de percevoir une variation d'énergie (de *Ki*) correspondant à une action agressive. Capacité intrinsèque d'un individu de ressentir l'onde d'attaque, avant qu'elle ne se forme physiquement, le rendant ainsi capable de contrer ladite attaque au bon moment.

Seiza : (Jap.) Position assise par terre sur les genoux.

Senpaï : (Jap.) Désigne l'élève avancé par opposition à *Kohaï*, le jeune élève. Le *Senpaï* joue un rôle de tuteur auprès du *Kohaï* et de relais de l'enseignement du *Sensei*, le professeur. Deux élèves de même ancienneté, quant à eux, sont mutuellement *Dohaï*.

Sensei : (Jap.) "Celui qui est né avant". Instructeur, professeur (Syn. : *Sifu* en chinois).

Shiatsu : (Jap.) "Pression des doigts", et désigne un ensemble de techniques de revitalisation corporelles et énergétiques.

Shihan : (Jap.) "Maitre-enseignant, chef-instructeur d'une école d'arts martiaux". Titre créé au début du XXe siècle par l'école de tous les arts martiaux, la *Dai Nippon Butokukaï*, qui fut fondée par le gouvernement japonais en 1895.

Shiho-nage : (Jap.) Projection par retournement de la main, vers l'arrière et vers l'extérieur, obligeant *Uke* à chuter pour se soustraire à la clé.

Shime : (Jap.) De *Shimeru*, étranglement, technique de strangulation.

Shimoseki : (Jap.) Côté (mur) inférieur d'un *Dojo* situé à gauche de l'entrée.

Shimoza : (Jap.) Côté (mur) inférieur d'un *Dojo* situé à l'entrée et faisant face au *Shomen*.

Shin-shin Toitsu : (Jap.) Coordination corps – esprit.

Shodan : (Jap.) Ceinture noire de premier niveau.

Shoden : (Jap.) Désigne la personne possédant ce niveau, soit le 1er niveau de maitrise de l'art interne de la coordination corps – esprit, dont la fréquence vibratoire du pratiquant se situe dans le plan physique entre de 6,500 à 10,000 unités *Bovis*. Ce niveau est caractérisé par la conscience de soi et de la nature, et par l'acquisition de connaissances, intuitives et scientifiques.

Shomen : (Jap.) Mur supérieur du *Dojo*, la place d'honneur où se trouve une calligraphie ou la photo d'un fondateur, situé à l'opposé de l'entrée (*Shimoza*).

Shomen Ni Rei : (Jap.) Commandement pour initier le salut de groupe en direction du mur supérieur du *Dojo* (*Shomen*) ou de l'autel (*Kamiza*).

Shomen-uchi : (Jap.) Frappe directe du tranchant de la main à la tête, de haut en bas.

Shoshin : (Jap.) L'esprit du débutant qu'il convient de maintenir toute la vie.

Shugyo (Jap.) : Entrainement austère, étude indispensable pour conduire à la maitrise de la technique et de la Voie.

Shuto : (Jap.) Coup incisif porté avec le tranchant de la main.

Sudori : (Jap.) Déplacement vers l'avant au moment où *Uke* amorce son attaque.

Suwari Waza (*Zagi*) : (Jap.) Techniques exécutées (*Waza*) lorsque *Nage* et *Uke* sont en position agenouillée (*Suwari*).

Tachi Waza : (Jap.) Techniques exécutées (*Waza*) lorsque *Nage* et *Uke* sont en position debout (*Tachi*).

Taigi : (Jap.) Techniques d'Aïkido (*Kumi Waza*) exécutées en séquences apprises et ordonnées.

Tanto (ou *Tanken*) : (Jap.) Couteau en bois simulant la masse et la portée réelle d'un tel objet.

Tanto-dori : (Jap.) Exercices où *Nage* applique des techniques sur *Uke* qui l'attaque au couteau (*Tanto*).

Tenchi-nage : (Jap.) Projection dite du ciel et de la terre (en levant une main vers le haut et en maintenant l'autre vers le bas).

Tenkan (aussi *Ura*) : (Jap.) Déplacement circulaire dans une autre direction que l'angle d'attaque de *Uke*.

Tobikomi : (Jap.) Technique exécutée avec un bond (en avançant et en tournoyant).

Tori (aussi : *Nage* ou *Shite*) : (Jap.) Personne appliquant une technique de défense. Voir *Nage*.

Tsuki (*Zuki*) : (Jap.) Coup de poing direct.

Uchiwa-nage : (Jap.) *Atémi*, déploiement, porté dans un mouvement en demi-cercle (*Uchiwa* signifie : éventail).

Uke (*Ukete* ou *Seme*) : (Jap.) Personne exécutant une attaque ou subissant une projection.

Ukemi : (Jap.) Une chute contrôlée pour éviter de se blesser lors d'une projection.

Undo (*Waza*) : (Jap.) Mouvement éducatif, exercice.

Ura : (Jap.) Mouvement correspondant à une action en *Tenkan*, c.-à-d. dans une autre direction que l'angle d'attaque de *Uke*.

Ura-tsuki : (Jap.) Coup de poing avec phalanges tournées vers le haut dont celle du majeur qui est mise en protubérance. Aussi appelé "tête du dragon".

Ura-gaeshi : (Jap.) Projection par retournement, en tournant le dos.

Ushiro : (Jap.) Par-derrière.

Ushiro-dori (*Hagaijime*) : (Jap.) Prise par-derrière à bras-le-corps.

Ushiro Tekubi-dori Kubi-shime : (Jap.) Saisie arrière d'un poignet et du col du *Keikogi* pour appliquer une technique de strangulation.

Ushiro Ryokata-dori : (Jap.) Saisie des deux épaules, par-derrière.

Ushiro Tekubi-dori : (Jap.) Saisie d'un ou des deux poignets, par-derrière.

Ushiro Ukemi : (Jap.) Chute arrière.

Vacuité : État de non-entrave du mental obtenu par l'élévation de la conscience de soi. Voir *Ku*.

Waza (*Undo*) : (Jap.) Exercice ou système d'entrainement.

Yame : (Jap.) Commandement pour terminer un exercice. Arrêtez !

Yoko-baraï : (Jap.) Coup porté latéralement.

Yokomen-uchi : (Jap.) Frappe de côté (oblique) à la tête.

Yonkyo : (Jap.) De "*Yon*" : quatre. La quatrième technique, ou quatrième principe, qui consiste à appliquer une pression sur les points sensibles du bord radial de l'avant-bras, près du poignet.

Za Rei : (Jap.) Salut en position *Seiza*.

Zagi-handachi : (Jap.) Technique effectuée lorsque *Uke* attaque de la position debout alors que *Nage* se tient dans la position *Seiza*. Aussi : *Hanmi-handachi*.

Zanshin : (Jap.) La manifestation, chez un artiste martial, d'un mental libre, vigilant et éveillé.

Zazen : (Jap.) Pratique du Zen (branche du bouddhisme). Exercice de méditation sans objet dans un but de concentration mentale et de développement de l'énergie interne (*Ki*). Faire *Zazen*.

Zen : (Jap.) École bouddhique de recherche de la vérité intérieure par la méditation et le recueillement en dehors des inutiles rituels religieux (Syn. : chinois "*Chan*" ou "*Tchan*", "il a d'abord donné" ; Sanskrit, *Dhyâna*, "méditation" ; Coréen, *Son* ; Vietnamien, *Thien*).

Zengo : (Jap.) Mouvement dans deux directions.

Zenpo-kaiten (*Mae-ukemi*) : (Jap.) Roulade avant.

Zenpo-nage : (Jap.) Projection vers l'avant en produisant un mouvement vers le haut, puis vers le bas (dans la direction de l'attaque).

Zenshin : (Jap.) Déplacement en avançant.

Zori : (Jap.) Sandales japonaises traditionnelles en paille avec deux lanières pour tenir le pied.

BIBLIOGRAPHIE

1. ARNTZ, William, **QUE SAIT-ON VRAIMENT DE LA RÉALITÉ?**, Éditions Ariane, Québec, 2007, 276 p.
2. BUHLMAN, William, **VOYAGE AU-DELÀ DU CORPS**, Éditions L'art de s'apprivoiser Inc., Varennes, Québec, Canada, 1998, 301 p.
3. BYRNE, Rhonda, **LE SECRET**, Les éditions Un monde différent, Québec, 2006, 240 p.
4. CAPRA, Fritjof, **LE TAO DE LA PHYSIQUE**, Éditions Sand, Paris, 1975, 331 p.
5. CHUNG, Tsai Chih, **ZEN - LE LIVRE - LIBERTÉ DE L'ESPRIT**, Carthame éditions, France, 1993, 150 p.
6. COQUET, Michel, **BUDO ÉSOTÉRIQUE OU LA VOIE DES ARTS MARTIAUX**, L'Or du temps, France 1991, 268 p.
7. CURTIS, Christopher, **KI-AIKIDO ON MAUI**, MAKS Publications, USA, 2001, 188 p.
8. CURTIS, Christopher, **LETTING GO**, MAKS Publications USA, 2011 (Édition numérique).
9. DARUMA, **REVUE INTERNATIONALE D'ÉTUDES JAPONAISES – SPÉCIAL ARTS MARTIAUX**, Éditions Philippe Picquier, France, Numéro 8/9, Automne 2000/printemps 2001, 365 p.
10. DE KONNINK, Thomas, **LA NOUVELLE IGNORANCE OU LE PROBLÈME DE LA CULTURE**, PUF, France, 2000, 212 p.
11. DESHIMARU, Taisen, **ZEN ET ARTS MARTIAUX**, Éditions Albin Michel, France, 1991, 152 p.
12. DEVEREUX, Paul et Charla, **THE LUCID DREAMING BOOK**, Journey Editions, Boston et Tokyo, 1998, 128 p.
13. DI VILLADORATA, Massimo N., **LA VOIE DU GUERRIER : DU YOGA AUX ARTS MARTIAUX**, les éditions de l'Homme, Montréal, 1975, 206 p.
14. FAULIOT, P. et RANDOM, M., **LES CONTES DES ARTS MARTIAUX**, Éditions Albin Michel, France, 1995, 181 p.
15. FIELDS, Rick., **THE CODE OF THE WARRIOR**, Harper Perennial, New York, USA, 340 p.
16. FORTIN, Jean-Rock, **LA VOIE DE L'HARMONIE AVEC LE KI**, Auto-édition, Québec, Canada, 2004, 243 p.
17. GIBRAN, Khalil, **LE PROPHÈTE**, Éditions E.J.L., Collection Librio 185, Paris, 2005, 90 p.
18. HABERTSETZER, Gabrielle et Roland, **ENCYCLOPÉDIE DES ARTS MARTIAUX DE L'EXTRÊME ORIENT**, Amphora, Paris, septembre 2000, 816 p.
19. HEMENWAY, Priya, **LE CODE SECRET — LA FORMULE MYSTÉRIEUSE QUI RÉGIT LES ARTS, LA NATURE ET LES SCIENCES**, Evergreen, Cologne, 2008, 203 p.
20. HERRIGEL, E., (Bungaku Hakushi), **LE ZEN DANS L'ART CHEVALERESQUE DU TIR À L'ARC**, Éditions Dervy, Paris, France, 1998, 131 p.
21. LENOIR, Frédéric, **L'ÂME DU MONDE**, Nil éditions, Paris, France, 2012, 202 p.
22. MARUYAMA, Koretoshi, **AIKIDO WITH KI**, Ki No Kenkyukaï, Tokyo, Japon, 1984, 208 p.
23. MILLMAN, Dan, **LA SAGESSE DU GUERRIER PACIFIQUE**, Éditions Octave Inc., Canada, 2011, 208 p.

24. MILLMAN, Dan, **LA VOIE DU GUERRIER PACIFIQUE**, Éditions du Roseau, Québec, 1994, 447 p.

25. MUSASHI, Miyamoto, **LE TRAITÉ DES CINQ ROUES**, Albin Michel, Paris, 1991, 188 p.

26. OUGHOURLIAN, Jean-Michel, **LE TROISIÈME CERVEAU – LA NOUVELLE RÉVOLUTION PSYCHOLOGIQUE**, Albin Michel, Paris, 2013, 336 p.

27. PATER, Robert, **LES ARTS MARTIAUX ET L'ART DU MANAGEMENT**, Albin Michel, Paris, 1990, 273 p.

28. POUR LA SCIENCE, **CAHIER : LA VIE DANS L'UNIVERS**, Décembre 1994, 149 p.

29. QUESTIN, Marc, **GUIDE INITIATIQUE DES ARTS MARTIAUX : LA VOIE SUBLIME DES ÉNERGIES**, Éditions Montorgueil, Paris, 1992, 222 p.

30. REED, William, **A ROAD THAT ANYONE CAN WALK : KI**, Japan Publications inc., Tokyo & New-York, 1992, 340 p.

31. REED, William, **KI : A PRACTICAL GUIDE FOR WESTERNERS**, Japan Publications inc., Tokyo & New-York, 1986, 225 p.

32. REID, H. & Croucher, M., **LES ARTS MARTIAUX**, Librairie Larousse, Espagne, 1989, 239 p.

33. REVEL, Jean-François et RICARD, Matthieu, **LE MOINE ET LE PHILOSOPHE : UN PÈRE ET SON FILS DÉBATTENT DU SENS DE LA VIE**, 1999, Paris, Nil Éditions, 410 p.

34. SHIFFLETT, C. M., **AIKIDO EXERCISES FOR TEACHING AND TRAINING**, Round Earth Publishing, USA, 2009, 278 p.

35. SHIFFLETT, C. M., **KI IN AIKIDO : A SAMPLER OF KI EXERCISES**, Round Earth Publishing, USA, 2002, 208 P.

36. SMITH, Jean, **365 JOURS ZEN**, Le Courrier du Livre, Paris, 2000, 373 p.

37. SPALDING, Baird T., **LA VIE DES MAITRES**, Éditions J'ai Lu, Paris, France, 1988, 440 p.

38. TOHEI, Koichi, **BOOK OF KI : COORDINATING MIND AND BODY IN DAILY LIFE**, Ki No Kenkyukaï, Tokyo, Japon, 1976, 102 p.

39. TOHEI, Koichi, **KI BREATHING**, Ki No Kenkyukai, Tokyo, Japon, 2005, 66 p.

40. TOHEI, Koichi, **KI IN DAILY LIFE**, Ki No Kenkyukai, Tokyo, Japon, 1978, 139 p.

41. TOHEI, Koichi, **KI SAYINGS**, Ki No Kenkyukai, (Privately printed), Tokyo, Japon, 1973, 44 p.

42. TOHEI, Koichi, **KIATSU**, Ki No Kenkyukai, Tokyo, Japon, 1983, 180 p.

43. TOLLE, Eckhart, **LE POUVOIR DU MOMENT PRÉSENT**, Éditions Ariane, 2000, 240 p.

44. VIGNEAULT, Gilles, **BOIS DE MARÉE**, Nouvelles éditions de l'arc, Montréal, 1992, 219 p.

45. WEBSTER, Richard, **THE ART OF DOWSING**, Castle Books, New Jersey (USA), 2001, 198 p.

46. WESTBROOK, A., and RATTI, O., **AIKIDO AND THE DYNAMIC SPHERE**, Charles E. Tuttle Company, Rutland, Vermont & Tokyo, Japon, 1970, 375 p.

47. ZIEGLER, Jean, **LES NOUVEAUX MAÎTRES DU MONDE ET CEUX QUI LEUR RÉSISTENT**, 2002, France, Librairie Arthème Fayard, 364 p.